»Die schönste Stadt ist Calw an der Nagold.«

»*Die schönste Stadt ist Calw an der Nagold.*«

DREISSIG TEXTE DER CALWER HERMANN-HESSE-STIPENDIATEN

MIT EINEM VORWORT VON ANDREAS NARR

HERAUSGEGEBEN VON FRIEDRICH PFÄFFLIN

KLÖPFER&MEYER

ISBN 978-3-940086-66-2

Umschlaggestaltung: Christiane Hemmerich
Konzeption und Gestaltung, Tübingen.
Herstellung: Horst Schmid, Mössingen.
Satz: Alexander Frank, Ammerbuch.
Druck und Einband: Pustet, Regensburg.

Mehr über das Verlagsprogramm von Klöpfer & Meyer finden Sie unter:
www.kloepfer-meyer.de

Inhalt

Vorwort

Als die Calwer Hermann-Hesse-Stiftung 1989 gegründet wurde, hatten ihr die Stifter zunächst nur eine Aufgabe gesetzt: Die Vergabe des Calwer Hermann-Hesse-Preises, mit dem Übersetzer und literarische Zeitschriften jeweils im Wechsel gewürdigt werden sollten. An ein Stipendium wagten die Stiftungsgründer seinerzeit noch nicht zu denken, war doch der Hessepreis von Anfang an so hoch dotiert, dass es weitere Spielräume nicht zu geben schien.

Mit den Jahren etablierte sich die Calwer Hermann-Hesse-Stiftung und der von ihr ausgelobte Preis. Es gab Zustiftungen und das Vermögen vermehrte sich. Für die Stiftung war es ein Glücksfall, dass der damalige Südwestfunk und die Kreissparkasse Calw als Stiftungsgründer zusammenfanden; der eine brachte das Geld, der andere sorgte für publizistische Verbreitung. Und weil es den beiden Gründervätern Hubert Locher, Hörfunkdirektor im Südwestfunk, und Jürgen Teufel, Vorstand in der Sparkasse, alsbald gelang, auch das Land Baden-Württemberg für die Stiftung zu gewinnen, stand einer weiteren florierenden Entwicklung nichts im Wege.

Aus der Taufe gehoben wurde das Calwer Hermann-Hesse-Stipendium im Herbst 1993, als darüber nachgedacht wurde, wie mit den Erträgen über den Preis hinaus im Stiftungssinne umgegangen werden sollte. Und es war der Vertreter des Landes, Egbert-Hans Müller, seinerzeit leitender Ministerialrat im baden-württembergischen Kunstministerium, der den Impuls für ein Aufenthaltsstipendium gab. Die Hermann-Hesse-Stiftung konnte so noch mehr Profil gewinnen und auch außerhalb der Preisverleihungen, die nur alle zwei Jahre stattfinden, auf sich aufmerksam machen.

Fortan hatte die Stiftung also zwei Standbeine und förderte auch Schriftstellerinnen und Schriftsteller, denen man in Hesses Geburtsort Calw die Gelegenheit einer »Schnaufpause« geben wollte. Eine schöpferische Erholungsphase, in der sie frei von den Zwängen ihres Alltages das tun konnten, wonach ihr künstlerisches Herz war. Eine Wohnung aus dem Immobilienbesitz der Sparkasse war vorhanden – mittlerweile ist sie in Hesses Geburtshaus am Marktplatz –, ein auskömmliches Taschengeld gab es auch, und von der Stiftung kam nur die eine Auflage, während des dreimonatigen Aufenthaltes etwas zu Papier zu bringen. Die Texte wurden von Beginn an veröffentlicht, allerdings in sehr kleiner Auflage und nicht über den Buchhandel. Die Zeit war also reif für ein Kompendium in der hier vorliegenden Form.

In einem Statut wurde festgelegt, wer in den Genuss eines Hermann-Hesse-Stipendiums kommen sollte. Es gab von Anfang an gewisse »Leitplanken«, an denen sich die Findungskommission zu orientieren hatte. Demnach sollte ein Stipendium nicht unter sozialen Gesichtspunkten vergeben werden, auch nicht an unbekannte Autoren, sondern an solche, die bereits über ein größeres Werk verfügen und sich in der Welt der Literatur einen Namen gemacht haben. Um ihnen ihre kreative Schaffenskraft zu erhalten, vielleicht aufzufrischen oder neue Impulse zu geben, wurde die Einladung nach Calw ausgesprochen.

Die meisten folgten der Einladung und hinterließen, jeder auf seine Art, Spuren. Der aus dem Erzgebirge stammende Schriftsteller Detlev Opitz beispielsweise verbrachte viel Zeit in den Gasthäusern der kleinen Stadt, um dort Schach zu spielen. Das fiel den Leuten auf, und er kam mit ihnen in Kontakt. Auch der Wiener Schriftsteller und »Sprachkünstler« Bodo Hell hat sich öfters in den Kneipen Calws umgesehen, dort Menschen beobachtet, gelauscht und Stoff für Geschichten gesammelt. Seine Berichte sind so lebendig, dass es Pläne für die Produktion einer Hörspielreihe gibt.

Ganz anders hat sich Ursula Krechel in der Stadt eingerichtet. Die Schriftstellerin aus dem umtriebigen Berlin zog es nicht so sehr in die Öffentlichkeit der kleinen und immer noch pietistisch geprägten Stadt. Sie ließ Calw eher im stillen auf sich wirken. Einmal verbrachte sie eine ganze Nacht hellwach am Fenster und beobachtete nur. Ihre Notizen darüber, was in einer Provinzstadt im Schwarzwald nachts passiert oder, besser gesagt nicht passiert, fesseln.

Manche Stipendiaten kommen auch immer wieder zurück an die Nagold. Joseph Zoderer zum Beispiel, der mit seinem charakteristischen Hut überall auffiel. Der Südtiroler Schriftsteller und Hermann-Lenz-Preisträger, seit kurzem auch Ehrenbürger der Universität Innsbruck, erwanderte Calw und seine Umgebung, sprach dabei die Menschen an und formte sich so sein Bild von Land und Leuten. An Charakterköpfe wie ihn erinnert man sich gerne in Calw, auch weil er den Geist der internationalen Verständigung im Sinne Hermann Hesses auf eine sehr sympathische Art verkörpert.

Ich möchte an dieser Stelle nicht auf alle Stipendiaten eingehen, die auf Einladung der Hermann-Hesse-Stiftung in Calw gelebt, gearbeitet und Eindrücke hinterlassen haben. Schon deshalb nicht, weil ich Friedrich Pfäfflin nicht vorgreifen will, der sie im Folgenden detailliert vorstellen wird. Eines aber muss hier gesagt werden: Die Findungskommission, in der bis heute Egbert-Hans Müller tonangebend mitwirkt, hat außergewöhnlich gute Arbeit geleistet und stets treffsicher entschieden. Alle in dieser Anthologie erscheinenden Autorinnen und Autoren haben einen etablierten Platz in der deutschen oder sogar europäischen Literaturszene, viele wurden nach ihrem Stipendium in Calw mit weiteren namhaften Ehrungen versehen. Volker Braun zum Beispiel, der erste Hesse-Stipendiat, mit dem Deutschen Kritiker- und Büchnerpreis, Peter Kurzeck mit der Goetheplakette der Stadt Frankfurt und Christoph Hein mit dem Peter-Weiss-Preis.

Herta Müller wurde eingeladen bevor sie den Literaturnobelpreis bekommen hat und zum Medienstar wurde. Sie hatte die Einladung angenommen, nach der großen Auszeichnung aber wieder zurückgezogen, um anderen den Weg frei zu machen. Eine ehrenwerte Entscheidung und ein weiterer sehr überzeugender Beweis für die gute Arbeit der Findungskommission.

Ich bedanke mich an dieser Stelle bei allen Mitgliedern der Findungskommission, insbesondere bei Egbert-Hans Müller und Thomas Vogel, die beide von Anfang an dabei waren. Mein Dank gilt darüber hinaus dem Herausgeber dieser Anthologie, Friedrich Pfäfflin, der das Projekt mit viel Sachverstand und Kompetenz begleitete sowie dem Verleger Hubert Klöpfer, der es verstanden hat, aus vielen kleinen Juwelen ein glänzendes literarisches Collier zu erstellen. Und last but not least gehen Dank und Anerkennung an die Geschäftführerin der Calwer Hermann-Hesse-Stiftung, Frau Elke Ruff, die die Findungskommission, alle Gremien der Stiftung und – nicht zuletzt – die Stipendiatinnen und Stipendiaten ganz vorzüglich betreut.

Dr. Andreas Narr
Vorsitzender der Calwer Hermann-Hesse-Stiftung

Volker Braun

Hesses Hochsitz

Entstanden während des Hermann-Hesse-Stipendiums in Calw, 1996

Ich blicke auf eine Bühne, mit prächtiger, etwas naturalistischer Kulisse, alte herausgeputzte Fachwerkhäuser, links ein Metzger, rechts die Konditorei, Tische herausgerückt zu den bestimmten Tageszeiten, in der Tiefe ein Brunnen und Sonnenschirme, und die Szene belebt von drei grünen Bäumen, der Prospekt einer Idylle; und immerfort treten Personen auf, ruhig geführt von der Regie, eine Fußgängerzone wie jedes Theater (der Verkehr rollt aber hörbar in der Lederstraße), die Entfernungen sind klein, darum werden die Schritte verzögert, eh man abgeht in die Gasse; Beleuchtung und Ton sind an der Arbeit, so daß ich von meinem Platz auf den Dächern das meiste mitbekomme.

Ich sehe: was hier läuft, ist nicht abendfüllend, aber geht den ganzen Tag, und ich bin außerstande, es mit der Bitternis Hesses zu betrachten, der hier gegerbt wurde, als andere Gewerke roher hantierten, stinkende laute Gewerke; sein Schauplatz scheint durchgelüftet und das Mittelalter modernisiert, schon daß in der City Türken hausen, hat die Enge gesprengt.

Hesses Thema, der Ausbruch aus der Gemeinschaft – »Denn dies haßte, verabscheute und verfluchte ich vor allem doch am innigsten: diese Zufriedenheit, diese Gesundheit, Behaglichkeit, diesen gepflegten Optimismus des Bürgers, diese fette gedeihliche Zucht des Mittelmäßigen, Normalen und Durchschnittlichen« – ich, anspruchsloser Fremder, fühle mich aufgenommen in den Organismus der Kleinstadt, die mich umgibt, auch wenn ich die Türe schließe, mit ihrem Geplauder, Gelächter und Geschrei, dem Glockengeläute und Taubengurren. Noch mitternachts, wenn ich, aus der Luke gebeugt, den Platz inspiziere, sehe ich drei dunkle Gestalten aus der Sparkasse treten, in Bronze gegossen, und bin nicht allein. Die Kreissparkasse, das muß vermerkt sein, ist ein wahrer Bühnenbildner und Ausstatter des Orts, und sie greift engagiert ins Geschehen ein. (Der Vergleich sei hergeholt: wie einst die Klöster Kultur in die Täler trugen, so nun die Kreditinstitute; was die Zisterzienser, leisten nun die Zinsen.)

Direktor Teufels Frage, beim Bier: wie können wir Sie vermarkten? schockt den Zuschauer, der ich bin, und bringt ihn unter die Leute. (Beim Vesperbrot: im Bad-Hotel.) Deckenfabrikant und Fuhrunternehmer, Rehabilitationspädagoge und Produktdesigner, ich begreife etwas von der laufenden Handlung, ohne nach den »beängstigenden Zeichen der Zeit« zu fragen, dem Drama, das Hesse beschäftigte und in die Flucht schlug. Ich sehe es nicht von meinem Sitzplatz aus, nur die ergötzlichen, banalen Szenen; der Ort, wie gesagt, ist entwaffnend schön und heikel behaglich. Es kann kein Zweifel sein, daß er sich mühelos als Guckkastenbühne beschreiben läßt: er gleicht einer Nische. Friedrich Dieckmann behauptet, daß der Westen »die größere Nischengesellschaft« sei, »die DDR war insgesamt eine Nische… eine sehr befestigte Nische«, der gleichwohl nicht das Gesamtbewußtsein für ihre Probleme fehlte. Hier aber finde jeder »gepolsterte Rückzugsmöglichkeiten aus den Bedrängnissen der unmittelbaren Arbeitswelt« vor, und diese Nischenwesen torpedieren den Blick aufs Ganze. (Und erst in eine Nische der Weltproduktion gedrängt, kann paradoxerweise Weltbewußtsein entstehen.)

Wir wissen aus unserem Drama, im Osten, das zuende ist und sich einer größeren Handlung öffnet, wie schwer es fällt, Widersprüche wahrzuhaben. Denn sie haben ein Doppelgesicht: niedrige Mieten – und die Städte verfielen. Sichere Arbeitsplätze – und keine Effizienz. Hunderte Verhängnisse, über die wir hinwegsahen, so lange uns der Vorteil bestach. Und hier nun die berühmte Butterseite, die keine Kehrseite kennt, denn sie wäre die Katastrophe. Und doch sind es die

Vorzüge, in denen der Nachteil steckt: das Unverzichtbare also; die Stundenlöhne in Württemberg – und die Produktion nach Litauen verlagert. Bedürfnisse auf hohem Niveau – und Kosten, die in den Blödsinn wachsen. Unsere mächtige, anmaßende Lebensart, die das leibliche Band, die Natur, zerreißt. »Überall hinterlassen diese nützlichen«, schrieb Hesse, »Kulturerscheinungen einen langen Schweif von Schweinerei, von Krieg, von Tod, von verheimlichtem Elend.« Ich sehe es nicht; hier im Kleinen, Sorgsamen, in der sauberen Calwer Idylle, die nicht von ungefähr wie eine Kulisse wirkt. Ich sehe andere Dinge, wirklich; aber nicht die wirklichen Dinge sind zu zeigen, sondern wie die Dinge wirklich sind (Brecht). »Die Widersprüche sind produktiv zu machen«, Worte wie Asche im Mund nach unserer Niederlage, nach der verfluchten Zufriedenheit, Gesundheit, Behaglichkeit der DDR, dem gepflegten Optimismus der Arbeiterklasse, der fetten gedeihlichen Zucht des mittelmäßigen Revolutionären – unserer Niederlage, die mich hier zum Zuschauer macht mit rohem fremden Blick.

Hesses Vision im ›Steppenwolf‹: von einem Hochstand aus wie diesem Dach die dröhnenden Automobile zu erlegen, ist ein begreiflicher Vorschlag, den ich nicht billigen kann. Ich fahre durch die Abendnebel auf den Schwarzwaldstraßen. Ich genieße den Zweitsitz, den mir ein Preis verschafft, und weiß in Pankow tausend Obdachlose kampieren. Sie zählen zur Komparserie des Dramas, das ich zu denken habe, während ich wenig sehe, und der Mann vorn am Bühnenrand vor der Metzgerei, der tatsächlich ›Kalinka‹ spielt, die Besatzerfolklore als Bettelmusik. Was habe ich ihm voraus? »Nichts als mein Vers ernährt mich und bringt mich ins Bett«, wenn sich die Bühne leert bis auf drei dunkle, auf die Straße tretende Gestalten.

Ragni Maria Gschwend

Die Wölfe von Zavelstein

Entstanden während des Hermann-Hesse-Stipendiums in Calw,
im Herbst 1995

Eigentlich wollte ich gestern ein letztes Mal zum Schwimmen
nach Bad Teinach fahren. Wir haben Ende November, meine
Stipendiatenzeit in Calw geht zu Ende, und morgen soll ich
in einer Buchhandlung noch einen kleinen Vortrag übers literarische Übersetzen halten.

Den ganzen Vormittag hatte ich versucht, mir dazu etwas
einfallen zu lassen: informativ natürlich und trotzdem nicht
allzu langweilig und mit fulminanten Textbeispielen illustriert.
Schriftsteller haben es da doch wesentlich leichter: Sie lesen einfach etwas aus ihren Werken. Dichterlesung! Da fühlt sich der
Zuhörer gleich erhoben und bereichert. Aber wen interessieren
schon die Werke eines armen Übersetzers, die ja nur zur Hälfte
seine Werke sind und ihm dennoch – oder gerade deshalb –
soviel Fleiß und Mühe abverlangen? »Entschuldigen Sie, daß
es mich gibt«, möchte man am liebsten sagen und hat beinah
ein schlechtes Gewissen, wenn man sich zu der Erklärung hinreißen läßt, daß es zum literarischen Übersetzen mehr brauche
als den Blick ins Wörterbuch. Natürlich: *traduttore – traditore*,
das muß kommen, das kennen alle, daran führt kein Weg vorbei, auch wenn sich kaum jemand darum kümmert, daß schon
diese zwei kleinen Wörter, die ihren Zitatcharakter lediglich
der Veränderung eines einzigen Vokals verdanken, als Beweis
für die Unmöglichkeit einer adäquaten Übersetzung von einer
Sprache in die andere gelten können. Übersetzer – Verräter,
wo bleibt da der Witz? Ja, »allzu pünktliche Treue macht
jede Übersetzung steif, weil unmöglich alles, was in der einen
Sprache natürlich ist, es auch in der anderen sein kann«, schrieb
schon unser gescheiter Lessing in seiner ›Hamburgischen

14

Dramaturgie‹. Überhaupt, an klugen Äußerungen illustrer (Gelegenheits-)Übersetzer quer durch die europäische Geistesgeschichte hat es nie gefehlt, angefangen beim hl. Hieronymus, dem Schutzpatron der Zunft, über (natürlich!) Luther und (ebenfalls nicht verwunderlich) Goethe, von dem ja auch der Begriff »Weltliteratur« stammt, die es (mit der gebührenden Bescheidenheit bemerkt) ohne uns Übersetzer/innen wohl nicht gäbe. Nehmen wir nur den großen Sohn der Stadt, dem ich im Grunde ja diesen schönen Calw-Aufenthalt verdanke: Durch die Arbeit fleißiger Kolleginnen und Kollegen aus aller Welt kennt man das schwäbische »Gerbersau« an der Nagold bis im hintersten Indien. »Hermann Hesse, meistgelesener europäischer Autor in den USA und Japan«, heißt es in einem Werbeblatt des Suhrkamp-Verlags aus den siebziger Jahren. »8 Millionen verkaufte Titel in den USA … 6 Millionen in Japan …« (warum trifft man hier eigentlich so wenige fotografierende Japaner?) »…Übersetzungen in 35 verschiedene Sprachen und 12 indische Dialekte… Wachsendes Interesse in Skandinavien, Lateinamerika und in der UdSSR …«

Und H.H. selbst, der »engagierte Weltbürger« (Suhrkamp-Prospekt), der sich ja durchaus für Fremdsprachen interessiert und sich auch hin und wieder an eine Übersetzung gewagt hat? »Eine Menge von Unersetzlichem, von holdesten Klängen und zartesten Schatten, von geheimster Melodik geht verloren. Bei manchen Übersetzungen darf man an das Original nicht denken, obwohl die Übersetzung ebenfalls sehr schön ist. Nur ist sie etwas anderes geworden, so wie ein paar Takte Musik durch ein Transponieren, durch einen kleinen Tempowechsel fremd und bis zur Unkenntlichkeit entstellt werden können.« Na, wenn das kein Zitat für meinen Vortrag ist! Interessant wäre es natürlich zu wissen, ob Hesse sich die Übersetzungen seiner eigenen Werke kritisch angesehen, ob er vielleicht sogar mit seinen Übersetzern korrespondiert hat. Aber dem konnte ich jetzt nicht mehr nachgehen. Im übrigen hatte ich mich nun etwas verrannt, war von meinem eigentlichen Werkstatt-Thema abgedriftet und brauchte dringend frische Luft und

Bewegung. Daher die Idee, schnell zum Schwimmen nach Bad Teinach zu fahren.

Bald hinter Kentheim zweigt rechts eine Straße nach Zavelstein ab, und spontan beschloß ich, den kleinen Umweg über den Berg zu nehmen, um noch einmal durch dieses bezaubernde Miniaturstädtchen zu gehen. Ich stellte das Auto vor dem Gasthaus Lamm ab, das Betriebsferien oder Ruhetag hatte. Überhaupt wirkte der ganze Ort wie verlassen. Der Blumenschmuck an den Häusern war bereits hereingeholt worden oder dem Nachtfrost zum Opfer gefallen, den Kurgästen aus Bad Teinach schien hier oben nichts mehr geboten zu werden, der Laden an der Ecke hatte wahrscheinlich noch Mittagspause, und auch sonst war kein Mensch um die Wege. Lediglich ein großer, schon recht alt und etwas räudig wirkender Hund lag mitten auf der Straße und ließ sich die fahle Novembersonne auf den angegrauten Pelz scheinen. Als ich an ihm vorbeiging, stand er auf und trottete neben mir her. Ich war mit meinen Gedanken noch so bei der Übersetzerei und bei Hermann Hesse, daß es mich zunächst gar nicht verwunderte, als der Hund – denn sonst gab es ja niemanden weit und breit – plötzlich anfing, vor sich hinzuknurren:

> Ich Steppenwolf trabe und trabe,
> Die Welt liegt voll Schnee,
> Vom Birkenbaum flügelt der Rabe,
> Aber nirgends ein Hase, nirgends ein Reh!

Während ich noch überlegte, wie man wohl das bildhafte, wenngleich ungewöhnliche Verb »flügelt« in eine andere Sprache übersetzen könnte, stockte mein Begleiter, der sicher das ganze Gedicht auf Lager hatte, denn ein zweites, leicht rötliches und etwas kleiner und jünger aussehendes Tier (nein, ich kann nun nicht länger von »Hunden« sprechen, denn inzwischen waren mir auch ihre eng beieinanderstehenden gelben Augen und die herabhängende Rute aufgefallen) kam aus dem Gäßchen bei der Kirche gesprungen und trippelte schlaksig neben uns her:

The Wolf trots to and fro,
The world lies deep in snow,
The raven from the birch tree flies.
But nowhere a hare, nowhere a roe.

Warum stellt er sich nicht vor und spricht nur ganz allgemein von »the wolf«? wunderte ich mich. Doch für längere Überlegungen blieb mir keine Zeit, denn nun ging es Schlag auf Schlag: Kaum hatten wir die kleine Holzbrücke über den Burggraben passiert, da erwartete uns am Eingang zur Ruine ein eleganter schwarzer Wolf, warf sich in Positur und deklamierte nicht ohne Pathos:

Io lupo della steppa trotto solo
solo, nel mondo ormai di neve bianco.
Dalla betulla scende un corvo stanco,
ma non vedo una lepre, un capriolo!

Er schloß sich uns an, und gemeinsam zogen wir in den Burgfried ein, wo wir von einer regelrechten Meute empfangen wurden, die in allen möglichen Lautfärbungen jaulte, bellte, heulte, winselte, knurrte und was dergleichen Wolfsäußerungen mehr sind.

Obwohl es kalt war, setzte ich mich auf einen Stein, der Ursteppenwolf ließ sich vor mir nieder, und die übrigen Tiere lagerten sich im Halbkreis darum herum. Mir fiel besonders eine Gruppe von hellfelligen, sichtlich aus nördlicheren Regionen stammenden Wölfen ins Auge, und auf meinen fragenden Blick hin stand der lebhafteste unter ihnen auf (das war ja fast wie in der Schule!) und fing an:

Jeg, Steppeulv, traver og traver,
mens jorden ligger med sne,
en ravn imod birken saver,
men ingen hind er at se,
og hinden …

Doch da fiel ihm auch schon sein etwas gesetzter wirkender Kollege ins Wort:

> Jag Stäppvarg löper mitt ensliga lopp,
> marken är täckt med skare,
> korpen flaxar kring björkens topp,
> men var finns rådjur och var finns hare?

Der dritte, der sich nun erhob, trug eine schwarze Binde über dem linken Auge (ist nicht der Wolf auch das Tier des Weltenwanderers Wotan?):

> Hvileløs vandrer jeg, Steppeulv,
> gjennom en verden av sne.
> Fra tretoppen flakser den sorte ravn,
> men ikke en hare å se …

Schließlich trat ein bildschöner, fast ganz weißer Wolf vor, verneigte sich zunächst und sagte »Arosusi« (offensichtlich das finnische Äquivalent für »Steppenwolf«), ehe er seinen vokalreichen Vortrag begann:

> Minä vinhassa laukassa ravaan
> suden-ravia raivoisaa.
> Umpihangessa tietäni avaan,
> ja jäässä on autio maa.

Jetzt hatte ich wirklich kein Wort verstanden, aber vielleicht war ich gerade deshalb so beeindruckt. Ich wollte irgend etwas Freundliches sagen, doch mir blieb keine Zeit, den rechten Ausdruck zu finden, da auf der anderen Seite des Halbkreises ein dunkelgrauer Wolf, dem der nordeuropäische Auftritt offensichtlich schon zu lang gedauert hatte, aufsprang und sogleich mit männlich rauher Stimme loslegte:

Yo voy, lobo estepario, trotando
por el mundo de nieve cubierto;
del abedul sale un cuervo volando
y no cruzan ni liebres ni corzas el campo
desierto.

Irgendwie hatte ich das Gefühl, als ziehe er eine Pfote nach,
aber wenn dem so war, dann konnte er ja nichts dafür, waren
doch alle hier versammelten Steppenwölfe nur die Geschöpfe
ihres Autors beziehungsweise seiner Übersetzer. Voll Rührung
blickte ich über die ganze Runde: in der Mitte der deutsche
Stammvater und um ihn herum eine Vielzahl von Abkömmlin-
gen, die ihm bei aller nationalen Verschiedenheit doch irgendwie glichen, mal mehr, mal weniger. Jetzt zum Beispiel erhob
sich ein relativ kleiner Wolf, der trotz seines fast semmelblon-
den Fells und einer gewissen – man verzeihe die unwölfische
Metapher – »Pausbäckigkeit« eine große Ähnlichkeit mit dem
Alten aufwies. Nur hatte sein Vortrag für meine Ohren etwas
Freundlich-Munteres:

Ik Steppenwolf, ik draaf en draaf,
De wereld ligt vol sneeuw,
Van't berkenboompje vliegt een raaf,
Maar nergens een haasje of ree.

Jetzt war nur noch ein Wolf übrig. Gott sei Dank scheinen
es die zwölf indischen Dialektwölfe nicht bis nach Zavelstein
geschafft zu haben, dachte ich, denn allmählich wurde es schon
dunkel, und trotz der vielen Pelze um mich herum fing ich
erbärmlich zu frieren an. Daher war ich auch froh, daß die
russischen, japanischen und die vielen anderen noch ausstehenden Steppenwölfe fehlten, so interessant eine Begegnung
mit ihnen unter günstigeren Umständen freilich gewesen wäre.
Doch wie gesagt, einer lag noch da, aschgrau und mürrisch, und
machte keinerlei Anstalten aufzustehen und sein Sprüchlein
herzusagen. Alle Köpfe wandten sich ihm zu. »Er kommt sich

so ungereimt vor«, erklärte schließlich sein niederländischer Nachbar.

»Ach Quatsch«, knurrte der Lobo estepario, »das spielt doch hier keine Rolle. Los, mach nicht lang rum!« Da erhob sich der Angesprochene und versuchte, den mangelnden Reim durch besondere Eleganz des Vortrags wettzumachen:

> Loup des Steppes, je rôde, je rôde,
> De la neige partout dans le vaste monde.
> Le corbeau bat des ailes dans l'arbre,
> Mais nulle part une biche ni un lièvre.

Zum Zeichen ihrer Sympathie und Solidarität klopften die Kollegen freundschaftlich mit dem Schwanz auf den Boden oder zogen die Lefzen hoch, was, wölfisch gesehen, wohl gelächelt war.

Nun hielt ich den Augenblick für gekommen, mich bei sämtlichen Anwesenden herzlich zu bedanken. »Liebe Freunde«, wollte ich gerade anfangen, als neben dem hohen Burgturm ein schallendes Gelächter erscholl. Zähnefletschend sprang ein struppiger feldgrauer Wolf auf die Mauer und rief hämisch in die Menge: »Was seid ihr doch für eine armselige, zahme Übersetzungsbande. Seht mich an: Ich bin der Werwolf, und seit Christian Morgenstern meine einmalige Deklinationsfähigkeit entdeckt hat, erfreue ich mich absoluter Unübersetzbarkeit!«

Betroffen hatten alle des Weswolfs Worten gelauscht. Dann kam Bewegung in die Menge: Die einen zollten dem Wemwolf offen Bewunderung, während die anderen ihrem Ärger über den Wenwolf knurrend Luft machten. Nur der Originalsteppenwolf blieb unbeeindruckt. Er erhob sich würdevoll und ergriff nun zum erstenmal das Wort:

»Mein lieber Werwolf«, hob er an, »mir imponierst du nicht! Natürlich, durch deine Unübersetzbarkeit ersparst du dir sicher manche Verfälschung und Mißdeutung, aber im Grunde bist du doch ein armer, einsamer Wicht. Nicht nur, daß du, wie es auch dein Herr Morgenstern schon wußte, keine Möglichkeit zur Mehrzahl hast – denn wann hätte man je von einem Plural des Wörtchens ›wer‹ gehört? –, du kannst auch nie außerhalb der deutschen Sprache Freunde gewinnen. Schau mich an: Selbst wenn keiner von denen hier mir hundertprozentig gleicht, mich, Hesses Steppenwolf, kennt man in der ganzen Welt, selbst noch im entlegensten indischen Dorf!«

Da zog der Werwolf seinen Schwanz ein und schlich traurig davon. Die internationalen Steppenwölfe aber warfen selbstbewußt die Köpfe in den Nacken und stimmten ob ihrer Übersetztheit ein vielsprachiges Freudengeheul an, das bestimmt im ganzen Teinachtal widerhallte. Nicht Zavelstein, Babelstein! müßte diese Burg heißen, fuhr es mir durch den Kopf, während ich ergriffen die Augen schloß.

Plötzlich wurde es ganz still, und als ich aufsah, war in der Novemberdämmerung kein Wolf mehr zu erblicken. Verstört ging ich langsam zum Auto zurück. Von so etwas Banalem wie Schwimmen konnte jetzt natürlich keine Rede mehr sein.

Ob sie mir morgen bei meinem Vortrag das mit den Wölfen von Zavelstein wohl glauben werden?

Kleiner Nachtrag: Die Heimat der in Zavelstein versammelten Steppenwölfe aus dem Ausland (in der Reihenfolge ihres Auftritts):

Steppenwolf
(Übersetzung: Basil Creighton)
New York 1929

Il lupo della steppa
(Übersetzung: Ervino Pocar)
Mailand 1946

Steppeulven
(Übersetzung: Karen Hildebrandt)
Kopenhagen 1946

Stäppvargen
(Übersetzung: Anders Österling)
Stockholm 1932

Steppeulven
(Übersetzung: Peter Magnus)
Oslo 1971

Arosusi
(Übersetzung: Eeva-Liisa Manner)
Helsinki 1952

El lobo estepario
(Übersetzung: Manuel Marzanare)
Buenos Aires 1949

De Steppenwolf
(Übersetzung: Maurits Dekker)
Amsterdam 1930

Le loup des steppes
(Übersetzung: Juliette Pary)
Paris 1930

Und so schildert Christian Morgenstern die erste Niederlage, die der arme Werwolf auf dem Feld der Sprache einstecken mußte:

Ein Werwolf eines Nachts entwich
von Weib und Kind und sich begab
an eines Dorfschullehrers Grab
und bat ihn: »Bitte beuge mich!«

Der Dorfschulmeister stieg hinauf
auf seines Blechschilds Messingknauf
und sprach zum Wolf, der seine Pfoten
geduldig kreuzte vor dem Toten:

»Der Werwolf«, sprach der gute Mann,
»des Weswolfs, Genitiv sodann,
dem Wemwolf, Dativ, wie mans nennt,
den Wenwolf, – damit hats ein End.«

Dem Werwolf schmeichelten die Fälle,
er rollte seine Augenbälle.
»Indessen«, bat er, »füge doch
zur Einzahl auch die Mehrzahl noch!«

Der Dorfschulmeister aber mußte
gestehn, daß er von ihr nichts wußte.
Zwar Wölfe gäbs in großer Schar,
doch »Wer« gäbs nur im Singular.

Der Wolf erhob sich tränenblind –
er hatte ja doch Weib und Kind!!
Doch da er kein Gelehrter eben,
so schied er dankend und ergeben.

Roswitha Matwin-Buschmann

bericht über sehr persönliche calwer zustände

Entstanden während des Hermann-Hesse-Stipendiums in Calw,
Februar bis April 1996

ich kam aus der eiszeit
hatte die hälfte meiner habe verschleudert
davon waren mir die hände geschwollen
das herz hatte ich mir blutig gerissen
ich hasste den blick zurück und nach vorn

gute menschen versprachen mir schonzeit
sie brachten mich unter die leute
ich sollte nur auftauen
und war zum freundlichen schauen bestellt
in einem land das ich nicht kannte

da sah ich rundherum gedeihen
sah ich keine schneidenden gesichter
es sei denn dass die kalte zeit noch käme
die wälder jedenfalls standen finster
in der stadt klebten raubvögel an den scheiben

wie überall seit ich nirgends bleiben kann
prüfte ich ob ich vielleicht bliebe
das pflaster war wieder mal zu teuer
des begehrten brunnensteins mulde
buchstäblich eigentum anderer fremder

ich verzog mich in meinen turm
sorgsam studierte ich die hügel
und ich entdeckte sonnenhalden
dort hatten die einheimischen ihre heime
obwohl es hieß nordlage sei jetzt gesünder

tags trieb mich chana durch die warschauer kanäle
in wilnas gassen stillte ich bedeutende tränen
mich tröstete vis-a-vis der hausbeschaffer
wie er fröhlich auf akten baute
dabei liefen die immobilien doch schlechter

auf den schnürboden stieg ich zur nacht
hing gereckt über'm rand schwarzer schneisen
für mich selbst ließ ich die puppen drunten tanzen
bis ich vor mir selber erschrak
das stück hieß der tod in den alten dekorationen

manchmal trank ich wein
ich war guter dinge und ehrte die dichter
der litauer und die jüdin bewachten mich neidisch
sie liebten es nicht
wenn ich mich zu lange vergnügte

ich sollte ja wieder fort in die kälte
rasch noch den rest meiner habe verschleudern
was mir weiter geschehen konnte
das herz ein klumpen die hände geschwollen
ich fragte nicht nach dem blick zurück und nach vorn

Wulf Kirsten

Gespräch mit der Wasseramsel

Entstanden während des Hermann-Hesse-Stipendiums in Calw,
Mai bis August 1996

Mitten in einer geschäftstüchtigen Kleinstadt, die sich etwas auf
Gelegenheiten zugute hält, bei denen Blasmusik für eine erhe-
bende Grundstimmung sorgt. Und wenn grade mal nicht Blasmusik angesetzt ist, dann pulsiert halt das tägliche Leben auf
der kleinen Flanierstrecke mit seinen atonalen Konzertstücken
für Boschhammer, Steinsäge, Autoradio und hochfrisiertes Motorrad. Dagegen kommen die Straßenmusikanten nur schwer
an. Sie müssen eine stille Stunde suchen, um sich der Stadt auch
mitteilen zu können. Und wenn nicht sie auf dem Plan, findet
sich zuguterletzt ein frommer Sänger, der sich von seinem Kon-
firmandenanzug nicht trennen kann, während ein Spannemann
freigebig seine Traktate unter die glaubenshungrige Menschheit
zu bringen sucht. Die Stadttürme sind durch ambulante Wacht-
türme ersetzt. Und sollte doch noch eine Lärmpause entstehen,
weiß einer der auf Umsatzsteigerung bedachten Händler unter
meinem Eckfenster für musikalische Erkennungszeichen aus
der Konserve zu sorgen. Eine Intonationsfreudigkeit, die nicht
nachläßt. So versichert sich das Städtchen seiner weltläufigen
Lebendigkeit. Als ertrüge es die Stille nicht mehr, muß es sich
mit Ohrwürmern verstopfen und betäuben.

Hochgehoben in einer blickreichen Mansardenwohnung, die
einige der die Stadt umzingelnden Berge in voller Schönheit
sehen läßt, die ich mit den Augen nach Belieben abfahren kann,
wenn nicht Nebel, wenn nicht Regendunst auf dem Kessel
lastet. Die sich im engen Geviert verheddernden Bergfüße
drücken die Stadt zusammen, machen die Giebel spitzwinklig
und schmalbrüstig, schachteln die Häuser übereinander. Fällt
man von einem der Orte hoch oben, wo immer ein frischer

Luftzug über die Bergrücken streicht, wieder in die Stadt hinein, Etage um Etage, hat man das bange Gefühl, nie unten anzukommen, bis man plötzlich den Kirchturm tief unten aus dem Dächergewirr herausragen sieht und getrost sein kann, nicht ins Bodenlose zu fallen.

Sonntagmorgens am offenen Fenster sitzen, die Sommerwolken über die Bergkämme quellen sehen, mitten im Stimmengewirr, das da so ungemein lebenstüchtig und flaniersüchtig in unbekannten Sprachen heraufdringt, als wollte es mich auf einen vorgeschobenen Posten des Orients versetzen. Und schon wieder hagelt es einen Trommelwirbel in die Schreibmaschine, die sich die Sätze nur widerwillig abkaufen läßt.

Jeder Stadtgang, jede Abschweifung in die umliegenden Seitentäler, Schluchten und Mulden, die das abfallende Schwarzwaldterrain kerben, läßt sich nachschmecken und vor dem inneren Auge wie ein Film entrollen. Der Gang über den Markt am Sonnabendvormittag muß mehrfach wiederholt werden, bis sich die Turbulenzen verinnerlicht haben. Mehrfach spreche ich vermeintliche Verkäufer an, die sich entschuldigend als Käufer zu erkennen geben. Eine schöne, ungemein stimulierende Angleichung und Vermengung, die zur sommerlichen Überfülle paßt, die da angeboten wird, kunterbunt und farbenprächtig. Ein türkischer Händler, dem das Silbergrau vornehme Würde attestiert und dem das Schicksal just eine schlichte Markttafel zugewiesen haben muß, häuft sorgenvoll seinen üppigen Kirschberg, schaufelt ihn mit beiden Händen um, preist seine Ware, preist sie beredt, obwohl diese sich ihre Qualitäten selbst bescheinigt. Aber die Käufer halten sich zurück. Kirschen die Fülle an jedem Stand, spezifiziert nach ihren Herkunftsländern.

Werden diese Kirschen wirklich noch immer an Bäumen gezüchtet, so wie ich es aus Kinderzeiten kenne, als die Korona eines Dorfes der Selbstbedienung vom Baum huldigte?

Eben fuhr einer, dem ich ungeniert auf die Wagenladung sehen konnte, zerschnittene Thujabäume vorüber. Weiß der Himmel, was das zu bedeuten hat. Immerhin keine Quittenbäume, die fast in jedem Garten zu sehen sind, meist dick vermoost. Und von Gärtnern aus Liebe bestellte Flecken am Berghang, mitunter nicht größer als ein Schnupftuch, sind allenthalben zu bewundern, sei es jenseits der Bahnlinie, sei es im Altstadtgewinkel, sei es an einer der langen Stiegen, die schroff in die Stadt hineinführen. Gleich wird eine Sirene aufheulen. Gleich wird es dreizehn schlagen vom Kirchturm, wenn ich mich nicht verzähle. Eckensteher legen es darauf an, Wurzeln zu schlagen. Aber vielleicht langweilen sie sich nur. Ich will das lieber nicht ergründen, da es mir nicht zusteht, mich in innerstädtische Angelegenheiten einzumischen, um nicht in Versuchung zu geraten, den einzigen Straßenkehrer mit guten Ratschlägen und einem stabilen Breitkehrbesen zu versehen. Ich will mir partout nicht einbilden, alles besser zu wissen, auch wenn mit Händen zu greifen, was zu bessern wäre.

Hier also bin ich in einer schwäbischen Kleinstadt am Schwarzwaldrand gelandet, die ich längst kenne, ohne sie vorher je betreten zu haben. Aus den Erzählungen Hermann Hesses und einigen seiner Romane wußte ich ja längst bestens Bescheid. Ich nutze den Lokaltermin, um wiederzulesen, um mich und den Ort zu prüfen, zu fragen, wie find ich mich wieder in Calw an der Nagold. Kupferschmied, Schlosser, Schmied, Schneider sind aus der Stadt verschwunden. Eben ist der letzte Ofensetzer aus der Innenstadt ausgewandert. Der letzte Weißgerber hat sein Gewerbe an den Nagel gehängt. lmmerhin, wer will, wer weiß und es sich traut, in der aufgelassenen Werkstatt zu geistern – das Haus am Wasser steht leer –, vermag noch den verblichenen Geruch eines Bündels gegerbter Schafvliese in die Nase zu leiten. Auf der steinernen Brüstung die Reste des Sandsackwalls, der gegen das Hochwasser errichtet werden mußte. Der Sand rieselt aus den zermorschten Säcken. Die Sanduhr läßt sich leicht hinzudenken. In einer der Gassen hält sich ein Schreinermeister. Eines Abends lesen wir gemeinsam die um sein Haus wüst verstreuten Fetzen einer bunten Werbeschrift auf. Und nun weiß ich, warum das enge Städtchen, das seit fünfzig Jahren wieder seine zum Alphabet der Stadt gereihten Fachwerkfassaden präsentiert, kein Ort für Handwerker mehr ist. Die Fahrzeuge sind kaum durch die verwinkelten Gäßchen zu bugsieren. Allenthalben fehlt es an Lagerplätzen für das Material, wenn schon die Werkstatt vorhanden ist. Auch er weiß, daß er der letzte Meister seiner Zunft hier ist. Seine Söhne studieren.

Noch Georg Schwarz wußte in seinem Gedicht auf die Hesse-Stadt zu berichten: »Calw, das an der Nagold liegt, / Riecht erfrischend nach Gerbereien, / Man sieht einen Tapezierer im Freien, / Der geborstene Sofas stopft / Inmitten von Seegras und Geflecht, / Bis in die Gassen hört man den Specht, / Der droben im Wald an die Stämme klopft.« Von der altehrwürdigen Gewerkevielfalt, die einst den Ort prägte, ist nichts mehr zu finden. Wohl aber meldet sich gelegentlich, wenn ihn die Blasmusiker und Trommler nicht niederkonkurrieren, der Specht. Auch Turmfalken und Mauersegler beleben das Stadtbild. Kaum hatte ich die Stadt betreten und den Fluß im Blickfeld, meinte ich eine Schwalbe in den Wassermassen absaufen zu sehen. Aber der Vogel hatte mich genarrt, denn er tauchte wieder auf – nach geraumer Zeit. Da wußte ich, die heimliche Wasseramsel probt ihre Urbanisierung. Warum nicht. Fortan sah ich flußauf, flußab Wasseramseln schwirren, im Mühltunnel verschwinden, Tauchkünste vollführen, Junge füttern. Eines Tages sah ich die Brut aufschwirren, dicht über den Spiegel hin schießen, schwalbenähnlich, aufgestoben, stadtaus an stillere Flußstrecken. Einmal, eines Morgens, und dann nicht wieder. Ich stand an der Brückenbrüstung neben der Kapelle, sah auf die Flußinsel, von der aus Hesse ins Wasser gesprungen war, an der die Flöße vorbeigeschwommen sind. Ein Stück flußauf befand sich die Werkstatt, in der Hesse sich ein Jahr als Mechanikus im Blauen Heinrich versuchte. Erinnerungszeichen die Menge. Längst aufgelistet im ›Marbacher Magazin‹, an dem der Stadtarchivar Paul Rathgeber, dem ich ein Privatissimum in Stadtkunde zu danken habe, mitgearbeitet hat.

Hermann Hesses Prosa-Elegien nach langer Zeit wiederlesend und sein Gerbersau mit den Füßen nachzeichnend, frage ich mich, was hat mich damals, als ich in meiner Lebensnot und Lesewut alles Gedruckte unersättlich in mich hineinstopfte, so für Hesse eingenommen, so für ihn glühen lassen, daß sich Wallungswerte entwickelten, die mich zu schwärmerischen Leserbriefen nötigten? Zunächst wohl doch die Brüche in meiner Biographie, der nicht eben rühmliche Abgang von der Oberschule nach knapp zwei Jahren und der Wechsel in die Mehl-Branche. Das Unvermögen, aus einer bedrückenden Lebenswelt auszubrechen, in der das Lesen von Büchern mit Faulheit gleichgesetzt wurde. Eingetrichtert zu bekommen, ein unpraktischer Mensch zu sein, ein Taugenichts. In der ortsüblichen Lautung »ä Doochenischd«. Dazu eine horrende Unfähigkeit, sich selbst zu bestimmen, eine Lebenslinie eigenhändig zu ziehen. Nicht wissen, wohin. Traumberuf Teegärtner.

Wie ein Schiffbrüchiger auf einer Woge von Bekümmernissen schwimmend, ohne ein Ufer zu sehen, verfiel ich weißnichtwie als Leser der Stadtbücherei Meißen auf Hesse, vielmehr verfiel ich ihm. Las ›Hermann Lauscher‹, ›Knulp‹, ›Der Lateinschüler‹, ›Unterm Rad‹, als wären diese Bücher eigens für mich geschrieben worden.

Hesse schickte Privatdrucke oder ließ mir via Suhrkamp-Verlag einige seiner Bücher zugehen. Der erste dieser Drucke enthält die 1955 entstandene Erzählung ›Ein Maulbronner Seminarist‹. Schwer zu beschreiben, wie hoch mich solche Post aus meiner dörflichen Lebenswelt heraushob, wie stark dieses Echo aus der Schweiz in mir widerhallte, wie es stimulierte, Hesse-Bücher zu suchen, alles von ihm lesen zu wollen. In diesen Jahren erschienen auch die ersten Einzelausgaben von ihm in der DDR. Schlichte Umschläge, spartanisch ausgestattet, darunter hellgrünes Leinen. Von Mal zu Mal glückte mir das verwegene Spiel, eines Exemplars teilhaftig zu werden, mitunter war es das einzige, das dem Buchhändler zugebilligt wurde. Um so kostbarer dann der Besitz. Anhand der Poststempel vermag ich zu rekonstruieren, daß die Phase schwärmerischer Verehrung, die obsessive, unmittelbare Dichter-Leser-Beziehung von 1955 bis 1961 währte. In den siebziger und achtziger Jahren sollte ich erneut in ein näheres Verhältnis zu Hesse treten. Als Lektor im Aufbau-Verlag, in der Weimarer Dependance, wo das »kulturelle Erbe« mehr oder weniger heftig gepflegt wurde, erhielt ich, ohne zu wissen, wie mir geschah, bei einer Verteilungsrunde Hesse zugewiesen. Fortan oblag es mir, bis zu meinem Ausstieg 1987, ihn zu betreuen und zu vertreten, das hieß, für ihn einzutreten, was just in seinem Fall nicht so ganz leicht war, da die kulturpolitischen Zwänge, das Auferlegte, und die Nachfrage eklatant auseinanderklafften. Die Buchhändler, deren zentrale Zuteilungen von einem restriktiven Schlüsselprinzip abhingen, wußten sich in ihrer Not keinen anderen Rat, als Phantasiebestellungen aufzugeben. Bestellten sie etwa die zehnfache Menge des geschätzten Bedarfs, konnten sie bestenfalls damit rechnen, einige wenige Exemplare zugebilligt zu bekommen. Der Lektor konnte, nein: mußte versuchen, immer wieder Neu- und Nachauflagen ins irrwitzige Planspiel zu bringen, wohl wissend, daß er bei den Tonnagekämpfen, wie sie in einer Mangelgesellschaft unausbleiblich sind, nicht gefragt wurde, sondern Absetzungen, Verschiebungen, Streichungen hinzunehmen hatte. Und weil diese Art von Hesse-Editionen, die in Lizenz zu nehmen waren, glücklicherweise Geschichte sind, hat es auch wenig Sinn, jenem Berg von Buchprojekten nachzutrauern, den man von Planungsrunde zu Planungsrunde wie einen immer größer werdenden Schneeballen vor sich her wälzte, und aufzulisten, was gewesen wäre, wenn … Dennoch kam in zu großen Abständen das eine oder andere zustande und durfte tatsächlich Buch werden. So der für ein dezidiertes Hesse-Bild unverzichtbare Briefwechsel mit dem Leipziger Schriftsteller, Literaturkritiker und engagierten Sozialdemokraten Heinrich Wiegand, von Klaus Pezold sorgfältig ediert. Immerhin die einzige Hesse-Ausgabe, an der ich als Lektor mitwirkte, die im Calwer Hermann-Hesse-Museum präsent ist. Den Beginn einer größeren Sammlung bilden die von Fritz Hofmann zusammengestellten und herausgegebenen drei Bände ›Über Literatur‹ (1978, 725 Seiten), ›Bilderbuch der Erinnerungen‹ (1986, 570 Seiten) und

›Die blaue Ferne. Reisebilder und Naturbetrachtungen‹ (1989, 700 Seiten). Nachdem immerhin einige der wichtigsten Romane von ›Peter Camenzind‹ bis zum ›Glasperlenspiel‹ wenigstens in einer Auflage erschienen waren, sah ich es als überfällig und vordringlich an, Hermann Hesse als Meister der kleinen Form, vielfältiger Betrachtungen und Aufzeichnungen, vorzustellen, in thematischen Gruppierungen Überblicke zu ermöglichen. Kurz den Blick darauf zu lenken, daß seine erzählerische Größe auch darin besteht, wie er die kleinen Formen kultiviert hat. Der vierte Band hätte politische Schriften vorgestellt. Eine heiße Kartoffel, die lange, zu lange gerollt wurde. Allein die drei Erscheinungsjahre sollen verdeutlichen, wie randläufig Hesses »Erbe« in die Planpositionen eingerückt wurde und wie mühsam das Geschäft der »Betreuung« war. Dennoch bin ich dankbar für diese zweite Stufe meiner Hesse-Rezeption, die es mir ermöglichte, Hesse wiederzulesen, diesmal aus kritischer Distanz, und ihm dabei näherzukommen.

Und nun: die Gelegenheit zu einem dritten Anlauf, zu einer Repetition ganz anderer Art. Lokaltermin in Calw. Auf der Suche nach Erkennungszeichen. Die Vergegenwärtigung von Schauplätzen und Gestalten im Wiederholungsfalle zum Zwecke des Vergleichs. Nun weiß ich, wo Hesses Vater stand und dem Sohn zuwinkte, wenn er aus Maulbronn mit der Bahn zurückkehrte. Die schlichte Holzveranda über dem uniformierten Drogeriemarkt, der sich in die eingeschobenen Betonkloben gar nicht unpassend einfügt, steht noch unversehrt am Schienenstrang, der das Städtchen im schwäbischen Hinterland mit der Welt verbindet. Nur der schöne Bahnhof, sechseinhalb Minuten (für Fußgänger) vor der Stadt gelegen, nagoldaufwärts, wurde außer Betrieb gestellt und steht nun wie ein ausrangierter Waggon auf dem Stumpfgleis tot herum.

Den Aufstieg an der Felswand, den Hesse in der Erzählung ›Der Zyklon‹ so anschaulich beschreibt, kann ich von meinem Quartier aus leicht ausmachen, allerdings scheint er keine Nachfolger gefunden zu haben, die es reizen würde, ihre Jugend in Hesses Fußstapfen zu setzen. Der Wirbelsturm, den Hesse beschreibt, überfiel die Stadt am 1. Juli 1895. Die Regionalhistoriker haben da ganze Arbeit geleistet, nicht nur in diesem Punkt. Hesse befand sich während des verheerenden Unwetters, das über das Tal hinwegwalzte, im Gelände der noch immer berühmten Calwer Decken- und Tuchfabrik. In einem zur Fabrikantenvilla gehörenden Gärtnerhaus war 1890 Rudolf Schlichter zur Welt gekommen, der später als Zeichner und Maler von sich reden machen sollte, während seine literarischen Leistungen bis heute nur wenigen Kennern etwas bedeuten. Sein Blick auf die Vaterstadt ergänzt und bestätigt Hesses Bild von Gerbersau, auch wenn er sozial ganz anders akzentuiert ist und der Autobiograph Schlichter den fatalen Hang hat, bei seinem »Griff ins volle Menschenleben« in fäkalischen Wonnen zu schwelgen. Auf einer der felsigen Kuppen über dem Krankenhaus müssen auch die pyromanischen Freudenfeuerwerker ihre Raketen gezündet haben, von denen Hesse mehrfach mit so bemerkenswerter Akribie berichtet, daß man auf den Gedanken kommen könnte, die obsessive Pyromantik, die Hesse seinem jüngeren Bruder zuschreibt, habe ihn selbst mindestens ebenso begeistert und beflügelt.

Lese ich jetzt nach Jahrzehnten wieder einmal im ›Knulp‹ nach, zunächst, um mir die Schauplätze zu vergegenwärtigen, sehe ich die Gestalt des Landstreichers und gesellschaftlichen Versagers als eine glänzend gelungene Kunstfigur, ein Selbstporträt in futurum: also auch so etwas wie ein Schreckbild, auch wenn da noch eine gehörige Portion romantischer Verklärung und eine daraus abzuleitende Larmoyanz im Spiel war. Das hätte aus mir (in den Augen der Familie wie der Stadtbewohner) Lebensuntüchtigem werden können, der nicht weiß, was er werden will, weil er noch nicht weiß, wer er ist. KNULP – eine zu Ende gedachte Möglichkeit drohender Lebensform. Sicher ist Knulp daneben, darüber hinaus auch ein Nachfahr von Eichendorffs ›Taugenichts‹. Nach der wiederholten Lektüre der Gerbersau-Erzählungen und -Erinnerungsstücke vermag auch ich nur zu wiederholen, was immer wieder konstatiert wurde: Das schönste Denkmal, das der

Erzähler seinem Geburtsort setzte, ist die 1907 entstandene Erzählung ›Schön ist die Jugend‹, die sich wohl am dichtesten an die eigene Biographie hält. Ein Dreißigjähriger, der sich als einer ausgibt, der nach Jahren der Abwesenheit vom Mondgebirge heimkehrt wie weiland Abu Telfan. Ein Heimkehrer, der Lebenserfahrungen im Gepäck hat, weltläufig geworden ist und der kleinstädtischen Enge entwuchs. So vermag er aus der Distanz eines Abgeklärten mit großer innerer Ruhe und Gelassenheit auf sich und die Stadt zurückzublicken. Diese Haltung gibt der Prosa ihre Konsistenz. Geblieben ist jedoch die elegische Grundströmung und das unnachahmliche Glissando im mundgerecht geformten Sprachfluß. Eine Prosa, die auf die Novellistik des 19. Jahrhunderts baut, ihr vertraut als tragendem Grund, aber vor allem bei Gottfried Keller Maß genommen hat. Auch wenn das schwäbische Seldwyla nun nicht mehr im »scharfen Schnitt« gesehen wird wie ›Unterm Rad‹, wird Calw nie ein Orplid. Viele der Schauplätze zwischen dem Ausflugslokal »Bleiche« im Schweinbachtal und der »Marmorsäge« im Teinachtal, in der noch immer Marmor gesägt und geschliffen wird, sind leicht zu finden, andere nur mit Hilfe eines kundigen Thebaners ausfindig zu machen. Das Haus allerdings, in dem sich voreinst jener Buchhändler etabliert hatte, bei dem Hesse sich erkühnte, eine Heine-Ausgabe zu ordern, trägt noch keine Gedenktafel. Damals sorgte der entsetzte Buchhändler dafür, daß Hesses freventliches Begehren Stadtgespräch wurde. So wie die Weimarer Bürger vorzeiten ihren Sprößlingen drohten: »Wenn du nicht folgst und artig bist, kommst du ins Bauhaus«, hieß es vor hundert Jahren in Calw: »Wenn du in der Schule nichts lernst, wird aus dir solch eine verkrachte Existenz wie Hermann Hesse.« Eigenartig, daß es gerade immer wieder die angeblich so Lebensuntüchtigen, Unpraktischen, dem Geschäftsgeist abgeneigten, also die Außenseiter sind, die Zeugnis abzulegen vermögen für ihre Lebenswelt und Zeit.

Die Eigenschaften, die Hesse dem Zwischenhändler und Agenten Joseph Giebenrath zuschreibt, waren pars pro toto gemünzt. Mein Sommeraufenthalt in Calw war zu kurz, um zu ergründen, ob Mentalität und Stadtgeist das Jahrhundert unbeschadet überstanden haben. Die »herzliche Verehrung des Geldes«, von der Hesse in ironischer Entfremdung des Anderen berichtet, dauert in alter Herzlichkeit an, wie andernorts auch. Wenn sich ein Spezifikum gehalten hat, dann vielleicht doch jene pietistisch geprägte Bescheidenheit und Genügsamkeit, ein Sich-selbst-genug-Bleiben, das über die Jahrhunderte verinnerlicht, also vergeistigt wurde. Kleinstädter pflegen generell gegen alles, was ungewohnt ist, was von außen einströmt, mißtrauisch zu sein. Mag sein, daß der Jahresbedarf an Kunstgenüssen noch immer eine Liebhaberaufführung des Bürgervereins hinreichend abdeckt. Das Plakat im Schaukasten am Rathaus legt dies zumindest nahe. Demzufolge präsentierte eine Marionettenbühne im Frühjahr ›Rotkäppchen‹.

Ich laufe die »Hundert Stäffele« hinauf und hinunter, zähle dabei bis hundertvierzehn und delektiere mich an den Gärten, die dem steilen felsigen Terrain abgerungen wurden, auch dies eine Lebensform der Bescheidenheit. Überhaupt wäre die Stadt gut beraten, wenn sie die Winkelwelt mit ihren Staffeln und Stiegen samt der umliegenden Gartenwelt stärker als Kleinode der Lebenskultur und als tatsächliches Spezifikum des Altstadtkomplexes ins Bewußtsein zu heben und herauszustellen sich nicht genierte, nicht nur als touristisch gemünzte Spielwiese. An schönen Fassaden und Staffelgiebeln, wie Hesse sie nicht sehen konnte, ist wahrlich kein Mangel. Stehe ich an die Brüstung der Nikolausbrücke gelehnt, in der stillen, sehr unbescheidenen Hoffnung, die Wasseramsel zu einem Gespräch zu bewegen, bin ich Hesse am nächsten. Diesen Ort und diesen Standpunkt hat er über alles geliebt. Ich sehe ihn, ich sehe Schlichter auf eines der Flöße aufspringen und die Nagold hinunter treiben, heimlicherweise. So wie ich mich auf meinem sächsischen Dorf damit begnügen mußte, auf hochbeladenen Erntewagen als blinder Passagier mitzufahren, war das Brettende auch noch so kurz. Als Brückensteher nehme ich es gern auf mich, ein Hesse-Epigone auf Zeit zu sein.

Klaus Günzel

Begegnung um Mitternacht

Entstanden während des Hermann-Hesse-Stipendiums in Calw,
September bis November 1996

Der Teufel, hatte ich bei E.T.A. Hoffmann gelesen, legt auf alle unsere Unternehmungen seinen widrigen Schwanz. Unverzeihlich war es nur, daß ich diese Erkenntnis vergessen haben muß, als ich meine von Zahnschmerzen geplagte Frau allein in der Wohnung zurückließ, die wir dem hochherzigen Sinn der Calwer Hermann-Hesse-Stiftung verdankten. In der »Ratsstube« am Marktplatz saß ich einsam und löffelte meine Flädlesuppe, die jedenfalls dem folgenden Getränke-Ansturm keine standhafte Grundlage bot.

Zunächst aus rein literarischem Interesse bestellte ich einen Schwarzriesling aus Hölderlins Geburtsort Lauffen, sodann einen Schillerwein aus Marbach am Neckar, endlich, um auch der schwäbischen Romantik zu huldigen, einen erfrischenden Kerner aus Weinsberg im Landkreis Heilbronn. Diese rasch hintereinander genossene Trias genügte, um mein sächsisches Gemüt mit einer ganz ungewohnten Schwerelosigkeit auszustatten und meine literarhistorischen Neigungen vorübergehend in den Hintergrund treten zu lassen. Ich trank nun einen Spätburgunder Rotwein aus dem Badischen, dessen Name »Hex' vom Dasenstein« vielleicht die Ankündigung enthielt, daß eine diabolische Macht ihr Netz nach mir auszuwerfen begann. Aber ich verstand die Warnung nicht und schmetterte, sehr zum Befremden der freundlichen Kellnerin, ein doppeltes Schwarzwälder Kirschwasser hinunter, hierauf ein Viertele Heuholzer Lindelberg (Riesling mit Silvaner) und kehrte noch einmal zur »Hex' vom Dasenstein« zurück, von der ich nun gleich eine ganze Flasche bestellte – dem eingewurzelten Hang des gelernten DDR-Bürgers nachgebend, von raren Gottesgaben sogleich einen stattlichen Vorrat anzulegen. Ich hatte das reichliche Quantum erst zur Hälfte genossen, als man mir bedeutete, daß es jetzt Zeit zum Zahlen und zum Gehen sei. So erhob ich mich vom Tisch, ergriff die halb geleerte Bouteille mit der linken Hand, tastete mit der Rechten nach der Tür und gewann schließlich, wenn auch schwankend und vorsichtig balancierend, das Freie.

Stumm ragten die Gebäude des Marktplatzes aus dem verhaltenen Licht, das der geheimnisvollen Beleuchtung einer Bühne zu gleichen schien, hinein in die Dunkelheit: das Rathaus, die Stadtkirche, das Dekanat, das Schüzsche Haus, in dem man die Lebensstationen des berühmten Sohnes dieser Stadt durchschreiten kann, und auch jenes Haus, in dem einst die unsterbliche Verlobte des Dichters Eduard Mörike, Luise Rau, als Frau Pfarrer Schall ihre späten Jahre verbracht hatte. Das alles wußte ich genau, obschon ich auf einer Wolke dahinzuwandeln glaubte und daher um so energischer aufzutreten suchte. Die zwölf Mitternachtsglockenschläge, die vom Turm der Kirche zu hören waren, zählte ich halblaut mit, um einen Halt in der Zeit zu finden, die mir entglitten war.

Einen anderen und festeren, gleichsam irdischeren Halt bot der Rand des Brunnens, der unweit von der »Ratsstube« steht. Mit beiden Armen stützte ich mich darauf, die Rotweinflasche ein wenig geräuschvoll neben mich stellend, so daß die Fische im Brunnen erwachten und eine nächtliche Runde zu schwimmen begannen. Träumerisch sah ich ihnen zu, an meine eigenen Goldfische denkend, die ich daheim, in der fernen Oberlausitz, der Obhut unseres Hauswirtes anbefohlen hatte. Während ich so sann und die rechte Hand selbstvergessen ins Wasser tauchte, vernahm ich plötzlich eine Stimme neben mir – leise, jedoch eindringlich und mit unverkennbar alemannischem Tonfall.

»Sie scheinen da Erinnerungen nachzuhängen, mein Lieber«, raunte die Stimme, die sich ganz unbestreitbar an mich richtete. »Auch meine Gedanken gehen zurück, sogar weit zurück, wenn ich Sie so gedankenvoll, wiewohl mit halbgeschlossenen Augen, nach den schwimmenden Wesen im Brunnen spähen sehe. Ich meinerseits muß an einen Onkel denken, der im nahen Hirsau das Feldweghaus bewohnte, wie wir es immer nannten. Dort stand im Garten ein immerzu kühl plätschernder steinerner Brunnen, in dessen schattig dunkler Tiefe ein großer Fisch hauste, eine starke Forelle, die zu besuchen und zu belauern ich bei keinem Wiedersehen versäumte.«

Der Mann, der zu mir sprach, stand kerzengerade auf der Brunnenstufe, so gerade, daß die Weste, die er unter seine Jacke geknöpft hatte, einige Zentimeter vom Körper wegragte. Er war groß und schlank, eine ehrfurchtgebietende Greisengestalt, bekleidet mit einem durchaus eleganten, wenn auch ein wenig altfränkischen Anzug. Den Hut hielt er in der linken Hand, so daß die hohe Stirn und das schüttere Silberhaar der herbstlichen Nachtluft preisgegeben waren. Das scharfkantige Gesicht, aus dem eine Pharaonennase über den schmalen Mund hervorsprang, schien einem Weltweisen, vielleicht auch einem alten Stammeshäuptling oder pensionierten Missionar anzugehören, der in vielen Zeiten und Räumen zu Hause ist. Die Augen verrieten gleichermaßen Güte und Neugier, gaben dem verwitterten Gesicht einen Anflug von distanzierter Ironie, mehr noch von höherer Heiterkeit, und mochten im langen und gewaltlosen Blick auf Menschen und Gegenstände geübt sein. Sie waren jetzt, wie ich mir länger nicht verhehlen konnte, auf mich gerichtet, fragend, teilnehmend und doch mit einem Hauch von Sarkasmus.

Ich erschrak zutiefst und wäre beinahe auf die Knie gesunken, denn selbstverständlich hatte ich ihn sogleich erkannt. Er stand vor mir wie auf dem Foto, das man von Plakaten und aus Büchern kennt, nur eben redend, zuweilen mit den Augen zwinkernd, den Hut in der Linken zur Hervorhebung seiner Rede beiläufig schwenkend. Wie war er nur hierher gekommen, an diesen Brunnen, in meine einsame Zecherei? Lag er nicht längst, wenn ich noch halbwegs bei Troste bin, an der südlichen Mauer des Friedhofs von San Abbondio im schweizerischen Tessin? War er nicht anno 1931 zum letzten Male in seiner Geburtsstadt gewesen? Was würde der Stadtarchivar von Calw, mein Ratgeber bei solchen Spezialitäten, zu der ganzen Affäre sagen? Konnte man sie überhaupt jemandem erzählen? Befand ich mich nicht mitten in einer unmöglichen Geschichte? Durfte ich, wenn ich von ihr sprach, noch als ein glaubwürdiger Zeitgenosse gelten?

Diese Gedanken beschäftigten mich in Bruchteilen von Sekunden, die der Herr offenbar nutzte, um mich etwas eingehender zu mustern. »Sind Sie auch so ein Luftschnapper?« fragte er endlich. »In meiner Bubenzeit nannten wir die vielen Kurgäste, die den Schwarzwald besuchten, Luftschnapper, und wir haben sie oft mit Verwunderung und Verachtung angesehen. Später bin ich freilich selber ein Luftschnapper geworden.«

»Nein«, entgegnete ich ehrerbietig, in eine torkelnde Verbeugung zusammenschnurrend, aus der ich nur kraft der festgefügten Brunnenmauer wieder in eine würdige Körperhaltung zurückfand. »Nein, ich bin nicht als Luftschnapper hierher gekommen, obschon ich in den steilen Calwer Gassen oft erklecklich nach Luft schnappe. Eigentlich bin ich Ihretwegen da, denn die spendable Stiftung, die Ihren Namen trägt, lud mich ein, damit ich, unbedrängt von materiellen Sorgen und von den Heimsuchungen des Alltags, hier meiner Arbeit nachgehen kann. Daß ich dabei täglich und, wie unsere Begegnung zeigt, auch nächtlich auf Sie stoße, ist nicht zu vermeiden, ja, erst dadurch erhält mein Aufenthalt so etwas wie eine höhere Weihe. Immer deutlicher wird mir klar, daß ich mich auf einer Morgenlandfahrt befinde, wenn ich auch aus meiner Heimat stets in westlicher Richtung gereist bin, immer weiter hinein ins Abendland. Ein bekannter Sohn der Stadt Calw hat den Weg vor einem halben Jahrtausend in umgekehrter Richtung zurückgelegt – der Magister Ulrich Rülein, der in der Oberen Mühle an der Nagold, unweit vom heutigen Elektrizitätswerk, das Licht der Welt erblickte und es dann zum Stadtphysikus und Bürgermeister der sächsischen Stadt Freiberg brachte. Die Beziehungen zwischen Sachsen und Württemberg sind uralt. Sie sind nicht erst in unseren Tagen gestiftet worden, seit hilfswillige Schwaben ihren Dienst in sächsischen Amtsstuben verrichten.«

Beschämt hielt ich inne, denn wieder einmal war ich meinem unseligen Hang zum Dozieren und zum gelehrten Abschweifen erlegen. Der Herr schien meine Verlegenheit kaum zu bemerken, lächelte freundlich und richtete erneut das Wort an mich: »Sie kommen also aus Sachsen, vielleicht gar aus Dresden? Ich war 1912 dort, kurz nach meiner indischen Reise, um mir Hellerau etwas näher anzusehen, denn ich suchte damals einen neuen Wohnort. Aber dann wurde nichts daraus, und ich ging in die Schweiz. Übrigens sprechen Sie fast gar nicht Sächsisch, den merkwürdig singenden und tremolierenden Dialekt der Dresdner, der mich so erheitert hat.«

Dankbar dafür, daß mich der Herr des weiteren Gesprächs würdigte, nutzte ich seine Frage zur genaueren Erklärung meines Herkommens. »Ich lebe nicht in Dresden, sondern hundert Kilometer östlich entfernt davon in der Oberlausitz, gar nicht weit von der böhmischen und jetzt auch von der polnischen Grenze, denn seit dem Ende des letzten großen Krieges ist die Neiße zur polnisch-deutschen Scheidelinie geworden. In der Nähe meiner Vaterstadt liegt Görlitz, wo einst Jakob Böhme, der tiefsinnige Schuster und Theosoph, die ganze Welt in seiner Schusterkugel gespiegelt fand. Sie haben sich doch auch mit diesem mystisch gestimmten Gottesmann und sprachgewaltigen Schriftsteller beschäftigt.«

Die sichtbare Freude darüber, in mir einen engeren Landsmann Jakob Böhmes begrüßen zu können, schien sein Interesse an meiner Person spürbar zu beleben. »Von daher kommen Sie also? Aber was tun Sie hier? Hat man Sie nicht Ihrer Arbeit wegen hierher eingeladen? Wie ein Nagold-Flößer sehen Sie nicht aus, auch kaum wie ein Gerber, abgesehen davon, daß beide Spezies so ziemlich verschollen sind. Brüten Sie womöglich eine neue Kosmogonie aus, wie weiland der Görlitzer Schuster? Die Rotweinflasche, nach der Sie immer wieder begehrlich schielen, hat freilich keine Ähnlichkeit mit Böhmes Schusterkugel, so geisthaltig jenes Getränk auch sein mag.«

40

Die Frage danach, wes Nam' und Art ich sei, hatte ich gefürchtet. Stammelnd, mit schwerer Zunge nannte ich meinen Namen und setzte darauf zu der folgenden Erklärung an, die vom Geständnis einer schweren Sünde nicht allzu weit entfernt war. »Ich arbeite literarisch, verfasse Bücher, Zeitungsartikel und ähnliches Allotria, suche mich mit Pirschgängen durch den Dschungel des Feuilletonistischen Zeitalters zu ernähren, um Ihren treffenden Ausdruck zu gebrauchen. Manche wollen in mir nur einen Wilderer sehen, der in fremden Revieren jagt, andere wiederum einen verschrobenen Kauz, der die Blaue Blume der Romantik sucht, wo es doch heute exzellent gefertigte künstliche Blumen zu kaufen gibt. Einen Schriftsteller darf und will ich mich nicht nennen, allenfalls einen Zwischenhändler, der zwischen den Schätzen, die er gefunden zu haben glaubt, und den wenigen noch lebenden Enthusiasten vermittelt. Es ist ein schweres Geschäft, dem ich nachgehe, eigentlich gar kein Geschäft, sondern ein wunderliches Spiel, beladen mit dem Odium des Anachronistischen und daher Lächerlichen, fast hätte ich gesagt ein Glasperlenspiel, wenn nicht diesem Wort durch Sie ein ehrwürdiger Charakter zugewachsen wäre. Mag sein, daß ich über alledem so etwas wie ein hoffnungsloser Fall geworden bin. Einige meiner Freunde machen dafür die deutsche Romantik verantwortlich, mit deren Paladinen ich seit langem vertraulich umgehe. Wer sich einmal mit dem Gespenster-Hoffmann, mit dem Selbstmörder Kleist oder mit dem Geisterseher Justinus Kerner zu tief eingelassen hat, der ist verloren fürs irdische Brotbettelleben. Und daß ich Sie hier treffe, mitten in der schlafenden Schwarzwaldstadt, ist wohl auch auf den romantischen Bazillus zurückzuführen, weit eher als auf den Rotwein in dieser Flasche, aus der einen Schluck zu nehmen ich mich nicht länger enthalten kann.«

Meine Rede, von Anfang an eine barocke, zudem stotternd vorgebrachte Suada, war mehrfach in ein Schluchzen übergegangen, was man vielleicht begreiflich finden wird. Daß ich aber in der Stunde, in der mir doch zumute war wie Faust bei der Erscheinung des Erdgeistes, einfach die Rotweinbouteille an die Lippen setzte und hemmungslos daraus trank, werde ich mir bis ans Ende meiner Tage selber nicht verzeihen können. Der Herr sah es offensichtlich nicht ohne Humor, jedenfalls schien er an meinem Gebaren keinen Anstoß zu nehmen.

»Über Ihren, wie Sie es nennen, vertraulichen Umgang mit den Romantikern möchte ich noch etwas mehr wissen«, sagte er, nachdem ich meine Fassung notdürftig zurückerlangt und die nunmehr zu Dreivierteln geleerte Flasche wieder auf den Brunnenrand gestellt hatte. »Auch mich haben die Romantiker mein Leben lang begleitet, ganz ähnlich wie die Weisen Indiens und Chinas. Als mich gleich hier nebenan, in dem Haus, an dem Sie jetzt die Aufschrift ›Mode-Schaber‹ lesen können, mein Großvater taufte, war bei der Feier ein gewisser Wilhelm Nast zugegen, der es später zum Bischof der deutschen Methodisten in den USA brachte. Nast war als junger Mann dem evangelisch-theologischen Stift in Tübingen entlaufen und geradewegs zu Ludwig Tieck nach Dresden gegangen, aus lauter Begeisterung für die Poesie. Mir ist die Anwesenheit dieses Mannes bei meiner Taufe, von der die Verwandten erzählten, immer zeichenhaft vorgekommen – nicht nur, weil da ein Taufzeuge einst dem theologischen Stift entronnen, sondern weil er danach zu einem gefeierten Romantiker geflohen war. Fast ist es, als ob die Vorsehung eine erste Skizze zu dem Lebenslauf hätte entwerfen wollen, der dann der meinige wurde, auch wenn ich, wie Sie wissen, kein methodistischer Bischof geworden bin.«

Durch diese biographische Reminiszenz schien der Herr so recht in Fahrt gekommen zu sein, denn er erzählte mir nun von seinen eigenen Bemühungen um die Romantiker: wie er sich um Eichendorff, Novalis, Justinus Kerner, um des ›Knaben Wunderhorn‹ und um die Geschwister Brentano gekümmert habe. Ein großmächtiges Sammelwerk, ›Geist der Romantik‹, sei von ihm lange als Krönung dieser Aktivitäten angestrebt worden, aber die Verleger hätten die Köpfe geschüttelt und sich nicht darauf eingelassen. Dafür habe er den koboldischen Hoffmann unter den Morgenlandfahrern getroffen, auch den von diesem

Schriftsteller erschaffenen Archivarius Lindhorst und den von Novalis her bekannten Heinrich von Ofterdingen, wobei ihm aufgefallen wäre, daß die geglückten literarischen Kunstfiguren viel wirklicher gewesen seien als deren Dichter. Sie gehörten eben einer anderen Wirklichkeit an, nicht den banalen Zufällen der sogenannten Tatsachen. Damit wären die Romantiker abermals glänzend gerechtfertigt, die immer gewußt hätten, daß der geheimnisvolle Weg nach Innen zu gehen habe.

Während ich diesen Eröffnungen aus wahrhaft berufenem Munde lauschte, wurde mir zum ersten Male bewußt, wie angelegentlich ich mit meinen eigenen Versuchen der leuchtenden Spur gefolgt war, die der Herr so hinreißend beschrieb. Ich empfand es als Bestätigung und Ermutigung zugleich, kam aber nicht umhin, nun auch auf die Leiden zu sprechen zu kommen, die der Eifer für die Romantik mir immer öfter verursacht.

»Mag sein«, rief ich aus, nach einem kurzen Augenblick des Glücks schnell wieder in einen weinerlichen Ton verfallend, »mag sein, daß Sie recht haben, unsereiner bleibt jedoch an die Bedingtheiten einer Zeit gefesselt, die in äußerster Romantikferne dahintreibt. Meinen Freunden gelte ich als kurioser Paradiesvogel, meinen Feinden als exotischer Drückeberger; am Ende gehen beide Sichtweisen irgendwie zusammen. So beschloß ich schon vor Jahren, mich aus dem romantischen Hörselberg zu befreien und dem eisigen Atem der Weltgeschichte zu stellen. Ich entsagte den magischen Zaubergärten und begab mich auf das glatte Parkett des Wiener Kongresses. Wenn die Sirenengesänge der Poeten auf die Dauer meinem gesunden Menschenverstand schadeten, war das Heil vielleicht von den subtilen Kombinationen der Diplomaten zu erwarten. Das sind bekanntlich Leute, die es mit dem Möglichen und Machbaren zu tun haben. Realpolitik statt Träumereien an romantischen Kaminen! Daran suchte ich mich jetzt zu klammern.«

Unwillkürlich umschloß ich mit beiden Händen den Brunnenrand, hilflos auf die Goldfische starrend, die meinem schweifenden Blick keinen Halt zu geben vermochten. »Sie sehen«, fuhr ich mit einem müden Lächeln fort, »wie es um mein Gleichgewicht steht, wo ich mich doch in meinem Buch über den Wiener Kongreß mit dem europäischen Gleichgewicht befaßt habe. Auch kam natürlich alles so, wie es kommen mußte – als geheilt bin ich aus dem Abenteuer nicht hervorgegangen. Mitten im nächtlichen Wien traf ich den längst verstorbenen Staatskanzler Metternich, nur daß er mich viel hochmütiger behandelte als Sie. Die wenigen Vertrauten, denen ich von dem Treffen zu erzählen wagte, brachten es mit dem Heurigen in Zusammenhang, dem ich vorher zugesprochen hatte, so wie sie die Begegnung mit Ihnen dem Mixtum compositum aus württembergisch-badischen Weinen zuschreiben werden. Es sind läppische Erklärungsversuche, die mir eine schonende Behandlung angedeihen lassen sollen. Auch ist mein Buch über den Wiener Kongreß am Ende nichts anderes geworden als meine anderen Hervorbringungen – eine Schattenbeschwörung!«

Ich war in ein pathetisches Flüstern verfallen, mit dem jedoch der folgende Aufschrei um so krasser korrespondierte. »Weh mir!« rief ich lauter, als es die späte Stunde gestattete, mir die Haare raufend, »weh mir! Ich werde die Geister nicht mehr los, mit denen ich mich viel zu lange schon eingelassen habe. Sie sind hinter mir her, wie die Erinnyen hinter dem Orest. Sogar hier in der Ihnen wohlbekannten Alten Lateinschule, die jetzt die Volkshochschule beherbergt, sprach ich vor einer Handvoll zunehmend zerrütteter Hörer schier zwei Stunden lang über die deutsche Romantik. Ist das nicht schrecklich? Ich finde aus den künstlichen Paradiesen nie mehr hinaus, bleibe ein Gefangener der verführerischen Stimmen, die sich darin erheben. Öfter noch ist es ein Wolfsschluchtspuk, der mich umtobt. Selbst die Hexe vom Dasenstein löst sich nun vom Etikett dieser Rotweinflasche, auf ihrem Besenstiel reitend, und läßt ihr widriges Kichern und Kreischen erschallen. Auch die harmlosen Spätburgunder werden mir zu Elixieren des Teufels. Wenn nur der Pfarrer Blumhardt in Möttlingen oder Bad Boll noch lebte, um mir mit einer Dämonenaustreibung beizustehen!«

Verzweifelt ergriff ich die ohnehin fast leere Flasche und schleuderte sie zu Boden, in dem die letzten Tropfen versickerten. Ich brach zusammen und schlug die Hände vors Gesicht, wenigstens kurz noch nach den Häusern am Marktplatz blinzelnd, ob vielleicht mein lautes Hadern und Heulen die Bürger aus dem Schlaf geweckt hatte. Aber an keinem Fenster ging das Licht an, nur die Goldfische waren erschrocken in die entferntere Brunnenhälfte geschwommen.

Der Herr schien mein Rasen mit sichtlicher Überraschung, dann mit einer gewissen Heiterkeit aufgenommen zu haben. Hierauf beugte er sich zu mir nieder, legte die kühle Hand auf meine Stirn und sagte, mich an der Schulter rüttelnd: »Mäßigen Sie sich! Nehmen Sie endlich Vernunft an! In Ihrem Kopf braust ein Zyklon, dem Wirbelsturm vergleichbar, der am Vorabend meines achtzehnten Geburtstages dieser Stadt so schwere Verwüstungen zufügte. Sie müssen das Chaos ordnen lernen, das in Ihnen brodelt. Starke Getränke sind dazu kein taugliches Mittel, womit nichts gegen einen guten Tropfen gesagt ist. Und vor allem sollten Sie für Ihre Verwirrungen nicht den kostbaren Schatz verantwortlich machen, an dessen Hege und Pflege Sie doch selber beteiligt sind. Die echten Romantiker sind die Kronenwächter der menschlichen Phantasie und gehörten von Anfang an zu den Morgenlandfahrern. Bekennen Sie sich endlich zu diesen Ahnherren, wenn Ihr Leben und Ihre Arbeit einen Sinn haben soll! Und lassen Sie es ruhig geschehen, wenn Sie eindimensionale Individuen dafür verlachen. Wir sind Narren allzumal.«

Allmählich begann der Druck zu weichen, der mich zu Boden geworfen hatte. Die Gelassenheit, die der Herr ausstrahlte, tat mir unaussprechlich gut. »Sie haben wohl ein wenig die Distanz verloren«, fuhr er fort, »vor allem die Distanz zu sich selber. Außerdem ist der Humor wichtig, denn wo er fehlt, ist auch das Humane abwesend. Schreiben Sie sich die ganze Geschichte von der Seele, auch die Geschichte von unserer nächtlichen Begegnung, und Sie werden selbst nachher darüber lachen. Verlassen Sie gelegentlich das Labyrinth Ihrer Schat-

tenbeschwörungen! Sehen Sie sich die Welt bei Tage an! Die
Romantiker haben ihre Phantasmagorien oft einem schweren
Tagewerk abgerungen. Der sogenannte Gespenster-Hoffmann
war ein mutiger Jurist, und der scheinbar so ätherische Novalis
hat sich auch mit Braunkohlengewinnung und Bergwerksbi-
lanzen beschäftigt. Trotzdem haben sie den Weg nach Innen
gefunden und das Träumen nicht verlernt. Am Ende sehnen wir
uns immer nach dem, was uns fehlt. Zwischen Tag und Nacht
schlägt der Traum seine wundersame Brücke.«

Damit ging die Rede des Herrn, wie ganz selbstverständlich,
in Verse über, die er ebenso zu mir als auch zu sich selber
sprach:

>»Wohl lieb ich die finstre Nacht;
Oft aber, wenn sie also bleich
Und düster wie aus Schmerzen lacht,
Graut mir vor ihrem argen Reich
Und ich sehne mich, die Sonne zu schauen
Und lichterfüllte Wolken im Blauen,
Um warm in glänzenden Tagesräumen
Von der Nacht zu träumen.«

»Sie sollten jetzt nach Hause gehen«, sagte er, wieder in einen
munteren, beinahe beschwingten Ton zurücklenkend, »Sie
sollten ein paar Stunden schlafen und dann am hellen Tag
über unser nächtliches Zusammentreffen nachdenken. Und Sie
sollten dann durch diese Stadt gehen, sich an ihrem Fluidum
erbauen und mit ihren Menschen reden. Das hilft gegen manche Anfechtungen. Eigentlich ist die Stadt heute schöner als zu
meiner Zeit, die vielen schmucken Fachwerkhäuser habe ich so
mein Lebtag nicht gesehen. Hier können Sie wirklich gesund
werden, eher als in den tumultuarischen Metropolen; gegen das
Berlinertum hatte ich stets schon meine Vorbehalte. Dies hier
ist freilich Provinz, und doch ist sie nicht provinziell. Ich bin
da einst weggegangen, was unvermeidlich war, habe woanders
gelebt und gestrebt, geirrt und gearbeitet, schließlich auch meinen allerletzten Platz hienieden in einer anderen Weltgegend

gefunden – ich bedauere es nicht. Aber immer noch habe ich hie und da eine Nacht Heimweh nach Calw. Wohnte ich aber dort, so hätte ich jede Stunde des Tags und in der Nacht Heimweh nach der schönen alten Zeit, die einmal war und die längst unter den Bogen der alten Brücke hinweggeronnen ist. Das wäre nicht gut. Schritte, die man getan hat, und Tode, die man gestorben ist, soll man nicht bereuen. Man darf nur zuweilen einen Blick dort hinein tun, durch die Ledergasse schlendern, und eine Viertelstunde auf der Brücke stehen, sei es auch nur im Traum, und auch das nicht allzu oft.«

Ich wünschte mir nur, daß der Herr noch lange so fortgesprochen hätte. Er hielt einen Augenblick inne und fuhr dann, immer leiser werdend, fort: »Wenn man das Leben, die Menschen oder einen Ort so lange kennt wie ich, bekommt man einen Blick für das Vergängliche und für das Bleibende auf diesem seltsamen Stern. Ein kleines Welttheater ist dieses Städtchen immer geblieben, trotz aller Veränderungen und Wandlungen. Nie mehr ist eine andre Stadt in den Ländern, in denen ich gewohnt habe und gereist bin, mir so bekannt geworden; noch immer ist die Vaterstadt für mich Vorbild, Urbild der Stadt, und die Gassen, Häuser, Menschen und Geschichten dort Vorbild und Urbild aller Menschenheimaten und Menschengeschicke.«

Hierauf folgten wieder einige Sekunden der Stille, die der Herr fast burschikos unterbrach, wohl um unserem Gespräch eine humoristische Wende zu geben: »Ein waschechter Schwarzwälder müssen Sie deshalb noch lange nicht werden. Die Getränke hier, sehe ich, scheinen Ihnen zu schmecken, so daß ich Ihnen merkliche Zurückhaltung empfehlen muß. Hingegen werden Sie mit den Mehlspeisen einige Schwierigkeiten haben, denn in Ihrer Heimat weiß man mehr die Kartoffel zu schätzen. Mir ist es im Grunde nicht anders ergangen. Einmal, schon in späteren Jahren, erhielt ich ein umständliches Zollpaket von einem Calwer, mit dem ich dereinst in der Mechanikerwerkstatt von Perrot gearbeitet hatte. Das Paket enthielt eine Maschine zur Herstellung eines schwäbischen Nationalgerichts, das ›Spätzle‹ heißt und das ich verabscheue und nie gegessen habe. Wenn Sie also ebenfalls eine Abneigung gegen diese Speise hegen und deshalb der Schwabenfeindlichkeit bezichtigt werden sollten, können Sie sich auf mich berufen.«

Ich mußte lächeln, übrigens zum ersten Male an diesem Abend. Der Herr knöpfte seine Jacke zu, warf einen Blick auf die Turmuhr der Stadtkirche und reichte mir die Hand: »Leben Sie wohl, ich muß jetzt gehen, der Zeiger dort oben rückt auf ein Uhr vor. Ich will noch geschwind dort hinunter zum ›Rössle‹ gehen und ein paar Minuten auf der Brücke verweilen, gelehnt an die Nikolauskapelle. Das ist mir der liebste Platz im Städtchen, der Domplatz von Florenz ist mir nichts dagegen. Behalten Sie mich in guter Erinnerung, und denken Sie, bei Ihren Irrgängen durch das innere Labyrinth, an die Worte des Morgenlandfahrers Novalis: Wo gehn wir denn hin? – Immer nach Hause!«

Dann war er verschwunden, als ob ihn der Erdboden verschluckt hätte. Eine tiefe Ruhe lag über dem Marktplatz, sogar die Goldfische verharrten reglos in der Tiefe des Brunnens. Langsam und wie benommen ging ich heim, betrat das Haus und den Fahrstuhl, der mich den Wolken noch ein Stück näher brachte. Dann, unter mancherlei Gedanken, aber wunschlos und heiter, ging ich zu Bett. Meine Frau schlief fest und nahm meine Rückkehr nicht wahr. Wenigstens schienen die Zahnschmerzen von ihr abgelassen zu haben.

Am nächsten Morgen erzählte ich ihr, nach längeren Zweifeln und Skrupeln, von dem Erlebnis. Sie sah mich forschend an, wiegte unmerklich das Haupt, sagte gar nichts und kochte einen starken Kaffee. Dann sah ich durch das Fenster einen Regenbogen, der sich über dem Tal der Nagold aufschwang, darunter hingewürfelt die Spielzeugwelt dieses kleinen Welttheaters. Menschen gingen umher, sprachen miteinander, strebten irgendwelchen Zielen zu. Ich tat einen weiten Rundblick, auch auf mein eigenes Leben, und hatte fast das Gefühl, zu Hause angekommen zu sein. »Wo bin ich nur hingegangen?« sagte ich zu meiner Frau und gab die Antwort gleich dazu: »Immer nach Calw!«

Walter Kappacher

Tage in Calw

Entstanden nach dem Hermann-Hesse-Stipendium in Calw,
Februar bis April 1997

Der Zug, die kleine Nagold-Bahn, ähnlich unserer Salzburger
Roten Elektrischen, nähert sich Calw. Über Ostern war ich
einige Tage zuhause gewesen – Halbzeit meines Stadtschreiber-
Aufenthalts in Calw. In Pforzheim ist mir vor anderthalb
Stunden der Anschluß-Zug Richtung Horb davongefahren.
Ich hatte den richtigen Bahnsteig zu spät gefunden, gerade
noch sah ich, drei Geleise entfernt, die roten Waggons lautlos
davonziehen. Eine Nachmittagsstunde in Pforzheim also.
Es war warm, ich setzte mich auf eine Bank auf dem Bahn-
steig, nahm das Taschenbuch ›Hölderlin, Dokumente seines
Lebens‹, herausgegeben von Hermann Hesse, das auch die
Hesse-Erzählung ›Im Presselschen Gartenhaus‹ enthält, aus
der Reisetasche. Eine Stunde später als vorgesehen würde ich
in Calw ankommen, zu spät, um bei Herrn Ackermann in der
Kreissparkasse meine Post abzuholen. Ich tauchte wieder ein
in das Tübingen um 1820 und wünschte, der Vierte im Bunde,
dabeizusein, wenn Waiblinger und Mörike den verstörten
Hölderlin in seinem Erkerzimmer abholen, wäre gern mit
ihnen zu dem Gartenhäuschen in den Weinbergen spaziert.
Ich war stolz gewesen, daheim die Erzählung von Hesse in
diesem Insel-Taschenbuch entdeckt zu haben, denn der junge
Buchhändler in Tübingen (auch noch in der Buchhandlung
Heckenhauer, in der Hesse seine Lehrzeit absolviert hatte)
sagte bedauernd, dieser Text von Hesse sei derzeit in keinem
der lieferbaren Bände enthalten. Aber immer wieder während
der Lektüre, Hölderlin trägt in dem Gartenhaus pathetisch
einen Text vor, unterbrach ich, Calwer Bilder drängten sich
vor, ich sah mich, aus dem Bahnhofsgebäude tretend, über die

breite Brücke auf die Lederstraße zugehen, schon öffnete ich die schwere Eisentür neben dem Modehaus Schaber, stieg einen Halbstock hinab zum Lift (in der Kabine ist immer noch die mit Filzstift verfaßte Inschrift ich liebe deinen Busen du süße sechzehnjährige Anke zu sehen), fuhr hinauf in den zweiten Stock, wo sich die Büros der Kreissparkasse befinden, ging weiter hinauf zu der Mansardenwohnung, in der ich mich so wohl fühle.

Eine Stadt im Kopf haben, jederzeit in sie zurückkehren können, im Geist die Räume einer Wohnung durchwandern, im Arbeitszimmer der Calwer Stadtschreiberwohnung aus dem Fenster schauen, hinunter auf die Marktstraße, hinein in die Badstraße, wo die Giebel der alten Fachwerkhäuser sich einander zuneigen. Das Ritual der Einstimmung zur Arbeit jeden Morgen, als erstes die ›moments musicaux‹ von Schubert anhören, während ich unruhig im Zimmer auf- und abgehe, Tee trinke, in der Küche aus dem Fenster schaue, ob etwa die beiden Katzen des Nachbarhauses (des Geburtshauses von Hermann Hesse) sich auf der Dachterrasse sehen lassen. Nichts stört mich, es ist ein idealer Platz zum Schreiben; diese Unruhe, diese manchmal lange Zeit, die ich brauche, bis ich ruhig werde und mich hinsetzen kann, gehört dazu.

Als ich Anfang Februar ankam, ging die Sonne – wenn sie zu sehen war – über dem Hügel im Stadtteil Heumaden um 8 Uhr 40 auf. Jetzt, nach Ostern, wird sie schon nach 7 Uhr sichtbar. Um diese Zeit bin ich schon rasiert, bereite das Frühstück vor, schaue immer wieder aus dem Fenster im Wohn- und Arbeitszimmer, hinunter auf die Marktstraße, beobachte die hin und her eilenden Leute auf dem Weg zur Arbeit, über die Brücke hinüber zum Zentralen Omnibus-Bahnhof, zu den Parkgaragen. Schüler mit kleinen Rucksäcken eilen in die Badstraße hinein. Heute ist es sonnig, aber kühl. Auf dem steilen Dach unterhalb des Fensters im Arbeitszimmer sitzen Tauben, flattern davon, als ich mich hinausbeuge, eine flaumige Feder schwebt herein. Auf der Dachterrasse unterhalb des Küchenfensters, auf der an den Rändern Blumenbeete angelegt sind, verrichtet die ältere schwarze Katze auf dem Blumenbeet, hinter dem die Terrasse abfällt zu einem Platz an der Kronengasse (das ganze Areal ist ein Kaufhauskomplex), ihr Geschäft, nachdem sie zuvor eine geeignete Stelle suchte, indem sie da und dort mit einer Pfote Erde wegkratzte und dann schnupperte. Auf der linken Seite der Terrasse befindet sich der oberste Teil des Hesse-Hauses (jetzt das Modehaus Schaber), die etwas schäbig wirkende Rückseite der obersten Etage, und darüber, unter dem spitzen Giebel noch ein Dachbodenfenster. Eine Tür führt auf die Terrasse heraus, daneben ein ungeordneter Holzstoß, mit einer Plache abgedeckt, darüber das Fenster zu einer Küche; durch dieses Fenster, das meist sehr früh am Morgen geöffnet wird, kommen die beiden Katzen auf die Terrasse. Die schwarze Katze ist fett, reagiert kaum auf die spielerischen Provokationen durch die weiße junge, pratzt ihr bloß manchmal heftig auf den Kopf. Gegen acht Uhr sitzen sie beide auf dem breiten Sims der großen Schiebefenster der Büros der Kreissparkasse, die diese Terrasse rechts abschließen. Sobald jemand im Büro das Licht andreht, erheben die Katzen sich, ihre Schwänze ragen in die Höhe, und bald darauf schiebt auch eine der Damen das Fenster zurück, und die Katzen steigen hinein, werden gefüttert, gestreichelt. Auf dieser Dachterrasse befinden sich auch große Töpfe mit Pflanzen, kleinen Bäumen. In den größten dieser Töpfe ist eine junge Fichte gepflanzt, die ungefähr anderthalb Meter groß ist. Der Wipfel biegt sich, die unteren Zweige hängen um den Topfrand herab. Dahinein begibt sich die junge Katze manchmal (kackt sie dort?); wenn ich sie nicht beobachtete, wie sie hineinschlüpft, bliebe sie darin unsichtbar. In einem anderen Topf ist seit einigen Tagen der Goldregen voll erblüht. Ist in der Küche etwas abzuwaschen? Mir gefällt die Resopalplatte, die Arbeitsfläche vor dem Fenster; als ich ankam, dachte ich, darauf könnte ich auch gut schreiben. Alles ist mir recht, was mich davon abhält, mich zum Schreibtisch setzen zu müssen. Ich gehe auch einfach gern auf dem weichen Korkboden in der Wohnung herum. Wieder schaue ich aus dem Fenster des Arbeits- und Wohnzimmers in die Badstraße hinein. Es sieht aus wie eine Theaterkulisse, in der die drei Fußgänger die Darsteller sind. Oft schon versuchte ich mir vorzustellen, was die drei Plastiken, diese urigen Figuren, zwei Männer und eine Frau, darstellen, einmal stellte ich mir vor, sie hätten in der Kreissparkasse, vor der sie stehen, Geld abheben wollen und keines bekommen, und nun streiten sie, geben sich gegenseitig die Schuld, das Konto überzogen zu haben… Jetzt ist es Zeit, den Espresso zuzubereiten und die Schubert-Cassette einzulegen. Die junge Katze sitzt jetzt auf dem einzigen sonnigen Flecken auf der Abdeckung des Holzstoßes, neben dem Küchenfenster des Hesse-Hauses. Sobald ich in der Früh das Schlafzimmerfenster öffne, kommen die beiden Katzen gesprungen, schauen herauf, miauen klagend. Ich nehme an, meine Vorgänger haben sie manchmal gefüttert.

Der Stadtschreiber hat seine Arbeit getan. Manchmal schreibt er mehr, manchmal weniger. Keiner fragt danach. Um einen neuen Roman zu beginnen, ist dies der richtige Ort, die ideale Wohnung. In dem Gebäude sind nur Büros, die Praxis eines Arztes, es ist ruhig. Niemand, der einen anruft (außer der rührigen Frau Ruff von der Hermann-Hesse-Stiftung, die sich ab und zu erkundigt, wie es dem Stadtschreiber gehe, ob es ihm nicht langweilig sei), keiner, der von irgendwelchen Problemen berichtete, die mir dann den ganzen Vormittag durch den Kopf gehen und mich irritieren würden.

Haben die Calwer je zur Kenntnis genommen, daß da in ihrer Stadt einer von auswärts sitzt und schreibt? Hätten sie eine Vorstellung davon, was ein Stadtschreiber zu tun, zu schreiben hat? Es gibt in Deutschland Stadtschreiber-Ämter mit gewissen Verpflichtungen; ich habe das Glück, hier selber entscheiden zu dürfen, was ich tun will und was nicht. Das ist sicher auch im Sinne jenes großen Mannes, dessen Namen die Stiftung trägt, denke ich. Man wünsche, der Stadtschreiber nehme teil am kulturellen Leben der Stadt, hieß es in der Einladung. Bisher habe ich nicht viel bemerkt von einem kulturellen Leben. Die Vorträge in der Volkshochschule haben mich bisher nicht dazu verführen können, die abendliche Lektüre oder das Ansehen eines Films im Fernsehen (es gibt kein Kino in Calw) zu unterbrechen. In Hirsau sind manchmal schöne Konzerte angesagt. Der Hinweg, eine Dreiviertelstunde auf dem Wiesenweg ginge noch an, aber der lange Rückweg im Finstern, oder das Warten auf einen Bus ist einer der Gründe, warum ich mich abends noch nicht aus meiner Klause locken ließ.

Jetzt, kurz vor Mittag, mache ich meine Runde durch die Stadt. Zuerst noch ein Blick aus dem Fenster im Arbeitszimmer: Geschäftiges Treiben in der Marktstraße, viel Autoverkehr. Die Sonne steht so, daß sie genau in die Badstraße hineinscheint, die Häuser aber und die mir zugewandten Dächer im Schatten läßt. Die Fachwerkhäuser entlang der Badstraße scheinen sich einander zuzuneigen. Jedes Stockwerk ragt ein wenig weiter hervor als das darunter, Vorkragen heißt man das. Auch die drei Fußgänger vor der Kreissparkasse, in ihren Bewegungen erstarrt, sind noch im Schatten. Viele Tauben sitzen auf den elektrischen Leitungen. Der Rauch aus den Schloten steigt senkrecht auf, ein Geruch von Holzfeuer liegt in der Luft. Bevor ich die Wohnungstür zuschnappen lasse, vergewissere ich mich (zerstreut wie ich oft bin) jedesmal, ob ich den Schlüssel auch in der Hand habe, seit Frau Ruff mir sagte, einer meiner Vorgänger habe sich versehentlich ausgesperrt. Am Wochenende, wenn die Kreissparkasse, wo ein Hausmeister einen Zweitschlüssel verwaltet, geschlossen hat, wäre das nicht sehr lustig!

Ich gehe die Lederstraße hinauf zum Kaufhaus Preisfux; unterwegs schaue ich in die Auslage der Kreisnachrichten und informiere mich ein wenig, was vorgefallen ist in der Welt. Dann wechsle ich auf die andere Straßenseite, schaue in die Buchhandlung von Herrn Gengenbach: Wenn er da ist und der Laden leer, plaudere ich ein wenig mit ihm, berichte ihm von meiner Hesse-Lektüre (ich hatte mir vorgenommen, in Calw die von mir vor Jahrzehnten geliebten Bücher wie ›Steppenwolf‹, ›Narziß und Goldmund‹, ›Die Morgenlandfahrt‹, ›Siddhartha‹ wieder zu lesen, aber nur bei der *Morgenlandfahrt* stellte sich die frühere Bezauberung wieder ein. Hingegen entdeckte ich jetzt andere, mir unbekannte Bücher Hesses, die mir gefielen, Texte wie Kurgast, Die Nürnberger Reise. Mit Herrn Gengenbach einig bin ich in der Wertschätzung der Briefbände Hesses; Anfang der sechziger Jahre kaufte ich mir die einbändige Ausgabe der Briefe, und diese Briefe waren damals für mich richtungweisend, haben mir Mut gemacht, meinen eigenen Weg zu gehen. Mich beeindrucken die Einkaufsmöglichkeiten in Calw, mehrere Kaufhäuser, Bäckereien, Fleischhauer sind bequem zu Fuß zu erreichen, man braucht hier, anders als in Salzburg, kein Auto, um einkaufen zu können. Und ich habe noch kein überflüssiges Geschäft gesehen, keinen Touristenramsch. Aber die meisten, die in Calw einkaufen, wohnen wahrscheinlich in den Häusern und Siedlungen auf den umliegenden Hügeln, denn abends ist die Stadt eher leer, die Fenster in den schönen Häusern an der Marktstraße, auf die ich vom Arbeitszimmer aus sehe, sind dann dunkel, dort befinden sich anscheinend bloß Büros und Arztpraxen. Ich trage das Eingekaufte in die Wohnung und gehe dann in die andere Richtung, in die Badstraße, zuerst zum türkischen Gemüseladen, manchmal in die vorzügliche Konditorei, und hole zum Schluß in der Kreissparkasse bei Herrn Ackermann meine Post ab. Wenn es – so wie heute – nicht regnet, gehe ich auch auf die kleine Nikolausbrücke; hier, auf die Nagold hinunterblickend, auf das Inselchen, vermeine ich etwas vom alten Calw zu spüren, auch vor der etwas verwahrlosten gotischen Kapelle, wohl einem der ältesten Bauwerke von Calw. Habe ich nicht viel zu tragen, spaziere ich meistens auch noch den Marktplatz hinauf, einen der schönsten Stadtplätze, die ich kenne. Nicht nur weil hier um diese Zeit in kleinen Gruppen Italiener (Pensionisten) herumstehen und sich unterhalten, hat dieser Platz für mich etwas Südländisches. An einem schon leidlich warmen Tag wie heute besetzen die Gastwirte und die Textilgeschäfte die Ränder des Platzes, indem sie Tische und Stühle aufstellen, und rollende Kleiderständer mit den Sommerkollektionen herausschieben. Oben, auf der Höhe der imposanten evangelischen Kirche (die katholische außerhalb der Stadt erscheint dagegen mickrig) drehe ich mich um und schaue hinunter auf den breiten Platz und frage mich, ob im Winter die Kinder hier Schlitten fahren können, wenn es genug Schnee gibt. In der Dämmerung, wenn sich die Passanten verlaufen haben, könnte man, am Marktplatz stehend, denken, man sei um hundert Jahre zurückversetzt worden. Aber, so fällt mir ein, damals waren die Fachwerkfassaden übertüncht, auch Hermann Hesse hat, so habe ich irgendwo gelesen, die Stadthäuser nicht so gesehen, wie man sie heute sieht. Manchmal hätte ich Lust, mich zu den Italienern zu stellen: »Buon giorno, ragazzi«, aber ich traue mich nicht. Es sieht so aus, als wären die türkischen und italienischen Gastarbeiter hier sehr gut integriert, sie scheinen sich wohl zu fühlen. Man sieht viele türkische Mädchen und Frauen in langen, oft olivgrünen Mänteln und dunklen Kopftüchern; die Mädchen tragen durchwegs diese klobigen Plateau-Schuhe, als sei das ihr Zugeständnis an die westliche Kultur. Gestern, als ich im türkischen Gemüsegeschäft einkaufte, unterhielt sich die junge Frau (sie trägt immer einen leichten schwarzen Mantel und ein dunkelblaues Kopftuch) mit anderen jungen türkischen Frauen. Mir gefällt diese Sprache, und einmal horchte ich – während ich Bananen aussuchte – auf: eine hatte in ihrem Erzählen das Wort geil gebraucht, das ja gegenwärtig zum Sprachschatz der jungen Deutschen und Österreicher gehört.

Nachmittag eines Schriftstellers. Nach den ersten Tagen in Calw, als ich mich ein wenig umgesehen hatte, war ich enttäuscht über das Fehlen von ebenen Spazierwegen; der im Stadtplan eingetragene Wiesenweg Richtung Hirsau, den ich gleich am zweiten Tag benutzte, war durchgehend asphaltiert, mit entsprechendem Autoverkehr. Steile Wege wie jener in den Stadtwald hinauf, teilweise über Stufen, sind derzeit wegen meiner Kniegelenksbeschwerden nicht günstig; trotzdem stapfte ich bald einmal hinauf und entdeckte oben, auf halber Höhe, einen brauchbaren ebenen Weg Richtung Zavelstein. Das Hinuntersteigen in die Stadt war jedoch beschwerlich, und meine Knie schmerzten dann wieder. Schließlich entdeckte ich die für mich günstigste Variante: ich ging durch die Badstraße, den Walkmühleweg entlang der Nagold, und bog dann hinauf zum Teuchelweg, leicht ansteigend, wo ich den Anschluß an meinen Rundwanderweg fand, der laut Stadtplan Felsenweg heißt. (Ein anderer Weg zweigt dort in die entgegengesetzte Richtung ab, ein Richtungspfeil nennt ihn Verlobungsweg.) Die Runde dauert ungefähr eine Stunde; und den steilen Abstieg den Stadtwald hinunter absolviere ich so langsam, daß die an mir vorbeispringenden Schüler, die wahrscheinlich von Wimberg und anderen Orten da oben auf der Hochebene zum Unterricht eilen, mich manchmal verwundert anblicken. Diesen Weg schätze ich nun sehr, in den letzten Wochen ist mir nur einmal jemand begegnet, eine alte Frau mit einem kleinen Mädchen und einem Schäferhund. Ich fragte sie, wie weit es von hier nach Zavelstein sei und wie man hingelange, und sie beschrieb mir den Aufstieg, aber mir schien, daß dieser Weg derzeit für mich nicht in Frage komme. Parallel zu meinem Waldweg, ein Stück über diesem liegend (der wegen der Steilheit des Geländes bei entsprechender Witterung teilweise im Sonnenlicht lag), gab es, so sah ich auf dem Plan der Stadt, einen Waldlehrpfad. Mir genügt, was ich auf meinem Weg beobachten kann: Wie ab Mitte März die jungen Bäume, die Sträucher zuerst winzige Triebe entwickelten, die jeden Tag größer wurden; wie der Schatten am Beginn des Weges sich mehr und mehr zurückzog; das erste Mal, als ich ihn bewußt wahrnahm, reichte er bis zum Stumpf einer von einem Sturm entwurzelten Fichte. Nun beginnt der sonnige Abschnitt schon zehn Meter früher. Wie die ersten Insekten am Wegrand herumflogen, sogar einmal ein Zitronenfalter, wie ich zum ersten Mal Vögel singen hörte. Wenn ich selbstvergessen in meine Geschichte eintauchte, verschiedene Vorstellungen über den Fortgang entwickelte, bemerkte ich jedoch kaum etwas von der Umgebung, ich gelangte dann erst in den Wachzustand wenn ich in den Schatten des Stadtwaldes geriet. Auf dem Richtungweiser dort, wo ein schmaler Pfad den Hang stadtauswärts hinunterzieht, steht Bahnhof Calw, gemeint ist der alte, aufgelassene Bahnhof, der neue befindet sich seit ich weiß nicht wievielen Jahren ungefähr einen Kilometer weiter stadteinwärts. Man sieht den alten durch die Bäume hindurch jenseits der Nagold, jenseits der Schnellstraße, auf der die Autos hin und her rasen. Am Wegrand liegt eine leere Bierdose mit der Aufschrift Dinkelacker, dieses Wort kriege ich lange nicht aus dem Sinn. Als ich mich nach der Hälfte des Abstiegs auf eine Bank setze, kommt von unten ein alter Mann mit einem Schäferhund, bleibt stehen, grüßt und setzt sich zu mir. Er habe mich schon öfter hier beobachtet. Der Hund, mit einem langen Ast im Maul, hat sich so hingesetzt, daß ich gar nicht mehr aufstehen könnte. Der Mann beklagt sich über die hohe Hundesteuer. Achtzig Jahre sei er alt, er kriege nur eine kleine Rente. Dann erzählt er von seiner Militärzeit in Rußland. Er sei immer gut zu den Russen gewesen, und eine Russin in einem Dorf habe ihm dann, als er schwer verletzt wurde, seine Beine verbunden, obwohl sie kaum einen Fetzen gehabt habe. Einmal hätte er eine Gruppe von Russen aus der Gulaschkanone verköstigt. Sie hätten immer zu essen gehabt, und diese Russen seien am Verhungern gewesen. Als er in jenem Winter nach seiner Granatenverletzung nicht mehr weiterkonnte, habe sein Hauptmann gesagt: Wenn Sie hintenbleiben, muß ich Sie erschießen! Wie seltsam: Als ich weiter hinunterstapfte in die Stadt, entdeckte ich an einem Laternenpfahl einen Aufkleber: Unsere Großväter waren keine Verbrecher / wir sind stolz auf sie.

In der Stadt unten angelangt – die Steilheit des Geländes setzt sich in der Marktstraße fort, ich gehe meistens entlang der rechten Häuserreihe, dem Arbeitsamt, der Apotheke, Kaisers drugstore, einem Papiergeschäft – beschließe ich, die Einladung von Herrn Wendland anzunehmen und in seinem Lokal einen Kaffee zu trinken. Im Treppenhaus waren wir uns unlängst begegnet, er fragte mich, ob ich der neue Stipendiat sei. Es stellte sich heraus, daß Herr Wendland direkt unter mir wohnt. Er habe sein Café seinem Neffen übergeben, sagte er, aber tagsüber arbeite er weiter dort. Er wirkte wendig, wie ein Pensionist sieht er jedenfalls nicht aus. Zuerst gehe ich aber noch den Marktplatz hinauf und schaue in die Auslagen der Buchhandlung Fuchs neben dem Hesse-Museum. Ein Schaufenster ist immer reserviert für die Werke von Hesse oder für Bücher über Hesse. Vor dem Museum notiere ich mir die Öffnungszeiten. Ich möchte unbedingt wenigstens noch einmal, mir Zeit lassend, durch die Räume des Museums gehen; Herr Rathgeber, der Stadtarchivar, hatte mich vor ein paar Wochen durch die Ausstellung, an deren Einrichtung er maßgeblich beteiligt war, geführt. Viele interessante Exponate, Originalbriefe, Erstausgaben, Fotografien, Dokumente. Auf einer Fotografie aus Italien verblüffte mich die Ähnlichkeit des jungen Hesse mit Peter Handke. Auch das wunderschöne Montagnola-Aquarell von Gunter Böhmer möchte ich noch einmal sehen. Mir kam nachher in den Sinn, daß ich bisher Hesse in der Stadt Calw nicht gespürt hatte. Er hat ja auch bloß seine Kindheit und Jugend in Calw verbracht. Nur einmal, als ich ziellos durch die Bahnhofstraße ging und mich unvermittelt an einem Haus einer Tafel gegenüber sah: Stammhaus der Fa. Perrot, war ich dem 17jährigen Lehrling Hermann Hesse nahe. Das Café Wendland in der Badstraße – das Fachwerkhaus steht an der Stelle, wo sich einst das Stadttor befand – ist innen dämmerig-gemütlich, modern eingerichtet. Es ist viel Betrieb, Herr Wendland kann sich, nachdem er mir den Cappuccino gebracht hat, nur kurz zu mir setzen. »Wir plaudern ein andermal«, sagt er. Ob ich dabei sei, einen Text über meinen Aufenthalt in Calw zu verfassen, fragt er. Ich sage, mir sei es nicht gegeben, so rasch auf etwas zu reagieren, ich könne das erst in einigen Monaten tun, daheim in Salzburg. Einen Text über einen Sommer in der Toskana hätte ich im Winter in Salzburg geschrieben. Die ›Stuttgarter Zeitung‹ liegt hier aus, ich hole sie mir, schlage das Feuilleton auf und erinnere mich, wie bestürzt ich vor einigen Wochen war, als ich mir diese Zeitung gekauft und darin vom Tod des von mir verehrten Autors Bohumil Hrabal gelesen hatte. Flink bewegt sich Herr Wendland, jeder

Handgriff sitzt, er trägt ein kurzärmeliges Hemd, bedient auch einige Gäste draußen – zum ersten Mal habe er heute, sagte er, die Tische draußen aufgestellt –, während ich in Pullover und Windjacke dasitze. Zwei Männer am Nebentisch unterhalten sich über das letzte Hochwasser Ende Februar. Mir fällt ein, wie mich damals, als es beinahe jeden Tag regnete, einmal, als ich ohne Regenschirm zur Post ging, ein wolkenbruchartiger Regenguß erwischte und völlig durchnäßte. Am nächsten Morgen hörte ich von der Marktstraße herauf die Durchsage von einem Lautsprecherwagen: Achtung Achtung, die Stadt Calw ist von Hochwasser bedroht. Bitte … Sie Ihre Keller und … Ich beugte mich aus dem Fenster im Arbeitszimmer. Auf der Brücke standen viele Menschen, und ich sah, daß die Nagold beinahe auf Straßenniveau mit hoher Geschwindigkeit daherschob. Die beiden Katzen waren damals tagelang nicht zu sehen gewesen. Als ich später durch die Lederstraße ging, lagen vor jedem Haus Sandsäcke.

Die Abende gehören der Lektüre. Außer Hesse las ich Romane von Paul Auster, den ich noch nicht kannte, eine Biografie Stifters von Wolfgang Matz und eine autobiografische Prosa von Charles Simic. Das Fernsehen bietet fünfzig oder mehr Programme (ich habe noch nicht alle ausprobiert), aber selten etwas Sehenswertes. Kitsch, Schwachsinniges können mich durchaus ab und zu faszinieren, und so habe ich (daheim mache ich selten Gebrauch von den vier Fernsehprogrammen) an den ersten Abenden hier viel zu viel Zeit vor dem Bildschirm verbracht. Was hätte sich Hermann Hesse gedacht, wenn er sich da durch die Programme gezappt hätte? Er, der sich im *Steppenwolf* über ein zu liebliches Goethe-Porträt ärgert – während es heute beinahe nichts Schönes mehr gibt, was nicht ausgebeutet, vermanscht, verfälscht, für die Massen konsumierbar gemacht wird. So sah ich neulich hier in einem Laden eine Reproduktion eines Gemäldes von Van Gogh, besser gesagt einen hübschen Ausschnitt eines Gemäldes, im Postkartenformat gerahmt. Und im Radio hörte ich ein Stück einer Mozart-Serenade, unerträglich verkitscht von den Musikern des Rondo Veneziano. Heute möchte ich eine frühe Prosa Hesses, ›Der Novalis‹, wieder lesen, diese Erzählung hatte mich vor vielen Jahren entzückt. Bevor ich das Fenster im Arbeitzimmer schließe, schaue ich noch einmal hinunter auf die Marktstraße. Es ist schon dunkel, angenehm karge Straßenbeleuchtung, die das Auge nicht blendet; Autos kommen über die Nagoldbrücke und fahren unten vorbei, den Berg hinauf, junge Leute stehen in kleinen Gruppen herum und unterhalten sich, sie sind schon sommerlich gekleidet mit kurzärmeligen Hemden – wenn ich nur hinschaue, friert mich schon. Jenseits der Brücke, erhöht, auf der Bahntrasse, höre ich einen Zug aus Richtung Horb kommen, das erinnert mich daran, daß ich in ungefähr vier Wochen heimreisen werde; sehr früh am Morgen werde ich mit meinem Koffer über die Nagold-Brücke gehen, hinein in den ZOB, mit dem Lift hinauf zum Bahnsteig. Ich rechne aus, mit wievielen Seiten Geschriebenem ich heimkomme, wenn ich das bisherige tägliche Pensum beibehalten kann. Bevor ich mich zum Lesen auf die Couch lege, schaue ich in der Küche aus dem Fenster. Der intensiv strahlende blaue Lichtreflex auf der Hauswand des Hesse-Hauses kommt von der Lichtrekla-me einer Versicherungsgesellschaft auf einem Gebäude in der Kronengasse. Die Küche des Hesse-Hauses ist durch ein Licht in einem anderen Raum (vielleicht im Vorzimmer) spärlich beleuchtet, ich sehe die beiden Katzen auf dem Tisch hinter dem geschlossenen Fenster sitzen und herausschauen.

Kito Lorenc

Cevapcici für die Katze Hermine

Entstanden während des Hermann-Hesse-Stipendiums in Calw,
September bis November 1997

Der Koffer mit der Wäsche für ein Vierteljahr stand noch
unausgepackt im Korridor, daneben die Reiseschreibmaschi-
ne mit den zusätzlichen sorbischen Typen und die Tasche,
gefüllt mit Schmierpapier, zwei Wörterbüchern (Schwäbisch,
Sorbisch), je einer Flasche bzw. Dose Lausitzer Flachsöl und
Bautzener Senf sowie einigen Utensilien zum Aquarellieren.
Ein flüchtiger Blick über Bad und Bett der »Dichter-Klause«,
zum späteren Hineinfinden, und ein noch flüchtigerer aus
dem Fenster: hoch über den Dächern, früher Septemberabend,
die Sonne gerade noch da. Also nichts wie hinunter auf die
Straße! Denn sofort galt es das Revier um den Schreibtisch zu
erkunden, mögliche Gefahren für die Arbeit auszuforschen
und mehr oder minder gefährliche Möglichkeiten, sich vor ihr
zu drücken. Letzteres dürfte eng werden, hatten mich Eingeweihte gewarnt, so zwischen die steilen Hügel geklemmt, auf
die du mit deiner Kettenraucher-Puste nicht raufkommst. Dir
bleibt nur, an der Nagold auf und ab zu spazieren oder, weil
du von dem Stipendium auch noch das meiste sparen willst,
ab und zu ein Orgelkonzert zu besuchen, mit anschließendem
Melodienraten nach Gesangbuchnummern. Es hieße ja nicht
umsonst:

> Aus Kalb wird keine Kuh,
> ist zu eng der Stall dazu.

Außerdem, flüsterte man mir, gäbe es da noch eine gewisse
Bigotterie ... Dagegen hielt ich zunächst folgenden sorbischen
Spruch:

Kalb mit der Trommel
hinterm Holderstrauch
Dran mit dem Fuchs!
und der Wolf will auch.

Schließlich konnte ich noch mit dem Hinweis auf eine weitläufige Tante von mir kontern, die in Herrnhut oder Kleinwelka oder Niesky wohnte und derart bigott war, daß sie als Siebzigjährige mal einen Stubenmaler nackt von hinten ansprang und ihn samt Stehleiter auf sich runterriß.

Nun, viel gefährlicher mochte es hier auch nicht kommen, und im übrigen ging meine Hauptbesorgnis in andere Richtung, nämlich zu dem größten Sohn der kleinen Stadt, galt seinem Dunstkreis in ihr und um sie herum und der Dunstglocke, wo nicht dem Ozonloch seines gesammelten Werkes über ihr. Ich hatte mir vorgenommen, um hier überhaupt ein weniges unbefangen schreiben zu können, Einwirkungen solch atmosphärischer Art zu ignorieren und den bewußten Namen bzw. dessen literarische Doubles oder (Halb-)Klone kurzerhand hinter einem tabuisierenden, wenn auch etwas aufmüpfigen HaHa (Harry Haller? Hermann Heilner?) verschwinden zu lassen.

Jetzt aber raus!

Und schon stand ein überdimensionales »lebendes Bild« von Weihnachtskalender vor mir – wie mußte es erst mit Schnee aussehen! Und was mochten für Süßigkeiten und Überraschungen stecken hinter den Schaufenstern, Fenstern und Türen, und erst recht in den als Fensterläden und Fachwerkfelder getarnten Geheimfächern! An der Außenfront hat man sich freilich bald sattgesehen, und gleich wurde ich ja auch fortgezogen, fortgeschoben in einer schlingernden, gegenläufigen Peristaltik – es mußten ganze Busladungen von Touristen und etliche Stadtführungsgruppen sein, die hier von zwei und mehr Enden her in die Gassen gepreßt wurden. Oh, und da war er schon wieder ausgestellt, dieser omnipotente HaHa, diesmal als Hobbymaler. Hatte ich gar nicht gewußt, daß er das auch - - - Ich mußte nachher sofort mein Aquarellzeug wegschließen! Jetzt blieb mir nur noch das Klavierspielen, und die Stipendiatenwohnung hatte kein Klavier. Ob er etwa auch - - -?

Zum Glück schob man mich weiter, doch bevor ich auf den HaHa-Platz und gegen den HaHa-Brunnen gedrängelt wurde, konnte ich mich zwei, drei Stufen nach links abwärts retten in ein niedriges Häusle voller Schwabenbräu. Mit mir ein ganzer Schwapp Stammgäste, jedenfalls wurden alle mit Handschlag begrüßt, ich auch gleich mit. Und alle nickten mir zu, freundlich wie Maultaschen, und ich versuchte zurückzulächeln wie Spätzle und setzte mich etwas abseits, während die Einheimischen an der Theke stehen blieben. Ihr lebhaftes Gespräch ging, soweit ich das schon beurteilen konnte, in einem eher gemäßigten Schwäbisch vonstatten, und trotzdem verstand ich über weite Strecken gar nichts. Um desto besser lauschen zu können, steckte ich meine Nase, nachdem ich Bier und Obstler bestellt hatte, in die Calwer ›Kreisnachrichten‹.

Ich höre gern Schwäbisch, es klingt so hübsch verdruckst und mit seinem zermatschten »s« ganz entfernt etwas nach Sächsisch, Slawisch und Portugiesisch.

Der Wortführer an der Theke war, zumal er des öfteren geschickt das Wort Redaktion in seine Rede flocht, unschwer als Lokalberichterstatter zu erkennen, er ließ manchmal ein »exakt« oder Sätze wie »das Problem ischt hausgemacht« hören. Ab und zu schaute er Aufmerksamkeit heischend auch zu mir herüber, ich hatte mir für alle Fälle schon ein »i ka koi Schwäbisch« zurechtgelegt. Die Unterhaltung der wackeren Männer schien einer gewissen Tiefe nicht zu ermangeln. Einmal ging es, wenn ich recht verstanden hatte, beinahe bis zum Streit um die Wassertiefe der Nagold unter dieser oder jener Brücke, und ein andermal demonstrierte einer mit beiden Händen, wie tief die Mulde war (wir würden im sorbischen Deutsch »Kuhle« sagen), die drei Fallschirmspringer auf dem Boden hinterließen, als sie – zu verschiedenen Zeiten – mit ungeöffnetem Fallschirm vom Calwer Himmel gefallen waren.

Zwei Monate später, im November, würde die nicht minder erregte Rede über Bauknecht und Deckenfabrik (»Decke«) gehen, doch das ist schon ein anderes, ernsteres Kapitel – bleiben wir lieber beim schönen September.

Da trat nun dieser Kauz in die Bierstube, im Wanderdreß. Ich weiß nicht, ob der hagere Mann ein Hiesiger und Schwabe war, jedenfalls war er wohl kaum von der Schnellen Eingreiftruppe, so umständlich wie er sich auszog. Den Stammgästen schien er bekannt, wenn sie auch keinerlei Notiz von ihm nahmen, was mich erst sehr und dann bald gar nicht mehr wundern sollte. Denn kaum daß er unweit von ihnen Platz genommen und sein Bier vor sich hatte, begann er in das Theken-Gespräch, so als habe er daran teil, verschiedentlich hineinzulachen, und zwar in allen Tonlagen keckernd, glucksend, wiehernd, ohne daß ich einen Anlaß dazu erkennen konnte, und ebenso zusammenhanglos gab er in Richtung der Männer mitunter Wortbeiträge ab wie »aber die größte Schwarzwälder Kirschtorte gibts in Igelsloch«. Und dann wieder seine schrägen Lacheinlagen.

Unwillkürlich und zu meinem Verdruß fiel mir HaHa ein, der auch dazu was geschrieben hatte, nämlich daß es an der Calwer Lateinschule seinerzeit noch Schläge (hieß es »Tatzen«?) dafür gab, »wenn man auffiel, durch unpassendes Lachen zum Beispiel«. Und ich wünschte mir im stillen, daß ich in Calw nicht auffallen möge, wenigstens nicht durch allzu passendes Lachen. Denn der verschrobene Lacher war mir nicht unsympathisch, ich mochte seinen harmlosen Geiz, seine kleine Schnorrerei nach der Devise »Lachen kostet nichts, also lach ich möglichst viel, und sei es nur für mich!« Sahen ihn die andern so ähnlich, oder war er ihnen einfach schnurz? Auch egal nun, denn plötzlich, binnen einer Minute, bezahlten alle, auch der Lacher, und brachen auf.

Als ich knapp nach ihnen vor die Tür trat, waren sie allesamt wie vom Erdboden verschluckt. Und die Geschäfte, die Sparkasse waren geschlossen, die Tagesbesucher und Dienstzeit-Calwer auf und davon mit Bus oder Auto, über alle Berge oder doch die Hänge hoch, als sei ein Kehraus durch die Gassen gefahren.

Und nun, so schien es, war man hier fast wieder unter sich, eine Drehorgel war zu hören, einzelne Stimmen ließen sich unterscheiden. Ich brauchte nur um die Ecke zu biegen, in Richtung Markt, da bot sich Augen und Ohren ein ganz anderes, das eigentliche, das Vielvölker-Calw. Auf kleinstem Raum lebte es, vergnügte und genügte es sich da in dem warmen sinkenden Abend. Der Leierkasten spielte den ›Türkischen Marsch‹, Tauben gurrten osmanisch, Brunnen plätscherten italienisch oder iberisch, Augenblumen blühten levantinisch, und Hodscha Nasreddin saß mit seinen Zuhörern geschichtenerzählend auf der Bank rund um den Baum, während seine Frauen und Töchter die gellend lauten, zahlreich herumtollenden Kinder hüteten und erzogen, würdevoll, vor aller Augen.

Nun kriegt zwar ein Sorbe, kaum daß er ein paar hundert Kilometer weit weg ist von zu Hause, nicht gleich Heimweh oder dichtet gar sentimentale Heimatlieder, wie ich es bei so manchem slawischen Barden erlebt habe. Doch als ich aus dem Calwer Sprachengewirr auch noch brüderlich-serbokroatische und russische Töne heraushörte, wurde mir da auf dem Markt vollends »saumäßig« (schwäbisch für »sehr«) wohl, meine nach mehr als Weite dürstende Seele aalte sich in Erinnerungen an frühe slawistische Sommeruniversitäten und flutschte freudig bis rüber nach Wladiwostok und dann runter bis zum Ohridsee und wieder in die Lausitz, um sich bald darauf in einem Calwer Bistro mit der verlockenden Aufschrift

C e v a p c i c i

einzufinden, diesmal bei Bier und Slibowitz. Die reizende, aus Calw stammende Wirtin konnte das Hackfleischröllchen-Braten schon seit vielen Jahren – von ihrem jugoslawischen Mann, wie ich bald erfuhr. War er nicht aus Montenegro? Ich weiß es nicht mehr genau. Und was standen überhaupt für Landsmänner an den Tischen, sprachen sie serbisch oder kroatisch, schwäbelten sie türkisch oder türkten sie schwäbisch? Dauernd murmelten sie da »znaš« (das südslawische »weißt du« und »nicht wahr«), oder es war das schwäbische »woischt«, was schon fast wie das sorbische »wěš« klingt und dasselbe bedeutet. Und Montenegro heißt in der Landessprache Crna gora, und das heißt schwarzes Gebirge – warum nicht gleich Schwarzwald! Doch das zungeübende Wort »ćevapčići« ist ein Turzismus im Südslawischen – nur, war es richtig geschrieben hier am Bistro, standen Häkchen und Striche nicht auf dem falschen »c«?! Gleich morgen würde ich mich – trotz der Bücherflut von und aus und über HaHa – in einen Buchladen wagen und in einem serbokroatischen Wörterbuch nachschlagen ...

Beim ćevapčići-Essen mußte ich auf eine besonders scharfe Peperonischote gebissen haben, denn plötzlich verstand ich türkisch und konnte das Gespräch zweier Hausväter am Nachbartisch verfolgen.

Der aus der Altburger Straße sagte: »Ich hab bei der Renovierung einen Grabstein von 1895 gefunden, darauf stand was in der alten deutschen Schrift, Sultanin, nein Sütterlin heißt sie, glaub ich, und das konnte ich nicht lesen. Da hab ich den Stein ins Stadtmuseum gefahren, ob sie ihn dort nicht brauchen können. Aber denen war er nicht alt genug. Hab ich ihn eben bei mir im Garten aufgestellt.«

Da meinte der aus der Badstraße: »Und ich war im Stadtarchiv und wollte das Alter unseres Hauses wissen. Aber die konnten es bloß bis zum Jahre 1523 zurückverfolgen in ihrem Lagebuch. Müßten wir doch eigentlich alles wissen«, schloß er fast bedauernd und setzte hinzu: »... wenn wir denen ihren Typus der deutschen Kleinstadt erhalten wollen, nach der denkmalpflegerischen Vorgabe.«

Das weitere verstand ich nicht mehr richtig, weil mein Zungenbrand nun doch etwas nachließ, und so machte ich mich wieder auf die Socken, Richtung Wohnung.

Nur – von daher drang jetzt ein ständig lauteres Dröhnen und Tosen. Gerade noch hörbar intonierte der Leierkasten das beliebte tschechische ›Kolin, mein Kolin, liegst so hübsch im Tal‹ – da schwoll das Motorengeheul und Hupengequiek vor mir zur Krawallorgie an. Ich mußte auf ein Autodrom geraten sein! Über den »verkehrsberuhigten Bereich« vor meinem

Hauseingang bewegte sich – dicht an dicht, Stoßstange an Stoßstange, in und aus beiden Richtungen – ein Doppelkorso von möglichst schweren, möglichst hochgetrimmten Limousinen, mit hämmerndem Sound aus den offenen Fenstern, und in denen schoben und schwammen und glitten die möglichst gleichmütigen Gesichter der jungen Kerls von Calw vorüber. Die Söhne der vielen Völker veranstalteten diese Prozession, sie waren es auf ihrem feierabendlichen (und wie ich bald merken sollte: allabendlichen) Balzpfad. Und sie nutzten die erzwungene, vielmehr ermöglichte Langsamfahrt, um coole, träge oder finstere Blicke nach links und rechts in die abzweigenden Gassen zu schicken und – ohne viel Hoffnung auf Neues, Unbekanntes oder gar Sensationelles – nach den größeren Mädchen Ausschau zu halten, welche ihrerseits (soweit sie der elterlichen Aufsicht entkommen waren) paar- oder grüppchenweise herumstanden oder wie zufällig zum xten Mal um die Ecke bogen und kichernd und schwatzend und nur so aus den Augenwinkeln die nicht enden wollende Imponierparade abnahmen. Und es war nicht zu übersehen und schon gar nicht zu überhören, daß jeder der jungen Hirsche nach irgendwelchen Bögen um die Stadt wiederholt und aus je verschiedener Richtung zum gedrosselten Defilee kam, und Zu- oder Abfahrt boten jeweils neuerliche Gelegenheit zum Heranröhren oder Wegdüsen.

Dabei dunkelte es nun rasch, und etwas boshaft zitierte ich mir die Stelle von HaHa herbei, wo er den Calwer Abend von vor reichlich hundert Jahren schildert: »In dem engen, tief eingeschnittenen und gewundenen Flußtal kam die Dämmerung früh (...) Geplauder und Gesang lief über Brücken und Gassen (...)«

Ich war nun doch gespannt, wie lange der Rummel noch andauern würde und beschloß, sein Ende in der Calwer »Mitropa« abzuwarten, von wo man eine gute Aussicht zur Marktstraßenbrücke genießt, dem verkehrsstrategischen Angelpunkt des Geschehens.

»Mitropa« steht nicht in Meyers Taschenlexikon und ist – die Älteren werden es vielleicht noch wissen – das Kurzwort für »Mitteleuropäische Schlafwagen- und Speisewagen AG«, und in der DDR nannte man so auch die Bahnhofswirtschaft. Der zusätzliche Aufenthalt in dem verglasten Pavillon mit Ausschank und Imbißangebot unter der Betondecke des mächtigen ZOB-Bunkers, der außer dem »Zentralen Omnibusbahnhof« auch den neuen Calwer Bahnhof und ein Parkhaus enthält – dieser von den Umständen diktierte Aufenthalt kam mir durchaus zupaß, denn auf den Rat eines (leider schon verstorbenen) Erforschers der plebejischen, wo nicht lumpenproletarischen Abteilung des DDR-undergrounds sowie aus langjähriger eigener Erfahrung hatte ich die Gewohnheit angenommen, in fremden Städten eigentlich zuerst die Mitropa und, falls vorhanden, den Zoo aufzusuchen. Hier war man an der Quelle der Stadtfolklore, konnte den Leuten aufs Maul schauen und hatte – ohne viel Gewese um Speis und Trank, Garderobe und Etikette – noch allerlei menschlich-kreatürliche Kurzweil gratis, ja sogar eine Prise Fernweh und Exotik …

Allerdings war die Zeit der sogenannten Sitzgastronomie mit Bedienung nun auch in den Bahnhöfen des Ostens vorbei, aus den meisten »Mitropas« waren auch dort Ladengeschäfte geworden, die sich besser rechneten.

So betrat ich den etwas schmuddeligen Pavillon des ZOB mit leiser Wehmut, und er hatte – obwohl ich darin außer einer Schar Fliegen der einzige Gast war und blieb – sofort meine nostalgische Sympathie, schon wegen des geradezu mitropatypischen Bahnhofwirts, den ich bei Bier und Zwetschgenwasser ungestört betrachten konnte. Gewiß nicht weit vom Rentenalter, hielt er sich, die Hände meist auf dem Rücken, steifnackig aufrecht, würdigte mich nicht Worts noch Blicks und schaute statt dessen grimmig wie der Henker von Calw durch die Scheiben nach draußen, wo sich bedenklich nahe um sein Glashaus die noch nicht motorisierte Calwer Schuljugend tummelte, also sich neckte und anrempelte oder umarmte und knutschte oder einfach nur so herumständerte, wie wir es daheim im sorbischen Deutsch nennen.

Zwei der Jungen hatten große Hunde an der Leine, die jetzt direkt vor dem Eingang laut kläffend aneinandergerieten und kaum zu bändigen waren. Erbittert fuhr der Wirt zur Tür hinaus, stellte sich gebieterisch davor auf und wies mit ausgestrecktem Arm wortlos in jene unbestimmte Ferne, wo er die ganze mehrsprachige und von seiner Strenge wenig beeindruckte Bagage zweifellos hinwünschte, um dann kopfschüttelnd und Unverständliches murmelnd an seinen Platz zurückzukehren. Zutiefst milde gestimmt von dem erlebnisreichen Abend, mochte ich soviel einsame Verbitterung nicht unerlöst lassen und versuchte ein Gespräch mit dem Griesgram.

»Die Probleme hier sind doch alle hausgemacht«, begann ich vorsichtig. Ich erwartete zwar nicht gerade ein zustimmendes »ex-akt«, doch es kam nicht mal ein unbestimmtes Brummen. Während meines nun folgenden Monologs schien er mich noch demonstrativer zu übersehen, wodurch ich allmählich in Rage kam und mich vielleicht zu einigen Übertreibungen hinreißen ließ.

»Hier wird man wenigstens nicht gebissen«, knurrte ich. »Dort wo ich herkomme, aus dem Osten, da halten die Leute im Dreiländereck jetzt sibirische Wolfshunde, mongolische Fleischerhunde und Budweiser Bullbeißer und machen sie scharf auf Ausländer und überhaupt auf alle Fremden. Nach Feierabend, falls sie nicht arbeitslos sind, fahren sie in Polen billig tanken, danach noch billiger auf den Tschechenstrich, und dann trainieren sie zu Hause ihre teuren Köter. Nun kommen aber zu uns aufs Dorf kaum Ausländer, und so reagieren sich die Viecher an Zugezogenen wie mir ab. Neulich erst hat mir so ein Dalmatiner fast die Schreibhand zerfleischt. Nieder mit dem Fundamentalismus!« Zur Bekräftigung zeigte ich noch auf die blasse kleine Narbe an meinem Daumen. Der Wirt zuckte nicht mal mit der Wimper, spülte Gläser aus und schaute angelegentlich prüfend hinein.

Jetzt ging ich ihn direkt an und sagte ätzend: »Soll ich Ihnen mal verraten, was euer Problem hier in Calw ist? Die Deutschen haben sich moderne, bequeme Häuser an den Berghängen gebaut und sich aus dem alten Zentrum nach oben verdünnisiert. Und jetzt, wo in die verlassenen Fachwerkhäuser die Ausländer nachgerückt sind und sich um den Denkmalschutz und den Erhalt der deutschen Kleinstadt kümmern, klagen die deutschen Gastwirte und Kioskpächter über ausländische Konkurrenz und mangelnden Umsatz. Bei Ihnen hier ist doch auch der Hund verreckt.«

Der Wirt oder Pächter sieht mich immer noch nicht an und zählt ungerührt seine Tageseinnahmen. Ich resigniere langsam.

»Aber wir von drüben verstehn zu wenig davon«, lenke ich ein, »wir hatten ja im Osten eine Zeitenkehre, und jetzt sitz ich hier in einer Zeitschleife, wenn Sie wissen, was ich meine. Hier im Westen war ja alles so weitergegangen wie früher, während wir schon in einer anderen Zeit lebten. ›Überholen ohne einzuholen‹, verstehen Sie? Und jetzt nun sind wir wieder zurück, aber nicht ganz an der alten Stelle, weil ihr natürlich inzwischen schon weiter seid, und wir sind auch nicht mehr ganz die alten. Deshalb müssen Sie verstehn, daß ich ein wenig verwirrt bin und manchmal so abgehobenes Zeug rede. Zahlen bitte!« Sofort kam der Wirt oder Pächter abkassieren, und endlich sagte er was – auf Sächsisch: »Mir schließn eh glajsch.«

Auf irgendwelchen Umwegen gelangte ich in meine Behausung (hieß die letzte Station »Adria« oder »Jadran«?) Der Autokorso unter meinem Dachfenster lief noch immer, wenn auch etwas gelichtet. Dafür wurden seine Geräusche, aber auch Stimmen und Schritte durch den engen Häuserschacht bis zu mir herauf in ungeahntem Maße verstärkt. Es hörte sich an, als ob da unten mutwillige Kinder eine gewaltige Klospülung möglichst häufig betätigten und vor Vergnügen dabei kreischten und trampelten. Einen stärkeren Geräuschpegel konnte auch das einstige Nagold-Hochwasser kaum erzeugt haben, selbst beim Andrängen und Bersten der Holzflöße vor der Nikolausbrücke nicht ...

Es war spät geworden. Das Logo der Kreissparkasse glühte vor sich hin, und der Calwer Mond schien ins Fenster, kalt wie das Auge des Holländer Michels. Mir wollte kühl werden ums Herz. »Schatzhauser im grünen und leider wohl auch hier schon sauren Tannenwald«, flüsterte ich vor dem Einschlafen, »ich bin zwar kein Sonntagskind, aber mach doch bitte, daß der verkehrsberuhigte Bereich unter mir zur Fußgängerzone wird, daß die Calwer Diskokönige unter den Motorhauben hervor und recht bald unter die richtige Haube kommen, und vor allem, daß es der großen Sparkasse nie an Not- und Zugroschen fehlen möge für Lehrstellen, Arbeitsplätze, internationale Schüler- und Jugendclubs usw. usf. Und für Stipendien!« - - -

Ich erwachte wohl zu früh und aus allerlei wirren Träumen. Vorm Schlafzimmerfenster die Giebel und die Hügel hinter ihnen ragten als Klippen und Inselkuppen aus dem milchigen Morgennebelmeer, durch das wie aus einem versunkenen Vineta gedämpftes Glockenläuten zu mir herdrang.

Oder befand ich mich selber am Grund dieses Meeres? Schon rollte die Armbanduhr ihr rundes Fischauge, dümpelte das bleiche Gerippe des Heizkörpers in der leicht darüber hinwallenden Gardinendünung. Mir war, als steckte ich in einem weißen leeren Gehäuse, in einer riesigen hohlen Muschelschale, die ihr einziger Bewohner vor undenklich langer Zeit verlassen, hinter sich gelassen hatte. So fern war er dieser Schale und seinem einstigen Leben in ihr, wie ein junger Hans Giebenrath einem Hermann-Hesse-Museum oder einem Hermann-Hesse-Stipendiat nur immer und je und je sein konnte.

Jetzt war der Name doch ausgesprochen, ausgeschrieben. Und der Nebel hatte sich gehoben, ich konnte aus dem Fenster zur Linken die Rückseite des Hesseschen Geburtshauses fast greifen, an die nun etwa auf halber Höhe ein großer Dachgarten grenzt. Und auf diesem Dachgarten, der sich ein Stockwerk tiefer unter mir erstreckte, saß zwischen Tomatenpflanzen und Sonnenblumen eine dicke graugetigerte Katze und starrte, als ich das Fenster öffnete, mit großen, erwartungsvollen Augen zu mir hoch. Drüben stand die Tür oder das Fenster einen Spalt offen, sie mußte also wohl aus dem Hesse-Haus gekommen sein, und jetzt sprang sie sogar auf das Dachgartengeländer, um mir noch näher zu kommen, und miaute fordernd. Meine Vorgänger mochten ihr Leckerbissen zugeworfen haben.

Das nahm ich mir auch vor und rief sie kurzerhand Hermine.

Franz Hodjak

Der Junge in der Nagold

Entstanden während des Hermann-Hesse-Stipendiums in Calw,
Mai bis August 1998

Als ich einmal mit meiner Frau im Auto von Pforzheim durch
das Nagoldtal nach Calw fuhr, sah ich einen Jungen, der in
seinen kleinen Händen ein Plastiksieb zum Goldwaschen hielt,
das er, so schien es mir wenigstens, fachgerecht in die Nagold
tauchte, hochhob und vorsichtig schüttelte. Wir hielten an,
und ich sah ihm eine Weile zu. Vor Zeiten, wahrscheinlich,
waren hier Goldwäscher am Werk, weshalb sonst der Name
des Flusses? Na Gold … Ob sie welches gefunden haben, und
ob der Ertrag reich war, interessierte mich nicht. Ich sah dem
Jungen zu, und ich fragte mich, spielt er nur Goldrausch oder
meint er es ernst? Wo alle aufgehört haben, will er beginnen?
Oder kitzelte ihn bloß die Abenteuerlust, vergleichbar mit
dem Fieber der Angler, die stundenlang auf den Schwimmer
blicken, genauer gesagt starren, ohne daß er nur ein einziges
Mal von einem Fisch nach unten gezogen wird? Oder machte
es ihm Spaß zu spielen, und er wußte, daß er bloß spielte? Oder
wollte er wichtig sein, wie seine Vorfahren, die Gold wuschen,
zumindest für die Stunden, die er in der Nagold stand mit seinem Plastiksieb in den kleinen Händen? Oder dachte er dabei
gar nichts, und er stand nur in der Nagold, konzentriert auf
das Plastiksieb, um an nichts denken zu müssen? Als ich mir
genügend Fragen gestellt hatte, fuhren wir weiter.

Wenn ich vom Schreibtisch in meiner Calwer Stipendiatenwohnung aus dem Fenster blicke, bekomme ich Angst,
die Häuser am Berghang könnten hinunterstürzen. Ich stelle
mir vor, das Gleiche gilt für die andere Seite des Berghangs.
Weshalb nur klettern die Häuser von beiden Seiten nicht hoch
bis zum Bergkamm, um in die entgegengesetzte Richtung

zu blicken? Oder waren sie schon oben und haben sich vor Schreck zurückgezogen? Der Eindruck verstärkt sich, in der allgemeinen Panik haben sie nicht mehr zurückgefunden, und so stehen die Häuser, die am Nordhang standen, nun am Südhang, und umgekehrt. Deshalb kehren auch die Schwalben nicht zurück. Den Tauben ist es recht, lieber auf dem falschen Dach zu leben als im Bahnhof von Stuttgart. Ich frage mich, weshalb kehren die Häuser nicht zurück, die vom Nordhang zum Südhang, und umgekehrt? Oder haben sie Angst, wieder das zu sehen, was sie schon einmal auf dem Bergkamm gesehen haben? Sind sie lieber unglücklich als neugierig? Glauben sie, im Unglück kann man überleben? Und glauben sie, die Neugier und das Wissen verbrennt sie bis zum Fundament? Vielleicht sind diese Überlegungen und Spekulationen eines Vaganten überflüssig.

Über das leere Blatt Papier kriecht ein kleiner Käfer. Er hinterläßt keine Spuren. Wie einsam muß dieser Käfer sein, über den ich nichts weiß und der keine Spuren hinterläßt auf einem neugierigen Blatt Papier? Kommt er aus dem Osten? Ist er Jude oder Araber oder orthodox oder katholisch oder protestantisch? Wird er abgeschoben? Ist er heimatlos? Wie heißt er? Weshalb sucht er dieses leere Blatt Papier auf, über das er so demonstrativ kriecht, ohne eine Spur zu hinterlassen? Will er der Anonymität ein Denkmal setzen? So viele Fragen, so wenig Antworten.

Die Schutzengel, aus der Ordnung vertrieben, wurden zurückbeordert, kurz bevor sie verzweifelten, und mit wichtigen Aufgaben versehen, so gefragt waren die Schutzengel noch nie. Bisher konnten sie tun oder sein lassen, was sie wollten, stets nach eigenem Bedarf und Ermessen, was sie schließlich in die große Langeweile trieb. Nun erhielten sie einen Befehl. Sie sind beauftragt, um uns herumzuschwirren, bis sie sich zu Abhörgeräten verdichten, die das, was wir denken, weiterleiten, an wen, das wissen sie nicht genau, doch gerade das gibt ihnen ein Gefühl von enormer Bedeutung, von einem Sinn, den sie bisher nicht gekannt hatten. Dieser Kitzel, daß sie verraten, ohne zu wissen an wen, macht sie rasend. Jetzt erst können sie richtig Schicksal spielen. Daß die Schutzengel zu einer der wichtigsten Instanzen erhoben wurden, schmeichelt ihnen. Grenzenlos.

Blicke ich zum Küchenfenster hinaus, seh ich links die Hinterfront des Hermann-Hesse-Hauses, etwas vergammelt. Eine Terrasse verbindet, ziemlich verwahrlost, dafür finde ich keinen Vergleich, das Geburtshaus mit einem Gebäude der Sparkasse, das vom Küchenfenster aus rechts steht, und auf einem der beiden Fenster steht ein zweiteiliger Napf mit Futter und Wasser für einen Kater, der Besitzer dieser Terrasse, wie mir scheint. Der Kater heißt sicherlich weder Narziß noch Goldmund. Aber vielleicht ist es gar kein Kater, sondern ein Katze. Und wie könnte eine Katze Narziß oder Goldmund heißen? Falls es doch ein Kater ist, könnte er Garibaldi heißen, das ginge irgendwie, auch Leo wäre gerade noch vertretbar. Alle anderen Namen sind inakzeptabel. Und es ist nicht zu Ende zu denken, auf welchen Namen dieser Kater getauft wurde. Hieße er Horsti, sähe er auch so aus, also Gott sei Dank heißt er nicht Horsti. Hieße er Frieder, würde ihn eine Dame verwöhnen, die Friederike heißt, aber nicht genannt werden will. Hieße er Kurt, würde er sich wie ein Kurt benehmen, doch das tut er nicht. Hieße er Fritzchen, würde er mit dem Schwanz wedeln. Also wie heißt dieser Kater? Vielleicht sieht er deshalb so traurig zu mir hoch, und dann versuche ich ihm zu erklären, ich heiße Franz, und dieser Name sagt mir auch nichts. Ich will ihn trösten. Doch der Kater läuft davon. Aber er schleicht sich zurück, und ich versuche ihm immer wieder beizubringen, daß er, wenn ich den Namen Ceausescu ausspreche, jämmerlich kreischen soll. Ich hoffe, bis ich aus Calw abreise, wird der Kater das begreifen. Stelle ich die richtige Frage, gibt es nur eine Antwort. Stelle ich die falsche Frage, gibt es unzählige Antworten. Also stelle ich meist die falsche Frage, weil mich auch die anderen Möglichkeiten interessieren.

Man kann auch da leben oder dort oder woanders, man muß nur Flügel haben, die neugierig sind und die keine sturen

Wurzeln haben. Die Geste, fliegen zu können, macht uns jeder Blechchristus vor, von heimatlichen Beamten an den Wegrand genagelt. Vor Verzweiflung und Ohnmacht scheppern seine Arme und Beine im Wind. Alles läßt man zurück, die Gräber, die Hoffnung, die Zigarettenmarke, die andere Sprache, die Uhrzeit, nur das Gedächtnis nimmt man mit, jeder Ort ist es wert, jeder Ort auf seine Weise, obwohl, wir würden die Erinnerungen, diese Hexen und Ketzer, insgeheim, weil sie uns durcheinander bringen, verschwinden lassen, folgend dem Prinzip der Inquisition, doch die Katakomben sind alle besetzt, die Teiche, die Steine, die Scheiterhaufen.

Apropos, Steine. Schlägt unser Kopf gegen einen Stein, ist der Stein verletzt. Wir haben ihn gestört beim Denken. Er gibt den Rohstoff ab für Denkmäler, Bordüren, Briefbeschwerer und zuweilen für Metaphern und Mythen und Redewendungen und geflügelte Worte. Mit Hammer, Meißel, Axt, Säge, Schleifsteinen verleihen wir ihm eine humane Gestalt. Zuweilen ist er das Produkt unserer Nieren, der Galle, der Blase. Er gleicht uns, wir können ihn formen, aber nicht erweichen. Bei Revolutionen ließ er sich von uns durch die Luft wirbeln, aus einer Richtung in die andere. Der Stein wünschte sich, er wäre weniger von uns belastet, doch wir brauchen den Stein selbst über den Tod hinaus, als sichtbares Mal unserer zweifelhaften Anwesenheit zwischen Steinen.

Calw, war diese Stadt für Hermann Hesse eine Heimat? In der frühen Prosa vermutlich schon, als ein Etwas, in dem man sich geborgen fühlt, aber aus dem man jederzeit ausbrechen kann, zumindest in Gedanken. Vielleicht hat das irgendwann sein Innerstes erschüttert, ich glaube nicht aus Angst, sondern vor Ratlosigkeit. Und dann kamen die Konstrukte, der Gegensatz zwischen Geist und Sinnlichkeit. Damit wurde es eine Demonstrationsprosa, die nicht die Wirklichkeit im Visier hatte, sondern die Wirklichkeit im Kopf, der sich verselbständigte. Ist das zu begrüßen oder zu beklagen? Die Sprache, die diese Konstrukte trägt, ist alles anderes als wuchtig, in keinem Satz tun sich Fallen auf, durch die man ins Bodenlose stürzt. Das

Bodenlose wird bloß beschrieben. Ich weiß, das klingt vermessen, der kleine Franz Hodjak meckert am großen Hermann Hesse herum. Aber ich darf mich doch äußern dürfen. Es ist eine Freiheit, die ich trainieren will, wie ein Sportler einen Rekord. Ich weiß, es ist ein Elend, das ich in mir herumtrage.

Ich komme aus einer Gegend, in der Fledermäuse nachts die Glocken läuteten. Im Sommer, beim Heuwenden, mühten sich Büffel ab, die Hitze abzuwenden, indem sie die Sonne auf ihre Hörner aufzuspießen versuchten, dabei brüllten sie vor Schmerz. Es war eine laute Gegend. Sogar der Schnee fiel polternd vom Himmel. Selbst der Schnaps, bei etwa siebzig Volumen, organisierte in der Flasche Volksorchester mit Geistern, die knallend die Pfropfen in die Luft jagten, in der Bussarde tanzten und vor Freude schrien. Wenn ein Fohlen geboren wurde, weinten die Kinder, als ginge das Stück Freiheit, das sie noch hatten, auf das Fohlen über, das, was auch immer geschehen würde, nicht sterben durfte. Hier weinte man laut. Die Hirten, aus dem Zibinsgebirge, wenn sie nach Hermannstadt auf den Markt kamen, mußten durch den Grünen Wald, wo Wölfe heulten, die immer wieder die Schlitten ansprangen, und wenn ein Hirte dem Leitwolf mit der Axt den Schädel zerschmetterte, hörte man das Krachen bis hinein in die Stadt.

Meine Freunde in Sachsen oder Thüringen lebten in einem Land. Nun leben sie in einem andern Land. Und das, ohne jemals ausgewandert zu sein. Wenn ich die steile Marktstraße in Calw hochgehe und mir die alten, wunderschönen Fachwerkhäuser ansehe, habe ich den Eindruck, sie sind auf der Flucht, nur wohin, zurück in die Vergangenheit oder fort aus der Vergangenheit? Das Geheimnis dauert nicht lange, denn dann kommen Gebäude, die sich Orden an die Brust geheftet haben, im Bewußtsein, sie wissen Bescheid. Das ist die Grenze meiner Spaziergänge durch die Marktstraße, und jedes Mal kehre ich um. Ich liebe diese Unentschiedenheit der alten Fachwerkhäuser, ihre Geduld, den Fehler hinauszuschieben, denn irgendwann begehen wir alle den kapitalen Fehler, aber weshalb gleich, wie die Gebäude jenseits der Grenze, die ich nie wieder überschreiten werde. Vielleicht wurde Calw aus der Einsamkeit geboren und kehrt wieder zurück in die Einsamkeit, wie jeder andere Ort, ob klein, ob groß, das signalisieren die historischen Tafeln, die sich gegen das Verschwinden zu wehren versuchen, das Verschwinden in der Zukunft, die uns verschluckt, verdaut, uns auskotzt, und da liegen wir nun, zusammengesetzt und auseinandergetrieben, mehr echt, mehr verfälscht, je nach dem geltenden historischen Prinzip. Einer der fähigsten und bekanntesten Historiker Rumäniens dieses Jahrhunderts, Constantin Daicoviciu hieß er, falls das überhaupt jemanden interessiert, sagte mir einmal, Junge, Junge, nichts ist schwerer als die Zukunft der Vergangenheit vorauszusagen. Weshalb mir das, gerade hier, in Calw, einfällt? Ich weiß es nicht.

Aus Innsbruck kommend, zwei Anschlüsse wegen der Verspätung von Zügen verpaßt, also schon fast neun Stunden unterwegs, steige ich in Weil der Stadt in den Bus, der nach Calw fährt. Irgendwann steigt ein Handwerker zu, der Schofför und der Handwerker kennen sich gut, Igor, der Schofför, nach den ersten Sätzen ist mir klar, ist Rußlanddeutscher. Also Aussiedler wie ich. Obwohl ich todmüde bin, wache ich auf. Igor erzählt, was ich schon weiß, überall sind Rußlanddeutsche Busschofföre, auch in Usingen, wo ich wohne, ist es nicht anders, sie befahren den gesamten Taunus. Es sind Großfamilien, die sich helfen, der Reihe nach bauen sie sich gegenseitig Häuser. Igor erklärt dem Handwerker stolz, Ende Herbst ist sein Haus fertig. Igor hält nicht an der Haltestelle, sondern vor dem Haus des Handwerkers, wo dieser grüßend aussteigt. Eine Ortschaft weiter gibt es eine Umleitung, doch dann kommt eine Kreuzung, an der es kein Schild gibt. Er hält den Bus an. Kennt sich jemand hier aus, ruft er. Am Morgen, sagt er, gab es diese Umleitung noch nicht. Im Bus bin nur noch ich, der sich natürlich nicht auskennt, Igor, sage ich, die Umleitung hat uns nach links verschlagen, also müssen wir nach rechts abbiegen, um wieder auf die Bundesstraße 295 zu kommen. Logisch, lacht Igor. Igor, wie wählst du, frage ich. Natürlich rechts, sagt er. Weshalb? Ich will nicht, daß die Kommunisten mein Haus enteignen, kurz nachdem ich es gebaut habe. Igor, dir hat man schon einmal ein Haus enteignet, stimmt es? Ja. Igor, das waren keine Kommunisten, das waren Parteimitglieder einer Diktatur und Karrieristen. Weißt du Igor, im Osten gab es nach dem Krieg keine Kommunisten, vorher schon, in der Illegalität. Aber nachher nicht mehr, das waren alles Handlanger, die hatten keine Überzeugung. Die eigentlichen Kommunisten gab es nur im Westen, in Italien, Frankreich, zum Teil auch in Deutschland. Igor grinst. Der Bus hält im ZOB auf Gleis sechs. Igor ist froh, und ich bin froh, daß wir uns trennen müssen.

Jetzt, nachdem ich die Geschichte mit Igor niedergeschrieben habe, komme ich ins Schwitzen, ich habe Angst, alle, die diesen Text lesen, könnten mich für einen Kommunisten halten wie Igor.

Einmal, hier in Calw regnete es in Strömen, und nachher zeigte sich ein Regenbogen, der sich vom Himmel spannte bis hinunter zu den Bergen, bis auf das Dach gegenüber, bis auf die Straße. Ich sah das aus dem Fenster. Und ich lief hinunter, ich wußte, den Regenbogen kann ich nicht fassen, aber vielleicht könnte ich etliche Sekunden in seinem Licht stehen, in den unberechenbaren Farben. Als ich unten ankam, regnete es wieder banal.

Vielleicht können wir nur denken, wenn es Bilder gibt, die uns herausfordern. Die Bilder, die sich uns anbieten, sehen wir wohl. Zum Beispiel die historischen Tafeln in Calw. Wer nimmt sie wahr? Ich, für mein Teil, nehme sie nicht ernst. Jeder hat das Recht, sich herauszureden, doch nicht um den Preis der Zukunft, die im Rollstuhl sitzt und die nette, historische Damen spazieren führen, in kontemporanen Parks.

Die Hoffnung geht barfuß durch die Welt. Sie ist schon angekommen, wenn wir gerade aufbrechen. Wir müssen ihr entgegen gehen, und sie stützen, damit sie nicht zusammenbricht. Wir müssen immer wieder ihre wunden Füße heilen. Wohin sie auch geht, sie kehrt zum Ende zurück, das wir für den Anfang hielten. Jeder Ort, an dem ich, unachtsam, vorbei fuhr, vielleicht wäre er es gewesen. Unachtsam war auch jeder Ort, der kein Zeichen gab. So haben wir uns nie gefunden. Nachts strolche ich herum, vielleicht gibt mir die Einsamkeit zurück, was ich versäumt habe. Orte, tut ihr das auch, aus Sehnsucht nach mir, diesem stillen Wanderzigeuner?

Es wird Morgen, weil das Dunkel sich nackt ausgezogen hat. Die Verwechslung, egal in welchem Bahnhof, findet statt. Am Ort, aus dem ich stets gerade abgereist bin, läutet der Schutzengel. Er muß enorme Geduld haben, bis seine Flügel den Mut entwickeln, sich herauszuhalten und ihn ins Nichts zu tragen.

Alfred Kittner, dem jüdisch-deutschen Kulturkreis aus Czernowitz entstammend, zu dem auch Paul Celan, Rose Ausländer und andere illustre Dichter gehörten, schrieb am 20.6.1930 aus Breslau folgenden Brief an Hermann Hesse:

Sehr geehrter Herr!
Allein und einsam, in einem fremden Lande und einer fremden Stadt, seit Monaten ohne jede Aussicht zu einem Erwerbe, hungere ich mich geduldig durch die Tage. Nur dieser Umstand, nur die Hoffnung, durch Veröffentlichungen dieser Gedichte eine auch so geringe Möglichkeit auf materiellen Verdienst, oder eine auch noch so kleine Anstellung in einem Zeitungs- oder Verlagsunternehmen zu finden, veranlassen mich, Ihnen, sehr geehrter Herr, einige meiner gereimten Beichten zur Beurteilung einzusenden, mir bei Ihnen Rat einzuholen, ob Sie die Gedichte für druckreif erachten und mir durch Zuspruch eine Veröffentlichung (sei es auch vereinzelt in Zeitschriften), erleichtern könnten.

Ich bin Deutschrumäne, im alten Österreich geboren, (1906), in guten Verhältnissen aufgewachsen, aber durch den Weltkrieg gänzlich verarmt. In der Schule kam ich nicht vorwärts, der Schreibteufel raubte mir alle Lust am Studium, jeden Ehrgeiz, mir eine praktische Lebensgrundlage zu schaffen.

Der Militärdienst riß mich aus den Anfängen meiner Position. Zwei Jahre diente ich unter allerlei Qualen im rumänischen Heer an der ungarischen Grenze unter halbwilden rumän. Gebirgsbauern. Als ich es einst unterließ, ein Bett vom dritten Stockwerk in den Hof zu tragen, bestrafte man mich mit 10 Tagen Kistchenstehn. Vier Tage und drei Nächte verbrachte ich in einem Schrank, der so klein war, daß ich mich nicht umwenden konnte. Über meine Füße krochen Ratten. Den Rest erließ man mir gnädigst. – Hierauf wand ich mich nach Deutschland, meiner alten Sehnsucht folgend, in der unsinnigen Hoffnung, mir hier eine Existenz zu schaffen. Ich versuchte es als Bücherreisender, als Wäscheagent etc. Alle meine Versuche schlugen fehl. – Enttäuscht, aller Mittel entblößt, ohne Freunde, die mir helfen könnten, und ohne auf eine Unterstützung von daheim rechnen zu dürfen, gedenke ich in den nächsten Tagen in meine alte Heimat zu reisen und dort meine unfreiwillige Hungerkur fortzusetzen.

Vielleicht, daß mir die Veröffentlichung der beigeschlossenen Gedichte so viel einzutragen vermöchte, daß ich mich vorübergehend wenigstens übers Wasser halten kann. Damit wäre ich wohlauf zufrieden. -

Sie sind einem größeren Zyklus entnommen, den ich ›Herz im Taumel‹ nennen möchte, und zwischen 1924 und 1930 entstanden. – Ich hoffe, sehr geehrter Herr, daß Sie so freundlich sein werden, mir diese Zeilen recht bald zu beantworten und verbleibe in Verehrung

Ihr Alfred Kittner

Schon am 23.6.1930 antwortete Hermann Hesse:

Sehr geehrter Herr

Ich bin augenkrank und werde meistens mit meiner Post nicht fertig. Dennoch habe ich einen Teil Ihrer Verse gelesen, und habe an mehreren Gedichten Freude gehabt.

Gern würde ich Ihren Wunsch erfüllen. Aber es geht nicht. Das deutsche Volk, seine Zeitungen und Redakteure haben nicht das mindeste Interesse für Gedichte, auch nicht für die besten, das ist ihnen völlig gleichgültig. Ich schreibe selber viele Gedichte, und vor 20 Jahren noch hatte ich 10 deutsche Zeitschriften und mehrere Zeitungen, die meine Gedichte druckten und sogar honorierten. Heute, wenn ich einer Redaktion ein Gedicht sende, bekomme ich es sofort zurück, oder es wird bestenfalls nach vielen Monaten Wartens gedruckt, schlecht oder gar nicht honoriert. Also diesen Weg einzuschlagen, kann ich Ihnen nicht raten. Ich finde Sie begabt, aber ich kann Ihnen gar nicht raten, damit Ihr Brot verdienen zu wollen.

Es grüßt Sie Ihr H. Hesse

Als ich endlich den Mut gefaßt hatte, an den Jungen, der mit einem Plastiksieb zum Goldwaschen in der Nagold stand, etliche Fragen zu richten, fuhr ich des öfteren zu der Stelle, an der ich ihn gesehen hatte. Jedes Mal wartete ich stundenlang auf ihn. Doch der Junge mit dem Plastiksieb zum Goldwaschen kam nie wieder. Was mache ich, wenn ich die Einsamkeit nicht mehr ertragen kann? Gut, schreiben, zum Beispiel diesen Text oder andere. Das geht eine Weile so, und dann? Dann streue ich Brotkrümel auf das Dach und füttere die Tauben. Die Tauben, da es Krümel auch auf dem Fensterbrett gibt, werden frech. Sie fliegen in meine Stipendiatenwohnung, umschwirren mich, setzen sich auf meinen Kopf, auf meine Schultern und scheißen mich an. Ich kann mich der Tauben nicht mehr erwehren.

Wieder habe ich etwas falsch gemacht, wie schon so oft. Doch wie kann jemand, der einsam ist, etwas richtig machen?

Da dieser Text weder noch ist, möchte ich ihn in einer definierbaren Form beenden, nämlich mit einem Zwitscherding.

Zum Tag der Emigranten
den es nicht gibt

Es ist ein großes Kreisen um das was
was wir nicht sind dies Suchen das uns nicht
begreift nur in uns wächst und reift denn
diese Welt besteht nur aus Beweisen und

wehe dem der keine hat da hilft kein Fluchen
und kein Bitten so wandern wir aus einem
Spiegel in den andern und schminken
unser häßliches Gesicht in dem kein
Leben ist kein Tod dies ist das Angebot mehr
gibt es nicht und doch wir suchen Spuren
nach einem Mittelpunkt im Rand das letzte
Wort wir sind mit Huren eng verwandt die
ihre Beine spreizen von Ort zu Ort von
Land zu Land um das was es nicht gibt
zu reizen So wohnen wir hinein hinaus
im Greis ein Kind und wenn es uns verwehrt
wird umgekehrt Begriffe nehmen wir nicht
mit sie sollen bleiben dort wo Ewigkeiten
wohnen und nicht mehr unterschreiben
für uns die wir
die vielen Straßen kehren die
wir gegangen sind

Trotzdem, mit Emigrantentum kann ein Calwer Text nicht
enden, sonst entstünde der Eindruck, Calw bestehe nur aus
Emigranten. Und was würde dann am 27. September 1998 zu
meinem 54. Geburtstag bei den Wahlen passieren?

Wenn ich aus dem Fenster blicke, glaube ich, typisch für
Calw sind auch die Stromleitungen, die von Masten getragen
werden, die auf Dächern stehen und nicht auf der Erde. Das
scheint mir wie eine originelle Vision zu sein. Doch wenn
ich genauer hinsehe, hat das alles mit Visionen nichts zu tun,
sondern mit praktischen Überlegungen, wer erlaubt sich schon
irgendwelche Visionen, in dieser Welt, die vom Berechenbaren
verwaltet wird?

Ein Text, der in der Freiheit geschrieben wurde, ist etwas
ganz anderes als ein Text, der in einer Diktatur geschrieben
wurde. Ich weiß nicht, vielleicht ist es das Wesen der Freiheit,
daß sie auf Themen hinlenkt, die es im Grunde gar nicht gibt,
sondern die sie vor lauter Freiheit selbst erfindet. In der Dik-

tatur ist es entschieden einfacher, paradoxerweise. Entweder man läßt sich auf die herrschende Ideologie ein und schreibt Lobeshymnen, oder man tut es nicht. Und wenn man es nicht tut, kann man erst über die Freiheit nachdenken. Ich bin fest davon überzeugt, daß man nur darüber profund nachdenken kann, was einem fehlt, und nicht darüber, was man besitzt.

Ja, die Sprache. Sie war ein zentrales Problem der rumäniendeutschen Literatur, vielmehr der Komplexe der rumäniendeutschen Literatur. Wir gebrauchten eine offizielle, eine halboffizielle und eine Privatsprache. Wir sprachen rumänisch. Fluchten ungarisch, weil die Sprache deftig ist. Sprachen im einen oder anderen oder dritten oder nächsten siebenbürgischen Dialekt. Verwendeten zuweilen die Hochsprache, gewöhnlich aber eine Art Umgangssprache. Sprachen die Sprache der Witze. Die Sprache der Vorgesetzten und die andere Sprache ihrer Vorgesetzten. Wir gebrauchten eine Schriftsprache, die reflektierter war, und eine spontane (fehlerhaft) gesprochene Sprache. Wir sprachen teils durch die Blume, teils monologisch. Die Blicke waren wieder eine andere Sprache, die Gesten waren eine typische Sprache. Auch das Räuspern war eine Sprache. Wir sprachen selbst das Schweigen. Wievielsprachig waren wir überhaupt?

Und jetzt kommt mir womöglich noch ein westlicher Moralapostel, der mir erklärt, er spreche fünf oder sogar acht Weltsprachen perfekt. Nur eine Sprache wird er nicht sprechen können, die der Freiheit, weil es die Sprache mit den meisten Idiomen ist.

Schon seit Tagen bläst ein Klarinettist apathisch vor einer Calwer Apotheke vor sich hin, von Volksmusik über Verdi bis Mozart, er spielt weder rhythmisch, aber gut falsch. Heute beschimpft eine Betrunkene, es ist noch nicht einmal Mittag, alle Frauen, die sie antrifft, und nennt sie ordinäre Nutten. Der Klarinettspieler wacht auf, spielt ganz laut. Die Betrunkene hört still zu, hakt den Klarinettisten irgendwann ein und geht mit ihm davon. Seither herrscht eine bedrohliche Ruhe in Calw.

Jens Sparschuh

Morgenlandfahrt

Zwischenstopp

Entstanden während des Hermann-Hesse-Stipendiums in Calw,
Februar bis April 1999

Schon allein die Postadresse mit ihrem verheißungsvollen
»c/o Kreissparkasse« lässt den Vierteljahresgast, dessen irdische Adressen für gewöhnlich doch etwas profaner ausfallen,
jedesmal erschauern und ihn in eine Amtlichkeit und Würde
aufsteigen, als sei er da plötzlich und unerwartet zum Neffen
des steinreichen, im Geld badenden Onkel Dagobert geadelt
geworden.

Beginnen so nicht allerkühnste Träume?

Vom Tellerwäscher zum –

Dreht man nun Rat suchend den Amtsbrief der Sparkasse
hin und her, entdeckt man zudem als großes Orakel: das Spar-
kassenlogo ist ja ein geheimnisvoll gespiegeltes Fragezeichen.
Was hat das nur alles zu bedeuten?

Am Anfang dachte ich allen Ernstes, die Stipendiaten-Wohnung müsse sich in unmittelbarer Nähe zum Tresorraum befinden, sei nur mittels eines speziellen Nummerncodes zu knacken
– eine Art Hochsicherheits-Trakt eben, zu dem ausschließlich
Eingeweihte Zutritt hätten. Und einer von ihnen, ich?

Jedenfalls, die vertrauliche Nähe zum Geld schreckte mich
ganz und gar nicht, im Gegenteil, sie war einer der Gründe,
weshalb ich überhaupt – und zum ersten Mal in meinem Leben! – ein mir angetragenes Aufenthalts-Stipendium auch
wirklich angenommen hatte.

Bis dahin war mir die Vorstellung, irgendwo ein Stipen-
diaten-Dasein zu fristen, eher ein respektabler Horror, ein
schmückendes Motiv für die bunte Spätvorstellung meiner
Alpträume.

Menschenskind, dachte ich da immer zufrieden, wenn ich bei mir im Berliner Sessel saß, ich hab doch ein warmes, ein trockenes Zuhause, was soll ich mich da verladen lassen?!

Vor meinem inneren Auge sah ich eine unüberschaubare Kolonne entwurzelter Kollegen durchs Land ziehen, Rucksack über der Schulter, Laptop unterm Arm, Abschiedsträne im Auge – ein modernes Freitischlertum, eine Art groß angelegter Landverschickung, damit man, wie es heißt, »einmal ungestört und in aller Ruhe« arbeiten könne. Im Klartext: man wird verfrachtet in unzugängliche Gegenden, wohin sich kein normaler Mensch je trauen würde, wird verbannt in sibirische Exklaven mitten in Deutschland – vielleicht, dass man dort für gewisse Zeit ruhig gestellt werden soll.

Falls es einen nicht sogar ganz, ganz schlimm erwischt, so wie den Kollegen, der mir erzählte, dass er für ein halbes Jahr als Stipendiat in einem stillgelegten Bahnwärter-Häuschen untergekommen sei. Das hörte sich doch sehr romantisch an, »stillgelegt« klang vielversprechend, und »Bahnwärter-Häuschen« – das passt ja wie sonst kaum etwas zum Berufsbild. Und da man weiß, dass Künstler (»Künschtler«) mit wenig zufrieden sind und da ihm die örtliche Kulturverwaltung auch versichert hatte, die Höhe des Stipendiums sei jedenfalls viel geringer als es die Abrisskosten für dieses verwaiste Häuschen gewesen wären, schienen hier ein schöner Einklang und stiller Ausgleich zwischen den naturgemäß widerstreitenden Interessen von Kunst und Leben gefunden worden zu sein.

Dann reiste der Kollege an – und es stellte sich was heraus? Das pensionierte Bahnwärter-Häuschen hatte seinen romantischen, Efeu umwucherten, nach neunzehntem Jahrhundert klingenden Standort unmittelbar an den Gleisen einer der meist befahrenen ICE-Strecken Deutschlands.

Von diesem begabten, wer weiß: vielleicht ja auch frühvollendeten Kollegen (er heißt übrigens ***!) und von seinem zu allerschönsten Hoffnungen Anlass gebenden Werk habe ich seitdem nie wieder etwas gehört. Einen anderen Kollegen traf ich mal bei der Messe; ich hatte mich gewundert, warum wir uns in Berlin kaum noch sehen. »Von Stipendium zu Stipendium«, erklärte er leise, ein schmerzhaftes Lächeln auf den Lippen, so als müsste ich Bescheid wissen, was das bedeutet. Ich wusste es aber nicht und wollte es auch lieber gar nicht so genau wissen. Nur eines wusste ich: Nie im Leben nehme ich so ein Stipendium an! Nie. Und basta. Und dann, wie gesagt, ging ich wenig später also als Stipendiat nach Calw. Auch basta.

Dieses Stipendium – und das unterstreiche ich gern doppelt und dreifach – ist wirklich äußerst komfortabel bemessen. Das gefiel mir. 1. (klar!) sowieso – und 2. hatte es dadurch auch nicht den Hautgout verstreuter Almosen. Denn manchmal ist es schon bedenklich, wie man sich gemeinhin des Autors Verhältnis zum Geld vorstellt! Platonisch und ein bisschen wie »nicht ganz von dieser Welt«. Als sei es der reine Spaß, dass da jemand, ausgiebig nur von Luft und Liebe lebend, ganz auf eigene Rechnung und eigenes Risiko die letzten Geheimnisse dieser Welt erforscht.

Es ist ein weitverbreitetes Missverständnis anzunehmen, ein Autor könne sich seine Abende nur dann nett vorstellen, wenn er – gewissermaßen aus Jux und Dollerei – durch die Welt fährt, um überall seine unsterblichen Werke zu Gehör zu bringen. Gut, die Werke mögen ja unsterblich sein. Aber der Autor ist es im Allgemeinen nicht. Abends ist er z. B. regelmäßig müde. Und sinkt er dann in sein jeweiliges Hotelbett, ahnt er noch nicht, was ihn erwartet, welche Spukgestalten wohl diesmal aus der quietschenden, knarrenden Lagerstatt auferstehen werden, um ihm die Nachtzeit zu vertreiben.

Nach mancher Lesung wird er diskret beiseite genommen, als ginge es um eine missliche, trotzdem aber notwendige Sache: »Entschuldigen Sie bitte, dass wir jetzt über so eine prosaische Sache wie Geld reden müssen und ich Sie um eine Unterschrift …«

Aber meine Dame, dieses Autogramm – natürlich von Herzen gern! Ich bin übrigens auch nicht, wenn Sie das meinen, »auf den Flügeln des Geistes« angereist, sondern mit der Deutschen Bundesbahn, 2. Klasse, Großraum. Und – ich bitte Sie!

– um Himmels willen: was soll denn am Geld prosaisch sein? Im Gegenteil! »Poesie des Alltags« – dazu fällt mir nichts ein, aber zur Poesie des Geldes doch immerhin ein Gedicht von J. L. Borges, in dem er »das andere geheime Gesicht der Münze« heraufbeschwört, wodurch sich sofort – vor den Augen des Lesers – dieses kleine runde Stück Messing auf zauberhafte Weise in ein paar Stationen Busfahrt, in eine Tasse Kaffee oder in eine Zeitung verwandelt.

Gerade zu dem Zeitpunkt, als mir das Stipendium angeboten worden war, hatte ich einen neuen Roman fertig. Aus irgendwelchen – wahrscheinlich aber sehr plausiblen – Erwägungen hatte ich für diesmal beschlossen, dem traurigen Helden meines Buches kein richtiges Zuhause zu gönnen. So grausam kann das Leben manchmal sein, das ich mir für meine Figuren ausdenke! Also schickte ich meinen Helden auf Reisen und ließ ihn zwischendurch, wie es der Zufall so wollte, in einer Stipendiaten-Wohnung (!) logieren, beziehungsweise hausen.

Getreu dem ehernen Motto: Schreibe nur über Dinge, die du nicht kennst – sonst wird deine Erfindungskraft in unzulässiger Weise gebremst!, hatte ich mir also am grünen Tisch ausgemalt, in was für unmögliche Situationen mein armer Held da geraten sein konnte. Alles ziemlich anschaulich, alles ziemlich schrecklich. Literatur, füge ich hier mit erhobenem Zeigefinger ein, ist nämlich auch Lebenshilfe! Zum Beispiel für den Autor. Schreibend kann er namenlose Ängste bändigen, kann er die tollsten Abenteuer bestehen, ohne selbst dabeisein zu müssen – das alles läuft unter »vermindertem Risiko« ab, so nennt Dieter Wellershoff diesen Vorgang einer Ersatzhandlung beim Romanschreiben.

Nun, dieser Roman war fertig, die Wirklichkeit mit ihren abstrusen Einfällen und hanebüchenen Handlungs-Verläufen konnte mir nicht mehr groß in die Quere kommen – warum also nicht spaßeshalber noch einmal alle Züge nachspielen und so tun, als ob?

Um es gleich vorwegzunehmen: die Wirklichkeit enttäuschte mich nicht. Sie folgte in wesentlichen Teilen treu, mit geradezu realistisch zu nennender Detail-Versessenheit meiner Beschreibung. Einige Elemente – der Hausmeister, die Katze, das Spazierengehen – hatte sie sogar ganz direkt, nicht zu sagen: ziemlich ungeniert!, aus meinem Buch abgeschrieben.

Insofern, das merkte ich bald, war die Rolle, die ich in diesem Spiel zwischen eigener Fiktion und fremder Wirklichkeit spielen würde, eher passiv. Was zu tun war, war getan. Ich hatte also, schlicht und einfach, ein Vierteljahr frei. Kein Stadtschreiber, ein Stadtschweiger. Zwischenstopp auf der Morgenlandfahrt durchs Abendland.

Sicher ist es kein Zufall sondern auch pädagogische Absicht, dass es in der Stipendiaten-Wohnung einen reichlichen Vorrat an Hesse-Büchern gibt. Und da der Karl-May-Schmöker, den ich mir vorsichtshalber gleich zu Beginn meines Aufenthaltes im schönen Nagoldtal aus der Leihbibliothek geholt hatte – und zwar: »Im Tal des Todes«!(?) – viel zu schnell ausgelesen war, steckte ich also ziemlich bald in Hesse-Lektüren.

Im Ohr hatte ich dabei wohl auch, was ein erstaunter jugendlicher Zeitungsredakteur aus Norddeutschland am Telefon zu mir gesagt hatte, als er mich da plötzlich in einem Hermann-Hesse-Zusammenhang wiederfand: »Hesse? Aber mal ehrlich, Sie können doch Hesse auch nicht leiden, oder? Völlig unlesbares Zeug. Das sind doch alles Sachen von vorgestern.«

Meine zaghaften, allerdings auch nicht sehr geistesgegenwärtigen Einwände ließ dieses Greenhorn nicht gelten. Und bei allem, was wir sonst noch zu besprechen hatten, hörte ich aus seinem Unterton heraus, dass er sich nicht ganz sicher darüber war, ob ich a) nicht mehr alle Tassen im Schrank hätte oder b) von der Hesse-Mafia bestochen worden wäre.

»Viel Spaß noch …«, sagte er und beendete das Gespräch seinerseits mit einem »Seltsam, im Nebel zu wandern«. (Das kannte er also immerhin!)

Mag ja sein, gebe ich zu, dass Hesse von vorgestern ist. Wobei man natürlich sofort festhalten muss: es ist der reine, unverstellte Größenwahn, wenn man – zumal mit dem Blick aufs Heute! – vom Vorgestern in einem Ton der Herablassung spricht!

Oft wird ja Hesse mitleidig lächelnd abgetan wie eine Jugendsünde. Aber was man einmal, und sei es noch so lange her, mit dem kindlich offenen Blick eines Welteroberers gelesen hat, das behält seine Wahrheit, auch wenn man sich später davon lossagt.

Man sollte Respekt vor der Jugend haben. Auch vor der eigenen.

Ich erinnerte mich jetzt auch wieder daran, was alles gegen Hesse schon vorgebracht worden ist. Diese unerträgliche Gemütlichkeit. Das Fachwerkgezimmerte seiner Geschichten. – Ja und?

Knulps Gespräch etwa mit dem lieben Gott – grenzt das nicht schon gefährlich an Kitsch? Eben – das ist es ja: gefährlich. Hesse schert sich hier nicht im Mindesten darum, was Literatur darf oder nicht. In dieser Fieberphantasie geht es ihm einzig darum, *Knulp* einen würdigen Abgang von der Weltbühne zu verschaffen. Und das tut er.

So etwas rührt mich, und das ist – weiß Gott! – nicht das Schlechteste was Literatur vermag.

Da saß ich nun also im Herzen von Calw, nein, ich stand – und sogar ziemlich weit oben, im Gehirn: das heißt in der Dachstubenwohnung, übers hohe Fensterbrett gelümmelt, das einen wundersamerweise, ob man es wollte oder nicht, immer wieder in die klassische, von Tischbein festgehaltene »Goethe-am-Fenster-seiner-römischen-Wohnung«-Pose brachte.

Unten, in der Welt, begann gerade der Frühling. Der Blick ging nach links, wo hinter den Bergen Tübingen liegt. Und mir gingen zwei Zeilen nicht aus dem Kopf, die ich im Tübinger Turm gelesen hatte, die späte Fassung eines hölderlinschen Frühlingsgedichtes, schon mit Scardanelli unterzeichnet:

> »Der Mensch vergisst die Sorgen aus dem Geiste,
> Der Frühling aber blüht, und prächtig ist das Meiste …«

Ich weiß nicht mehr, was mir so an diesen Zeilen gefiel. Vielleicht, dass das Vergessen hier aktiv ist – die Sorgen werden aus dem Geist herausgeworfen, vergessen, wie Gerümpel, weg damit!? Oder, dass Hölderlin in diesen avantgardistischen Strophen, die den Tonfall des späteren Wilhelm Busch antizipieren, unfehlbar einem Reimzwang zur Wahrheit unterliegt. Wenn es Dichter im Allgemeinen gern eine Nummer größer haben – »Alles ist schlecht«, »Keiner liebt mich«, »Jeder ist allein« (sic!) –, Hölderlin folgt hier unbeirrt und treu dem sprachlichen Genius. Denn der weiß es alle Male besser – es ist ja nur allzu bekannt: auf »Geiste« reimt sich nun wirklich nicht »alles« und »jedes«.

Alles und jedes hat seine Zeit. Dann war es also wieder Mittag – höchste Zeit für meinen täglichen Inspektionsgang. D. h.: Fenster mit Karacho zu, was die Tauben zu einem kurzen, ratlosen Rundflug durch die Innenstadt bewegte, Treppen runter, über die Nikolausbrücke, durch den Eisenbahntunnel, vorbei am Bestattungs-Institut Helmut Wurster (hm-mh?), die Stammheimer Steige hoch, ein paar Schritte – dann weitete sich der Blick. Und wenn man sich die paar Berge wegdachte, war es fast wie zu Hause, in der norddeutschen Tiefebene.

Auf dem Rückweg sah ich ihn wieder.

Er saß im Wartehäuschen an der Bushaltestelle, im dünnen Sonnenschein. Blauer Nylonanorak, 13-Tage-Bart. Er hielt sich an einer Bierbüchse fest. Und er wartete. Er wartete auf einen Bus, der wohl niemals kommt. Zumindest nicht für ihn. Ein Wiedergänger Knulps, der sich wahrscheinlich aus Gründen der Diskretion ins Wartehäuschen setzte, weil es dort in dieser übersichtlichen Kleinstadt nicht so sehr auffällt?

Beim Wiederlesen fand ich gerade in den ›Knulp‹-Erzählungen, dass Hesse hier nicht, wie ihm so oft vorgeworfen wurde, holzschnittartig zwei Welten gegenüberstellt, also etwa: auf der einen Seite blauäugige Romantik à la Bruder Leichtfuß – auf der anderen die öde Selbst-Zufriedenheit eines kleinbürgerhaften Alltags. Es ist – und zwar auf beiden Seiten – etwas von der scheuen Sehnsucht nach dem jeweils anderen Leben zu spüren, nach dem ganzen Rätsel des Lebens, das sich im Anagramm des Nebels, der im irdischen Jammertal liegt, nicht auflöst.

Ard Posthuma

Eine Schwalbe namens Jeldican

Entstanden während des Hermann-Hesse-Stipendiums in Calw,
Mai bis August 1999

Wer wie ich für drei Monate nach Calw umgepflanzt wird, ist
bald geneigt, seine neue Umgebung wie unter einem Mikroskop
zu betrachten. Das haben bisher fast alle Hesse-Stipendiaten
erfahren und machen es mir damit schwer: In ihren Berichten
ist sozusagen fast alles, was es in Calw zu sehen, zu erleben
oder zu vermissen gibt, in Einzelheiten liebevoll, prägnant
und witzig dargestellt, nicht einmal die Graffiti im Lift oder
der fußfreundliche Fußboden der schönen Dachwohnung
sind ihrer Beschreibungslust entgangen. Der Straßenmusiker
mit der Klarinette, die gurrenden Tauben auf dem Dach, die
beiden Hesse-Katzen, sie tauchen in allen Berichten auf und
werden je nach Temperament gehätschelt oder verflucht. Das
gilt auch für die anderen Topoi: die Fachwerkhäuser, die Aussicht auf die Badstraße, die Fichte auf der benachbarten Dachterrasse, die Goldfische im Marktbrunnen, den Verlobtenweg,
die einsamen Waldspaziergänge – es gibt nichts, was meinen
Vorgängern entgangen wäre. Sogar der Bahnhofskiosk, der
sich in nichts von anderen solchen Bahnhofskiosken unterscheidet, wurde gewürdigt. Das bringt mich in Verlegenheit:
Ich beherrsche die Kunst der Variation nicht gut genug und
sehe mich nicht imstande, das alles noch einmal neu poliert
erstrahlen zu lassen. Es käme zu nichts weiter als zu ein paar
kläglichen Randbemerkungen. Dass der Klarinettist zu meiner
Zeit weniger falsch blies, das Katzenpaar fetter geworden und
die Fichte höher gewachsen war, wen interessiert das schon?
Und das einzige, was meine Vorgänger ganz gewiss nicht
gesehen haben, weil es eben nur im Sommer 1999 zu sehen
war – die totale Sonnenfinsternis nämlich –, erlebte ich selbst

infolge des verhangenen Himmels nur mittelbar. Zu meinem Glück übrigens, denn alle Schutzbrillen waren schon Wochen im Voraus ausverkauft. Also stand ich am hellichten Tag vor dem Kloster Hirsau und wollte die Straße überqueren, um zum Eingangstor zu gelangen, als sich der Himmel zusehends verdunkelte; auf einmal war kein Tor mehr zu sehen, das Licht der Straßenlaternen sprang an, es wurde merkwürdig still; und schon war das Ereignis vorbei; eine Amsel ließ sich hören, der Weltuntergang hatte nicht stattgefunden.

Und Hermann Hesse? Er ist mir etwas näher gerückt, obwohl das eigentlich nicht nötig war. Schließlich habe ich ja, wie der Meister selbst, zehn Jahre in der St. Alban Vorstadt in Basel gewohnt, später am Spalenring, wo seine Eltern die glücklichste Zeit ihres Lebens verbrachten. Und wenn ich zu Hippie-Zeiten nicht gerade dringend eine Seminararbeit über Platons Höhlengleichnis hätte schreiben müssen, wäre ich noch heute im STEPPENWOLF, der damals in Basel gedreht wurde, zu sehen gewesen. Als Statist, versteht sich. Der Film war, nebenbei gesagt, ein Flop, der den Regisseur in den Selbstmord trieb. Weiter fällt mir im Moment zu Hesse nichts ein.

Nein, meinen Dank an die Stadt Calw im Allgemeinen und an die Hesse-Stiftung und die Kreissparkasse im Besonderen kann ich als Lyriksübersetzer nur auf meine Weise zum Ausdruck bringen, also mit Lyrik. Denn zu danken habe ich wahrlich: Calw war der ideale Ort, in aller Ruhe an meiner niederländischen Übersetzung von Goethes Faust zu arbeiten, erst noch auf Tuchfühlung mit dessen historischem Vorbild, dem Magier-Scharlatan aus Knittlingen. Als Dankesgabe biete ich ein Körbchen Lyrik: eine Handvoll Gedichte, die ich aus meiner Muttersprache ins Deutsche übersetzt habe. Lernen Sie sie auswendig! Bei der Auswahl habe ich unvermindert an Calw gedacht, und da kamen nun doch allerhand Erinnerungen, Eindrücke und Bilder in mir auf, die ich den Gedichten vorangestellt habe, so dass das ganze die Form eines mehrschichtigen Sandwich bekommen hat. Mag sein, dass der Gebrauchswert von Lyrik zur Zeit nicht sehr hoch veranschlagt wird. Für sie ganz gezielt scheint heute der Notruf von Lucas Moser zu gelten, den ich auf meiner schwäbischen Bildungsreise am Magdalenenaltar in Tiefenbronn entdeckte:

> Schri. kunst. schri. und. klag. dich. ser.
> din.begert.iecz.niemen.mer.so.o.we. 1432.

Auf die Lyrik bezogen und frei übersetzt:

> Armer Dichter, lass es sein,
> dich liest sowieso kein Schwein!

Solche Unkenrufe jedoch lassen mich kalt. Vor Lucas Mosers Altarbild staunen wir noch heute – nirgends sah ich so schön kräuselnde Wellen und ein so transparentes Meer wie um das Floß seiner Maria Magdalena –, und gute Gedichte sind zur geistigen Nahrung nach wie vor lebensnotwendig. Das bezeugt etwa die schön schillernde Glasperle, die ich als erste aus der Schatztruhe niederländischer Poesie herausgesucht habe. Leo Vroman (* 1915) beschreibt in dieser modernen Ballade eine Gralssuche: Jeldican – Hündchen, Jäger, Narr und Dichter in einem – zieht mit einem Schwalbennetz in die Welt hinaus, um ,das Wort', das man sich offenbar als geflügelt vorzustellen hat, zu fangen. Mit Erfolg! Wehe dem, der es ihm wegnimmt, denn das Wort ist ihm wichtiger als alles andere. Wenn das sein ,Weibel' gewusst hätte, sie hätte es gewiss nicht gegen ein Brot eingetauscht! Dieses witzige Gedicht, aus dem sich mit Sicherheit ein wunderhübsches Kinderbuch machen ließe, schrieb der Kriegsgefangene Vroman 1943 an einem Ort der Angst, in einem japanischen Konzentrationslager.

Die Calwsche »Dichterklause« hat weder Garten noch Terrasse. Mitunter war es darinnen sehr heiß. Deshalb ließ ich immer alle Fenster sperrangelweit offenstehen und steckte hin und wieder den Kopf hinaus. So konnte es geschehen, dass ich eines sonnigen Morgens einen weißen Schmetterling beobachtete, der sich flatternd in Richtung Badstraße bewegte. Er bekam bald Gesellschaft von einer Schwalbe, die ihn über eine ganze Strecke im Korkenzieherflug begleitete. Kurz vor der Sparkasse schnappte sie zu.

Über die Heide
schlich Jeldican,
Schwanz zwischen beide,
Stummel voran.

Auf Glühohren trug er
einen Glöckelifez,
zwischen zwei Fingern
das Schwalbennetz.

Rock um das Rümpfchen
im Schottenwurf,
Weibels Blaustrümpfchen
und Klingelschlurf.

»Rot wie ein Appel
in Kegelzypress,
preußblau die Pappel
zu Palfriness,

wo kann ich es fegen:
es pfeift unter Gott,
es fliegt allerwegen
flügeliflott.

Äugt es im Flattern
an Schnupperschnur?
Das Liebwort ergattern,
wie kann ich das nur?«

Da klapperts im Wirrkraut,
Goldginster wankt,
ein Jauchzpick, ein Schwirrlaut;
Jeldican bangt.

Nie hört' er so volles
Tralieten wie dort –
so baffmachend quoll es:
– war dies das Wort?

Bumsbäuchlein lodert
ein Glücksgebet ab … ,
jaaat! fiept das Schwingnetz,
Gackelischnapp!

O, Federn zu frönen!
Das Wort, brustgedrückt,
wie hat es mit Tönen
ihn lauter beglückt.

»O Schönheit, o Heide,
ihr Pappelchen dort!
Nie lass ich mich scheiden,
Herr, von diesem Wort.

Fix, auf nun zum Weibchen,
witwengeschwind,
lass stürmen das Leibchen,
Blauband im Wind!«

Voll Plauder, alleine
eilt Jeldican.
Hals über Beine,
so purzelt er ran.

»Mein Weibel, erkoren,
hier ist das Wort!«
Doch sie, tauber Ohren,
sprach, fehlstens am Ort:

»Aai, Vögeli, Dickwulst,
wie nützlich und nett,
was immer ins Netz pulst,
macht Beutelfett.«

Sie tat, was sie meinte
und tauscht' es für Brot,
doch Jeldican weinte
und schlug sie tot.

Im finstersten Wald

Die Klarinette ist das traurigste aller Instrumente. Hören Sie
nur Carl Maria von Weber, hören Sie eine beliebige Klezmer-
gruppe oder, noch besser, hören Sie den Straßenmusiker in
Calw. Wenn es mir zuviel wurde, floh ich durch die Salzgasse,
kraxelte beim Stadtgarten den Berg hoch, und schon gehörte
der Schwarzwald mir. An diese Spaziergänge erinnere ich mich
besonders gerne. Nie gewusst, dass die Bäume so hoch in den
Himmel wachsen. Nie zuvor junge Spechte beim Ausfliegen
beobachten können. Gimpelstein, Verlobtenweg, Schafott,
der märchenhafte Fußweg am Rötelbach entlang, wo die Fische wie kleine schwarze Torpedos durchs Wasser schießen,
das unbeschreibliche Grün einer Lichtung, die riesigen Pilze
an vermodernden Baumstämmen. Und nie ein Mensch. Am
Waldlehrpfad wird man gar von den Bäumen unmittelbar an-
geredet. Wehe, man nennt sie beim falschen Namen! »Ich bin
eine Rottanne, man nennt mich auch Fichte«, wird dann ge-
lispelt, so leise, dass es die Konkurrenz (die Weißtanne), nicht
hört. Andere trumpfen so richtig auf: »Ich bin eine Eiche. Auf
sieben Generationen habe ich schon herabgeschaut, und ich

kann noch sieben Generationen überdauern. Eure Vorfahren haben an solchen ehrwürdigen alten Bäumen ihre ,Heiligen Stätten' errichtet.«

Von Klarinette und Eiche ist in den folgenden Gedichten die Rede. Der komisch wirkende Name Piet Paaltjens ist natürlich ein Pseudonym. Er hieß in Wirklichkeit François Haverschmidt (1835–1894) und gilt aufgrund seiner durch Selbstironie gebrochenen Romantik als der niederländische Heinrich Heine. Er war nur ungleich zarter, und damit wehrloser auch. Den Gedichtband, der ihn bis heute beliebt gemacht hat, schrieb er 1867 in seiner Studentenzeit, als die Welt noch heiter war. In dem Titel jedoch, der sich schwer übersetzen läßt, steckt bereits der Wurm: Snikken en grimlachjes (Schluchzer und Grieflachen, rät mein Freund auf platt pommersch). Nach seinem Theologiestudium in Leyden wurde er Pfarrer und noch viel unglücklicher als zum Beispiel Eduard Mörike. In seiner verregneten Gemeinde zwischen schweigsamen friesischen Bauern verging ihm das Lächeln ein für allemal. Schließlich sah er keinen anderen Ausweg als den des verzweifelten Herrn in der Groteske, die ihn berühmt gemacht hat.

Noch heute ist *Der Selbstmörder* das ideale Gedicht, eine eingenickte Partygesellschaft wieder wachzukitzeln. Löschen Sie unangekündigt das Licht, zünden Sie eine Kerze an, deklamieren Sie mit lauter Stimme und lassen Sie die Verse nun so richtig hohlknochig klappern, es steigert die Wirkung ungeheuer!

DER SELBSTMÖRDER

Tief im finsteren Wald
(es war Herbst und recht kalt)
lief ein Herr mutterseelenalleine.
Ach, sein Blick war gehetzt
und sein Rock war zerfetzt,
und er stöhnte, als wälzte er Steine.

Hach! so rief er voll Wut,
welche Giftschlangenbrut,
welchen Drachen nähr ich an der Brust hier!
Und er tritt mit Gewalt
in den Matsch, dass es hallt
und der Kot ihm den Kragen verschmutzt schier.

Und schon findet sein Blick
einen Eichenast, dick
genug, seinen Körper zu tragen;
und er klettert hinauf,
nimmt ein Seil, hängt sich auf
und verschmutzt sich nie wieder den Kragen.

Es ward stiller im Wald
und gleich zehn mal so kalt,
denn die Winterzeit kam. Aber wehe!
immer noch trug der Ast
seine traurige Last
zum Erstaunen von Elster und Krähe.

Doch der Winter verschwand,
denn der Lenz kam ins Land,
den anschließend der Sommer begrüßte.
Da erschien (es war warm)
in dem Wald, Arm in Arm,
frisch ein Pärchen, doch, oh, wenn es wüsste!

Denn als unter dem Ast
es sich zärtlich umfasst'
und dachte: hier liebt es sich munter!
da erblickt' es (igitt!)
einen Stiefel: der glitt
vom schon längst morschen linken Bein runter.

Herrgott! riefen die zwei
und wes Stiefel das sei

und sie schauten hinauf, was passiert war,
denn dort hing noch am Strick
jener Herr, einst so dick,
dessen Fleisch nun schon längst konsumiert war.

Auf dem grinsenden Kopf
stand der Hut wie ein Topf,
denn es fehlte der Rand. Alles Linnen
war zerknittert und fahl,
aus den Ärmeln zumal
blickten Ameisen, Würmer und Spinnen.

Ausgetickt war die Uhr,
blind die Brillenmontur
und das einzige Glas war beschlagen.
Auf dem Westenrand saß
eine Schnecke und fraß
sich still-schleimig voran ohne Fragen.

An ein Liebesspiel war
nicht zu denken, das Paar
harrte sprachlos im Schatten der Eiche.
Es glich, weiß wie der Schnee,
einem Leintuch, das eh'
schon zu lange sich sonnt auf der Bleiche.

DAS GEHEIMNIS

Wir waren am Plaudern,
da erklang zum Erschaudern
von den Hügeln ein Triller -
es war Ludwig Hiller:

der begabte Künstler,
der mit Leid Bedachte,

der so seine Klarinette
zum Trillern brachte.

Nie entfuhr meines
Wissens unterm Firmament
ein so kläglicher Ton
einem Blasinstrument.

Es war echt erstaunlich
und sonderbar,
wie grauslig der Mann
da am Blasen war!

Wir aber staunten
nimmer und nie,
denn wir kannten den Grund
seiner Melancholie.

Ja, einer zumindest
wusste bestens Bescheid
über des Klarinettisten
entsetzliches Leid!

Pallaksch

Der Abend in Tübingen hatte Stil: Gesänge auf Texte von
Friedrich Hölderlin und Paul Celan, ein imponierender Sänger,
begleitet von Klavier, Posaune und Tuba. Der Bariton sang, der
Klavierspieler tat das seinige, und die beiden Bläser steigerten
die Spannung noch, indem sie lange gar nicht bliesen. Gerade
als man zu befürchten begann, sie seien lediglich als Statisten
gedacht, gaben sie nun doch noch ein paar infernalische Salven
zum besten, um gleich wieder reglos zu verharren. Ein vom
Sänger zwiefach herausgeschrieenes »Pallaksch!« markierte das
Ende der Komposition. Donnernder Applaus.

Von meinem Platz aus hatte ich einen kleinen, freundlichen Herrn beobachten können, der dem gesungenen Text stumm mit den Lippen gefolgt war. Es war, wie sich später herausstellte, der Komponist. Ich lernte ihn am selben Abend kennen, anlässlich eines Empfangs im Hause eines emeritierten Slawistik-Professors. Dessen Gattin servierte eine herrliche Suppe. Ich kam ins Gespräch mit dem Komponisten, der mir versicherte, niemals ein Celloduett geschrieben zu haben, wohl aber ein Stück für unsichtbare Geige und Cello, wobei letzteres von einem Spieler mit zwei Bögen gleichzeitig zu spielen sei; das ganze also quasi ein Streichtrio für zwei! Wir mussten unser Gespräch, das ich hier nur in grotesker Verkürzung wiedergeben kann, abbrechen, da sich inzwischen der Emeritus erhoben hatte und mit dem Suppenlöffel an sein Glas tickte: Er wolle nun zu Ehren seines musikalischen Gastes einige Gedichte von Sergej Jessenin rezitieren (vielleicht sagte er »deklamieren«, auf jeden Fall nicht »aufsagen«). Es war eine bewegende Geste, die den Komponisten ein wenig in Verlegenheit brachte. Er fürchtete, er habe seinem versierten Gastgeber ein allzu profanes alkoholisches Gastgeschenk mitgebracht.

Die Gedichte, die an diesem Abend gelesen wurden, klangen schön, sehr schön, vielleicht etwas zu schön. Ich jedenfalls hätte sie mir etwas weniger brav, etwas rauer im Ton gewünscht, etwas mehr Klaus Kinski und etwas weniger Rudolf Alexander Schröder sozusagen, denn Jessenins kurzes Leben war von Alkohol, Frauen und psychiatrischen Kliniken geprägt, und so etwas beeinflusst eben die Erwartungshaltung. Ich kenne eine Fotografie, die ihn auf seinem Totenbett zeigt oder genauer gesagt, auf dem geblümten Sofa des Hotelzimmers, wo er sich 1925, erst dreißig Jahre alt, das Leben genommen hatte. Am Tag zuvor hatte er ein letztes Gedicht geschrieben, und zwar mit eigenem Blut. Unterschrift des Fotos, das 1930 in einer französischen Zeitschrift veröffentlicht wurde: »Le poète Y. sur son lit de mort.«

Gerrit Kouwenaar (∗ 1923), Godfather der modernen niederländischen Lyrik, veröffentlichte 1974 einen Gedichtband
›landschappen en andere gebeurtenissen‹ (Landschaften und
andere Ereignisse). Darin findet sich ein kleiner Zyklus, dem
er die oben erwähnte Fotounterschrift als Motto voranstellte.
Das erste Gedicht dieses Zyklus übersetzte ich anderntags.
Ein Foto in so vollkommener Verdichtung vergilbt nicht
bald.

LE POÈTE Y. SUR SON LIT DE MORT

Das zimmer muss man ersinnen: was schwarz ist
sperrt sich der sicht
ist zu ertasten
auf der maschine

und die verdunkelte tapete muss man ersinnen
aus verblichenen erinnerungen
und zum augenblick eindicken

mit all diesem weiß von leintüchern wasserkannen
vergilbten wahrheiten in schubladen verbandmüll weiß
von augäpfeln speichel weißbüchern, da all dieses rot
grau wurde und das rieseln von schnee totenstill ist

und jawohl die flaschen muss man ersinnen
die vielen flaschen die den ringen
vorausgingen die sie zurückließen
auf zu ersinnenden dingen

und in all diesem pechschwarzen weiß das diese
stiebitzte habe umgibt liegt endlich überbelichtet
auf dem geschenkten geblümten unsterblichen sofa
die unterschrift –

Die Nagold

gibt sich harmlos, idyllisch. Forellen nuckeln neugierig an meiner schwimmenden Zigarrenkippe herum. Ein unsäglich blauer Eisvogel nistet in der Böschung. Unten tummeln sich Enten, über ihnen: eine Entenwalhalla, die Terrasse des chinesischen Restaurants. Hier werden knusprige Pekinger Artgenossen zubereitet. Auf der Speisekarte erhalten sie so wunderbar poetische Prädikate wie »schwarze Perle«, »Blütentraum des gelben Phoenix« oder »Ente mit den acht Kostbarkeiten«. Oh, einmal im Leben dort aufgetischt zu werden (heißer Wunschtraum aller Nagold-Enten)!

Dass die Nagold auch ein anderes Gesicht birgt, dokumentieren Fotos aus der Nachkriegszeit im Palais Vischer. Und die Kerben am Türpfosten meines Weinhändlers in der Lederstraße bezeugen, dass hier schon im Mittelalter die Weinflaschen frei herumgeschwommen sind. Jedes Jahrhundert mindestens zwei große Überschwemmungen, die letzte übrigens vor sechs Jahren. Die kleine St. Candiduskirche zu Kentheim weiß ein Lied davon zu singen. In der Talsohle fast weggesunken (der Fußboden lag früher 1,20 m tiefer, wie sich an der Tür links vom Seitenaltar erkennen lässt), modert das Wasser der letzten Hochwasserkatastrophe noch im Gemäuer und versucht, die jahrhundertealten Fresken endgültig zu zersetzen.

Zierlich – mit Trauerweide und mittelalterlicher Kapelle – die Nikolausbrücke, an deren Ecke ein vorgesetzter »Eselstein« einmal das Reichertsche Haus gegen die Räder und Radnaben der Fuhrwerke geschützt hat. Daneben die Sandsteintafel, auf der Carl Reichert sein Buchstabenrätsel eingravieren ließ. Wer sich damals, als es noch leserlich war, für gescheit hielt, las bei richtiger Lösung das Wort ESEL. Der Kaufmann liebte solche didaktischen Späßchen. Unterm bröckelnden Geländer seines ehemaligen Geschäftshauses, rät er uns per Spruch, vorwärts zu blicken und nicht zurück. Aber ich blicke gerne nach hinten, schon allein um das Elektrizitätswerk und das Wehr zu sehen, das Rudolf Schlichter Anfang der dreißiger Jahre gemalt hat und das hoffentlich im Rahmen der neu geplanten

Stadtbeleuchtung wieder einmal nachts so geheimnisvollun-
heimlich zum Leuchten gebracht wird, wie er es auf dem
Gemälde ›E-Werk (Abend)‹ dargestellt hat. Versucht man, den
damaligen Standort des Malers ausfindig zu machen, landet
man im Garten von Heinrich Perrot, dessen Zimmerfontäne
heute im Hesse-Museum steht, weil der Hermann in seiner
Lehrzeit daran herumgefeilt haben soll. (Dass die Fontäne
nicht funktionierte und die Goldfische ständig herausspran-
gen, lese ich bei Perrots Sohn). Zum Dank hat Hesse ihn im
Glasperlenspiel erwähnt. Rudolf Schlichter war, was die Perrots anbelangt, weniger dankbar: Ausgebombt, hatten er und
seine Frau in der schwierigen Nachkriegszeit beim verschrobenen Turmuhrengenie Aufnahme gefunden, wurden aber zu
ihrer Verbitterung bald wieder hinausgeworfen. Der malende
Schuhfetischist war dem Alten zu exzentrisch. Schicksale!
Also doch lieber vorwärts blicken, auf den schwimmenden
Biergarten, der – letzter Rückblick! – daran erinnern soll, dass
von hier einmal die Flößer bis nach Holland fuhren (Aber wie
kamen sie zurück?).

Auf der Brücke ist es heiß, sie lädt zum Träumen ein, wie
Sie an meinen Abschweifungen gemerkt haben werden. Zeit
für einen Dichter: Jan Luyken (1649–1712). Dass das Leben
ein Traum sei, haben schon viele behauptet. Doch keiner so
ergreifend wie er.

AIR

Droom is ,t leven, anders niet,
,t Gijt voorby gelijk een vliet,
Die langs steyle boorden schiet,
Zonder ooyt te keeren.
d'Arme mensch vergaapt sijn tijt
Aan het schoon der ydelheyd,
Maar een schaduw die hem vlijt,
Droevig! wie kan ,t weeren?

105

d'Oude grijse blijft een kint,
Altijd slaap'rig, altijd blind,
Dag en uure,
Waart, en duure,
Word verguygelt in de wind,
Daar mee glijt het leven heen,
,t Huys van vel, en vlees, en been,
Slaat aan ,t kraaken
d'Oogen waaken,
Met de dood in duysterheen.

AIR

Traum, das Leben ist nur Traum,
fliegt vorbei wie eitel Schaum
gleich dem Bach am Ufersaum
ohne umzukehren -
Armer Mensch, gaffst allezeit
auf den Glanz der Eitelkeit,
alles Schatten, was dich freut,
traurig! Wer kann's wehren?
Alt und grau bleibt immer Kind,
immer dusslig, immer blind,
nichts wird währen,
Ruhm und Ehren,
sind ein Gaukelspiel im Wind -
So erlischt des Lebens Schein,
und dein Haus: Haut, Fleisch und Bein
wird bald krachen;
Augen wachen,
hüllt der finstere Tod uns ein.

Bahnhof

LAGE: IDEAL! BEGINNEN SIE IHRE AUSFLÜGE IN CALW.
BUS IM ERDGESCHOSS UND MIT DEM FAHRSTUHL AUF
DEN BAHNSTEIG: DER ZOB IN CALW! wirbt die umwelt-
freundlich gedruckte Broschüre des Verkehrsamtes für den
Zentralen Omnibus-Bahnhof. Wie gut, dass für Nostalgiker
mit jungen Beinen auch noch die alte Stiege vorhanden ist.
Bahnhöfe machen nostalgisch. Der von Calw ganz besonders,
und zwar weniger der eben erwähnte, fahrstuhlmäßig erschlos-
sene auf dem Dach der Parkgarage, sondern der alte, verwaiste,
etwas außerhalb am südlichen Ende der Stadt. Das Restleben,
das er noch fristet, verdankt er der Pommesbude, die sich
hier eingenistet hat und deren Dauerkundschaft sich nicht
darum kümmert, dass hier nie wieder ein Zug halten wird,
der sie mitnehmen würde. Hier stand 1904 der Maler/Dichter
Rudolf Schlichter, dessen Namen fast niemand und dessen
Brecht-Porträt fast jeder kennt. In seiner Autobiographie ›Das
widerspenstige Fleisch‹ (1932) beschreibt er, wie ihm zumute
war, als er, vierzehn Jahre jung, wegfuhr, um in Pforzheim seine
ungeliebte Lehre als Emailmaler anzutreten:
»In einen nagelneuen Anzug gehüllt, ein grünes Hütchen
mit einer koketten Feder auf den Kopf gedrückt und eine
grauschwarze Pelerine über die Schulter gehängt, so ausgerü-
stet stand ich an einem Freitagvormittag vierzehn Tage nach
der Schulentlassung mit meiner Mutter auf dem C…r Bahnhof und harrte mit bang klopfendem Herzen des Zuges, der
mich nach Pforzheim in meinen zukünftigen Wirkungskreis
bringen sollte. […] Traurig und voll schwarzer Gedanken saß
ich neben meiner Mutter, die immer wieder versuchte, meinen
so tief gesunkenen Mut durch optimistische Schilderungen
aus der Lehrzeit bedeutender C…r Liederkranzmitglieder,
durch aufmunternde Redensarten von Erfolg und Ruhm zu
heben; obwohl auch ihr vor lauter Mitleid mit mir das Weinen
näher stand als das Lachen. Von Zeit zu Zeit drückte ich mein
Gesicht an die Scheiben des Waggonfensters, um mit bren-

nenden Augen die ganze mir so innig vertraute Welt meiner Knabenträume zum letzten Mal in mich hineinzusaugen. Allmählich verschwanden die bekannten Hänge und Kuppen, die Landschaft wurde mir schon nach der dritten Station fremder und fremder, und als ich den letzten bekannten Höhenzug verschwinden sah, überfiel mich der verzweifelte Gedanke, daß ich ja viel zu wenig jene schöne Welt genossen hätte, daß ich ungeheuer viel versäumt und viel zu viel herrliche Möglichkeiten ungenutzt vertan hätte.«

Ganz ähnliche Töne bei Hermann Hesse. Der Zug, in dem sich der Held seines kleinen, weitgehend autobiographischen Heimkehrerromans ›Schön ist die Jugend‹ befindet, nähert sich dem Ort seiner Kindheit:

»Vorsichtig langsam fuhr der Zug in großen Windungen den Hügel abwärts, und mit jeder Windung wurden Häuser, Gassen, Fluß und Gärten der unten liegenden Stadt näher und deutlicher. Bald konnte ich die Dächer unterscheiden und die bekannten darunter aussuchen, bald auch schon die Fenster zählen und die Storchennester erkennen, und während aus dem Tale mir Kindheit und Knabenzeit und tausendfache köstliche Heimaterinnerung entgegenwehten, schmolz mein übermütiges Heimkehrgefühl und meine Lust, den Leuten da drunten recht zu imponieren, langsam dahin und wich einem dankbaren Erstaunen. Das Heimweh, das mich im Lauf der Jahre verlassen hatte, kam nun in der letzten Viertelstunde mächtig in mir herauf, jeder Ginsterbusch am Bahnsteig und jeder wohlbekannte Gartenzaun ward mir wunderlich teuer, und ich bat um Verzeihung dafür, daß ich ihn so lang hatte vergessen und entbehren können. Als der Zug über unserm Garten hinwegfuhr, stand im obersten Fenster des alten Hauses jemand und winkte mit einem großen Handtuch; das mußte mein Vater sein. Und auf der Veranda standen meine Mutter und die Magd mit Tüchern, und aus dem obersten Schornstein floß ein leichter blauer Rauch vom Kaffeefeuer in die warme Luft und über das Städtchen hinweg. Das gehörte nun alles wieder mir […].«

Calws stillgelegter Bahnhof darf sich damit brüsten, als H0-Modell weiterzuleben. Der Bahnhof Hembrug in den Niederlanden hingegen ist heute verschwunden. In der wunderbaren Sprache Kouwenaars feiert er seine Auferstehung. Dieser radikale Erneuerer lyrischer Sprache schreibt nun schon ein halbes Jahrhundert lang die schönsten Gedichte, die ich kenne. Für ihn besteht die Aufgabe eines Dichters darin, die Sprache so zu entschlacken, dass das tausendmal Gesagte wieder einmalig da steht, als wenn es gerade erst erschaffen würde.

BAHNHOF HEMBRUG

bisweilen sieht man heller was schon dunkel ist
und steckt fast wieder heil in seiner haut, gerodet
ist kein baum, kein wort gefallen, man stellt
die uhr zurück, bahnhof hembrug

der zug hält an, jetzt schon ein leben lang, man hat
die stadt schon hinter sich, auf immer kind, das paradies
liegt greifbar nah, wir schreiben heute, man liest
notbremse mit dem zeigefinger

wie ist die jahreszeit? die jahreszeit ist gut, sommer
und winter hinter einem zaun, frühjahr und herbst
verreisen hand in hand, dies hört nie auf, der zug
in seiner dampfwolke steht wartend da

steht da, derweil man sich mit einem butterbrot
und einer leerzeile die zeit ausfüllt, es dauert
doch noch länger als gedacht, man lehnt
sich nicht hinaus, man pellt ein ei

wörter wie langsam später nach und nach
füllen das rauchcoupé, man schaut durch glas,
man sieht wicken in kohlengrus, man hört wie's pfeift,
dies ist auf immer, außen schneits, nahezu zeit

Blicke vorwärts, nie zurück,
sagt der Reichert an der Brück
und hat's am Ufer eingravieren lassen. Ich aber hatte bei Ausfahrt aus der engen Parkgarage an der Lederstraße kurz zurückgeblickt und dadurch die grundlose Ausstülpung am Ausgang übersehen, mit erdrückenden Folgen für den vorderen Kotflügel. Ich liebe eben das Zurückblicken, manchmal bringt es leider Weh.

Er muss beliebt gewesen sein, dieser Carl oder Karl Reichert, der sich auf seinem Grabstein bündig als »Reichert, der Kaufmann« apostrophieren lässt. Er durfte sich zu den Gebildeten zählen, ein Vers von Horaz (»non omnis moriar«) sowie ein Faust-Zitat auf derselben schönen weißmarmornen Grabsteinplatte bezeugen es: »Zu neuen Ufern lockt ein neuer Tag«. Allerdings sprach Faust diese Worte nicht am Ende seines Lebens, sondern als er – seines öden Treibens müde – gerade im Begriff war, den Giftkelch auszutrinken. Wenn Goethe da nicht gerade noch rechtzeitig die Osterglocken hätte bimmeln lassen, wäre er gar als Selbstmörder irgendwo vor den Toren der Stadt verscharrt worden.

Um auf Reichert zurückzukommen, er war ein heller Kopf, ein Original, der kein Blatt vor den Mund nahm. Seine Calwer Lebenschronik ruht unter Siegel im Stadtarchiv, denn er scheute sich nie, die Dinge beim Namen zu nennen. Nehmen wir zum Beispiel die Sache mit Daud. Dem »Neger Daud«, wie er dort genannt wird, begegnete ich erstmals auf einer alten Fotografie im Hesse-Museum, wo er, als es noch das Haus von Dr. Schüz war, seine acht unglücklichen Jahre verlebt hat. Er sitzt in unbequemer Pose an einem Gartentisch neben seinem bärtigen Schützherrn; auf der anderen Seite dessen beide Söhne, in der Mitte ein Hauslehrer.

Um etwas für die Mission zu leisten, hatte Dr. Emil Schüz den neunjährigen schwarzen Sünder im Jahre 1896 von seiner Ägyptenreise mit nach Calw heimgenommen, in der Absicht, ihn zum Missionar auszubilden. Daud muss viel Aufsehen erregt haben. Reicherts fromme Tante besaß eine Fotografie von ihm. Auf die Rückseite schrieb sie: »Der selig heimgegangene Daud, – wie der sich zum Heiland gesehnt hat.« Und was schrieb Kaufmann Reichert zu dem, was allgemein als Calws Beitrag zur Sklavenbefreiung gefeiert wurde?

»Ein Vernünftiger von heute wird urteilen, Dr. Schüz als Arzt hätte auch etwas Gescheiteres thun können, als ein Kind der Tropen, selbst wenn er es aus der Sklaverei befreite (was nach dem Vorstehenden nicht einmal der Fall ist) zu entwurzeln, und dann hier an der Lungenschwindsucht sterben zu lassen. Das wissenschaftliche Ergebnis und das Interesse der Nachwelt an seiner zu ihrer Zeit vielbesprochenen Reise ist gleich null.«

Nein, da hat Hermann Hesses Mutter mit ihren engagierten Livingstone-Studien wichtigeres für die Abschaffung des Sklavenhandels geleistet, eines Handels übrigens, an dem die Niederländer, die im 17. Jahrhundert für den Transport nach Brasilien sorgten, bekanntlich gut verdient haben. Heinrich Heine hat es uns so richtig eingepfeffert, als er den »Superkargo Mynher van Koek« für die Gesundheit seiner »schwarzen Ware« beten ließ:

>»Um Christi willen verschone, o Herr,
>Das Leben der schwarzen Sünder!
>Erzürnten sie dich, so weißt du ja,
>Sie sind so dumm wie die Rinder.
>
>Verschone ihr Leben um Christi willn,
>Der für uns alle gestorben!
>Denn bleiben mir nicht dreihundert Stück,
>So ist mein Geschäft verdorben.«

Calw ist heute sehr viel exotischer als zu Dauds Zeiten. Unter meinem Fenster wird je nachdem schwäbisch, türkisch, kroatisch, rumänisch, manchmal sogar niederländisch gesprochen. Arjen Duinker (* 1956), ein sehr liebenswürdiger niederländischer Dichter, der mir jeden Tag ein Fax schickte, hat einen

Nachbarn, der Zibes heißt. Was der für eine Sprache spricht, weiß ich nicht, aber das Gedicht, in dem er vorkommt, gefällt mir, weil es sein Geheimnis nicht preisgibt. Also habe ich es übersetzt. Es wurde dem Band ›Ook al is het niet zo‹ (Auch wenn es nicht so ist, 1998) entnommen.

ZIBES UND ICH

Die Brille abgesetzt, als ich vier war.
Resultat: ein schielendes Auge,
Das immer Glück gebracht hat.

Mein Nachbar Zibes
Der sich bemüht, eine Oase zu sein,
Oase für den, der die Tragik der Ferne vergessen will
Und den es nach süßem Gebäck gelüstet,
Dieser Zibes mit seinen Hühnern,
Seinem Gärtchen und kolossalen Herzen,
Hat mich gelehrt,
Mein Glück anzulegen
In wechselnden Fonds.

Ich habe jetzt viele Stadien
Wechselnden Glückes durchlaufen.
Manchmal war ich bis zum Wahnsinn glücklich,
Mitunter nur glücklich, weil ich schlief.
Ich gab anderen ein Sommerhaus, ein Bier, einen Kuss,
Und zum Dank schenkte ich Zibes ein Geheimnis,
Etwas Unruhiges, doch der Ruhe entnommen,
Etwas ohne Willen, ohne Haut, ohne Muster,
Geheimnis, das ich nicht kenne.

In das Haus Reichert
schaute ich neugierig hinein. Eine Sandsteintafel hieß mich
verweilen. C. R. (offenbar der »Reichert an der Brück«) be-
lehrte mich:

Wanderer, stehe still!
In diesem Hause war das Contor der »Calwer Com-
pagnie« bei ihrer Auflösung 1797. Etwa um 1550 ent-
standen, war sie der erste Versuch der Zusammenfas-
sung privater Gelder zur Betätigung in Handel und
Industrie. Die C.C. vertrieb ihre Zeuge nach Holland,
Österreich, Italien usw.. An ihren großen Namen er-
innert heute noch die Calwer Straat in Amsterdam.
Zur Zeit ihrer Blüte nährte sie über 7500 Seelen. Ihre
reichen Mittel ermöglichten den wiederholten Aufbau
Calws nach zweimaliger Zerstörung, 1634 durch Johann
von Werth und 1692 durch General Melac. Die C.C.
gereichte der Stadt Calw und dem Land Württemberg
zum Segen, und von dem durch sie geschaffenen Wohl-
stand zeugen noch heute einige der schönsten Häuser
der Stadt. C.R.

Nun kenne ich die Kalverstraat (so schreibt sie sich nämlich)
sehr gut: In meiner Jugend noch eine Einkaufsstraße von
Rang, ist sie heute ziemlich heruntergekommen, voll billiger
Geschäfte und unsichtbarer Taschendiebe, so gar nicht passend
zum Dam-Platz, wo sie ihren Anfang nimmt und wo ich anno
1948 vom Rücken meines Vaters die frisch gekrönte Königin
Juliana auf dem Balkon erscheinen sah. Dass die Kalverstraat
(Kälberstraße) etwas mit Calw zu tun hätte, war, wie mir der
Stadtarchivar bestätigte, voll und ganz erfunden. Vielleicht ein
kleiner Scherz, den Carl Reichert am Stammtisch im »Rössle«
ausgeheckt hat. Er hielt gern andere Leute zum Narren. Als
zu Hitlers 44-jährigem Geburtstag im Schaufenster der Calwer Geschäfte ein Bild des »Führers« stehen sollte, gelang
es ihm, das äußerst seltene Foto zu bekommen, das den zu

verherrlichenden in grotesk wirkenden Seppelhosen zeigte. Er stellte es vor ein graues Seidentuch, daneben eine Vase mit einer dürren Distel.

Die Geschichte von der Kalverstraat könnte auch von einem anderen Calwer Kaufmann stammen. Emil von Georgii-Georgenau hatte ja schließlich seine Lehrjahre in den Niederlanden verbracht und später das Amt eines niederländischen General-Konsuls bekleidet. An der Fassade des von ihm gestifteten, 1871 der Stadt übergebenen Georgenäums flirtet der National-ökonom Friederich List mit dem dreißig Jahre jüngeren Nationaldichter Friedrich Schiller. Was dem Stifter vorschwebte, war eine Vorwegnahme der späteren Volkshochschulen, wie aus der Stiftungsurkunde hervorgeht:

»Im Hörsaal sollen insbesondere populäre Vorträge über Groß- und Kleingewerbe, Handel, Landwirtschaft, Kunst und Wissenschaften aller Art gehalten werden. Politische Vorträge sind allein ausgeschlossen. Es ist der besondere Wunsch des Stifters, dass alle politischen Parteien auf diesem neutralen Boden zu gemeinschaftlicher Lösung einer Aufgabe mitwirken möchten.«

Er glaubte an die Ideale der Aufklärung, wollte durch Kenntnisbereicherung die »sittliche Kraft« seiner Mitmenschen stärken. Vierzig Jahre nach seinem Tode (1894) gab es in Calw nur noch 81 Menschen, die die sittliche Kraft und den Mut hatten, das Richtige zu tun oder besser gesagt: das Falsche zu unterlassen. Unter ihnen der hoch angesehene Bäckermeister Hermann Schnürle, den die Handlanger Adolf Hitlers unter Trommelwirbel durch die Straßen führten, nachdem sie ihm ein Plakat um den Hals gehängt hatten mit der Aufschrift »Ich habe nicht gewählt, bin ein Landesverräter«. Die »Wahl« bestand darin, die Politik des Nazi-Regimes »als Ausdruck der eigenen Auffassung und des eigenen Willens« zu billigen. Schnürle sah darin die Erschleichung einer Generalvollmacht. Er verdient für seine aufrechte Haltung ein Denkmal. Sein Sohn, dessen Aufzeichnungen ich im Stadtarchiv einsehen konnte, hat in seiner Pubertät die wohlorganisierte Pervertierung des Alltags durch die Nazis an Leib und Seele erfahren und nachträglich dokumentiert. Bei ihm fand ich auch die Anekdote über das Seppelhosenbild in Kaufmann Reicherts Schaufenster.

Ich stehe wieder vor der Tafel, welche die Segnungen der C.C. memoriert, und muss an die niederländische VOC (Verenigde Oost-Indische Compagnie) denken. Wir verdanken ihr unser »Goldenes« Jahrhundert, das siebzehnte, als meine Vorfahren mit ihren Schiffen (deren Mastbäume sie von den Calwer Flößern zugeführt bekamen) in die Kolonien segelten, um sich dort auf Kosten der Eingeborenen und zum Segen der noch jungen Republik zu bereichern. Um C.R. zu variieren: Von dem durch sie geschaffenen Wohlstand zeugen noch heute einige der schönsten Häuser der Stadt Amsterdam.

Von fremden Ländern und Völkern handelt auch der folgende Monolog eines anonymen Matrosen, der 1502/1503 »als erster Deutscher« (so Viktor Hantzsch in seiner 1895 in Leipzig erschienenen Geschichtsstudie) mit Vasco da Gama nach Indien mitgesegelt war. Dieser »erste Deutsche« war ein Holländer, ein Flame genau genommen. Sein neunseitiger Augenzeugenbericht verschlug mir den Atem und veranlasste mich zum nachfolgenden beistricharmen Text.

DER ANONYME FLÄMISCHE MATROSE

Vasco da Gamas zweite Reise,
Ziel: Ostindien, wo der Pfeffer
wächst und Ingwer, Zimt.
Er, Flanderns rauhe Schale,
war dabei, er schrieb es auf mit
unverstellter Kinderhand.

Im februar dem zwoten 1502
fuhren wir fort aus LISSABON
von da über CANARIA nach KAP

VERDE wo die sonne senkrecht
über unsren köpfen stand dass
nicht ein ding mehr schatten warf
dann: donner hagel blitz KAP
GUTER HOFFNUNG über MOZAMBIK
nach KILOA das wir zerstörten
dann endlich INDIEN in sicht
CAMBAYA GOA CANANOR CALCUN
fremdes gesehen katzen groß
wie unsere füchse deren drüse
unterm schwanz parfum hergibt
und perlenfischer zapfen
in der nase und die blieben
ehrenwort gut eine viertelstunde
unter wasser das essen war
bei uns an bord na ja zum glück
gabs brave christen in GRANOR
die brachten hühner mit
und ein paar schafe später fingen wir
ein schiff aus MEKKA ab randvoll
dukaten hängten männer frauen
kinder an der großrah auf
und schlugen ihnen hände
füße köpfe ab und warfen die
in einen prahm und ließen den
so voller hände füße köpfe
landwärts treiben denn im handel
ist die konkurrenz neuerdings
mörderisch doch wurde auf der
heimfahrt bald die nahrung
knapp und wieder einmal zeigte
GOTT sich uns gefällig und so
fanden wir bald eine INSEL
und schlugen dort 400 leute
tot ende august zeigte sich
der POLARSTERN wieder und

erreichten wir nach weiteren
sechshundert meilen PORTUGAL.

Von Viktor Hantzsch Historiker
zu Leipzig stammt der Nachweis,
unser wackerer Flame sei zwar
etwas ungehobelt aber immerhin
Hut ab als erster Deutscher
mit dabei gewesen.

Ritter, Tod und Teufel

GESEHEN in Weil der Stadt: ein Farbglasfenster in der Stadtkirche, das die Versuchung Jesu darstellt. Wir blicken dem
Heiland, der ein dunkelrotes Gewand trägt, frontal ins Gesicht, er aber wendet den Blick ab und macht mit der linken
Hand eine abwehrende Geste. Sie gilt einer in gelb gekleideten
Figur, die sich – nach dem Stand der Füße zu urteilen – von
hinten an ihn herangeschlichen hat und ihm herausfordernd
den Kopf entgegenstreckt. Die Frisur, der verbissene Mund,
die eiskalten Augen lassen keinen Zweifel an der Identität des
teuflischen Verführers: Adolf Hitler. Schaut man genauer hin,
bemerkt man, dass der schwarze Strich auf der Oberlippe, den
man zunächst für den Schnauz gehalten hatte, als Kontour
des Nasenflügels aufzufassen ist. Das Glasfenster wurde von
Josef Karl Huber anno 1940 mit Einverständnis des damaligen
Stadtpfarrers August Uhl hergestellt und eingesetzt.

GESEHEN auf dem Calwer Friedhof: eine auffällig große
Bronze-Gedenktafel mit eingraviertem Adler:

> Hier ruht der beste und niebesiegte
> Nachtjäger des 2. Weltkrieges
> Major und Geschwaderkommodore
> Heinz Wolfgang Schnaufer
> 1922–1950

GELESEN und übersetzt: Vander Mollenfeeste (Von der Maulwurfsfeier), einem Totentanz aus dem 15. Jahrhundert. Vom
Autor Anthonis de Roovere, einem einfachen Maurer, dessen
Gedichte und Moralitäten erst gut achtzig Jahre nach seinem
Tode herausgegeben wurden, wissen wir nicht viel mehr, als
dass er – anders als der resistente Nachtjäger – am 16. Mai 1482
zu Brugge vom Tod besiegt wurde.

VON DER MAULWURFSFEIER

Hört, was ich euch sage, liebe Leute,
ob arm oder reich, egal aus welchem Stand:
jung und alt sind aufgeboten heute,
sich zu verziehen in ein anderes Land,
der mit der Pike wurde euch gesandt,
der Höchste schickte ihn als Boten her.
Nun macht euch bitte fertig allesamt,
hier ist für euch jetzt keine Bleibe mehr!

Wo sich der Maulwurf regt, im Dunkeln,
dorthin habt ihr geflissentlich zu gehen,
dagegen hilft kein Motzen oder Munkeln,
ganz ohne Wirkung bliebe euer Flehen,
denn kommt der Bote, ist's um euch geschehen:
wie immer jung, hübsch, fromm und weise,
der Höchste gibt unwiderruflich zu verstehen:
ins Reich Grabowskis führt nunmehr die Reise!

Der König aller Maulwürfe, Er,
der die Kreatur schuf, jene blinde,
hat aller Welt befohlen ringsumher
– dem Mächtigen wie dem Gesinde –,
zum Fest der Maulwürfe sich einzufinden:
es wurde anberaumt unter der Erde,
wo sich nicht länger Geist an Körper binde
und jeder nach Verdienst gewürdigt werde.

Der Papst samt seinen Kardinälen,
Bischöfe und Legaten, Äbte, Missionare:
keiner darf auf der Maulwurfsfeier fehlen!
Auch Offiziale, Prediger, Kapitulare,
Dominikaner, Franziskaner, Pfarrvikare,
Priester, Skriptoren und Magister weise:
ein jeder schaue, dass er unverzüglich fahre,
Grabowski braucht zum Festschmaus seine Speise!

Auch ihr Kartäuser, Mönche, Regularen,
Begarden und Lollarden, Fratres, Eremiten,
seid euch über das Reiseziel im klaren!
Nonnen, Beghinen, rasch vorangeschritten!
Betschwestern, Bettelnonnen, jetzt zum Dritten!
und wer sich sonst noch zählt zum Heer der Frommen,
nur zu! Lasst euch nicht länger bitten:
ihr alle sollt zur Maulwurfsfete kommen!

Ihr Kaiser, Könige, Herzogen, Grafen,
Freiherren, Ritter, Junker vorzugsweise
und die da sonst in goldenen Betten schlafen,
haltet es mit der Tugend und seid weise:
es gilt, sich einzurichten auf die Reise
zum Fest der Maulwürfe, unter der Erde,
damit man euer Lob da unten preise
und euch in Ehren dort empfangen werde.

Stadtvögte, Richter, Diener der Kanzlei,
Amtmänner, Schultheiß, Schöffen, seid zugegen!
Item Burggrafen, Königsboten und derlei,
Zahlmeister, Tresler, Wechsler allerwegen,
Hausmeier – die am Hof die Rittersäle pflegen –,
Türhüter, Köche, macht's euch endlich klar!
Sogar dem edlen Seemann sei daran gelegen,
dass bald sein Schiff zur Maulwurfsfeier fahr!

Ihr Städter, die ihr euch mächtig bereichert
und lebt von Pacht und Zinsen und Diäten,
ihr habt auf euren Böden Korn wie Heu gespeichert
und habt die Kisten und die Koffer voll Moneten;
ihr reichen Kaufleute, ihr Tuchmacher mit Knete,
Wolle und andre Waren füllen eure Truhen -
Was soll's! Auch ihr seid alle hergebeten,
im Reich der Maulwürfe euch auszuruhen!

Der Herr läßt weiterhin durch Botenmund bestellen
kraft seiner untergründigen Autorität,
dass auch für Meister und Gesellen
die Arbeit bald zu Ende geht;
euch sei empfohlen, lieber früh als spät
euch zu bemühen um ein Nachtquartier,
denn – dass es bitte keiner mißversteht! -
zum Maulwurfsreigen eingeladen seid auch ihr!

Der Fürst der Maulwürfe lässt weiterhin
nach allen feinen Burschen fragen,
solchen, denen das Wams nie kurz genug erschien,
die gern die Schuhe lang geschnabelt tragen,
und solchen, die sich oft mit Messern schlagen.
Fort mit den welschen Dolchen und Rapieren!
Was ihr zu tun habt, lässt sich nicht vertagen:
jetzt sollt ihr dorthin, wo die Maulwürfe regieren!

Um jedes Fest wäre es jammerschade,
wenn da nicht Jungfrauen und Damen wären,
infolgedessen sind auch sie geladen,
arm oder vornehm, diese Fete zu beehren;
um pelzbesetze Ärmel müßt ihr euch nicht scheren,
so wie auch Zopffrisur und Schleppe nutzlos sind,
dass Maulwürfe dergleichen nicht begehren,
versteht sich wohl von selbst: sie sind ja blind!

So sei es auch den Mädchen angesagt,
die gern die Fastnacht bei Musik verbringen:
ob Hausgehilfin, Amme oder Magd,
alle, die gern das Tanzbein schwingen,
es gilt, sich anderweitig zu verdingen!
Wie immer jung und hübsch und heiter,
hört bitte auf, zu tanzen und zu springen:
Dort auf dem Maulwurfsball, da tanzt ihr weiter!

Epilog

Die Auswahl der neun Gedichte, die ich hier vorgestellt habe, erfolgte nach dem Zufallsprinzip. Dass das älteste Gedicht im späten 15. Jahrhundert und das jüngste vor zwei Jahren entstanden ist, ist ebenso zufällig wie die Tatsache, dass sie alle von Männern geschrieben wurden. Zufall ist auch, dass in fast allen Gedichten der Tod umhergeistert. Wenn man sie miteinander vergleicht, fällt auf, wie grundverschieden sie trotzdem sind. In der Lyrik zählt eben nur das Wie und weniger das Was. Alles kommt auf die Perspektive an, und dann kann sogar der Tod ein Fest sein, zum Beispiel für Maulwürfe. Drei der Dichter sind übrigens selbst bereits tot.

Als Stipendiat ist man am Anfang immer etwas einsam. Da unterhält man sich notgedrungen öfters mit den Toten. Allen voran natürlich mit Hermann Hesse, dessen ›Glasperlenspiel‹ ich nun doch noch gelesen habe. Auch die Grenzgängerin Gertrude Pfeifflin, der »Neger Daud«, Carl Reichert, Rudolf Schlichter, Bäckermeister Schnürle und noch viele andere, denen ich eben nur in Calw begegnen konnte, waren meine stillen Gesprächspartner. Vielleicht sind deshalb die Lebenden etwas zu kurz gekommen. Um so herzlicher möchte ich mich hier bei ihnen bedanken. Insbesondere bei Anneliese Weinheimer, Geschäftsführerin der Hermann-Hesse-Stiftung für ihre fröhliche Art und Allzeitbereitschaft in praktischen

Dingen, beim Stadtarchivar Paul Rathgeber, weil er immer alles, was ich wissen wollte, parat hatte, bei Uli Rothfuss für das Simmersfelder Mord(s)-Spektakel und beim Ehepaar van Beuningen für den Besuch meiner Lesung und die bei ihnen ausgeliehenen Bücher.

Einen Monat bevor ich mein Stipendiat in Calw antrat, starb in Tübingen Professor Dr. Paul Hoffmann, der »Dichter des Lesens«, wie ihn Cees Nooteboom genannt hat. Auf die Gespräche mit ihm hatte ich mich besonders gefreut. Seinem Gedächtnis sei diese kleine Schrift gewidmet.

Wolfgang Schlüter

Beim Schafott. Sieben Stufen
– Calwer Impressionen –

Entstanden während des Hermann-Hesse-Stipendiums in Calw,
Februar bis April 2000

Im Calwer Hermann-Hesse-Museum befindet sich eine Photographie aus dem Jahr 1895. Sie zeigt die gesplitterten, nur noch als zerborstene Stümpfe aus dem Boden ragenden Fichten des Nordschwarzwalds nach einem schweren Orkan. Ein ebenso verheerender Orkan ist am zweiten Weihnachtstag 1999 aus Frankreich herangestürmt und hat den Schwarzwald so verwüstet, als hätte ein Meteorit eingeschlagen. Aus dem Taxi heraus, das mich vom Stuttgarter Hauptbahnhof über Weil der Stadt nach Calw bringt, erblicke ich am 1. Februar abends zum erstenmal die mir bis dato nur vom Hörensagen bekannten Zerstörungen, die der pflanzlichen Natur durch die atmosphärische widerfuhren. Gleich einem riesenhaften Mikadospiel liegen die langen Stämme unter-, über- und durcheinander geworfen in wüster Wirrnis; Sturmschneisen und ganze Sturmlichtungen hat der Orkan gerodet; was womöglich am meisten erschreckt, ist die Willkürlichkeit, aerodynamisch kaum nachvollziehbare Beliebigkeit, mit welcher der Wind an der einen Stelle gnädig verschonte, was er an der anderen, just danebenliegenden, mit unvorstellbarer Gewalt umholzte, ausriss, knickte, abdrehte, flachlegte, bersten, krachen und splittern ließ. Wir sind es gewohnt, in physikalischen, also auch meteorologischen Phänomenen Gesetzmäßigkeiten walten zu sehen. Hier aber war nichts denn wahllose Berserkerwut auszumachen, Raserei der Elemente, ein Amok der Natur wider sich selbst.

Als bei Heumaden sich die Straße zu senken begann, wies der Taxifahrer mit der Linken zu den oberhalb Calws bereits abendlich verschatteten Nadelwaldhängen hinauf und sagte: Da oben ist das Schafott.

Wer eine Stadt recht erfahren möchte, sollte sie zum erstenmal in der Dunkelheit betreten. Ich zumindest hielt es so und schlug, nachdem ich meine Habseligkeiten in der Stipendiaten-Wohnung untergebracht, zunächst die Richtung ein, die am Rathaus vorbei über die Salzgasse hinaufführt. Es war schon Nacht, die Straßenbeleuchtung nicht sehr hell; ein kühles Wehen, Tannengeruch und Käuzchenschreie versprachen von der Höhe herab die Nähe des Waldes. Um so wunderbarer, weil gänzlich unerwartet, war dann, was unversehens oben vor mir aufragte: ein im zweiten Geschoß hell erleuchteter, zugleich massiger wie eleganter Sandsteinbau mit einem ausnehmend schönen, steilen, von Fenstergauben durchbrochenen Dach: ein kompaktes, von je einer Statue in einer Nische flankiertes Gebäude aus der Gründerzeit, dessen edle Monumentalität sich fast exotisch ausnehmen wollte in all dem Beengten, Klein-Geschachtelten, Geduckten der Fachwerkaltstadt, so als hätte hier ein aus der Ferne gekommener Handelsherr mit generöser Hand ein Zeichen setzen wollen für jene kultivierte Form von Prosperität, die es nach dem 19. Jahrhundert nicht mehr geben sollte. »Georgenäum« nennt sich das Haus, das so gebaut ist wie die Häuser aus dem Anker-Steinbaukasten, oder wie jene »Faller-Häuser«, die ich mir als Kind für das Terrain der elektrischen Eisenbahn zusammenklebte. Häuser dieser Art sind es, die uns im Traum erscheinen und dort den Zugang verwehren – hier in Calw ließe es sich betreten, um nun endlich zu sehen, wie es innen ausschaut.

Dieses Haus schloß ich sofort ins Herz. Ein andermal hörte ich des nachmittags im Vorbeigehen aus den geöffneten Fenstern des Obergeschosses einen Kinderchor, begleitet von einem Klavier, aus der ›Zauberflöte‹ singen. An jenem ersten Abend in Calw jedoch war, bis auf das Dröhnen der Straße im Tal und das Kwiezen der Käuzchen im Wald, alles still; ich schritt bergan, staunte über den Luxus, einen offensichtlich sich in die Waldwildnis empor verzweigenden, teils getreppten, teils asphaltierten Fußweg, den außer mir niemand zu benutzen schien, von hellen Bogenlampen bestrahlen zu lassen, folgte dem Weg über alle Windungen und Krümmungen – und war enttäuscht, vielmehr verwirrt, da er sich zuletzt nicht wie erwartet in dunkler Menschenferne verlor, sondern sich nur scheinbar aus der Stadt entfernt hatte, um in eine höhergelegene Siedlung namens Wimberg zu münden. Dort machte ich kehrt. Und wurde versöhnt vom aus der Tiefe herauf tröstenden Licht des »Georgenäums«, das in die Schwärze des Stadtwalds hineinragte wie ein Vorposten der Zivilisation am Rand der Barbarei.

Am nächsten Tag suchte ich denselben Weg wieder auf, folgte ihm kurz, zweigte aber schon bald, dem Wegweiser Richtung Zavelstein gehorchend, nach links ab und gelangte, zunächst über ein hölzernes Brückchen, sodann über unregelmäßig aus dem Waldboden ragende Steinstufen, stetig ansteigend zum Felsvorsprung des Gimpelsteins: einer Bergnase, die aus mehreren mächtigen Steinplatten gebildet wird, deren oberste ein Plafond im Umriß eines annähernd gleichseitigen Dreiecks darstellen. Die Regelmäßigkeit dieses Plateaufelsens fiel mir auf. Es schien, als sei der Stein künstlich behauen worden, um mit seiner Gestalt den Vorbeigehenden aufzufordern, ihn zu betreten, auf ihm Posto zu nehmen und in sei's majestätischer sei's kontemplativer Pose auf den Wanderstab sich stützend, ins Nagoldtal hinab zu schauen. Es gibt Landschaften, dachte ich mir, die vor Jahrmillionen durch Vulkanismus, Erosion, Bodenverwerfung und -auffaltung, Gletscherschmelze oder was auch immer einzig zu dem Zweck geformt wurden, später einmal, etwa um 1900 unserer Zeitrechnung, einer kolorierten Postkarte mit dem Aufdruck »Echte Photographie« als Bildsujet zu dienen, und diese trianguläre Felsplatte des Gimpelstein, Votivstätte und pittoresker Aussichtspunkt ineins, gehört unbedingt dazu – nur daß, wer immer ins Tal hinunter lauscht, nicht mehr, wie dazumal, den Fluß rauschen hört, sondern das unausgesetzte Dröhnen der stark befahrenen Bundesstraße 463, das von den steilen Hängen der Hügel, wie von einem Schalltrichter verstärkt, bis in die höchsten Waldlagen reflektiert wird. Ja, nirgends auf meinen vielen späteren Wanderungen durch den Nordschwarzwald ist es mir je gelungen, diesem mal näheren, mal weiter entfernten Dröhnen ganz zu entkommen. Der Wohlstand, den die Automobil-Industrie dem Land Baden-Württemberg gebracht hat, ist erkauft mit der Unmöglichkeit, menschenwürdig irgendwo noch allein sein zu können.

Der 2. Februar, an dem ich diesen Weg nahm, fiel in eine eigenartige Nichtjahreszeit. Der Winter war offenkundig vergangen, der Schnee geschmolzen, die Kälte dahin. Aber Frühling war es denn auch noch lange nicht: nichts blühte oder grünte schon; kahl waren Buschwerk, Äste und Gezweig; modriges Laub und feuchtes Nadelteppicht raschelten unterm Tritt; falb und fahl, von Grau über Braun zu Grünviolett, hatten die Farben des Waldes sich gedämpft bis an den Rand der Monochromie.

An einem Sendemast vorbei querte ich kurz den Sattel des Hügels und zweigte dann aufs Geratewohl, einer sonderbaren Eingebung folgend (Labyrinth-Instinkten, von denen ich mich in fremden Wäldern und unbekannten Städten stets gern lenken lasse, da sie mich selten enttäuschen), nach links auf einen, nach Südwest führenden Parallelweg ab, der nicht mehr für Nutzfahrzeuge verbreitert, planiert und geschottert, sondern Fußgängern vorbehalten war, schnurgerade zwar, aber gegen Langweiligkeit gefeit durch die bucklichte Elastizität des Bodens und eine gewisse träumerische Zielflüchtigkeit seiner Perspektive: als wär's ein schmaler Korridor, vielmehr das Seitenschiff einer von Fichtensäulen und Tannenpilastern flankierten Baumkathedrale, deren verschwiegenes Halbdämmer mit der Unbegrenztheit ihres Sakralraums den Pirschgänger generös beschenken wollte.

Auf diesem, wie mit dem Lineal durch den Wald gezogenen Pfad also ging ich dahin – bis, nach gut vierhundert Metern, linksab vom Wege, zwischen den Stämmen, ein eigenartiges Bauwerk sich zeigte. Um mich zu korrigieren: halb zeigte es sich – halb versteckte es sich, mit einer Gebärde verschämter Beiläufigkeit; demjenigen, der in Gedanken versunken den Blick nur geradeaus auf den Boden gesenkt hätte, wäre es leicht verborgen geblieben. Denn der Weg führte nicht zu ihm hin, sondern tangential, wahrhaft en passant, an ihm vorüber. Und dazu paßte dann auch, daß auf dem Blechschild, welches an einen Baum gegenüber genagelt war, nicht AM sondern BEIM SCHAFOTT stand.

Aus grob behauenen Steinquadern gefügt ein Rondell, nein, ein kreisrundes Podium, auf leicht abschüssigem Terrain einen Meter fünfzig mittlerer Höhe, bedeckt mit einer Schicht Nadelhumus, etwas Gras, Moos, zirka sieben Schritt im Durchmesser. Sieben ausgetretene Steinstufen führen, der Mittagssonne entgegen, hinauf. Das Ganze auf eine sinistere Weise gepflegt, fast adrett zu nennen; das Alter nach dem Augenschein kaum zu schätzen. Der Bau hätte ebenso vor drei Jahrhunderten wie vor drei Jahrzehnten angelegt worden sein können. Eine hölzerne Ruhebank mit Abfallkorb steht daneben, als wolle sie einladen, zur gemütlichen Jause einer Hinrichtung beizuwohnen.

Ich stieg die Stufen empor, betrat nicht ohne Bedenken den Mittelpunkt des steinernen Podestes, überlegte, was einst hier oben auf dem Rund weiters sich befunden haben mochte: Rad, Galgen, Guillotine, Blutgerüst? Hackklotz mit Richtschwert und Beil? Ich trachtete mir auszumalen, wie es sein müsse, in den letzten Minuten des Lebens den Blick über Tannenzapfen und Fichtenwipfel schweifen zu lassen, das Auge von einem Sonnenstrahl sich blenden zu lassen, der aus wolkenblauem Süden durchs Zweiggewirr flirrt. Ich stellte mir vor, wie ein Verurteilter noch ein letztesmal Atem schöpft und die Waldluft einsaugt mit ihren scharfen harzigen Aromen, versuchte mir zu bedeuten, wie es ist, wenn ins Zischen des Stahls hinein, der das Haupt vom Rumpf trennt, noch ein Rotkehlchenpiepsen dringt, fernes Eichelhähergeschrei und Rauschen von Wipfeln.

Und, aus weiter Höhe über diesen, das »Hiäh!« der Bussarde. Noch nirgendwo sah ich so viele Mäusebussarde wie in dieser Gegend. Einzeln oder zu mehreren kreisen sie in großer Höhe über den Tälern; oder sie hocken nahe der Straße, reglos, einem Wachtposten gleich, in den entlaubten Apfelbäumen: wo sie erst, wenn man ihnen zu nahe getreten, die Schwingen unwillig zu spreizen und aufzufliegen sich bequemen, als wär es mit Ächzen. Der Tisch scheint ihnen gut gedeckt zu sein. Bei Zavelstein, am »Kreuz der Spinnerin«, entdeckte ich in den oberen Grasschichten einer Wiese, die der Schnee erst seit kurzem freigelegt, ein schier unabsehbares labyrinthisches Geflecht von Mäusegängen, Löchern, Kanälen, Höhlen und Nestern, eine Megalopolis der Mäuse, eine Megacity, deren Einwohnerzahl ich nicht zu schätzen wagte.

Über die steinernen Stufen stieg ich hinunter und setzte mich für eine Weile auf die frivole Bank. Wie sonderbar, eine Hinrichtungs-Stätte an einem so unauffälligen, entlegenen Platz zu errichten, dachte ich. Wer immer den Delinquenten begleitete – Scharfrichter, Justiz, Geistliche, Schaulustige –, hatte weit zu gehen, und nicht ohne Mühe. War es nicht in alten Tagen der Brauch gewesen, dem Sünder zur Wehr, dem Volke zur Lehr, solche Todesurteile an exponierten, allen zugänglichen Orten zu vollstrecken: im Schloßhof, auf dem Markt, vor dem Rathaus? Daß man mit Rad und Galgen draußen vor den Stadtmauern exekutierte, hatte, wenn schon nicht hygienische, so doch olfaktorische Gründe: die Leichname ließ man zur Abschreckung tagelang hängen – aber auch dort bevorzugte man zum Zweck der Ostentation und Prävention weithin sichtbare Hügel, Feldraine, Kreuzwege. Wozu also hier diese Waldeinsamkeit? Diese beklemmende Heimlichkeit, Beiläufigkeit der Platzwahl, irgendwo im Fichten-Niemandsland, am Saum eines unbedeutenden Pfades, en passant, dort wo wir heute allenfalls mit Holzstößen, Futterraufen fürs Rotwild im Winter, dem Landrover eines Forstbeamten rechnen würden. War es möglich, daß es sich gar nicht um eine Exekutionsstätte handelte, sondern um einen Sakralbau unguter Provenienz, ein hexisches Heiligthum verschwiegener Riten, unsagbarer Kulte, um die Opferstätte eines heidnischen Tempels? Welcher

Priester mochte auf diesem steinernen Rundpodest etwas – was, um Himmelswillen? – geopfert haben, um seine Götzen zu versöhnen? Oder war es eben doch ein Blutgerüst, aber für ein Vehmgericht aus der Franzosenzeit?

Um dem kreiselnden Bann solcher Gedanken zu entkommen, war es das beste, kehrtzumachen und im retrograden Gang zu passieren, was sich nunmehr, auf dem Heimweg, nicht länger als Schwarze Romantik darbot, sondern als eine höchst rationale Abfolge geometrischer Elementarformen: vom Kreis (des Schafotts) über die (tangentiale) Gerade des Pfades vorbei am gleichseitigen Dreieck der Felsplatte bis zum Rechteck bzw. Rotsandsteinkubus des »Georgenäums«, das mich jetzt mehr denn je an ein Pariser Lycée erinnerte. Was nun noch fehlte, war die Ellipse mit ihren zwei Mittelpunkten.

Mittelpunkt 1: In den ersten Wochen meines Calwer Aufenthalts hörte ich immer wieder Musik von Hector Berlioz, insbesondere die Ouvertüre ›Die Vehmrichter‹ (Les Francs-Juges) von 1826, und aus der Phantastischen Symphonie von 1830 den vierten Satz, also den ›Gang zum Richtplatz‹ (Marche au supplice), dirigiert von Pierre Boulez, der als einer der wenigen Dirigenten, die diese passion infernale nicht hektisch voranpeitschen und damit ihre Konturen verwischen, wahrhaft marschiert, gemessenen Schritts über den fiebrigen Triolen der Pauken zum grotesken Kontrapunkt der Fagotte und Geschlurf der Streicher, dem knarrenden Fauxbourdon der Posaunen, das Tempo eisern gehalten, bis zum dreifachen Oktavsturz des Fallbeils samt finalem Gerassel der Exekutionstrommel. Mit seinen periodischen Asymmetrien, rhythmischen Irregularitäten, seiner fahlen bis schrillen Instrumentation und gleichsam ausgehöhlten Harmonik ruft der Franzose Berlioz zum Fanal einer neuen Poetik des Charakteristischen, des Häßlichen auch. Im Zeichen der literarischen Schwarzen Romantik, geprägt von Gustave Doré, Gerard de Nerval und Victor Hugo, zitiert er das Bildmotiv der Richtstätte im Bann einer älteren Ästhetik des Gothischen, Pittoresken. Inzwischen bin ich überzeugt, daß das Calwer Schafott nie eine exekutive

Funktion gehabt hat, sondern als Teil eines größeren landschaftsästhetischen Ensembles zu sehen ist, eines pittoresken Konzepts von LAND ART, in welcher dem Metallschildchen, das an den Baum genagelt ist wie an die Wand eines Museums, keine andere Funktion zukommt als die, über den Titel der Installation Auskunft zu geben und den Namen des Künstlers bedeutungsvoll zu verschweigen.

Mittelpunkt 2: Auch der Weihnachtsorkan war aus Frankreich gekommen, aber nicht als Sturm der Aufklärung, der Revolution, sondern der Apokalypse. Jemand erzählte mir, es gebe in Calw vierzehn verschiedene Glaubensgemeinschaften. Sollte nicht eine Sekte darunter sein, die wie in voraufklärerischen Zeiten Kometen als Himmelszeichen und Unwetter als Zürnen Gottes deutet? Die Verwüstungen im Nordschwarzwald haben bis heute viele Wege unpassierbar gemacht, der waldwirtschaftliche Schaden geht in die Multimillionen, und der Borkenkäfer setzt fort, was die ägyptische Heuschrecke begann. Also züchtigt der HErr mit Verheerungen den Menschen für seinen globalen Frevel an der Natur, doch nicht nur dafür. Mit Sturm und Wind brüllt ER »Rache« von der Höhe. Im Bild der zerknickten, zerborstenen, zersplitterten und mit höllischem Krachen durcheinander geschmissenen Stämme und Stümpfe straft uns der Allmächtige für die Gräuel einer nicht wieder gutzumachenden Todesjustiz. »Denn die Rache ist mein, und nicht des Menschen«, 1. Korinth. 16, 24. Sieht nicht die Photographie im Hesse-Museum so aus, als sei sie erst vor einer Woche gemacht worden?

Wahrlich, ich sage euch: solange dieses blasphemische Schafott dort oben noch steht, wird ER ein ums anderemal Stürme aus den Wolken fauchen lassen zum Zeichen Seiner Empörung!

Was ich von solchem Gottesurteil hielte, steht hier nicht zur Debatte. Meine Aufgabe war allein, zu beschreiben, was ich sah, und vernünftig zuzuordnen wie zu zergliedern, was ich empfand.

Christa Schuenke

eMail von H.H.

Entstanden während des Hermann-Hesse-Stipendiums in Calw,
Mai bis August 2000

Thema:	Gruß aus Gerbersau
Datum:	15.05.00 13:03:19 (MEZ)
	Mitteleurop. Sommerzeit
From:	CSchuenke@warm-rain.com (CS)
Reply to:	CSchuenke@warm-rain.com (CS)

Lieber H.H.

mich hat ein warmer Regen nach Calw gespült. Durchs Küchenfenster schaue ich auf Dein Geburtshaus, vom Arbeitszimmer aus in die von lauter heimeligen, aber viel zu groß geratenen Knusperknusperknäuschen-Häuschen gesäumte Marktstraße bis zu dem kleinen Platz, der Deinen Namen trägt und den Du immer so gemocht hast.

Ich hab mir unter www.styx&charon.com (einer Online-Auskunftei, bei der ich als Übersetzerin natürlich Rabatt habe) Deine eMail-Adresse rausgesucht. Wie schön, dass man sich auch bei Dir da drüben im Nobelhades schon die Vorzüge des modernen Datenverkehrs zunutze macht.

Erinnerst Du Dich eigentlich noch an unsere gemeinsame Zeit in Straelen*? Wie argwöhnisch Du mir da immer auf die Finger geschaut hast, als ich dabei war, Shakespeares Sonette zu übersetzen? Dein kritischer Blick, diese tiefen Mäkelfalten um den Mund, beides ist mir unvergesslich. Jetzt, wo die Übersetzung längst erschienen und inzwischen sogar schon als

---

* Gemeint ist das Europäische Übersetzer-Kollegium in Straelen am Niederrhein, in dem literarische Übersetzer aus aller Welt wohnen und ihrer Arbeit nachgehen und sich dabei einer direkt im Haus untergebrachten, weltweit einzigartigen, speziell auf ihre professionellen Bedürfnisse zugeschnittenen Fachbibliothek bedienen können.

Taschenbuch zu haben ist, kann ich's Dir ja sagen: Manchmal hast Du mir damals richtig ein bisschen Angst gemacht. Nur darum, nicht etwa aus Mangel an Respekt, hab ich nach zwei Jahren Dein zerfurchtes Konterfei von der Wand genommen und dafür ein Bild von Shakespeare aufgehängt.

Und nun sitz ich plötzlich hier in Deiner Heimatstadt und bin gespannt, ob Du mir antworten wirst. Neugierig darauf und auf Calw grüß ich Dich herzlich – CS

+++++
Thema: Re: Gruß aus Gerbersau
Datum: 25.05.00 04:13:12 (HT)
              Hades Time (Hades Sommerzeit)
From: H.H.@Nobel-Hades.com (H. Hesse)
Reply to: H.H.@Nobel-Hades.com (H. Hesse)

Man braucht vor Niemand Angst zu haben. Wenn man jemanden fürchtet, dann kommt es daher, dass man diesem Jemand Macht über sich eingeräumt hat.

Man hat nur Angst, wenn man mit sich selber nicht einig ist. – H.H.

+++++
Thema: guter Rahmen
Datum: 26.05.00 15:25:10 (MEZ)
              Mitteleurop. Sommerzeit
From: CSchuenke@warm-rain.com (CS)
Reply to: CSchuenke@warm-rain.com (CS)

Lieber H.H.
schön, dass Du Dich gemeldet hast, auch wenn ich Deine Antwort, ehrlich gesagt, ein bisschen steif finde. Na ja, es hat Dich eben doch gekränkt, wie ich Dich damals abgehängt hab. Aber über Deinen Nachfolger kannst Du Dich doch wirklich nicht beklagen. Hab ich Dir eigentlich schon erzählt, dass vor Dir der Dante über meinem Straelener Schreibtisch seinen Platz

hatte? Den hat dann eine Italienisch-Übersetzerin entführt. Jedenfalls warst Du sozusagen das Mittelstück, das Zentrum, okay? Also mach's gut da drüben und take care. – CS

+++++
Thema: Zentrum
Datum: 27.05.00 04:13:12 (HT)
              Hades Time (Hades Sommerzeit)
From: H.H.@Nobel-Hades.com (H. Hesse)
Reply to: H.H.@Nobel-Hades.com (H. Hesse)

Jeder von uns ist nur ein Mensch, nur ein Versuch, ein Unterwegs. Er sollte aber dorthin unterwegs sein, wo das Vollkommene ist, er soll ins Zentrum streben, nicht an die Peripherie. – H.H.

+++++
Thema: Kettenglied
Datum: 27.05.00 07:02:05 (MEZ)
              Mitteleurop. Sommerzeit
From: CSchuenke@warm-rain.com (CS)
Reply to: CSchuenke@warm-rain.com (CS)

Lieber H.H.
klar, an der Peripherie ist ja nix los. Danke für Deine prompte Antwort. Hier in der Calwer Dichterklause hab ich übrigens auch so eine Art Ahnengalerie. Die besteht zwar nicht aus richtigen Bildern, sondern ist eher imaginär oder, wie man heute sagt, virtuell – die Wände dieser Stipendiatenwohnung schmückt moderne Kunst. Picasso überm Bett und so, MIT FREUNDLICHER EMPFEHLUNG ÜBERREICHT VON IHRER KREISSPARKASSE.

Irgendwie fühle ich mich hier bei allem, was ich tue, wie ein Glied in einer Kette. Die vor mir da waren, sind teils Bekannte aus jüngeren Jahren, teils Bekannte von Bekannten, auch ein paar Freunde sind darunter. Wenn ich morgens eine Tasse aus dem Schrank nehme, natürlich eine von den vier großen, denn zum Frühstück brauch ich einen ordentlichen Pott Kaffee, frag ich mich jedesmal, wer wohl die weiße Omatasse mit Goldrand eingeschleppt hat, wer die eher klobige, in zweierlei Blau ge-streifte, von wem der kühle kantige graublaue Henkelbecher stammt, und wem ich die Bunzlauvariation verdanke, auf der GUTEN MORGEN 54 TÜBINGEN steht. Wieso 54? Ach ja, vermutlich ein Geschenk an meinen Vorgänger FH, der wäh-rend seiner Klausnerzeit Geburtstag hatte.

Aber das interessiert Dich wahrscheinlich alles gar nicht. Okay, okay, ich hör schon auf. Ich wollte Dich ja bloß be-schwichtigen. Stimmt schon, ich hab Dich ab- und dafür Shakespeare aufgehängt. Nur, versetz Dich doch bitte mal in meine Lage. Was hättest Du denn an meiner Stelle getan, ich meine, wenn Du Master Wills Sonette übersetzt hättest? Und immerhin hab ich Dich ja nicht auf den Speicher getragen, sondern Dich behutsam raufgebracht nach Zimmer 8 zu der Kollegin aus Island, die damals gerade Deinen Steppenwolf übersetzt hat. Und außerdem – Du bist doch selber beim alten William in die Schule gegangen. Oder ist Dein Klingsor etwa kein Nachfahre von Oberon? Gespannt auf Deine Antwort grüßt, herzlich um gut Wetter bittend – CS

+++++

Thema:	Klingsor
Datum:	05.06.00 04:13:12 (HT)
	Hades Time (Hades Sommerzeit)
From:	H.H.@Nobel-Hades.com (H. Hesse)
Reply to:	H.H.@Nobel-Hades.com (H. Hesse)

Der Vernünftige glaubt, dass die Erde dem Menschen zur Ausbeutung ausgeliefert sei. Sein gefürchtetster Feind ist der Tod, der Gedanke an die Vergänglichkeit seines Lebens und Tuns. An ihn zu denken, vermeidet er, und wo er dem To-desgedanken nicht entgehen kann, flüchtet er in die Aktivität und setzt dem Tode ein verdoppeltes Streben entgegen: nach

Gutem, nach Erkenntnissen, nach Gesetzen, nach rationaler Beherrschung der Welt. Sein Unsterblichkeitsglaube ist der Glaube an jenen Fortschritt: als tätiges Glied in der ewigen Kette des Fortschritts glaubt er sich vor dem völligen Verschwinden bewahrt.

Und dieser Klingsor also liegt im Sterben oder ist bereits gestorben. Daher die Trauer, daher die Schwermut. Und daher kommt es, dass die großen romantischen Dichter, die unsere Zeit noch erlebte, ein Nietzsche, ein Strindberg, ein Georg Heym, ihre Lauten und Harfen zerschlagen und in der Mutter, im Wahn und im Wasser versinken. – H.H.

+++++
Thema: Re: Klingsor u. a.
Datum: 07.06.00 07:07:07 (MEZ)
           Mitteleurop. Sommerzeit
From: CSchuenke@warm-rain.com (CS)
Reply to: CSchuenke@warm-rain.com (CS)

Lieber H.H.
ja, das ist bitter und erklärt die Kummerfalten, die Du auf sämtlichen Fotos und Zeichnungen um den Mund hast.

Apropos Nietzsche, Strindberg, Georg Heym. Es würde mich mal interessieren, ob Du denen da drüben in Deinem Nobelhades hin und wieder über den Weg läufst. Und Shakespeare. Wenn ja, sag ihm einen schönen Gruß von mir, ihm und dem Georg Heym.

Was hältst Du davon, wenn Du mir ein bisschen vom Hades erzählst, und ich Dir dafür berichte, wie's inzwischen hier in Calw so zugeht? Wer weiß, am Ende kriegst Du ja dann Lust, ein paar Tage Urlaub einzureichen und mich mal zu besuchen. Vielleicht bis bald? – CS

+++++

Thema: Schritte
Datum: 25.06.00 04:13:12 (HT)
              Hades Time (Hades Sommerzeit)
From: H.H.@Nobel-Hades.com (H. Hesse)
Reply to: H.H.@Nobel-Hades.com (H. Hesse)

Schritte, die man getan hat, und Tode, die man gestorben ist, soll man nicht mehr bereuen.

Reden ist der sichere Weg dazu, alles misszuverstehen, alles seicht und öde zu machen. – H.H.

+++++

Thema: drüber reden
Datum: 27.06.00 13:45:38 (MEZ)
              Mitteleurop. Sommerzeit
From: CSchuenke@warm-rain.com (CS)
Reply to: CSchuenke@warm-rain.com (CS)

Lieber H.H.

okay, Du möchtest offenbar nicht drüber reden, ob Du jetzt mit den andern toten Dichtern vereint bist. Und mit Deinen Lieben. Willst mir wohl die Überraschung nicht verderben, was? Oder unterliegst Du da in Deinem Nobelhades etwa der Schweigepflicht? Die Calwer scheinen mir doch an sich ein recht redseliger Menschenschlag zu sein. Jedenfalls die Verkäuferinnen in den Geschäften. Die unterhalten sich immer ausgiebig weiter miteinander, wenn man den Laden betritt, und tun so, als wär man gar nicht da. Mit ungestillter Neugier grüßt – CS

+++++
Thema: drüber klagen
Datum: 28.06.00 04:13:12 (HT)
              Hades Time (Hades Sommerzeit)
From: H.H.@Nobel-Hades.com (H. Hesse)
Reply to: H.H.@Nobel-Hades.com (H. Hesse)

Schmerz und Klage sind unsre erste, natürliche Antwort auf den Verlust eines geliebten Menschen. Sie helfen uns durch die erste Trauer und Not, sie genügen aber nicht, um uns mit dem Toten zu verbinden. Das tut auf primitiver Stufe der Totenkult: Opfer, Grabschmuck, Denkmäler, Blumen. Auf unsrer Stufe aber muss das Totenopfer in unsrer eigenen Seele vollzogen werden, durch Gedenken, durch genaueste Erinnerung, durch Wiederaufbau des geliebten Wesens in unsrem Innern. Vermögen wir dies, dann geht der Tote weiter neben uns, sein Bild ist gerettet und hilft uns den Schmerz fruchtbar zu machen. – H.H.

+++++
Thema: Viel Lärm um eins
Datum: 28.06.00 07:07:07 (MEZ)
              Mitteleurop. Sommerzeit
From: CSchuenke@warm-rain.com (CS)
Reply to: CSchuenke@warm-rain.com (CS)

Lieber H.H.
meinst Du das jetzt bezogen auf Nietzsche, Strindberg, Heym und Shakespeare? Oder eher privat? Na ja, im Grunde trifft es wohl auf jeden zu, den man geliebt hat und verliert. Ich war neulich auf dem Calwer Friedhof und hab mir Euer Familiengrab angeseh'n und mir vorgestellt, wie Dir zumute war, wenn Du mitunter dort gestanden hast bei Deinen seltenen Besuchen in Deiner Heimatstadt.

Du, eins wollt ich Dir übrigens noch sagen. Bloß weil ich als Klausnerin von Calw irgendwie das Gefühl habe, ein Glied in einer Kette zu sein, musst Du mir noch lange nicht unterstellen (siehe Deine Mail vom 5.6.00), ich wollte die Erde ausbeuten. Ich will überhaupt niemanden ausbeuten. Ich will nichts weiter, als in Ruhe arbeiten. Nur ist das hier oben unterm Dach vom Ledereck und über den Dächern der Calwer Innenstadt gar nicht immer so einfach.

Wenn zum Beispiel, wie in den letzten Wochen, Fußball-EM ist, feiern die ortsansässigen Türken oder Italiener oder Portugiesen oder alle zusammen, wenn auch nicht gemeinsam, draußen vor der Ritterschenke mit mehrstündigen nächtlichen Hup- und Paukkonzerten, Sprechchören, Leuchtkugeln, aufgedrehten Autostereoanlagen und Jubelgesängen den Sieg ihrer jeweiligen Mannschaft. Der Lärm ist infernalisch und geht bis nachts um eins.

Oh, jetzt klingelt's an der Tür. Hoffentlich Herr Pross, der Hausmeister, der nach der Heizung schaut. Die braucht man diesen Sommer, denn es regnet jeden Tag und ist bisweilen bitterkalt. Ich meld mich später wieder. Mach's erst mal gut. – CS

+++++
Thema: Fußball u. a.
Datum: 07.07.00 04:13:12 (HT)
              Hades Time (Hades Sommerzeit)
From: H.H.@Nobel-Hades.com (H. Hesse)
Reply to: H.H.@Nobel-Hades.com (H. Hesse)

Ich finde, unser Leben, das durchschnittliche Leben eines heutigen Abendländers, ist so scheußlich, dass es nur von Klötzen, von Idioten, von Leuten ohne Nerven, ohne Geschmack, ohne feine Schwingungen ertragen werden kann, der »Heroismus« ist ja denn auch das Ideal dieser Zeit und endet bei vierzig Grad Frost im Schützengraben. Nein, die Menschen ertragen dies Leben nur, weil sie sich die zarteren und darunter die besten und schönsten Gaben des Menschen schon abgewöhnt haben. – H.H.

+++++
Thema: dunkel war's, der Mond schien helle
Datum: 07.07.00 09:27:07 (MEZ)
          Mitteleurop. Sommerzeit
From: CSchuenke@warm-rain.com (CS)
Reply to: CSchuenke@warm-rain.com (CS)

Lieber H.H.

ja, sicher, Fußball als Metapher für Krieg, aber so arg ist es ja nun auch wieder nicht. Ich guck mir selbst ganz gerne mal ein Spiel im Fernsehen an. Und die Türken, Italiener, Portugiesen, die da draußen feiern, die stören ja auch niemand weiter als mich, die Stipendiatin, und allenfalls den netten Herrn Wendland vom Café Wendland, der unter mir wohnt. Wenn nicht gerade der Mond groß, kalkweiß und zum Greifen nah über den Dächern hängt, sind nämlich bei Nacht in der Marktstraße nur die Schaufenster hell. Hinter den blanken Scheiben zwischen Stütz- und Schmuckfachwerk brennt dann nirgends mehr Licht.

In den zu groß geratenen Knusperknusperknäuschen-Häuschen wohnen keine Hexen und schon gar kein Teufel und nicht ein einziger eingeborener Calwer. Der Stadtkern ist fest in Gastarbeiterhand, und das bringt Farbe ins pietistisch strenge, schlichte Alltagsgrau und sorgt für einen steten, südländisch heiteren Lärmpegel, wie ich ihn bisher nur in Rom erlebt habe. An warmen Abenden sitzen auf den Bänken entlang des Marktplatzes schöne Greise mit weißen Haaren und olivenfarbener Haut, und käme nicht ab und zu eine junge, Kinderwagen schiebende Frau mit Kopftuch des Wegs, man könnte sich glatt nach Sizilien versetzt fühlen. Wo ich zwar noch nie war, was ich aber aus Büchern kenne. So, und jetzt versuch ich erst mal ein paar Seiten von meiner neuen Übersetzung zu schaffen, bevor ich mich wieder melde. Ade bis nachher oder morgen oder irgendwann die Tage – und danke, dass Du immer so schnell antwortest. – CS

+++++
Thema: Fremdheit
Datum: 08.07.00 04:13:12 (HT)
Hades Time (Hades Sommerzeit)
From: H.H.@Nobel-Hades.com (H. Hesse)
Reply to: H.H.@Nobel-Hades.com (H. Hesse)

Von jedem Buch, das wir lesen, wird unser innerer Kompass abgelenkt; jeder fremde Geist zeigt uns, von wieviel anderen Punkten aus man die Welt betrachten kann. – H.H.

+++++
Thema: Verstockt
Datum: 08.07.00 13:13:13 (MEZ)
Mitteleurop. Sommerzeit
From: CS@warm-rain.com (CS)
Reply to: CS@warm-rain.com (CS)

Lieber H.H.
da rennst Du bei mir offene Türen ein. Und die sind wirklich offen, diese Türen. Aber zum Arbeiten wünschte ich mir trotzdem manchmal ein wenig Ruhe. Wenn die EM vorbei ist, kommt nämlich das Hermann-Hesse-Brunnenfest, und vor dem nach Dir geheißenen, zu Ehren Deines Geburtstags mit grünweißen Blumengirlanden geschmückten Brünnlein ist ein Bierzelt aufgebaut und gleich daneben eine Bühne, auf der sich ein Rex-Gildo-Howard-Carpendale-Verschnitt zwei Abende in Folge die Seele aus dem Leib singt, bis der Morgen graut. Aber den Leuten scheint das Vergnügen zu machen, und da will die Klausnerin nicht hochnäsig von oben herab auf sie hinunterblicken. Und es ist ja auch nicht etwa so, dass ich wegen der ganzen Feierei da unten gar nicht arbeiten kann, es geht nur nicht so schnell, so flüssig, aber wenn's still ist, kann ich auch ins Stocken kommen. Verstockte Grüße. – CS

+++++
Thema: Schnelligkeit und Vergnügen
Datum: 09.07.00 04:13:12 (HT)
Hades Time (Hades Sommerzeit)
From: H.H.@Nobel-Hades.com (H. Hesse)
Reply to: H.H.@Nobel-Hades.com (H. Hesse)

Die hohe Bewertung der Minute, die Eile als wichtigste Ursache unserer Lebensform ist ohne Zweifel der gefährlichste Feind der Freude. Möglichst viel und möglichst schnell ist die Losung. Daraus folgt immer mehr Vergnügung und immer weniger Freude. – H.H.

+++++
Thema: Duck, Pomp & Circumstance
Datum: 10.07.00 13:13:13 (MEZ)
Mitteleurop. Sommerzeit
From: CS@warm-rain.com (CS)
Reply to: CS@warm-rain.com (CS)

Lieber H.H.

danke für die schnelle Rück-Mail. Ja, die Hektik kann einem manchmal schon die Freude am Leben und an der Arbeit verderben. Darum bin ich ja auch so dankbar für den warmen Regen, der mich hergespült hat. Der hat doch ganz schön Druck von mir genommen, und gegeben hat er mir ein wenig ungewohnte Muße. Aber lass mich Dir noch ein bisschen von den lautstarken Calwer Lustbarkeiten dieses Sommers erzählen. Vielleicht bringt Dich das Folgende zum Lachen: Entenrallye auf der Nagold, ganz Calw ist auf den Beinen, eine LKW-Ladung von gelben und orangenen Plastikenten, die man vorher allerorten für fünf Mark das Stück kaufen und am Wettkampftag mit Startnummern versehen lassen konnte, wird von der Marktbrücke ins Wasser gekippt, und die Siegerente gewinnt eine Reise nach New York. Zweiter Preis ein Wochen-ende in Berlin, dritter ein Mountainbike, damit sich die dritt-platzierte Ente schön fit halten kann, falls sie demnächst auch mal übern großen Teich will. Die Preise gehn natürlich an die

Entenbesitzer, nicht an die Enten selber, die werden hinterher wieder eingesammelt und dürfen in der Badewanne planschen. Und der Gewinn geht an »Ärzte ohne Grenzen«. Ich habe weder was gewonnen noch eine Badewanne, und darum hab ich meine beiden für einen guten Zweck erworbenen Enten ganz zweckentfremdet auf den Schlafzimmerschrank gestellt.

Und während draußen unter den Fenstern das Leben brodelt und die Klausnerin ratternd, knatternd, schnatternd, hallend, schallend, stampfend und mitunter sogar klampfend oder Okarina blasend vom Schreibtisch fort und in seinen Strudel zu ziehen sucht, versagt sich's der Herr Rothfuß schon seit Wochen, kurzerhand zum Hörer zu greifen und mich bei der Arbeit zu stören. Gleiches lässt sich von allen städtischen Institutionen berichten und im Großen und Ganzen auch von den Leuten bei der Kreissparkasse. Was indes nicht für die liebe, allemal um mein Wohl besorgte Frau Weinheimer gilt, die aber gerade Urlaub hat. Und auch nicht für den freundlichen Herrn Ackermann, der meistens eine launige Bemerkung macht, wenn ich bei ihm die Post abhole. Oje, meine Mail ist viel zu lang geworden. Ein andermal mehr. Herzliche Grüße. – CS

+++++
Thema: Hat sich der Rothfuß schon gemeldet?
Datum: 17.07.00 04:13:12 (HT)
Hades Time (Hades Sommerzeit)
From: H.H.@Nobel-Hades.com (H. Hesse)
Reply to: H.H.@Nobel-Hades.com (H. Hesse)

Wenn wir einen Menschen glücklicher und heiterer machen können, so sollten wir es in jedem Fall tun, mag er uns darum bitten oder nicht. – H.H.

+++++

Thema: Rothfuß & Versfuß
Datum: 20.07.00 13:13:13 (MEZ)
         Mitteleurop. Sommerzeit
From: CS@warm-rain.com (CS)
Reply to: CS@warm-rain.com (CS)

Lieber H.H.

wieder mal hundert Prozent d'accord. Ich bin mir allerdings nicht sicher, ob es mich wirklich glücklicher oder heiterer machen würde, wenn sich der Herr Rothfuß jetzt noch meldete. Was mir an der Sache gefällt, ist inzwischen eigentlich vor allem das Versmaß. Ein vierfüßiger Jambus, verstehst Du? Kein vollendeter Pentameter, aber immerhin. Was die Geselligkeit angeht, nun, da haben sich inzwischen, wenn auch nicht mit Herrn Rothfuß' Hilfe, andre Menschen bei mir gemeldet, und die Begegnungen mit ihnen sind schön und beglückend und, ja, auch erheiternd. Du wirst staunen, wenn ich Dir erzähle, dass ich neulich bei der Frau Bodamer gewesen bin, der Tochter Deiner Lieblingscousine, die von manchen Calwern respektvoll »die Seniorin« genannt wird. Drei herrlich entspannte, fröhliche, anregende Stunden habe ich bei ihr verbracht in dem behaglichen alten Jugendstilhaus oben am Gartenweg. Da haben schon ihre Großeltern drin gewohnt, hat sie mir erzählt und einen ihrer Klavieradepten zitiert, einen kleinen Jungen, der, während er versonnen mit dem Finger das Schnitzwerk des Treppengeländers nachzeichnete, gesagt habe, bei ihr daheim sei alles so schön »oldtimerig«.

Herr Rathgeber hat mich durch die Stadt geführt und ist mit mir auf den »Langen« geklettert. Seitdem geh ich mit andern Augen durch die Straßen, und wenn mich Freunde besuchen und ich einen Spaziergang mit ihnen mache, staunen sie immer, was ich alles weiß. Besonders, wenn ich sie zu meinem liebsten Calwer Eckchen führe, der schmalen, steilen, von Müllcontainern in drei Farben gesäumten Stiege, die zu der niedrigen Bogenpforte führt, hinter der Dein Mohrle gewohnt hat.

Herr Laich hat einen netten Artikel über mich geschrieben, der in den Kreisnachrichten abgedruckt war. Zusammen mit einem sehr schönen Foto: Der Blick aus dem Fenster der Dichterklause in die Marktstraße. Ich habe diesen Blick auch fotografiert, mit meiner Digitalkamera, und ihn dann am Computer so verfremdet, dass das Bild beinah wie eine Federzeichnung aussieht. Daraus hab ich die Einladungskarte für mein Abschiedsfest gemacht, zu dem ich alle Calwer bitten möchte, die mir geholfen haben, mich hier wohl zu fühlen. Zum Beispiel die Frau van Beuningen, von der ich heute eine kleine Zeichnung geschenkt bekam, was mich jetzt endlich wieder auf den Jambus bringt, denn

da ist der Rothfuß drauf zu sehn,
am Schreibtisch vor dem Telefon.
»Herr Rothfuß ruft gleich an.«

Und weißt Du was? Ich war sogar in Deinem Geburtshaus, was vor mir noch keinem Dichterklausner geglückt ist (auch nicht den Klausnerinnen). Der Piet, der Mode-Schaber und Katzenvater vom unglaublich fetten Gottlob und der eleganten Lina, hat mich eines Abends auf seine herrliche Terrasse gelockt – durch Herbert Wendlands Küchenfenster hab ich steigen müssen, was schon fast eine sportliche Höchstleistung war. Und nachdem ich ein Bier mit ihm und dem Herbert getrunken und so ein komisches gedrehtes Zigarillo geraucht hatte, das aussah wie die Knusperstangen, die's Mittwoch und Samstag auf dem Markt gibt, hat er mir seine Wohnung gezeigt. Auch das Zimmer, wo Du drin geboren bist. Die schönen breiten Dielen aus dem 18. Jahrhundert sind noch da, und am Fenster, an dem Platz, wo vielleicht Deine Wiege stand, prangt jetzt ein höchst solider alter Eichenschreibtisch. Der Raum sieht aus wie ein Relikt aus einer andern Zeit. – CS

+++++
Thema: Geburtszimmer
Datum: 22.07.00 04:13:12 (HT)
Hades Time (Hades Sommerzeit)
From: H.H.@Nobel-Hades.com (H. Hesse)
Reply to: H.H.@Nobel-Hades.com (H. Hesse)

Jede Geburt bedeutet Trennung vom All, bedeutet Umgren-
zung, Absonderung von Gott, leidvolle Neuwerdung. Rückkehr ins All, Aufhebung der leidvollen Individuation, Gott
werden bedeutet: seine Seele so erweitert zu haben, dass sie
das All wieder zu umfassen vermag. – H.H.

+++++
Thema: Ernst und feierlich
Datum: 24.07.00 16:12:18 (MEZ)
Mitteleurop. Sommerzeit
From: CS@warm-rain.com (CS)
Reply to: CS@warm-rain.com (CS)

Lieber H.H.
dass Du aber auch immer so furchtbar ernst und feierlich sein
musst. Na ja, okay, vielleicht ergibt sich das ja einfach so, wenn
man erst mal im Hades ist. Elegische Grüße – CS

+++++
Thema: Ernst
Datum: 25.07.00 04:13:12 (HT)
Hades Time (Hades Sommerzeit)
From: H.H.@Nobel-Hades.com (H. Hesse)
Reply to: H.H.@Nobel-Hades.com (H. Hesse)

Der Ernst, mein Junge, ist eine Angelegenheit der Zeit, er entsteht, soviel will ich Dir verraten, aus einer Überschätzung der
Zeit. Auch ich habe den Wert der Zeit einst überschätzt, darum
wollte ich hundert Jahre alt werden. In der Ewigkeit aber, siehst
Du, gibt es keine Zeit; die Ewigkeit ist ein Augenblick, gerade
lang genug für einen Spaß. – H.H.

+++++
Thema: Ernst und Christa
Datum: 26.07.00 19:28:18 (MEZ)
             Mitteleurop. Sommerzeit
From: CS@warm-rain.com (CS)
Reply to: CS@warm-rain.com (CS)

Jetzt verwechselst Du mich aber, lieber H.H. Ich bin doch nicht der Ernst! Ich bin überhaupt kein Junge, ich bin eine Dame mittleren Alters, wie man so schön sagt. Und davon, dass die Ewigkeit gerade lang genug für einen Spaß ist, hab ich bis jetzt auch noch nichts gemerkt, jedenfalls nicht in Deinen Antworten. Deine Mails klingen eigentlich immer ziemlich steif und fast unerträglich humorlos. Werd doch mal lockerer. Das wünscht sich und Dir – CS

+++++
Thema: Humor
Datum: 27.07.00 04:13:12 (HT)
             Hades Time (Hades Sommerzeit)
From: H.H.@Nobel-Hades.com (H. Hesse)
Reply to: H.H.@Nobel-Hades.com (H. Hesse)

Humor, ein Kristall, der nur in tiefen und dauernden Schmerzen wächst. Die Gesunden klatschen sich dabei auf die Schenkel und wiehern und sind dann immer verdutzt und ein wenig beleidigt, wenn sie von Zeit zu Zeit Nachrichten lesen wie diese, dass der sehr beliebte und erfolgreiche Komiker X sich unbegreiflicherweise in einem Anfall von Schwermut ertränkt habe.

Tragik und Humor sind ja keine Gegensätze oder sind vielmehr nur darum Gegensätze, weil die eine den andern so unerbittlich fordert.

Humoristen haben, sie mögen schreiben, was immer sie wollen, alle ihre Überschriften und Themata nur zum Vorwand, in Wahrheit haben sie alle und immer nur ein einziges Thema: die wunderliche Traurigkeit und Beschissenheit des Menschenlebens und das Staunen darüber, dass dies jämmerliche Leben trotzdem so schön und köstlich sein kann.

Aller höhere Humor fängt damit an, dass man die eigene Person nicht mehr ernst nimmt. – H.H.

+++++
Thema: HaHa
Datum: 28.07.00 22:25:13 (MEZ)
                     Mitteleurop. Sommerzeit
From: CS@warm-rain.com (CS)
Reply to: CS@warm-rain.com (CS)

Also wirklich, lieber H.H., Du bist unschlagbar. Aber nun will ich Dir mal was erzählen, was Dich freuen wird. Oder weißt Du etwa schon, dass Du weltweit der bekannteste deutsche Schriftsteller bist und Dein Gedicht ›Stufen‹ das Lieblingsgedicht der Deutschen ist? Und wenn Du an Deinem 123. Geburtstag hier in Calw bei der Verleihung des nach Dir benannten Preises an Jean Malaplate hättest dabeisein können, dann wüsstest Du auch, wie wundervoll ›Nebel‹ auf Französisch klingt. Und gerade hat mir ein Freund aus Sofia gemailt, und zwar kein Geringerer als der bulgarische Übersetzer von Goethes Faust, dass er als Nächstes einen Band mit Deinen Gedichten zu übersetzen gedenkt. Ist das nicht schön, wie man Dich immer noch verehrt, obwohl Du schon so lange im Nobelhades bist? – CS

+++++
Thema: Zumutung
Datum: 30.07.00 04:13:12 (HT)
                     Hades Time (Hades Sommerzeit)
From: H.H.@Nobel-Hades.com (H. Hesse)
Reply to: H.H.@Nobel-Hades.com (H. Hesse)

Man mutet sich so leichtfertig anderen Menschen zu, und dabei kann man sich kaum selbst ertragen. – H.H.

+++++
Thema: Nobelhades
Datum: 31.07.00 22:25:13 (MEZ)
         Mitteleurop. Sommerzeit
From: CS@warm-rain.com (CS)
Reply to: CS@warm-rain.com (CS)

Lieber H.H.,
Deine Bescheidenheit rührt mich wirklich. Du, ich hab mich noch mal bei www.styx&charon.com schlau gemacht. Du weißt schon, bei der Online-Auskunftei, von der ich Dir bereits zu Anfang unseres kleinen eMail-Wechsels erzählt hatte. Der Nobelhades ist ja gar nicht, wie ich immer dachte, die Unterwelt, in der die ge- und erlesensten, vornehmsten und besten Schriftsteller aller Zeiten nach ihrem Hinscheiden landen, sondern einfach bloß die jenseitige Abteilung Nobelpreisträger. Ja, nun wundert's mich auch nicht mehr, dass Du meine Frage, ob Du Shakespeare, Nietzsche, Strindberg und den Georg Heym mitunter triffst, nicht beantworten mochtest. War Dir wohl peinlich, dass Du den Nobelpreis hast, die aber nicht? Na ja, irgendwie kann ich das auch verstehn. Nichts für ungut. – CS

+++++
Thema: so kann's gehn
Datum: 01.08.00 04:13:12 (HT)
         Hades Time (Hades Sommerzeit)
From: H.H.@Nobel-Hades.com (H. Hesse)
Reply to: H.H.@Nobel-Hades.com (H. Hesse)

So gut einem ein Nobelpreis auf den Kopf fallen kann, so gut kann einem auch ein Dachziegel auf den Kopf fallen; letzteres kommt sogar öfter vor. – H.H.

Petra Morsbach

Calwer Tagebuch

Entstanden während des Hesse-Stipendiums in Calw,
September bis November 2000

Erster Eindruck

(Anfang September) Calw liegt in einem tief eingeschnittenen
Flusstal mit Nordwest-Südost-Ausrichtung. Alle aus Westen
kommenden Tiefs wälzen sich durch dieses Tal. Man sieht
sie durchs Küchenfenster schon als silbergraue Wände über
Hirsau, während die Welt vom Wohnzimmer aus gerade noch
brauchbar wirkt (blaue Himmelsflecken). Kurz darauf ist
man eingehüllt in Nebel und Schauer wie im Hochgebirge,
und während man aufatmet, weil der Regen nachlässt, erkennt man von der Küche aus über Hirsau schon die nächste
Flut.

Ich wohne unterm Dach. Das Tal ist so tief, dass ich vom
Fenster aus Wände aus dunklem Wald sehe. Nach unten bli-
ckend habe ich von der Küche aus links Hermann Hesses rosa
Geburtshaus, vom Wohn-/Arbeitszimmer aus die Fußgängerzone von Calw, die vorwiegend aus Fachwerkhäusern besteht,
so dass mir ist, als ob ich tausend Stäbe sähe.

Zweiter Eindruck

(September) Am späteren Nachmittag in der Buchhandlung
Fuchs, um Calw- und Schwarzwald-Literatur zu besorgen.
Nach dem Bezahlen (vor einem gewaltigen Hermann-Hesse-
Regal) frage ich den netten jungen bärtigen Buchhändler, ob
es eine undevote Hesse-Biografie gebe, was er ohne zu Zögern
verneint: Die Calwer seien auf Hesse so wenig gut zu sprechen
gewesen, dass sie nicht geglaubt hätten, sich die Mühe machen
zu müssen, auf Hesses problematischen Charakter hinzu-
weisen. Erst in den späten sechziger Jahren, also lange nach

dem Nobelpreis, habe das Calwer Gymnasium es im zweiten Anlauf knapp geschafft, sich »Hermann-Hesse-Gymnasium« zu nennen. »Nicht wahr, Herr X.?« Ein asketisch aussehender Herr in High-Tech-Fahrradkleidung, dem Anschein nach Oberstudienrat, bestätigt alles. Leider können wir das Thema nicht vertiefen, da sich die Buchhandlung mit Menschen füllt, die vor dem einsetzenden Regen Schutz suchen. Einer dieser Menschen will immerhin aus Verlegenheit ein Buch für einen Verwandten kaufen, der in zwei Monaten Geburtstag hat. Er bittet den Buchhändler um Rat. »Runder Geburtstag?« erkundigte sich der. – »Nein.« Es folgt eine kurze Exploration, die die literarische Stoßrichtung ermitteln soll. Aus Zurückhaltung habe ich in diesem spannenden Moment das Feld geräumt und bin, die Reiseführer in der Plastiktüte als Regenschutz mir über den Kopf haltend, nach Hause getrabt.

Dritter Eindruck
(September) Schwäbische Fachwerkstädtchen in Schuss zu halten kostet so viel Geld, dass normale Mieter – Handwerker, Bäcker, Gemüseverkäufer – abwandern. Die Städtchen sind hübsch und sauber wie Museen, aber etwas steril.

Viele davon, insbesondere die Kurorte, liegen auf dem Grund enger Täler. Weil die einzigen Zu- und Abfahrtsstraßen mitten durch diese Täler führen, verfügen die Orte über eine zwei- bis achthundert Meter lange Fußgängerzone, um ihren Status als Luftkurorte zu verteidigen. Die Fußgängerzonen enthalten einen türkischen Gemüsehändler, ein paar Cafés und Kleidergeschäfte sowie serienweise Läden für Hörgeräte; außerdem eine ungewöhnliche Dichte an Briefkästen für alte Menschen, die schlecht zu Fuß sind und keine Laptops mit Modemanschlüssen mitgebracht haben, um sehnsüchtige Emails abzusetzen. Wer rüstiger ist, kann die Hänge entlanglaufen, die allerdings den Verkehrslärm hin und her werfen. Am Sonntag leert sich das Stadtzentrum weitgehend bis auf ein paar traurige Türken, die neben dem rotsteinernen Springbrunnen sitzen, im Regen.

Einleben und erste Routine

(Anfang Oktober) Morgens werfe ich den sehr langsamen hauseigenen Schnellkocher an, bevor ich Brötchen und Zeitung holen gehe. Das mit der ›Süddeutschen Zeitung‹ ist ein Drama: Die Nachsendung klappt nicht, deswegen habe ich in München um Gutscheine gebeten. Doch bleibt das Problem, dass die SZ in Calw nur unregelmäßig ausgeliefert wird. Ich hetze von Papierladen zu Papierladen, Gässlein auf, Gässlein ab, manche Läden kriegen die Wochenendausgabe, aber keine Werktagausgaben, andere kriegen Werktagausgaben, aber nicht täglich, und wenn ja, dann nur eine, die gerade verkauft wurde. Heute musste ich alle Calwer Zeitungs- und Tabakläden abklappern, bis ich in einem Laden noch ein einziges Exemplar fand. Ich nahm es sofort aus dem Ständer und gab dem Papierhändler meinen letzten Gutschein, sogar einen grünen für die Samstagausgabe, der mehr wert ist als die gelben für unter der Woche. Der Mann sprang mir nach und rief: »Aber der isch doch für d'Samschtagausgab, der gilt heut net!« Ich sagte: »Doch doch, der gilt!«, aber der Mann fing plötzlich an zu schreien und versuchte, mir die SZ aus den Händen zu reißen. Ich hielt fest, und so zerrten wir beide an der Zeitung, bis ich nachgab und mit einer Hand einen Zehnmarkschein aus der Tasche zog, während ich mit der anderen weiter festhielt. Der Mann holte erregt das Wechselgeld, und als ich es einsteckte, sagte ich: »Sie hätten den Gutschein auch aufbewahren und am Wochenende einlösen können, da hätten Sie was dazuverdient!«, aber noch während ich sprach, fing er wieder an zu schreien und an der Zeitung zu zerren. Als ich nach Hause kam, hatte sich der Wasserkocher gerade ausgeschaltet, das Wasser dampfte noch.

Leben überall

In der Wohnung massenhaft Essigfliegen. Tagsüber stürzen sie sich auf mein Essen, abends setzen sie sich auf die Seiten des Buches, das ich lese, und schwirren mir von dort unter die Brille und in die Nase. Ich habe durchsichtige Leimblätter gekauft und an die Fenster geheftet, da bleiben sie jetzt kleben.

Routine (auch literarisch)

(Oktober). Ich muss es irgendwann sagen: Hermann Hesse ist mir literarisch fremd. Aber in Calw, wo ihm ein instruktives Museum gewidmet ist, lernt man ihn als Figur ein bisschen kennen. Das lohnt sich: Der schneidende Abrechnungsbrief, den er mit fünfzehn an seinen Vater schrieb, sprüht auch heute noch, aus der Vitrine. Man staunt, was der spätere posierende Narziß für ein sprachmächtiger, leidenschaftlicher Junge war. Später staunt man über seine politische Unabhängigkeit und seinen Mut während der barbarischen Phasen der deutschen Geschichte. Und zwischendurch staunt man über die wohlgeformten schlanken Beine und den knackigen Po des Nacktkletterers, den die Mutter seiner Söhne an einem Felshang fotografierte, während er in Gedanken schon auf der Flucht war.

Er musste vieles fliehen! Gerade las ich, was Mama Hesse ihrem Hermann über seinen ersten Gedichtband schrieb: »*2–3 (neue Gedichte) tun mir weh, weil sie den Verdacht wecken, als sei die Liebe nicht immer keusch und rein … Die Kunst muß rein und durchaus edel sein; Gott hat Dir Talent gegeben, wenn Du einmal Ihm diese schöne Gabe weihst, dann erst wird Dein altes Mutterle über Dir glückselig sein …*« Ihr Rat nach dem ersten Prosaband lautete: »*Halte Dich keusch! Es gibt eine Welt der Lüge, wo das Niedre, Tierische, Unreine für schön gilt. Es gibt ein Reich der Wahrheit, der Gerechtigkeit, des Friedens, das uns die Sünde als Sünde zeigt und hassen lehrt. Zu Hohem, Ewigem, Herrlichem ist der Mensch berufen – will er Staub lecken?*«

Tourismus 1

(Anfang Oktober) Ich bin nach Freudenstadt gefahren, wegen des unerwartet prächtigen Wetters und wegen des Namens. 1h 20' mit der Eisenbahn. In Hochdorf umsteigen. Hochdorf liegt am Rand einer Hochebene, ein winziger Umsteigebahnhof, augenscheinlich sogar ohne Dorf. Da saß ich auf einem kurzen rissigen Bahnsteig eine Viertelstunde allein, und es war so still, die Luft so ruhig, die Sonne so mild, dass ich plötzlich dachte, die Zeit bleibt stehen. Ich blickte mich um, nichts rührte sich. Neben den Gleisen aus irgendeinem Grund ein Boot mit einer weißen Plane darüber. Die Plane schwingt unmerklich. Auf der sonnenbeschienenen Hochebene zwischen Wiesen und Äckern ganz allein mit einem Boot bei angehaltener Zeit, das war beinah surreal.

Freudenstadt erfüllte die Erwartungen. Offen, großzügig, einladend. Auf dem riesigen Marktplatz trank ich Kaffee neben einer alten Dame, die nur ein Sektglas vor sich hatte und einen kleinen Dackel wie ein Baby auf dem Schoß hielt. Die Dame sah bieder aus (Häkeljäckchen, weißer Haarkranz) und hatte ein stures, verbittertes Gesicht. Sie tunkte einen Zeigefinger ins Sektglas, strich damit über das untere Ende des nackten Hundebäuchleins und ließ ihn (den Finger) dann vom Hundezünglein ablecken.

Das war im »Café Pause«, unterm Sonnenschirm. Später bin ich noch den fabelhaften waldhistorischen Lehrpfad abgegangen, schöne Strecke, klug geführt und erklärt. Achteinhalb Kilometer mit achtzehn Schautafeln. Ich habe sie alle gelesen und alles gelernt über Hohlwege, Kohlenmeiler, Masseln und Teucheln. Und alles wieder vergessen. Es war ein herrlicher Tag.

Tourismus 2

Oktober. Bei grauem tröpfelndem Himmel in Neubulach, wo eine FRIESENZUCHTSCHAU stattfand. Friesen sind kraftvolle, elegante, ausnahmslos schwarze Pferde mit großen Hufen und langen Fesselhaaren, die bei den stampfenden Schritten wie schwarze Flämmchen wippen. Sehr barock wirkende Tiere, deshalb dudelte die ganze Zeit Barockmusik, während lehmbespritzte Helfer die Tiere auf einer völlig zermatschten Wiese im Kreis herum führten. Die Pferde sollten nicht ihr Können, sondern nur ihren Naturzustand zeigen, deshalb wurden sie nicht geritten: es war eine so genannte Zuchtprüfung. Lauter engagierte schwäbelnde Groß- und Kleinzüchter standen herum. Weil aber die friesische Pferderasse aus Holland zu uns gekommen ist, waren die beiden Preisrichter, die mit Melonen auf den Köpfen bis zu den Knöcheln im Schlamm der Wiese standen, Holländer. Einer von ihnen kommentierte mit Vertrauen erweckender Stimme die Entscheidungen der Jury: »Diese Stute hat viel Modell, er hat ein Raum greifendes Vorhand, Hinterhand könnte kräftiger sein. Leider ihm fehlt ein bisschen an Person, er hat wenig Entwicklung. Deswegen er bekommt nur Stammbucheintrag ohne Prämie.«

Tourismus 3
(Oktober) Kleine Wanderung über das Hochmoor bei Kaltenbronn. Durch den gläsernen Altweibertag, zwischen abgestorbenen Baumstümpfen und Krüppelkiefern und spröden Heidekräutern lief ich dahin, bis ich plötzlich vor einem wilhelminischen Aussichtsturm stand. Mehrere hundert Wendelstufen führten hinauf, und oben drängten sich zehn fünfzigjährige mongoloide Belgier, die sehr erregt waren (wie ich auch, denn der Ausblick war atemberaubend: über den ganzen Schwarzwald hinweg, und wäre die Luft noch ein bisschen gläserner gewesen, hätte man jenseits der Rheinebene noch die Vogesen gesehn).

Daheim
Übrigens kann man in der Calwer Stipendiatenwohnung sehr gut arbeiten. Die beiden großen, modern eingerichteten Zimmer der Hermann-Hesse-Stiftung liegen unter dem Dach eines Betonblocks in der Marktstraße. Aus Dachgauben blickt man über Dächer, es gibt eine kleine Wohnküche mit Spülmaschine und eine komfortable, weiß gekachelte Dusche mit WC. Im Erdgeschoss und ersten Stock des Blocks sind Geschäfte, darüber eine Arztpraxis, sonst lebt man allein dort, es ist ein bisschen wie in einem Raumschiff. Man wird von Frau Weinheimer angenehm und großzügig betreut, aber, wenn einem das lieber ist, auch vollkommen in Ruhe gelassen. Man bekommt ein schönes Stipendium, und dass jeden Monat eine bestimmte Summe auf dem Konto landet, ist für Künstler eine wunderbar entspannende Erfahrung. Also, es geht einem gut.

Nachträgliche Erläuterung: In Calw bin ich (abgesehen vom kurzen Frühstücksweg nach Zeitung und Brot) oft tagelang nicht aus dem Haus gegangen. Ich arbeitete viel. Ich erwähne das nur dieses eine Mal, weil der Autor am Schreibtisch kein dankbarer Tagebuchgegenstand ist. Die Sensationen am Schreibtisch finden sich, wenn überhaupt, im Buch wieder. Die Tätigkeit des Schreibens ist rituell unspektakulär und optisch wahrscheinlich trostlos. Ich schwebte also in meinem Calwer Raumschiff über der Stadt und war in Gedanken am Schauplatz des Romans, den ich gerade schrieb: in Schleswig-Holstein. Jedes Mal, wenn ich mich nach solchen Serien erschöpft und etwas betäubt im Schwarzwald wiederfand, war ich entzückt. Ich genoss es, aus den schattigen Talgründen hinaus in das Licht auf den freien Hügelkuppen zu steigen, ich mochte die Fachwerkstädtchen mit ihren eigentümlichen Türmen, Burgen, gemütlichen Museen, Kirchen und ihrer konzentrierten Geschichte. Die landschaftliche Vielfalt ist unglaublich. Man kann irgendwo aus der Bahn steigen und loslaufen und wird immer mehr finden, als man suchte.

Natürlich ist das eine touristische, oberflächliche Sicht. Der Gast-Autor kennt niemanden am Ort und ist von einem ganz anderen Stoff absorbiert, dessen Bearbeitung Fragen, Tiefenschärfe, komplexe Wahrnehmung verlangt. Die Ausflüge am Gast-Ort dienen der Ablenkung und Erholung. Der Autor lässt sich von den Eindrücken verlocken, geht aber wohlweislich nicht in die Tiefe, sondern pflegt eine Art euphorische Dauersehnsucht, um sich zu stimulieren. Deshalb behalten für ihn die Erlebnisse bei aller Buntheit und Frische etwas Irreales. Als Aneignung des Gastorts mag das Verfahren ungenügend sein, für den Autor ist es ein Geschenk. Mögen diese Notizen dem Calwer Leser einen Eindruck davon geben.

Zurück in Calw
(Oktober) Vor einigen Tagen Temperatursturz. Am Wochenende keine Heizung; vielleicht schaltet man die Heizung im Geschäfts- und Bürogebäude routinemäßig aus und hat ver-

gessen, dass unterm Dach ein Autor wohnt. (Macht nichts. Erhöht die Intensität.)

Literaturmuseum
(Oktober) Mit der Bahn nach Marbach am Neckar, unter tiefblauem Himmel und über grüne Wiesen, in denen einzelne goldene Bäume standen wie Fackeln. In Marbach besuchte ich das äußerst bescheidene Geburtshaus von Schiller (kleine Zimmer, niedrige Decken) und erfuhr, dass Schillers Vater Soldat gewesen war, aber wenig verdiente, weil der Herzog so viel Geld für das Ludwigsburger Barockschloss brauchte. – Marbach ist im Krieg unzerstört geblieben, eine authentische Kleinstadt aus dem 17./18.Jh, sehr nett und inzwischen aufs Properste fachwerklich aufgemöbelt. Das Straßenbild bestimmen Kinder, die sich von Aluroller zu Aluroller in verschiedenen Sprachen hauptsächlich schreiend unterhalten, und flüsternde Frauen verschiedenen Alters mit langen Kaftanen und Kopftüchern. Am Stadtrand auf einer flachen Anhöhe befindet sich das pompöse Schiller-Nationalmuseum. Vor einem klassizistischen Palais steht eine hohe Schillerstatue umringt von gewaltigen Bäumen mit goldleuchtenden Kronen. Darunter weiße Parkbänke, auf denen weitere flüsternde Orientalinnen in Kaftanen sitzen und wahrscheinlich denken, Schiller sei ein General. Zur Rechten des Palais stehen ein paar niedrige moderne Bauten, Beton und Glas, recht weitläufig – das ist das Marbacher Literaturmuseum, das aus Bibliotheken, Archiven und Büros besteht, in denen Literaturfunktionäre sichere Monatsgehälter verdienen. In einem fensterlosen Ausstellungsraum werden berühmte literarische Manuskripte und historische Drucke präsentiert, im Halbdunkel (40 Lux) bei ziemlich niedriger Temperatur, damit sie nicht gilben und schimmeln. Man schreitet ehrfürchtig von Schaukasten zu Schaukasten (die besonders kostbaren Sachen, z.B. eine Gutenbergbibel oder eine Homer-Abschrift von 1300, werden mit 50 Lux beschienen, wenn man herantritt, und ausgedimmt, wenn man sich entfernt). Eine fast sakrale Atmosphäre; seltsam, wenn man bedenkt, unter

welchen Umständen viele dieser Papiere beschrieben wurden: in zugigen Zimmern und ungeheizten Mönchsklausen, mit splitternden Federn, behustet, bezittert, mit höchstem Risiko, unsäglicher Mühe und geringem Ertrag. Ausnahmsweise haben diese Blätter hier sich erhalten, dank einer absurden Begeisterung, die der Flächen deckenden menschlichen Gleichgültigkeit und Zerstörungswut widerstand; wahrscheinlich war das jeweils ein Wunder.

Herbst
(Ende Oktober) Zunächst dichter Nebel im Tal, der sich am frühen Nachmittag etwas hob. Wanderung nach Altburg, zuerst durch Wald ziemlich steil, dann zwischen Weiden und Stoppelfeldern gemächlich hinauf. Holzfeuer- und Laubgeruch. Blasse Sonne am weißlichen Himmel, der Klang eines dünnen Glöckchens über den kahlen Feldern.

Von Altburg durch das so genannte Schweinbachtal über Hirsau nach Calw zurück. Der Schweinbach (der Reiseführer nennt ihn »wildromantisch«) führt durch dunklen, dichten Wald einen Steinwurf unterhalb der röhrenden B 296 entlang, und das Romantischste an ihm ist wohl, dass er so tapfer den Verkehrslärm zu übermurmeln versucht. Der Weg ist reizvoll, ein glitschiger Pfad, der auf mehreren Brückchen über den gurgelnden Bach pendelt. Die Brückchen sind teilweise durch Unwetter zertrümmert, man klettert über Baumstämme oder kriecht unter ihnen durch, zwängt sich durch Äste, also ziemlich unschwäbisch, fand ich. Als ich bei Hirsau heraus kam, las ich dann ein großes Schild: Schweinbach wegen Unwetterschäden unbegehbar. So hatte alles seine Richtigkeit.

Literarische Fundstücke
Schild an einem Wanderweg am Schöllkopf: »Der Wald in seiner Vielgestalt / lädt ein zum frohen Aufenthalt.«

Schild nahe der Kinzig-Quelle: »Es freut sich königlich der Auerhahn / wenn er in saubren Wäldern balzen kann.«

Graffiti an einer Marbacher Hauswand: »Die Liebe mein Schatz ist bodenlos Lern schwimmen dann halt ich dich.«

Epitaph an einem kleinen Denkmal am oberen Stadtrand von Calw (1819): »Das dunckle Raethsel dieser Zeit loest herrlich einst die Ewigkeit.«

Erinnerung an das Autorenleben
(Oktober) In den andächtig solistischen Touristen-Alltag dringt eine Nachricht vom harten Autorenleben: A. erzählt am Telefon über einen Künstlertreff daheim, bei dem jemand eine triste Geschichte vorlas über Künstler, die keiner mehr braucht. Untergangsstimmung, die von den meisten geteilt wurde, nur nicht von A., welcher meinte: »Wieso will man unbedingt gebraucht werden? Wollen Leute, die zu Hause sitzen und häkeln, gebraucht werden?«

Erinnerung an das noch härtere Leben von Nicht-Autoren früherer Jahrhunderte
Der »Lange«, der Calwer Gefängnisturm, ist heute ein Museum. Jedes Stockwerk hat nur zwei Zellen. An den rohen Zellenwänden hängen Schautafeln, auf denen Schicksale einzelner Inhaftierter aus verschiedenen Jahrhunderten skizziert werden in kurzen, bei aller Sachlichkeit berührenden Texten: Stadtgeschichte aus der Gefängnis-Perspektive, voll Komik und Tragik. Unter anderen wartete in diesem Turm die Mörderin Gertrud Pfäfflin auf ihre Hinrichtung, während die Wächter (gleichzeitig Feuerposten) im obersten Stock vor sich hinschlotterten.

Der Fall Pfäfflin machte seinerzeit Furore. Vielleicht deshalb ist die Urteilsverkündung, die verlesen wurde, bevor die Mörderin 1818 auf dem Marktplatz enthauptet wurde, auf uns gekommen, ein klares, anschauliches, unerwartet eindrucksvolles Stück epische Prosa. Verdienstvollerweise zitiert es der Kulturamtsleiter R. vollständig im Nachwort zu seiner Bearbeitung dieses Stoffs für eine Theater-Laientruppe.

Gertrud Pfäfflin stammte aus armen Verhältnissen: Sie führte ein abhängiges, elendes Leben bei ihrer Mutter, die Tagelöhnerin war, und dem Stiefvater, der soff. Als sie 25 war, schloss sie sich einer 60jährigen allein stehenden Witwe an, die in undurchsichtigen Geschäften über Land zog. Diese Witwe Blocher, die, »*obschon nicht ganz ohne Vermögen, doch längst dem Bettel sich ergeben hatte, und eben im Begriffe stand, zu diesem Behufe in die Thäler bei Oberkirch zu wandern, wohin mitzugehen sie der Pfeifflin den Vorschlag machte*«, wurde Gertruds Schicksal. Denn »*Der Anblick des Geldes, das die Alte in einem Beutelchen bei sich hatte, und ihres Bündels mit Effekten, ihre Aeußerungen von ausstehenden und aufgekündigten Capitalien, sowie das Anerbieten der Wittwe Blocher, der Pfeifflin Geld zum Kirschenhandel vorzustrecken, diese Umstände zusammen erregten sofort in letzterer, bei Erwägung ihrer eigenen großen Dürftigkeit, den schrecklichen Gedanken: die Alte wirklich zu begleiten, solche aber unterwegs, da sie als eine bejahrte Frau sich nicht mehr wehren könne, an einem schicklichen Platze umzubringen und dann zu berauben.*« Erst wollte Gertrud die Alte vergiften, aber dann hielt sie es bis Freudenstadt, wo sie das Gift hatte besorgen wollen, nicht aus und stahl bei einem Bauern eine Axt. »*Es sey ihr oft geworden, sagte sie nachher beim Verhöre, als wenn sie es beinahe nicht erwarten könnte, bis sie die Sachen des alten Weibes gehabt, und sie habe deshalb immer vor Begierde gezittert.*« Nach sechs Tagen Wanderns und Bettelns kamen die beiden Frauen an eine besonders einsame Stelle an einem hohen Ufer, setzten sich hin und nahmen zusammen das Mittagessen ein, »*Die Witwe Blocher flickte sofort, sorglos und unbefangen, ihre Strümpfe, mit welcher Arbeit sie sich bei 1 1/2 Stunden, im friedlichen Gespräch mit der Pfeifflin, beschäftigte.*« Beim Aufbruch aber erschlug Pfäfflin die Witwe mit zwei Axthieben auf die rechte Schläfe, nahm den Besitz an sich und warf die Leiche den Abhang hinab. Dann kehrte sie zu ihrer Mutter zurück. Bei der Ankunft, sagte diese später, »*habe ihre Tochter so weiß, wie eine Windel, und ganz verstört ausgesehen, und*

auf ihre Frage: woher sie den mitgebrachten Bündel bringe?
habe sie mit erzwungenem Lächeln erzählt: dieser gehöre der
alten Frau, die an der Murg den Hals gebrochen habe, indem
sie ins Wasser gefallen.

Dieß erregte zwar bei der Mutter einigen Verdacht, ... aber
als erstere mit frecher Stimme sie das Gegentheil versicherte,
so hatte hierauf die Mutter selbst das Geld der Pfeifflin zu
Händen genommen, und sie begaben sich nun mit demselben
über die Gränze in das Badensche Gebiet, um dort einen klei-
nen Handel zu treiben.« Es folgen im Bericht Leichenfund,
Ermittlung, Verhaftung. Die Täterin stritt zunächst alles ab.
Doch dann bat die Polizei den Conditor Demmler den Älteren,
mit ihr *»über das Christenthum«* zu sprechen, woraufhin die
Pfeifflin sich sofort *»zum Verhöre anmelden ließ, und ihr Ge-*
ständnis mit den Worten eröffnete, daß sie nunmehr dem Teufel
aus den Händen gehen wolle, der ihr bisher nicht zugelassen
habe, die Wahrheit zu sagen«. Gertrud Pfäfflin wurde auf dem
Calwer Marktplatz enthauptet. In ihrer Zelle im Gefängnisturm steht auf der Plakette, sie sei in den Tagen ihrer Haft so
dick geworden, dass man sie im Wagen zum Blutgerüst habe
karren müssen. (Unklärbare Frage: Wer brachte ihr so viel
Essen? Vielleicht war es ein Hungerödem?)

Nochmals Autorenleben –
ganz unwesentlich, mit einem Traum
Dazu ist zu sagen, dass der Roman, an dem ich in Calw schrieb,
den Titel ›Geschichte mit Pferden‹ hat. Vielleicht deshalb
tauchte in meinem Traum eine Pferdeassoziation auf, sicher
ein (wie Freud sagen würde) Tagesrest.

(Der unwesentliche Traum, November) Kleine mongolische
Mädchen ritten auf Känguruhs im Kreis um einen großen,
schlanken Mann in weißer Kleidung herum. Die Mädchen hatte
man zum Einreiten der Känguruhs gewählt, weil sie so leicht
sind; Känguruhs sind keine Reittiere. Sie (die Känguruhs) waren
auch nicht mit Begeisterung bei der Sache; ab und zu, wenn es
ihnen zu bunt wurde, warfen sie sich einfach auf den Rücken.

Letzter Tag Tourismus
(November) A. zu Besuch (Fest)! Wir haben Herrenberg
mit seiner kolossalen Kirche besichtigt. Bei herrlichem Spät-
herbstwetter hinauf, erstaunlich zartes Glockenspiel aus dem
wuchtigen Turm. Um uns ausgedünnte Baumkronen mit nur
noch wenigen gelben Blättern. Fachwerk-Altstadt. Dann in der
sinkenden Sonne noch Kurzwanderung auf dem Lerchenberg,
Wind, es wird immer kühler. Bunter, klarer Himmel mit Wol-
kenfetzen, bläuliche Hügel, flüssig-metallene Sonne. Fröstelnd
zum Auto zurück.
Die Wohnung überraschend warm, gemütlicher Abend.

Offene Fragen
Calw sei die ausländerreichste Stadt Deutschlands, sagt Frau
W., eine pensionierte Lehrerin, und erzählt aus dem Alltag
mit multinationalen Klassen. Die Jungs seien gutmütig, man
dürfe sie nur nicht provozieren. Die Mädels seien schwie-
riger, besonders die mit den Kopftüchern: Sie neigten zu
selbstzerstörerischen Männergeschichten und rieben sich, als
schwächste Glieder der orientalischen Binnengesellschaft, an
ihrem schlechten Selbstgefühl auf. Sie haben keine positiven
Vorbilder. Die Mütter sind Putzfrauen, die Mädels schämen
sich, dass ihre Mütter Putzfrauen sind, schaffen es aber nicht,
sich auf einen Schulabschluss zu konzentrieren. »Was wird
aus all diesen Abgängern«, fragt Frau W., »die vorher noch
drei Jahre sitzenbleiben und andere verderben? Und warum
können wir die nicht motivieren, dass sie sich zusammennehmen?«
Einige können sich zusammennehmen. Eine Friseuse (Tür-
kei? Balkan?), die mir die Haare schneidet, erzählt schwäbelnd:
»Ich bin total selbstständig! Das habe ich mir erkämpft! Meine
Eltern waren so streng, ich durfte abends nur bis acht aus dem
Haus, und auch das nur in Begleitung. Auch meine Lehre habe
ich mir erkämpft. Meine ältere Schwester hat nichts gelernt, sie
hat gleich geheiratet. Ich bin leider nicht verheiratet.«
»Na, das kommt vielleicht noch?«

»Ich war schon verheiratet! Das ist aber zerbrochen.«

»Wie das?«

»Es ist von Anfang an schlecht gelaufen. Ich habe ihm die Papiere besorgt, aber er kam und kam nicht. Angeblich musste er im Hotel seiner Eltern helfen. Dann kam er, aber ich hörte bald ... na ja, Calw ist eine kleine Stadt, da kennt jeder jeden.«

Sie selbst wollte die Trennung, und das ist natürlich einerseits gut, andererseits vielleicht aber auch nicht. Abends von der Arbeit in eine leere Wohnung kommen, das fällt ihr schwer, das ist sie nicht gewöhnt. Sie sieht unglücklich aus. Wie alt ist sie?

»Einundzwanzig!«

»So jung, da haben Sie doch noch alle Möglichkeiten! Eine Scheidung ist ja nichts Schlimmes! Oder?«

»Nein.« (schluckt)

»Haben Sie Kinder?«

»Nein.«

»Umso besser! Stellen Sie sich die Belastung vor! Und die Verantwortung! Berufstätig *und* allein erziehend, da wäre es für Sie viel schwerer, einen neuen Mann zu finden!«

»Stimmt!« (eifrig) »Meine Cousine hat vor ein paar Jahren auch geheiratet, und vier Wochen nach der Geburt vom ersten Kind ging das auseinander!«

»Sehen Sie.«

»Aber jetzt sind sie wieder zusammen!« (schluckt)

Wen man ebenfalls in Calw treffen kann:
Einen König und eine Primaballerina
Der König kam zu einer Kuratoriumssitzung der Hermann-Hesse-Stiftung mit anschließendem Mittagessen in der Ratsstube. Ich war nur zum Essen eingeladen, nicht zur Sitzung, weil es bei der um Geld ging. (Ich dachte, es ginge um Hesse. Das fanden sie witzig.)

Ich muss hier erwähnen, dass diese Honoratioren-Essen die kulinarischen Höhepunkte nicht nur meines Stipendienaufenthaltes waren, sondern meines ganzen Jahres 2000 – Dank sei Stiftung und Ratsstube! (Aperitif: Remy Martin, Grand Marnier, Martini Rosso; Fischsuppe; Gedünstetes Schollenfilet mit Lachsfarce gefüllt auf Sauce Kardinal mit sautierten Pfifferlingen, Wildreis; Salate der Saison, Nachtisch nach Wahl.)

Der König war bei diesem unvergesslichen Mittagessen mein Tischherr. Wieso König? »Nun, das ist der Herzog von Württemberg. Wenn wir keine Demokratie wären, wäre das unser König«, klärt man mich auf. S.K.H. ist groß und stattlich, hat eine tiefe, geschmeidige Stimme, trinkt Whisky und raucht Stuyvesand. Er ist fünfundsechzig Jahre alt und in elf Stiftungen: ein überdisziplinärer Mäzen. Die Begünstigte dankt.

Hat er besondere Interessen? »Alles, das Verschiedenste.« Literatur? »Nicht so sehr.« Musik? »Ja, schon eher. Eine gute Musik im Hintergrund, vor dem Kamin, bei Wein und schönen Gesprächen ...« Jagt er gern? Oh ja! Hier vor allem Rotwild, und zwar Rehböcke. In Österreich auch Hirsche und Gemsen. Aus Kanada hat er einen Schwarzbären mitgebracht.

Er ist ein unbefangener Beobachter und kann anschaulich erzählen. Zum Beispiel von seinen Besuchen in einer bestimmten Stadt im Elsaß, dessen Bewohner ihn an seinem Autokennzeichen erkennen, worauf sie »Der König!« rufen und ihn zum Wein einladen. Und von Verwandtschaften quer durch Europa. Ein Urgroßvater stand in russischen Diensten, ich glaube als General. 1991 besuchte S.K.H. den Oberbürgermeister Sobtschak in St. Petersburg, um sich in der Eremitage das Urgroßvater-Portrait zeigen zu lassen. Außerdem haben zwei russische Großfürstinnen in die Württemberger Familie eingeheiratet. Zu Ehren all dieser Verwandten unterstützt der König finanziell ein Petersburger Kinderkrankenhaus. Er besichtigte es mit Sobtschak, dem Bürgermeister, und die russische Dolmetscherin war über die dort herrschenden Verhältnisse (Schmutz, Armut) so schockiert, dass sie weinend davonlief.

Die Primaballerina hat vor Jahren in Calw eine Ballettschule gegründet und mich eingeladen, am Dienstag abend 18 Uhr ein Training zu besuchen. Obwohl sie um die siebzig ist und »seit 20 Jahren kein Plié getanzt« hat, bewegt sie sich graziös und mit mehr Ausstrahlung als alle ihre Schüler. Jahrelang war sie Solotänzerin der Berliner Staatsoper gewesen, dann heiratete sie den bekannten Bildhauer St., bekam mit ihm vier Kinder und landete nach einem ereignisreichen Leben im Ausland vor über drei Jahrzehnten in Calw. Vor 18 Jahren hat die jüngste Tochter sie gebeten, ihr das Tanzen beizubringen. Da kam sie auf die Idee, zu unterrichten, erwarb die Lehrberechtigung und eröffnete die Ballettschule. »Früher, wenn ich hinter dem Portal stand und auf meinen Auftritt wartete, habe ich immer alle bedauert, die nicht auf die Bühne dürfen – Arbeiter, Requisiteure und so. Dann habe ich gelernt, wie schwer auch hinter der Bühne gearbeitet wird.« Es tanzen an diesem dunklen, frostigen Abend im hell erleuchteten schweißdampfenden Ballettsaal zehn Schülerinnen, deren körperliche Voraussetzungen keineswegs ideal sind. Fußnote: Fast niemand hat die körperlichen Voraussetzungen für Ballett. Eine besonders begabte neunjährige Schülerin der Primaballerina hat sich diesen Sommer in der John-Cranko-Ballettschule in Stuttgart vorgestellt. Sorgfältige Vermessungen ergaben aber, ihr Spann war einen Zentimeter zu kurz. Trostpflaster: Der Beruf des Balletttänzers ist knochenhart, man kann sagen physisch ruinös. Diese jungen Calwer Frauen werden nicht zugrunde gerichtet, weshalb man ihnen entspannt zusehen darf. Sie rackern und rackern, sie streben unbeirrbar nach der körperlichen Ausdrucksform des klassischen Balletts, das hier so grotesk und preziös wirkt wie je. Obwohl die Bewegungen leicht aussehen, keuchen die Mädchen ziemlich. Ihre Trikots sind schweißnass, jede hat eine Flasche Wasser dabei, aus der sie bei jeder Unterbrechung trinkt. Einmal gibt's eine Fünfminuten-Pause, da sinken alle in den Spagat.

Noch ein Traum mit Pferdeassoziation
und unverkennbarem Tagesrest, diesmal von der Ballettschule
Ich träumte, ich sollte an einem Reitkurs teilnehmen und sattel-

te ein Pferd auf der Weide. Auf einmal trabte es mit wehenden Steigbügeln davon. Ich suchte es: Im Auto fuhr ich über die Dörfer. Ich betrat ein düsteres, verkommenes Gasthaus. Der Wirt sagte, nein, ein Pferd habe er überhaupt noch nie gesehen. »Haben Sie nicht dort noch zwei Zimmer?« – »Ach ja!«, sagt der Wirt nun und knipst Licht im Nebenzimmer an. Auf einem Lazarettbett liegt dort unser Pferd, allerdings in Gestalt eines 50jährigen zottigen Mannes. Er steht auf und kommt zu uns, groß, etwas gebeugt, knorrig, wirre braune Haare, ungepflegter Bart. Nein, er kehre nicht mit auf die Anlage zurück. Er habe keine Lust mehr. Schon gar nicht auf Dressurübungen zu dieser unsäglichen modernen Musik, wo man sich dauernd in den Takten verzählt. Ich sah das ein. Allerdings fragte ich: »Warum haben Sie das nicht gleich gesagt?« Er gab zu, dass er es gleich hätte sagen müssen. Wir machten uns ohne ihn auf den Weg, A. war jetzt dabei, und wir gingen vergnügt auf den Schienen über eine Eisenbahnbrücke.

Rückkehr nach Pöcking
Am 4. Dezember! Fast sommerlicher Tag!

Eveline Hasler

Tessin-Calw/Calw-Tessin

Entstanden während des Hermann-Hesse-Stipendiums in Calw,
Februar bis April 2001

Um mein Hermann-Hesse-Stipendium anzutreten, mache
ich im geographischen Sinn eine gegenläufige Bewegung zu
Hermann Hesse: Ich reise vom Tessin nach Calw, fahre also
gleichsam an der Biographie des Dichters zurück. Willst du
wirklich, anfangs Februar, für Wochen in den Norden fahren?
Meine Nachbarn sagen es kopfschüttelnd, zeigen auf die gelb-
grünen Knospen der Mimose. Du wirst nochmals den Winter
finden und die Kälte, was treibt dich fort?

Die Magie von Hermann Hesse, sage ich.

Man nickt. Niemand scheint sich zu wundern. Hesse ist im
Tessin auf Schritt und Tritt gegenwärtig, man denkt an seine
Texte, wenn man im Garten arbeitet oder den See betrachtet,
man sieht ihn mit Sonnenhut und Staffelei unter der Magnolie
und denkt sich seine Spaziergänge aus. Am Tag vor meiner
Abfahrt, Februar 2001, herrscht auf der Südseite der Alpen
Nordföhn, der Himmel ist wolkenlos und von einem unna-
türlichen, transparenten Blau, die Seefläche blinkt metallisch,
die Inseln stehen schwarz im Gegenlicht. Abschiedsbesuche.
Einer gilt Heiner Hesse, er wohnt ein paar Kurven weiter
oben am Hang in einer alten Mühle. Das Gedächtnis des 1911
Geborenen ist frisch, er spricht von den Häusern und Straßen
von Calw, zeigt Fotos, gibt Grüße mit und die Telefonnummer
einer Kusine, der Tochter von Fanny Gundert.

Dann mache ich eine letzte Wanderung, sie führt mich durch
das Gelände, wo Hesse, viele Jahre vor Montagnola, schon
Erholung und Inspiration gesucht hat: Die Hänge des Monte
Verità und die Keltenfelsen westlich von Ascona. Hier sind die
Bäume noch winterlich kahl, das Gewirr der Äste perlgrau, die

Hänge sepiafarben vom abgeworfenen Laub der Kastanien. An der steilen Böschung ziehe ich mich an den Büscheln des Ginsters hoch, versinke dann in einer Mulde bis zu den Hüften in der Verwehung alter Blätter. An der Steintreppe, die sich den Granitfelsen hinaufwindet, erinnere ich mich an Verse aus Hesses Gedicht ›Bei Arcegno‹:

> *»Ich geh' den alten Eremitensteig,*
> *Der zage Frühlingsregen tröpfelt sacht,*
> *Im kühlen Wind aufflimmert Birkenlaub,*
> *Braunspiegelnd widerglänzt der nasse Fels …*
>
> *Hier ist mein heiliges Land, hier bin ich hundertmal*
> *Den stillen Weg der Einkehr in mich selbst*
> *… gegangen …«*

Weiter oben, auf der Hochebene, spielt der Wind in den Büscheln der Binsen, ein schwirrendes Geräusch zieht mich hin zu den Tümpeln unter der Felswand, das brackige Wasser vibriert von Leben. Die Frösche paaren sich, der Frühling naht.

> *»Hier atmen falterhaft Gedanken fort,*
> *Die ich vor Jahren hier in Fels und Ginster,*
> *In Sonnenhauch und Regenwind erjagt –«*

heißt es weiter im Gedicht ›Bei Arcegno‹.

Auch in seiner Berner Zeit hat Hesse hier immer wieder Einsamkeit gesucht, Erneuerung. »Fahre in die thebaische Wüste, d.h. in die Locarneser Gegend, wo ich schon so viel geeinsiedelt habe«, hatte er nach Calw an Paul Gundert geschrieben. Gusto Gräser, Naturmensch und Poet, den Hesse im Umkreis der Monte Veritaner kennengelernt hat, führte wohl den jungen Dichter zum ersten Mal an diesen Ort. Gräser hat ihn seinen Erdsternsaal genannt. Ich steige höher und blicke von der kleinen Alp aus hinunter zum See, wie Schildkrötenpanzer tauchen die rundlichen kahlen Granitfelsen aus der immergrünen Vegetation.

Auf dem Rückweg bleibe ich vor der Felsenspalte stehen, die im Volksmund Pagangrott, Heidengrotte genannt wird. Ich stelle mir vor, wie Hesse in dieser Felsspalte Eremit spielen wollte, wie schlecht ihm die Einsamkeit, vor allem beim tagelang zornig strömenden Tessinerregen, bekam.

Der Text ›In den Felsen – Notizen eines »Naturmenschen«‹ spricht von solchen Erfahrungen:

»Die ersten Tage meiner Einsiedlerschaft sind schrecklich gewesen. […] Ich schreibe diese Worte in meiner Bretterhütte am Boden liegend, es regnet heftig und ist so kühl, daß ich mich bis unter die Arme in meine Wolldecke gewickelt habe. Nun bin ich doch froh, daß ich Papier und Bleistift mitgenommen habe, obwohl diese Art von Zeitvertreib eigentlich wider mein Vorhaben ist. Aber bei einem dreißigstündigen Regen, dessen Ende noch nicht abzusehen ist, allein in meinem Bretterverschlag in der Einöde zu liegen, ohne Bücher, ohne Tabak, ohne Feuer, ohne Brot, vom Fasten geschwächt, wäre ohne dies harmlose Schreibvergnügen gar schwer zu ertragen.«

Spalten sind Orte der Neubesinnung, der Wiedergeburt, der Inspiration. Von Herrenberg her kommend, fahre ich über eine von Waldstücken durchschnittene, heitere Hochebene. Plötzlich bricht die Mesa ab, da unten, in einer Spalte, liegt Calw. Spitzgieblige Häuser, aneinandergeschmiegt, die Dächer verschachtelt. Der kleine Fluss scheitelt die Ansammlung der Bauten, hier, neben der Brücke aus rotem Sandstein, sehe ich den jungen Hesse immer noch mit seiner Angelrute stehen.

Hesse auch da allgegenwärtig. Auf meinem Computer erscheint er auf der Homepage der Sparkasse. Im Schaufenster der Stadtinformation grüßt er vom Plakat: Ein feiner, ganz ziviler Hesse: dunkler Anzug, Krawatte, Uhrenkette. Zigarre zwischen den Fingern. Fein modelliertes Gesicht, wacher, cleverer Blick, Goldbrille. So könnte er aus dem Kontor eines Calwer Gerbereibetriebs treten. Hesse Spezialausgabe für Calw. Der restliche Hesse, zum Beispiel der halbnackte Wahrheitssucher von den Abhängen des Monte Verità, lebt weiter auf der abgedunkelten Seite des Mondes.

Im Schüzhaus, im gut dokumentierten und liebevoll ausgestatteten Museum, kommt mir ein mehrschichtiger Hesse entgegen. Es freut mich, an der Wand des Bibliotheksraumes einen Holzschnitt zu finden von Max Bucherer, anfangs der Fünfzigerjahre hat der Künstler das Tessiner Haus, in dem wir leben, ohne Architekt erbauen lassen und es lange selbst bewohnt. Die Witwe des Hessefreundes hat uns damals eine Kopie dieses Kopfes geschenkt, und so überblickt Hesse seit neun Jahren vom Kaminsims aus unsere Wohnung. Meine Calwer Schreibklause gefällt mir. Von diesem Hochsitz aus übersehe ich das meiste: die emsigen Fußgänger, die Schüler, die Bankkunden. Ich sympathisiere mit den rotfüßigen, ewig trippelnden Tauben, mit den steilen, im Regen glänzenden Dächern. Es regnet hier nicht zornig wie im Tessin, der Regen ist sanfter, dünner, eintöniger. Die Fachwerkhäuser tragen an einem Februarmorgen eine dünne Schneeschicht, als Kind habe ich mir solche Dörfer und Städte erdacht, Adventskalender-Häuser mit Silberwatte und erleuchteten Fenstern, die sich täglich auf neue Träume öffnen.

Doch ein Blick aus dem Fenster der Schreibklause belehrt mich: hier wird viel gearbeitet und wenig geträumt. Aus der Vogelperspektive erscheinen die Menschen schon frühmorgens eilig, sie geben vor, ein Ziel zu kennen, nur Kinder und Jugendliche mit ihren Schulranzen bleiben manchmal stehen, bewegen sich spielerischer. Dort, dieser schmächtige, lang aufgeschossene Junge könnte Hermann Hesse mit fünfzehn sein.

In Calw beginne ich wieder seine frühen Werke zu lesen.

Hat jemand besser über die Verzauberungen, Strapazen und Nöte der Jugendjahre geschrieben? Die Szenerie jener Ereignisse und Geschichten sind hier auf Schritt und Tritt zu erkennen. Dort das Haus von Großvater Gundert, hier das Geburtshaus des kleinen Hermann, und im Einschnitt der Badgasse hat in der Schlosserei der Mohrle gewohnt, dessen früher Tod die Jugend des Dichters überschattet hat.

Ist Calw ohne Hesse denkbar, Hesse ohne Calw?

Auf der Spur dieses jungen Hesse fahre ich eines Tages nach Maulbronn.

Noch immer waltet da ein Ephorus seines Amtes, doch seit ›Unterm Rad‹ hat das Rad der Zeit auch in den altehrwürdigen Gebäuden einiges bewegt. Der Ephorus, der mich im Jahr 2001 die Wendeltreppe zum Oratorium hinaufführt, trägt einen farbigen Pullover und zitiert Hesse. Im Flur ähneln die Studenten des dritten Jahrtausends mit ihren modischen Designer-Zöpfchen wieder auf erstaunliche Weise den Portraits früherer Zöglinge: Kepler, Hölderlin, Herwegh, auch Strauß war da als Repetent. Hesse fehlt in der Ahnengalerie. Sein Zimmer sei durch Renovationsarbeiten zerschnitten worden, als wollte man die Erinnerung an ihn austreiben, sagt der Ephorus mit Bedauern. An einer Tür im Dormitorium ist auf einem Sticker zu lesen: Erfolg ist sexy. Unter der Treppe im Flur steht ein Kinderwagen.

Am Samstagmittag wird es still in Calw, nicht einmal das Café ist am Sonntag offen. Der Ort stirbt am Wochenende aus.

Die Calwer, so merkte ich, wohnen nicht in Calw, sondern oben in den gut besonnten Dörfern am Topfrand.

Im Städtchen hinter den hinreißenden, musealen Fachwerk-fassaden hausen Süditaliener und Türken. Jeden Samstagabend stoßen die südländischen Jugendlichen einen Schrei der Befreiung aus: Wir sind unter uns. Sie setzen sich wie in Sizilien auf die Treppenstufen. Spielen mit Bällen oder mit Karten. Fremde Zurufe erobern den Ort, der nun reingefegt von den Einheimischen, ein Stück südlicher rückt.

Auch ich bin da geblieben in meiner Poetenstube.

Was ist Stille und was bewirkt sie?

»Nichts auf der Welt ist dem Menschen mehr zuwider, als den Weg zu gehen, der ihn zu sich selber führt«, sagt der Meister in seinem ›Demian‹.

Unter der Woche arbeite ich an einer Geschichte über Hesse im Tessin für eine Anthologie, die im Hessejahr 2002 erscheinen soll. Ziemlich häufig lese ich in Buchhandlungen, Schulen.

Nur die Sonntage könnten mir gestohlen werden.

Ich blicke aus meinem Calwer Küchenfenster, erkenne zwischen den gezackten Linien der Wälder den einzigen Ausgang der Reuse: ein Hochtal, belegt mit einer watteartigen Nebelbank. Nebel drückt durch die Tannen oben am Topfrand: Schlieren, Schleier. Delphi-Nebel. Ich erwarte wie Hesse in der Felsspalte von Arcegno in Calw Inspiration.

Was die Nebel an diesem eintönigen Sonntag nicht ausrichten, bewirken wohl die heißen Quellen in dieser an Naturspektakeln reichen Gegend. Nach Teinach möchte ich, zu seinem kleinen, reizvollen Naturbad! Doch einer Felsspalte entkommt man schwer, der öffentliche Verkehr ist hier ein Phantom. Zwar hält der Zuckelzug laut Fahrplan in Teinach. Ich steige aus, blicke verloren: der Ort mit dem Badetempel scheint im Nebel entrückt zu sein.

Nur eine Ziegelhütte, eine nasse Straße, der Fluss.

Schließlich gebe ich mir einen Ruck und gehe mit der Badetasche in der einen, mit dem Schirm in der andern Hand meines Wegs.

Wohin des Wegs, Weg? Unterwegs sein ist alles, sagt der Weg.

Allmählich erkannte ich im Dunst der Spalte Gesichter.

Charakterköpfe, die in Calw über Imperien regieren: Musik, Historie, Lokalpolitik, Pädagogik.

Ein sympathischer Familienclan vertritt das Reich der Bücher.

Doch vor allem im Umkreis der Sparkasse zeigten sich mir hilfreiche Geister. Trotz der kleinen Kinder hatte Frau Weinheimer immer ein Ohr für meine Fragen und Nöte, sie wurde mir lieb und unentbehrlich. Tüchtige Fachleute behoben ohne Murren die zahlreichen Pannen in meiner hoch technisierten Poetenstube. In der Sparkasse hütete der freundliche Herr Ackermann meine eingetroffenen Briefe und Postpakete.

Die Sparkasse, ein Imperium im Balanceakt von Geld und Geist. Sie beeindruckte mich durch ihre Vielschichtigkeit: Unten, an den Schaltern werden Schecks und Scheine geschoben, in den oberen Etagen, wo wohl teuflisch gut beraten wird, sprechen erlesene Bilder, meist Originale von Hesse und Schlichter, vom Kunstsinn der Leitung. Doch der krönende Abschluss des Geldinstituts ist die kleine Bibliothek mit seltener Hessiana, dort verbrachte ich gerne Stunden im inneren Dialog mit H.H.

Mit den Hesses verbunden fühlte ich mich auf lebendige Art, wenn ich das schöne Jugendstilhaus am Gartenweg betrat, wo Marlies Bodamer, die mir von Heiner Hesse empfohlene Kusine, wohnt. Die Teestunde mit den lebhaften Gesprächen ließ mich Alt-Calw und die Hessezeit erahnen, als Abschluss bekam ich Einblick in den kostbaren Schrank mit den Brieforiginalen, die Hermann Hesse an Fanny Gundert geschrieben hatte.

Aus dem Dunst lösten sich immer klarer auch andere Gesichter. Wenn der Spaltenkoller mich packen wollte, erschien wie im Märchen die weise Frau, sie streckte ihren blonden Wuschelkopf aus einem picassoblauen Auto und nahm mich mit. Ohne sie wären mir die Quellenorte und die reizvollen Dörfer auf dem Rand der Spalte entgangen.

Herr Hartmann führte mich eines Tages durch die Anlage von Hirsau, und ich erkannte die reformerische und revolutionäre Kraft, die vom Nagoldtal ausgegangen war. Nach Hirsau ging ich fortan gerne zu Fuß, es erschien mir als Waldauge, als geomantischer Ort.

Doch nicht nur in Hirsau, auch anderswo in diesem durch Baumschatten mystisch dämmrigen Tal erschienen mir die Menschen nicht so einförmig gehobelt wie im flachen Land. Sie tüfteln, brüten eigenwillige Ideen aus. Halten sich im Waldwinkel ihre eigenen Quellen und Dämpfe des Glaubens: Waldenser, Methodisten, Anthroposophen, Pietisten …

Beim Abendessen im Alt-Calw erkundigte sich ein älterer Mann am Nebentisch, was ich als Schweizerin denn hier in Calw mache?

Ich bin auf den Spuren von Hermann Hesse, antwortete ich.

Und er darauf: Glauben Sie, Hermann Hesse hat zu Gott gebetet?

Meine Antwort, die vorsichtig ausfiel, schien ihn nicht zu grämen, er stand auf und drückte mir, ganz Würde und Friede, ein Traktat über das Gebet in die Hand.

Ein Nachfahre des Schusters Flaig?

Wochen vergingen, zögerlich gewannen die Tage an Länge und Wärme. Eines Morgens räumten die Cafés ihre Tischchen ins Freie, der Himmel wehte blau, beinahe südlich über den Spitzgiebeln. Ich dachte plötzlich an meine Kamelie, die vielleicht schon fast am Welken war mit ihren mandalaförmigen Blüten. In der darauffolgenden Nacht hörte ich Hermann Hesse, diesmal den Gärtner aus Montagnola, mir zuflüstern: *»Für den Augenblick schmeckt es wundervoll, das Gefühl der Sesshaftigkeit, des Heimathabens, das Gefühl der Freundschaft mit Blumen, Erde, Quelle, das Gefühl der Verantwortung für ein Stückchen Erde«* …

Im Kalender stand Ostern in nächster Nähe. Die gleiche Magie, die mich ins Schwäbische an die Nagold gezogen hatte, trieb mich nun unwiderstehlich zurück ins Tessin, doch ich wusste: Eine gute Zeit liegt hinter mir, und Hermann Hesse und Calw gehe ich nicht verloren.

Josiane Alfonsi

Gedichte / Poèmes

Präludium
    für Hermann Hesse

Fern und hoch
der Himmel
Dunkel und tief
die Wälder das Tal
Die Nagold ein Garn
das Helle zu spiegeln

Prélude
    pour Hermann Hesse

Loin et haut
le ciel
Sombres et profondes
les forêts la vallée
La Nagold un fil
pour refléter la clarté

Wahrgenommen in Calw

Regenbogen
sagt das Deutsche
arc-en-ciel
Himmelsbogen
sagt das Französische
um berührt zu werden
vom Bunde
der schillernden Farben
des Lichts

S'entendre à Calw

Regenbogen
l'arc de pluie
dit l'allemand
l'arc-en-ciel
dit le français
pour être touché
par l'alliance
des couleurs irisées
de la lumière

Coïncidence

Dans ma main
parallèle
à la ligne de tête
à la ligne de cœur
est venue d'un trait
la ligne de l'écriture

Koinzidenz

In meiner Hand
parallel
zur Kopflinie
zur Herzlinie
kam mit einem Strich
die Linie der Schrift

Dichten

Jedes Wort ein Buch
mit sieben Siegeln
dicht
Zeigt sich im Stillen
spricht
Seine Spur aufnehmen
mit dem Stift
ein Streifen aus Licht

En poésie

Chaque mot un livre
sept fois scellé
dense
Se manifeste en secret
parle
Relever son message
au crayon
une trace de lumière

Die Farben der Menschheit

Weiß
die Milch
die Milchzähne die Zähne
das Weiß des Auges

Rot
das Blut
das Blut des Lebens
der Menarche der Geburt

Schwarz
die Pupillen
das Haar die Haut
in Eiszeiten bleich verblasst

Les couleurs de l'humanité

Blanc
le lait
les dents de lait les dents
le blanc des yeux

Rouge
le sang
le sang de la vie
de la nubilité de la naissance

Noir
les pupilles
les cheveux la peau
pâlie blanchie aux glaciations

Aus der Fassung

Alles grünt hier
die Landschaft die Stadt
das Gras zwischen dem Pflaster
die Mauern der Fluss
Prasselnder Himmel vogellos
die Schnecken steigen auf Bäume
der Mond behält seinen Hof
alles fließt
Die Polkappen schmelzen

Hors de ses gonds

Tout est vert ici
le paysage la ville
l'herbe entre les pavés
les murs le fleuve
Ciel d'averse sans oiseaux
les escargots montent aux arbres
la lune garde son halo
tout ruisselle
Les calottes polaires fondent

Jour de l'an

Dans la blancheur du ciel
au-dessus des toits
un cygne vole

Dans la torpeur du ciel
est inscrit
au seuil du millénaire
le feu d'artifice
des enfants de la guerre

Dans le silence du ciel
la candeur menacée survolait
la ville aux portes fermées

Neujahrstag

Im bleichen Himmel
über den Dächern
fliegt ein Schwan

Im stummen Himmel
eingeschrieben
an der Schwelle zum Jahrtausend
das Feuerwerk
der Kinder des Krieges

Im stillen Himmel
kreiste bedroht die Unschuld
über der Stadt der verschlossenen Türen

L'année du Chien

Il avait fait froid
longtemps
ils étaient restés confinés
Au printemps
ils se sont mis à mordre
méchamment
Je l'entends en français
je le lis en allemand
Homo homini lupus
l'homme est un loup pour l'homme

Das Jahr des Hundes

Kalt war es gewesen
langezeit
eingesperrt blieben sie
Im Frühjahr
fingen sie an grimmig
um sich zu beissen
Ich hör' es auf Französisch
ich les' es auf Deutsch
Homo homini lupus
der Mensch ist dem Menschen ein Wolf

Vom Heiligen Nikolaus

Ein Buch in zwei Sprachen
eine gelbe Turmkarte
mit vertraut fremdem Gruß
ein Schokoladenmännchen
ein Freundschaftsapfel eine Walnuss

Tags zuvor
seine rote Mütze
auf dem Tisch

und das Blut der Kinder von Bari
schrie auf der Treppe der Drogen
hinter der Krypta
wo seine entweihten Gebeine
angefleht werden

Du Saint Nicolas

Un livre en deux langues
une carte jaune de la Tour
avec des vœux familiers étrangers
un petit bonhomme en chocolat
une pomme de l'amitié une noix

La veille
son bonnet rouge
sur la table

et le sang des enfants de Bari
crie sur les marches de la drogue
derrière la crypte
où ses reliques profanées
sont implorées

Eine Hand
wäscht die andere

Immer wäscht
die eine Hand
die andere
und bleibt
zur Hand
So behält
die andere Hand
die Oberhand
und wäscht
unter der Hand
Die Welt hinkt
Hand in Hand

Une main
lave l'autre

La même main
toujours lave
l'autre
et reste
à portée de main
L'autre main
garde ainsi
la main haute
et fait
main basse
Le monde boite
main dans la main

... und nun das Wetter

Grau auf grau
Regenschauer
Graupelschauer
wenn's so weitergeht
wird's schneien
Die Leute tragen
Wintergesichter
im April

... et maintenant le temps

De gris en gris
d'averses
en giboulées
si ça continue
il va neiger
Les gens portent
des visages d'hiver
en avril

Rentrer

L'été
avec ses bras nus
ses jambes nues
a enfin disparu

L'automne est revenu
on met une veste par dessus
fenêtres et portes closes
n'en parlons plus

Rückkehr

Der Sommer
mit seinen nackten Armen
seinen nackten Beinen
ist endlich vorüber

Der Herbst kam wieder
zieh eine Weste über
schließ Fenster und Tür
sprich nicht mehr drüber

Vertige hivernal

À Adelbert de Chamisso

Ciel opaque et glacé
sur le pont
personne à tes côtés
C'est le jour des ombres
Si le soleil apparaissait
ton ombre viendrait
t'accompagner

Winterabgrund

Für Adelbert von Chamisso

Dichter eisiger Himmel
auf der Brücke
niemand an deiner Seite
Es ist der Tag der Schatten
Schiene die Sonne
käme dein Schatten
dich zu begleiten

Kreuzwegrätsel

Zwischen der oberen
und der unteren Stadt
gibt es Wege
sie umgehen
die obere und
die untere Stadt
Da kreuzen sich
die sich aus dem Weg gehen

Énigme des chemins croisés

Entre la ville haute
et la ville basse
il y a des chemins
ils contournent
la ville haute
et la ville basse
Là on va se croiser
en voulant s'éviter

Irrweg

Der Versandweg
ist ein Weg
auch der Sandweg
ist ein Weg
Versandet er
ist er hinweg

Fausse voie

La voie postale
est une voie
le sentier de sable
en est une aussi
S'il s'ensable
il se fourvoie

Mär

Sand und Kiefern
deutsches Land
es war einmal
das Meer
Sag mir wohin
ist es gegangen
In Sand und Kiefern
deutsches Land

Chimères

Du sable et des pins
terre d'Allemagne
il était une fois
la mer
Dis-moi où
est-elle allée
Par le sable et par les pins
terre d'Allemagne

Róža Domašcyna

Ansichten in Abrissen

Calwer Porträts

Entstanden während des Hermann-Hesse-Stipendiums in Calw,
Februar bis April 2002

»Heimat ist in dir drin,
oder nirgends.«
Hermann Hesse

I gang of Kalb – Ich gehe hinunter nach Calw!
Es ist der zweite Februar. Ich quere Deutschland. Die Queck-
silbersäule zeigt zwanzig Grad plus und die Sträucher am
Wegrand sind in den Spitzen schon violett. Am Ziel, beim
Füße vertreten, abends nach neun, sind nur wenige Spazier-
gänger unterwegs – und ich höre kein Wort deutsch. Abends in
Deutschland kein Wort deutsch. Das also ist hier Normalität.
Aber wieso sollte Normalität etwas anderes sein, als das Un-
verhoffte, Unvorhergesehene? In der Fußgängerzone werben
Plakate für die Masuren. Ablichtungen einer Seenlandschaft,
die noch Romantik und Wildnis verspricht. Später dann klopft
es ans Fenster. Es sind Tauben. Wie heißt es im Wendischen?
Wenn Vögel an die Scheibe picken, ist es ein Gruß, ein Adé.
»Adej, adej …« heißt es in einem der bekanntesten Abschieds-
lieder im Wendischen. Also Adej Lausitz.

Folgendes begann damit, dass meine Friseuse mich bei der
Haarwäsche ausfragte, was ich denn in Calw so mache. Ich sagte also: »na Tagträumen und so was.« Sie muss irgendwie nicht
richtig hingehört haben, denn sie schlussfolgerte: »wer hat heut
scho Zeit.« Und ich sagte: »na ich.« Und um mein Gesicht
nicht ganz zu verlieren, setzte ich noch hinzu: »und ich gehe ins
örtliche Museum, ins Hermann-Hesse-Museum.« Worauf sie

190

die Stimme erhob und mir halb belehrend im schönsten Schwäbisch sagte, dass sie in Calw geboren sei und schon 26 Jahre am Stück im Ort lebe, aber in diesem Museum niemals, wirklich noch niemals gewesen ist. – Da kam mir Hesses Aussage: »Die Wirklichkeit ist das, womit man unter gar keinen Umständen zufrieden sein kann …« in den Sinn und ich beschloss, mir das Haar schneiden zu lassen. Dieser Umgehung des Museums, das kaum einen Steinwurf von ihrem Arbeitsplatz entfernt ist, wollte ich auf die Schliche kommen. Bei der Haarwäsche, als sich unsere Blicke ab und an im Spiegel trafen, begann ich, ihr den Besuch schmackhaft zu machen. Sagte Sachen, wie: „da ist er beim Chianti in Montefalco zu bewundern, auch Schreibtischutensilien, eine Brille, ein schwerer Brieföffner, Stempel und Tintenfass – ein Tintenfass hat wohl auch Ihre Großmutter noch besessen.«

»Ach«, seufzte sie, und mir fiel ein, dass das mit der Großmutter wohl zu weit hergeholt gewesen sein könnte.

»Da ist einer seiner zwölf Leinenanzüge zu sehen, die er sich für die Reise nach Südostasien machen ließ«, versuchte ich es erneut. »Leinen tragen heute besonders Gesundheitsfreaks.«

»Ach«, machte sie wieder und schielte in die Ecke, wo halb hinter einem Stellschirm ein angegessenes Stück Schwarzwälder Kirschtorte wartete, »so was koschded heutzutag ein Vermöge«.

»Und dann«, ließ ich mich nicht beirren, »sind da so Bilder zu sehen, in schwarz-weiß zwar, aber eindeutig. Hesse beim Nacktklettern 1910 in Amden am Walensee.«

Sie hob den Kopf. Ich versuchte, ihren Blick einen Moment im Spiegel festzuhalten. »Splitterfasernackt«, fuhr ich fort, sie stutzte, »zwar von hinten, aber …«.

Sie griff mir ins Haar und zog meinen Kopf zu sich, dass mein Blick plötzlich auf der weißen Salondecke kreiste. Dann begann sie mit dem Nassschnitt, den Kopf über den meinen gebeugt. Als sich unsere Blicke wieder im Spiegel kreuzten, waren ihre voller Selbstgewissheit und meine erschrocken. Doch ich wollte nicht aufgeben, wollte zur phantasievoll beschreibenden Geste des »aber...« ausholen, dabei wischte meine Hand einen Stapel Zeitschriften vom Tisch. Knackig braune Männerkörper lagen auf dem Fußboden und meine Friseuse sagte »fertig!« Oder sagte sie »fertsch«?

Ich bin mir nicht sicher, denn ich sah auf den Pelz zu meinen Füßen: Gewöll – Geschwätz, dachte ich, und wollte es nochmals probieren.

»Nischd zu mache!« Sie lachte. Lachte so, als hätte sie mich eben nicht gerupft, und in diesem Lachen war noch das sch von vorhin, diese gezischelte Selbstverständlichkeit.

Da wusste ich, wieso mir das Schwäbische so gewohnt in den Ohren klang. In diesem sch hatte es eine Verbindung zum Lausitzischen. Zu Namen, wie Zschippang, Zitschickgk, Zieschank, Bläschke oder Domaschke.

»Gut gschwätzt«, sagte sie, und »kommen sie eben auch mal wieder, auf ei Häferle«. Ich versprach es und sann im gleichen Moment nach, mit welchen Argumenten ich sie wohl zum Museumsbesuch überreden könnte. Wenn ich ihr den Einlass bezahlte, oder ein höheres Trinkgeld gab? Nein, geldlich schien sie nicht bedürftig zu sein. Ich senkte den Kopf und schlich an meinem Spiegelbild vorbei.

Wann war mir dieses gezischelte sch erstmals aufgefallen? Es muss im Frühjahr 1990 gewesen sein. Eine Freundin aus Saarbrücken besuchte mich. Wir gingen durch die historische Altstadt Bautzens. Da sprachen uns zwei junge Männer an, die das »Gelbe Elend« suchten. Als sie erfuhren, es liege etwas außerhalb, waren sie enttäuscht.

Was hatten sie sich vorgestellt? Einen Knast und paar Hütten drum rum? Ja.

Was hatte ich mir hier vorgestellt?

Im Kaffee hat mir ein Herr einen Stadtrundgang angeboten. Was mich stutzig machte, war sein fast fehlendes sch. Diese gehauchte Andeutung eines s-c-h, die ihn als nicht ganz von hier dingfest machte: Thomas aus Leipzig. Mit 18 ist er dort weg. Und hier ist er Zuhause, seit langem schon. Hat ein Haus und macht Stadtführungen. Sei also den umgekehrten Weg gegangen, wie der Bergbaubarde Ulrich Rülein (ca. 1465–1523), der in der Calwer Oberen Mühle geboren und in Leipzig gestorben ist. Im Gehen erfahre ich Geschichten dieser Stadt. So über das Mezzanin, das Halbgeschoss, das knapp die Höhe eines Erwachsenen hat, als Lagerraum gedacht war und im Mittelalter im Angriffsfall den nahen Dörflern notdürftig Unterschlupf bot.

Ich erfahre die Geschichte der Frau in Weiß, die einen Käufer des alten Kaffeehauses so nachhaltig im Bett erschreckte, dass der Verkäufer eine Klausel in den Kaufvertrag einfügen musste: »nach drei Wochen ungestörter Nachtruhe erst veräußert.« Er erzählt vom Mord, der 1988 in Calw geschah, vom historischen Überfall am »Sautürle«, der auch nicht ohne Mord abging und von der Industrie, die hier mal war: vom Floß- und Holzhandel, dem Salzhandel, der Tuch- und Deckenfabrik.

Im Haus, wo bis zum Beginn des 19. Jahrhunderts das Salzmonopol der Stadt florierte, dem sogenannten »Salzkasten«, habe Hesses Mutter unterrichtet. Sie war die erste Englischlehrerin an einer öffentlichen höheren Schule Württembergs. Ja – und das hier in Calw! Und Hesse – überhaupt Hesse! Nach der schlimmen Überschwemmung im Dezember 1947 habe er Tausende Schweizer Franken für die in Not geratenen Städter gespendet.

Kalb wäre nicht Calw ohne Hesses Geburtshaus. Aus den Fenstern, wo die Abendsonne herein scheint, kann ich die hintere Giebelwand sehen. Mit einer Badewanne davor, freistehend im Dachterrassengarten. Das hätte Hesse gefallen. Auch die Katze Hermine, die der Dichter Kito Lorenc in seiner Calwer Besprechung beschrieb. Getigert sitzt sie vor den zwei Futternäpfen und den drei geöffneten Fensterflügeln auf der Fensterbank, außen, und dem Mann vor dem Aktenschrank, innen. Von Zeit zu Zeit hebt er den Kopf und beobachtet, wie sie so dasitzt, auf die Vorderpfoten gestützt.

Hermine registriert, wie dem Schrank Ordner entnommen, vorsorglich auf den Tisch gelegt, geöffnet und geschlossen werden. Wie sie wieder in Reih und Glied im Fach verschwinden, wie zu Feierabend das Rollo am Schrank hochgezogen wird und der Mann mit dem dunklen Lockenhaar pünktlich das Fenster schließt, das Licht löscht und geht, ohne den Vorhang zugezogen zu haben. Denn nicht er ist es, der beobachtet, es ist die Katze Hermine, und mir deucht, dass sie schmunzelt, mit dem selbstverständlichen Lächeln eines Lebewesens, das sich vollkommen sicher frei bewegt.

»Wo ist man noch sicher?«, fragt Ingrid und sucht wiederholt nach ihrer braunen Handtasche. In der dunklen, nur von wenigen Kerzen beleuchteten Kirche des ehemaligen Klosters St. Aurelius in Hirsau hat Ingrid für einen Moment die Tasche abgestellt, sie hat die Schlüssel und die Geldbörse herausgekramt, Münzen in den Opferstock gesteckt, mich am Arm genommen und durch den stockdunklen Hof zu ihrem Auto geführt. Erst vor dem Haus hat sie im Auto die Tasche nicht gefunden. Wir haben sie in der Kirche gesucht, und im Hof, haben uns zusammengereimt, dass sie jemand genommen haben muss, in der Kirche, in den Minuten, als wir im Auto saßen. Eine sonderbare Geschichte.

»So etwas ist hier schon öfter passiert«, meint Ingrid. »Aber ich bin gewappnet und auf alles gefasst – das lernt man, wenn man zwei Jahre lang rund um die Uhr von der Stasi bespitzelt wurde. Von Menschen, die wissen, hinter welchem Fenster man zu welcher Uhrzeit sein muss. Aber die haben wir reingelegt – mein damaliger Freund und ich.« Und die Tasche? Ohne Schlüssel, Geld und Kreditkarten eine Enttäuschung für den Dieb.

»Das nennt man Intuition«, bringt Ingrid es auf den Punkt.

Es klingelt. Durch den Türspion sehe ich eine Hand voll Schneeglöckchen. Ich öffne – und da steht sie. Klein, zierlich – aber mit einem so gewinnenden Lächeln, dass ich nicht anders kann, als sie hineinzubitten. Aus ihrem Garten sagt sie, und sie komme, weil sich eine Vorgängerin öfters einsam gefühlt hat, um dem vorzubeugen, gewissermaßen, und um mich einzuladen, zu sich, zu einer Tasse Kaffee oder Tee.

Sie sieht den Computer angeschaltet, sieht die Papiere ringsum. Sie will nicht stören. »Aber kommen Sie doch vorbei!«

»Gern.« Sie sagt die Telefonnummer, die Anschrift, den Namen: Marie-Luise.

»Ist es weit?«

»Nur ein Stück den Berg hinauf, hier in Kalb ist ja alles nah.«

Ich gehe hin, ziehe an der Klingelschnur. Sie öffnet, und ich befinde mich in einem Haus voller Geschichten. Ihre Mutter, bemerkt sie, habe mit Mädchennamen Fanny Gundert geheißen und war 13 Jahre jünger als Hesse. Hieß nicht auch Hesses Großvater Gundert?

Durch eine halb geöffnete Tür sehe ich die Einrichtung des Flur fortgesetzt: Jugendstil. An der Wand das Bild einer jungen Frau, die Marie-Luise ähnlich sieht.

»Das sind Sie«, staune ich.

»Ja, treten Sie ein, schauen Sie sich das an.« Ich betrachte das Gemälde genauer, schweife ab. Sehe Aquarelle von Hesses Hand.

»Dieses hat er meiner Mutter geschenkt, seiner Cousine.« Ich sehe auch eine Darstellung der Mutter, mit Geige, sie war Geigerin in Stuttgart und Calw.

Und dann erzählt Marie-Luise von Montagnola, wo sie auch schon gewesen sei, erzählt von ihrem Großvater Friedrich Gundert, seinem Versandbuchhandel und vom Calwer Verlag. Zuhause waren sie vier Geschwister, und sie hat auch vier Kinder. Marie-Luise spricht von den Enkeln und davon, dass kleine Kinder »wie Blättchen aufgehen«. Sie zeigt mir ihren Garten, der wild anmutet und in den ein Blindgänger gefallen ist, 1945. Da hat sie den Kindern verboten, im Sandkasten zu spielen.

»Lange hat die Bombe dort gelegen«, erinnert sie sich, »doch wir haben die Gefahr gar nicht so bemerkt, denn dann war es ja Frieden. Und das war das Wichtigste.«

Friedlich ist dieses Haus, der Raum mit den vollen Bücherregalen geprägt von ihrer Persönlichkeit.

»Im Steinbruch ist der Blindgänger dann zur Detonation gebracht worden, rundum sind die Fensterscheiben geborsten.« Sie erzählt vom Krieg und davon, dass ihr Mann in Russland gewesen sei.

»Auch hier waren Russen. Nebenan. In der Gärtnerei haben russische Kriegsgefangene gearbeitet. Unter ihnen die Anna mit ihrem Sohn. Der hat mit meinem Ältesten gespielt. Spielend haben die Kinder Worte voneinander gelernt. Man kann gar nicht genug Sprachen in sich aufnehmen.«

Das zeigt die Begebenheit mit Rübli, einem Nachkriegskind. Als Ferienkind war es öfter bei ihnen und eines von Marie-Luises Kindern in Rüblis Familie in der Schweiz, so lernten die Kinder gleich auch die jeweils »andere Sprache«.

Zum Beispiel was im Hochdeutschen die Mohrrübe ist, ist im Schweizerischen das Rübli. Das hat dieses Mädchen hier vehement gegen das hiesige Gelberübe durchgesetzt. Somit ist es an ihr haften geblieben. Zum Streit kam es nur einmal, als justament das Rübli im Haus war und ein schmächtiger Junge aus Essen anreiste. Am Frühstückstisch verlangte die Kleine ihr Comfü, der Essener behauptete, das heiße richtig Marmelade. Marie-Luise wusste den Kompromiss: »Hier heißt es Gsälz – und das gilt!«

»Wie viele Sprachen sprechen Sie?«

»Zu wenige«, antworte ich, »russisch hatte ich ab der fünften Klasse«.

Ein paar Brocken russisch verstehe sie auch, bemerkt sie, und etwas portugiesisch, spanisch lerne sie noch.

»Aber es geht nicht mehr so schnell, wenn man hoch in den Achtzigern ist. Außerdem bin ich Musiklehrerin, gebe noch Privatstunden, habe immer Privatstunden gegeben.«

»Gesengde Ware isch vom Umtausch ausgeschlosse!« tönt eine Angestellte im Kaufhaus, wohin ich einen übergroßen Schnäppchenpullover zurückbringen wollte.

Im Spiegel gegenüber sehe ich, wie ich erröte. Ich ramsche ihn wieder in den Plastikbeutel und gehe, nur noch den Ausgang im Blick. Schlussverkauf – als ob mit irgendwas Schluss wäre, oder überhaupt Schluss. Manche Läden machen den Schlussverkauf das ganze Jahr. Durchgestrichene fiktive Preise, nach der Wahrscheinlichkeitsrechnung unwahrscheinlich. Ich drängle mich an zwei Frauen vorbei, die sich gleich eine ganze Kleiderstange mit Pullis und Blusen vor die Ankleidekabine gerückt haben. Sie probieren mit wachsender Begeisterung, mustern die Schnitte, befühlen die Stoffe und unterhalten sich laut polnisch. Ich lausche, verweile doch noch etwas. Diese Laute waren vor der politischen Wende oft in den Kaufhäusern der Lausitz zu hören. Sie hier zu vernehmen – gut so!

Die Adéecke des Kaufhauses bevölkert ein dunkelhaariger junger Mann mit seinem Stand. Das Hemd reinweiß, die Schürze lackweiß. Meeresfrüchte bietet er an. Alles für die Party. Sie liefern auch nach Hause! Ich bleibe stehen und lese.

»Nur koschde, Madame«, sagt er und spießt einige Happen auf ein Holzstäbchen.

»Nur koschde!« Schon hält er mir das Stäbchen vor den Mund. Berührt ihn. Während ich noch kaue, versteht er meine Kopfhaltung als nicken. In nullkommanichts füllt er einen Abendbrotteller mit Krabbenfilet und Tintenfischringen, wiegt ab und lächelt. Legt zwei gratis Salatzugaben drauf, die er nicht wiegt, wie er betont, und verlangt ein kleines Vermögen. Und die ganze Zeit, während ich noch aus dem bunten Marinadeeinerlei die einzelnen Fischarten herauszuschmecken versuche, äugelt er mich mit seinen schwarzen Augen an, bis mir ganz blimerant wird und ich eine Ahnung von Verkaufsstrategie bekomme.

»Calw?« fragt Johann aus Bremerhaven, dem ich von meinem Stipendium erzähle. »Calw an der Nagold«, bestätige ich.

»N-a-g-o-l-d«, buchstabiert er, »dieser Name…« und schweigt in seinen graumelierten Bart. Er meint die Nagolder Fallschirmjägerkaserne, die in den sechziger Jahren durch die

»Schleifer von Nagold« berüchtigt wurde. Im anschließenden Prozess erwies sich, dass die Ausbilder der Bundeswehr von Wehrmachtsoffizieren geschult wurden und rüde Methoden in ihrem Geiste durchführten: Hitzemärsche »mit Einlagen«.

In der Mittagshitze komme ich an der Grund- und Hauptschule vorbei. Die Kinder haben Schulschluss. Lauthals stürmen sie mir entgegen – die brünetten, blonden und die schwarzhaarigen mit den schwarzen Augen. Alle möglichen Sprachen benutzend drängen sie in den Verkaufsraum der kleinen Bäckerei, in die Kebab-Stube, oder essen eine Fischsemmel auf der Straße. Der kleine Platz vor der Schule leert sich. Da fällt mein Blick auf die Wandarbeit aus dem Jahre 1952. Die fünfziger Jahre – war es nicht in den Fünfzigern, als der Antrag, dem hiesigen Gymnasium Hesses Namen zu geben, mit sechzehn zu einer Stimme abgelehnt wurde?
Die Art der auf der Giebelwand dargestellten Personen erinnert mich stark an eine Arbeit in Bautzen. In der Bahnhofshalle, wo die Gewerke dieser Stadt gezeigt werden, oder genauer, die ehemaligen Gewerke. Die gleichen heldischen Profile, die gleiche heroische Haltung, nur die weiße Friedenstaube, schräg oben, fehlt im Bautzener Bahnhof. Aber die Aufschrift »Einigkeit macht stark«, hätte genauso dort in den Putz gegraben worden sein.
Ich denke an die Kaserne und die Umtriebigkeit von Einsatztruppen. Während ich über Einigkeit nachdenke, inspiziere ich die Kebab-Stube, die vor Schülern überquillt. Hier geht es vom Tisch auf die Hand. Hier ist alles frisch. Ich trete ein – und reihe mich ein. Ich vergesse, dass es die Nagolder Kaserne nicht mehr gibt, die Calwer aber sehr wohl.
Obwohl – Uniformen habe ich in Calw nur einmal gesehen. An einem Samstagmittag. Die Händler hatten ihre Stände aufgestellt. Etwas abseits des Gewusels saßen zwei jüngere Männer. Sie saßen auf einer Decke unweit der Eisdiele, wo die Stühle vorm Geschäft gut besetzt waren. Die Männer rauchten, hatten Marschgepäck bei sich und einen Deutschen Schäfer-

hund. Was sie trugen – waren das Tarnanzüge? Schirmmütze und Anzug in khaki-oliv-gelb. Das heißt, eine Mütze lag ihnen zu Füßen: ein Bettlerhut.

»Das waren keine Soldaten«, meinte meine Friseuse, »sowas kann man kaufen. Stadtstreicher waren das. Und übrigens ist hier sowieso nur KSK.«

Die Plakate haben gewechselt: »Stell dir vor, du bist Kind und musst schießen.« Ein graues Phantombild in Uniform und mit Knarre. Aus seinen Fußstapfen rennt ein Junge. Südländisch, schwarze Augen, Kraushaar. Wieso ein Südländer? Wann fing das an, dass Uniform und Schießeisen (ich sage nicht Gewehr, denn es geht auf dem Plakat nicht ums »sich wehren«) den dunkelhäutigen, dunkelhaarigen Menschen zugeordnet werden? Wer hat dieses Plakat gefügt, wer wollte die Aussage machen: SIE werden zur Waffe gezwungen.

Nachts sind manchmal Detonationen zu hören. Dumpf, irgendwie nah. Schüsse oder Explosionen. Nachts lese ich von Amalia Hedwig von Leiningen (1684-1756), lese ihre Meinung zu Kriegen: »sündlich und ein Greuel vor Gott.« Lese von Menschen »die da zertreten und sich zertreten lassen um des leydigen Geldes, Gewinnes der Lust, Pracht, Hoffart und dergleichen mehr«.

Ein Nachmittag im alten Kaffeehaus. Die Besucher spielen Halma oder Mensch ärgere dich nicht, die älteste Besucherin ist über neunzig. Sie ist auf dem Weg zum Bus, oder »auf der Bus«, wie sie mich belehrt. Die jüngste Besucherin bin an diesem Tag ich. Kaffee schlürfend höre ich zu und mache mir Notate. Diese Deminutivformen: Schätzle, Mädle, Bärbele, Marile, tschüßle, adéle erinnern mich an das Wendische, wo Verkleinerungsformen auch stark vertreten sind – als Ausdruck von Zuneigung und Wertschätzung. Ein joomr oder wendisch jamor, dass das hochsprachliche Deutsch diese Formen als ironische Abwertung registriert. Jetzetle und sodele – ich übersetze mir das ins Wendische und komme auf nehtkole und tajkele. Drei Silben, die Endung auf »-le« – diese Ähnlichkeit! Im Gespräch höre ich auch Anklänge an den Dual, der im Wendischen gang und gäbe ist, auch die Bezeichnung di Fies scheint mit dem Wendischen noze verwandt. Gilt sie doch hier wie dort für Bein und Fuß.

Ebenso die Ausrufe, wie Huijòòz – Herjjehs! oder Befehlsformen, wie Hü – hij! Öha – hija! Hodüü – hodschi! Hüschdo – histe! fördern nicht nur phonetisch Gleiches zutage, sondern auch die Erkenntnis, dass ich schon als Kind auch schwäbisch sprach, als ich unsere Kuh wendisch antrieb.

»Sady naschej pjecy kuntwory hraja«, sie singt das Kinderlied beinahe perfekt wendisch. Erna aus Altburg. Dann fragt sie so Sachen, wie:

»Was ist ein Wende anderes, als ein Deutscher?« Ich sage, ich weiß es nicht.

In Neubloaschütz bei Bautzen ist sie geboren. Zuerst ist sie in Göda, später in Bautzen zur Schule gegangen, ab 1931. Die Schule hieß Sankt Michael.

»Kennen Sie die?«

»Nein.«

Die ersten sieben Jahre hat sie bei der Großmutter gelebt und bei der Tante Emma. Die sprachen wendisch, auch mit ihr. Eines Tages waren sie zu einer Feier eingeladen, wo der Tisch reich gedeckt war. Dort ist eine sehr alte Frau in die ‚Gute Stube‘ gekommen, hat ihnen beim Essen zugesehen und gesagt: »Boscho, kak te dscherju.« Ob ich denn weiß, was das bedeutet? Ich zögere. Da sagt sie es: »Oh Gott, wie die Fressen.«

Als der Großvater starb, an jenem Abend, sie war eben vier, nahm Großmutter Maria sie an die Hand und wies zu den Sternen: »Dort ist er jetzt.«

»Ich hatte eine glückliche Kindheit«, beginnt Erna. Und dann erzählt sie von einem wechselvollen Leben zwischen holländischer Grenze, Berlin, Stuttgart, Althengstett, Hirsau und Altburg. 1955 ist sie nach Westberlin gegangen, auch für ihre Tochter habe sie das getan, die sollte es besser haben.

Zuvor war Erna kaufmännische Sekretärin in einer Gießerei und Maschinenfabrik in Berlin-Lichtenberg. Gekündigt habe sie dort noch, damit alles seine Ordnung hat. Später betrieb sie eine Pension.

Wortreich erzählt sie, und ich versuche ihren verschlungenen Lebensschilderungen zu folgen. Sie liebe das Fotografieren, sagt sie, und manchmal schreibe sie auch. Gedichte und Bildergeschichten. Über ihrem Bett hängt eine ihrer Fotografien: hinter einem fast entlaubten Baum die Dämmerung – rot-schwarz, apokalyptisch.

Sie holt alte Fotos: die Hochzeit ihrer Mutter mit dem Mann, den Erna als Vater ansah, der ihr seinen Namen gab, obwohl das nie irgendwo eingeschrieben worden ist. Unter diesem Namen ist sie dann zur Schule gegangen. Und wieder erzählt sie von der Großmutter, der Tracht der evangelischen Wenden um Bautzen – schwarze Kleidung, Mittelscheitel.

»Trägt das heute noch jemand täglich?«

»Mir ist niemand bekannt.«

»Als Kind bin ich einmal in eine katholische Kirche geraten«, erinnert sie sich. »Der Mann mit dem Weihrauchkessel trug keinen Talar, sondern bunte Kleider. Er kam geradewegs auf mich zu, als wüsste er, dass ich nicht dazu gehöre. Und ich erstarrte. – Wie ist das heute? Die Kriege haben doch mit Religionen zu tun! Immer noch. Sind denn Religionen für Kriege gut – und wären ohne Religionen keine Kriege?«

Wir gehen in den Garten, sie zeigt mir, wo der Marder wohnt, zeigt den Froschteich. In der lebenden Hecke lärmen Amseln. Bald fliegen sie fort, und auch sie möchte weg. Vielleicht heim? Wo das ist, weiß sie.

Der letzte Tag im historischen Bild. Ich studiere die Anschlagtafeln an den Gebäuden – viel Hesse, viel Geschichte. Wo finde ich Straßennamen, die an Frauen erinnern? Am Rathaus ist eine Gedenktafel für die Kommunalpolitikerin Else Conz (1875 bis 1969) angebracht. Eine Tafel für Erna Brehm (1924–1951), die, der Rassenschande beschuldigt, im KZ Ravensbrück als politische Gefangene geführt wurde, finde ich nicht. An den Folgen dieser Inhaftierung ist sie in Calw gestorben. Es ist auch keine Straße nach ihr benannt. Ihr ist 1941 auf dem Marktplatz öffentlich der Kopf geschoren worden.

Im Calwer Stadtteil Alzenberg finde ich die Auguste-Supper-Strasse. Sie wurde 1963 nach einstimmigem Beschluss des damaligen Gemeinderates so benannt. Die Schriftstellerin Auguste Supper (1867-1951) lebte zeitweise in Calw. Sie stand dem NS-Regime nah, was auch in ihren Arbeiten zum Ausdruck kam. 1994 sind in der SPD-Fraktion Überlegungen laut geworden, einen Antrag zur Umbenennung dieser Straße zu stellen. Dabei ist es bis heute geblieben.

Am Laden der Friseuse halte ich inne und beschließe, sie Margaret zu nennen. Nach Hesse, der über Margaret – ein schönes Mädchen, vor dem der junge Hesse den Hut zog, dem er Verse schrieb – gesagt hat: sie »war fröhlich, sang und klang und hatte Sonne in den rotblonden Kraushaaren«. Sie sieht auf. Ich hebe die Hand und weise in Richtung Museum. Da kommt es mir vor, dass durch die Schaufensterscheibe ihr: »Nischd zu mache!« antwortet. Im Museum zögere ich wiederholt vor Hesses Tintenfass mit der denkwürdigen Aufschrift: »Was man schreibt, das immer bleibt.« – Eine Mahnung! Da halte ich mich doch besser an die einfacher zu verdauenden Identitätsbezeugungen im Jubiläumsjahr: kaufe beim Bäcker Wohlgemuth auf der Metzgergasse Hesse-Knauzen und beim Metzger Blum Hesse-Kringel und Hesse-Stengel, »mager, frisch aus dem Rauch«.

Menschen mit Körben gehen zum Markt. Sie gehen am Mezzanin vorbei. Es könnte noch heute als Unterschlupf herhalten, doch keinen Angriffsfall durchhalten. Ich verbiete mir solche Gedanken. Hier ist Frieden. Es ist Frühling. Und die Menschen benehmen sich, als würden sich allesamt kennen und mögen. Da ist auch einer der Stadtstreicher. Er tritt zur Plastik vor der Sparkasse, umarmt und küsst die Figurengruppe, zieht seine Jacke aus und legt sie einem der beiden Männer um die

Schultern, setzt dem anderen die Mütze auf und hängt der Frau sein Marschgepäck über. Nun feuert er die Gruppe an, zu gehen. Aber die Figuren bewegen sich nicht. Er knufft sie, schubst sie. Sie rühren sich nicht – im Gehen erstarrt. Nein, fremd sind sie hier nicht, fremd bin auch ich hier nicht. Und für einen Moment wünsche ich mir, aus Metall zu sein.

Detlef Opitz

Lagophthalmus Lästermaul
Eilf Obligationen

Entstanden während des Hermann-Hesse-Stipendiums in Calw 2002, als
der Autor an dem Magister-Tinius-Roman ›Der Büchermörder‹ arbeitete

> Ein guter Mord, ein ächter Mord,
> ein schöner Mord, so schön als man
> ihn nur verlangen tun kann, wir
> haben schon lange so kein gehabt.
> (Woyn Bücherzeck)

Der letzte wirklich große Scandal in der Stadt lag schon viele
Jahre zurück. Er datirt aus 1799, als das Büchlein ›Leipzig im
Taumel‹ erschien, 22 frivole, jedenfalls höchst despectirliche
Briefe, die so manch bloßgestelltem Bürger der Stadt gar nicht
conveniren wollten und sich schon darum gut zum Verkauf an-
ließen. Ihr Author, Ernestus Gotofredus *Lagophthalmus*, [*dt: Hasenauge*]
machte sich drei Tage nach Erscheinen des Werkes in höchster
Noth aus dem Staube. Bis dahin konnte bereits die Hälfte der
600er(!) Auflage confiszirt werden, weitere 116 Exemplare
wurden bei Johann Wilhelm Cramer gefunden, ihrem Drucker.
(Hinter einem Wäscheschrank!) Und wie so oft: Cramer ging
ins Gefängniß, vom Author, aus Rettgenstädt gebürtig und in
zivil August Maurer geheißen, fehlte über Jahre hin jede Spur;
erst im Frühjahr 1817 ließ er wieder grüßen. Da gelang es den
städtischen Polizey=Behörden, eine Wagenladung mit Büchern
abzufangen, die offenbar eben eingeschmuggelt werden sollten.
Und zwar die complete Auflage eines weiteren Pamphlets
Maurers mit dem Titul: ›Ein Wirbel um L.‹ – L. wie Leipzig.
Wiederum waren es einige städtische Notabilitäten und Scan-
dale der letzten Jahre, über die der Author in insgesamt 27
Briefen an eine unbekannte Dame berichtete. Gedruckt hatte
das neuerliche Opusculum Christian Gotthold Wilhelm Webel,

Zeitz, der mißrathene Sohn eines sächsischen Landpastors. Obgleich die gesamte Auflage makulirt wurde, blieben durch gewisse, anderswo zu erörternde Umstände einige Fragmente des Manuskriptes erhalten, darunter auch Theile eines Briefes aus dem Jahre 1812 :

***

»…nicht allein, *daß* der alte Kaufmann Schmidt angefallen worden war, vorne beim Marktplatz, und ausgeräubert, auch nicht allein die brachiatische Wuth, wie man ihm das Eisen über den Schädel gezogen, nein, erst der Kaltsinn des gottlosen Schurken – mög er sich zum griechischen Pi schern, der Hunt! –, erst der vornehme Anstand seines Benehmens just *nach* der greulichen That war es, der vor allem die Gemüther erhitzte. Noch Wochen nach dem affrösen Uiberfall, als der recht gar zu bedauernde Kaufmann endlich seinen letzten schmerzhaften Atemzug gethan im April, und seinem verschorften Kopfe dieser gräßliche Druck entwichen war, wie die Seele einem strengen Gefängniß, noch dann mochte wohl dieser oder jener fiebrigen Küchenmamsell das Zünglein in bedenckliche Ventilirung gerathen seyn, auch hätte bis in den Sommer hinein, bis die Sache sich wieder abgestillet, manch artiger Mann auf der Straße sich mit Dolchen und Äxten versehen, immer auf der Acht, daß, wenn in der Dunckelheit ihm einer begegnet, mit der langen Nase einer, dem man es sonst nie ansieht …

Auch wir, frags Gott, sind ob der kaltschnäuzigen Art noch heute und wann immer sie uns in den Sinn tritt so aufgeregt und hin- und hochgerissen, als daß es uns schwer fallen will, Euch die Geschichte ihrem natürlichen Habitus nach zu relationiren. So mag vielleicht ein Gläschen fürnher uns das Blut etwas binden und hülfreich sein, die Gedancken zu entzwirrn.

Der Kaufmann Friedrich Wilhelm Schmidt stand im 72sten Jahr seines Alters. Er wohnte drei Treppen hoch in der Grimmaischen Gasse vier, seinem eigenthümlichen Hause, grad gegenüber vom Naschmarkt. Das ist, wir wissen, liebe Fräundin, wie sehr Euch die Litteratur doch so am Herzen beliegt, das ist nur zwey Häuser entfernt von N° 6, des erst unlängst mit Tod abgegangenen Dichters Seume letzten Quartiers. So unser Herr aber kaum mehr den Geschäften anhing und dessenstatt als Rentier ein commodes Auskommen besaß, so verließ er auch nur ungern noch sein Logis – mochten es die Tücken und Krimmen des Alters seyn, wer weiß das schon, in diesem 11/12er Winter zumal, an dessen klirrende Kälte denn auch viele sich noch erinnern mögen – bis in den März hinein lag in den Straßen fußhoch der Schnee.

Das Jahr schrieb sich aber erst den 28sten Januarius in die Kalender, Diensttag, die Uhren hatten des Tages 10te Stunde geschlagen, als der Schmidtischen Hausmagd, der Concordie Marie Vetter, doch gleich so sinister zumuthe war, wie sie ihrem langwierigen Dienstherrn einen Besucher vermeldete, einen, der in Geschäften ein Unterreden begehrte und darob extra aus Hamburg herbeigereist kam.

Aus Hammaburg? sann der greise Kaufmann, selbst aus dem Norden gebürtig, und schlug sogleich ein längst erledigtes Bordereau wieder zu, über welchem er in schönster Erinnerung jener guten alten Tage gebeugt saß, als noch die täglichen Geschäfte seinem Leben der Quell warn. — ›Nur zu! Tritt er ein!‹ rief er darauf in Richtung Vorsaal, durchaus erfreut über den Ruf, den er wohl noch weithin besaß. ›Tritt er ein! Nur zu, der Herr! Was macht der Blanke Hanns?‹

›Nicht viel Gutes, leider‹, erwiderte der Fremde und blickte flüchtig nach der Thür hin, wo, in die Hüften gestützter Arme, die Magd weiterer Unterweisung harrte, ganz und gar vergäblich. – Weil die Capitalien in Hamburg schlecht stünden, so fuhr er bald fort, als nur erst die Vetterin endlich abgetreten war, weil derohalben dorten nichts mehr zu machen wär und dem Tüchtigen nur ein paar läppische Bagatellen noch über blieben, darum wolle er sich hier in Sachsen nach guter Gelegenheit versehen und erbitte sich des Hrn. Kaufmanns wohldeliberirten Rath, ob es etwa besser wäre, ein Landgut zu erwerben, oder ob man klüger tät in sächsischer Obligation.

Dieser Frage entband sich nun ein kleiner Plausch über das

Leben im Allgemeinen und die Cameralien im Speciellen, der freilich schon frühzeitig in einen Monolog convertirte, in dessen Verlauf der an der offenen Flancke der Eitelkeit berührte Greis eher dem Ankauf von Werthpapiren das Wort zu reden schien, inweil er zu dessen Untermalung ein städtisches Papir auf hundert Reichsthaler unterm Schreibtisch hervorzog, um es per Exempel dem Fremden vorzuzeigen.

Aber noch inmittelst er das Papir dann wieder einschloß – sank er bewußtlos darnieder.

Es mochte sodann wohl ein geruhsames Viertelchen in die gute Stube gewandert sein, als Friedrich Wilhelm Schmidt es schlüslich darauf absah, das Bewußtsein zurück zu erlangen. ›So helfen Sie mir doch auf, Sie sehen ja wohl …‹, stöhnte er, schier verärgert ob des Fremden Teilnahmslosigkeit – und folglich noch in gläubigstem Glauben — und bemerkte ganz peu à peu erst, daß jener, irgendwie so, gar nicht mehr zugegen war.

Wie es ihm nun mühsam gelang, am Ofen gestützt sich aufzurichten, wie er nun zugleich das Blut verspürte, das an seinem Gesicht herunter auf den Morgenrock tröpfte, ja zu seinen Füßen schon ein rechtes Rinnsal gebildet hatte, so schwante ihm endlich-endlich, er möchte Opfer eines Hinterhalts geworden sein. Und wie wahr: sperrangelweit, wie nach dem Erkenntniß jetzt seine entsetzten Augen, standen überall die Schubfächer offen, und ein paar hastige Blicke nur genügten dem geschlagenen Krösus zu überschauen, in welch heilloses Durcheinander alle darinnen geordneten Papire gebracht warn, noch über die Schwelle zum Vorsaal hin lagen die Documenten verstreut.

Ohne jeden Schmerz, ohne Schwäche mehr zu verspüren, hatte der Kaufmann auf den Schlag all seine Gedancken im hellsten Lichte beieinander, und schon die erste flüchtige Verprüfung erbrachte zur Gewißheit: es fehlten elf städtische Obligationen, mindestens – macht al pari 3000 Rthr. Gold.

Höchst indignirt in seinem Wesen und mit Kräften, die einem erst die Wuth verleibt, schrie er die alte Vetterin herbey und trug ihr auf, ihm dick die Butter auf die Kratzer zu schmieren, und zwar schleunigst! Denn er muß auf die Stadt! Sofort muß er in die Stadt hinein, aufs Schoß muß er, sofort!

Statt aber nun seinen Anweisungen die gehörige Folgsamkeit zu erweisen, flatterte die alte Muhme nur immerzu in der Stube auf und her und um den alten Herrn herum und war nicht davon abzubringen, vielerley Gezether daherzuschnattern und zu gaggern, und manches Stoßgebet darzu.

›Ogott und Liebenhimmel!‹ äffte der Kaufmann endlich in bösem Ton die ins Mark verschreckte Frau nach, die arme. ›Halt sie endlich das Guschenmaul und hol die Butter, sag ich, nichts als Butter hülft! Und Kleider! Bring sie gefälligst den Ausgehrock bey! Und zwar noch heute, wenns geht, oder muß man ihn mal wieder erst schneidern?‹

Als überm Arm den Rock, in Händen die hölzerne Satte mit Butter, die Vetterin dann wieder herein war und in ihrer Confusion noch immer nicht recht wußte, wiewo zu beginnen, da riß er ihr kurz entschlossen das Gefäß aus der Hand, langte kräftig hinein und strich sich das Weiche gleich selbst übers Haupt. Ihr verblieb grad noch, ein grobes Stück Leinen darüber zu binden, schon verlangte er den Wintermatin und stampfte stracks zur Stube hinaus. – Die Magd blieb zurück und – weinte, weinte bitterlich; sie hatte ja auch gleich ganz so ein sinistres Gefühl, klagte sie sich selber an, diese Augen, pfui! – dieser stechende Blick, wie ein gewetztes Messer, so scharf! Warum war sie bloß nicht geblieben, statt nach der Wäsche hoch auf die Bodenkammer zu steigen? Was soll bloß jetzt werden? Ein Unglück! Bei so einer Nase, so lang, da hatte sie sich ja gleich gedacht: wenn der mal bloß nicht Arges im Schild bey sich führt …

Indeß – ist freilich in tief verschneiter Stadt Leipzig ein Rentier nicht eben ein Renthier, so wollte es seine Zeit brauchen, ehe, heftig um Luft schnaufend, der Malträtirte in der städtischen Schoßstube angelangt war, wo er den verdutzten Beamten schon im Entrée die Nummern der geraubten Obligationen entgegen schrie und dringendst ein Sperrcirkular verlangte. – Aber wenngleich ein solches auch zur selben Stunde noch hinaus ging, und zwar an alle Geldhäuser am Ort, es war zu spät. Zu spät!

Denn das Bankhaus Frege & Co. liegt von der Grimmaischen Gasse aus besehen quer übern Markt, dann nur sieben Häuser die Katharinenstraße hinein, linkerhand; Nummer 372. Wie später die Ermittlungen ergaben, war zur etwa selben Stunde, in der der Anschlag auf Schmidt geschah, im Fregeschen Comptoir eine Person erschienen, die sich als Hr. Siegel aus Elsterberg bei Stolpe ausgab, um elf ihrer Stadtobligationen zu verkaufen. Dem Hrn. Obercassirer Witzendorf kam der Mann vom Ansehen her zwar vor, wie ein bestimmter, hier in Leipzig wohnender Hr. von Bürger, doch er dachte hierüber nicht weiter nach. Desfalls, es sollte etwas nicht gut sein, machte ihm sein Gegenüber ein gar zu besonnenes Gesicht, schien auch keineswegs in Eile, oder der hohen Summe wegen in erkennbarer Aufregung befangen. Nach kurzer Rücksprache mit seinem Principalen zahlte er die Summe baar aus, und zwar nominal Gold in preussischen Friedrichsd'or, französischen Louisd'or und braunschweigischen und sächsischen Thalern, einen kleinen Rest aber silbern in Preussisch-Courant. Der Verkäufer zählte genau noch einmal alles durch, schob 10 halbe Louisd'or zurück und erbat sich ganze dafür, verbrachte dann umständlich die vielen Stücke in seine ledernen Beutel und war, anbei, auch einem Schwätzchen nicht abgeneigt über diese und jene Course, und welche derzeit die günstigsten warn. In aller Weltenruhe, als hätte er nur eine schlechte Lotterie eingeholt oder eine harmlose Tratte vertauscht, verließ er schließlich das Bureau unter freundlichem Grüßen.

Genau zur gleichen Minute, als bedachter Hr. Siegel aus Elsterberg, als der Verkäufer elfer Obligationen, nur kurze Zeit nach seinem Weggang noch einmal zurück ins Comptoir spazirt kam und Bitte vortrug um eine Note über das

Es sind gestern Vormittag einem hiesigen Bürger aus seiner Stube von einem unbekannten Mann, welcher letzterer mit ersterem auf solcher sich ungefähr eine halbe Stunde unterhalten hat, auf eine schändliche Weise für 3000 Thlr. Leipziger Stadtobligationen entwendet, und diese nachher sofort in einem sehr angesehenen Handelshause allhir verkauft worden. Da an Entdeckung des Verbrechens allgemein viel gelegen, so ersuchen wir alle Civil- und Militärbehörden ergebenst auf, denselben möglichst zu inviliren, ihn auf den Betretungsfall sofort zur Haft zu bringen.

Signale: Mannsperson, welche einige 40 Jahre alt, von mittlerer Größe, blasser Gesichtsfarbe seyn, eine große Nase, starckes schwarzes, glatt auf der Seite herabhängendes und gar nicht gelocktes Haar gehabt, einen braunen Frack, eine bunte Weste und einen grau und weiß melirten Mantel getragen haben soll, bzw. einer anderen Aussage nach einen bräunlichen oder grünlichen, auf Pekeschenart gemachten Überrock, neuen runden, vorn sehr eingebogenen, sogenannten Schifferhut und Stiefeln getragen, überhaupt aber das Ansehen eines modern gekleideten Geistlichen vom Lande gehabt haben soll. – Das Polizeyamt allhir

Geschäft, welche er vorhin vergessen, genau im selben Moment sank, nur einige hundert Schritte entfernt, zwischen Schalter und Actenrepositorium des Schoßamts, der Kaufmann Schmidt zum zweiten Male binnen halber Stunde in sich selbst hinein. Und mit ihm sank sein Stern immer tiefer vom Hÿmmel bergab. Dem Greis fehlte viel Blut, sein Kopf hatte zwey Löcher. Keine Butter, ganze Fässer davon nicht, hätten sie zu stopfen genügt. Man trug ihn heim, dort starb er, nachts zum 6ten April. Concordie Marie Vetter, als die wichtigste Zeugin in der Schmidtischen Sache, starb selbigem nach an Michaelis.«

Helga Schütz

»Erdbeerernte und Arbeiteraufstand«

Abteilung halt. Der Wachhabende kommandiert seine Leute aus dem Marienhof zusammen. Der Meister übernimmt die Strafkolonne. Ich kutschiere mit meiner Pflanzenkarre durch das Friedhofstor. Die ersten Leidtragenden haben sich auf dem Hauptweg versammelt. Die Musiker, der Redner vor der Halle. Es geht heute rund. Fünf Beerdigungen stehen auf dem Plan. Dreimal Erde, zwei Urnen. Man braucht Pufferzeit, denn man kann nie ganz genau planen. Wieviel Leute, wieviel Grabschmuck. Die Entfernung von der Halle zur Parzelle, ob das Geleit unter langsamer Blasmusik geht oder mit Gesang. Das Wetter spielt eine Rolle. Kälte macht Beine. Hitze lähmt, macht langsam und fromm, Sonne löst Tränen. Die Leute bleiben plötzlich stehen, um zu heulen.

Ein freundlicher Morgen. Ein guter Anfang.

Ich stecke die Nachricht für meinen Marienhöfler unter den Stein. Als ich die letzte leere Kiste zur Karre schleppe, sehe ich, das Papier ist verschwunden. Mein Herz klopft bis in die Fingerspitzen. Ich tauche die Hände in den steinernen Wassertrog. Ich schöpfe, ich gieße die frisch gesetzten Pflanzen, dann gebe ich den gestrigen noch etwas Wasser, schließlich ziehe ich mit dem Rechen ein japanisches Schlussmuster in den Weg. Ich gönne mir die Zeit. Man verpflichtet die Götter, die sonst wo auf eine Aufgabe warten. Bis hinunter zur Granitsäule mit der eisernen Feuerschale. Wer Bescheid weiß, sieht die Hokime, lauter gedankenvolle Augen im Sand. Ein guter japanischer Gärtner geht den Weg bis zum Ende. Er hinterlässt von sich selbst keine Spur. Während die Schöpfer des Schmiedekunstwerkes probieren, ob das Petroleum brennt und ob die Flamme weit genug im Gelände zu sehen ist, ziehe ich magische Kreise um die Säule herum. Die so genannten *Wellen des blauen Meeres*.

Was ist? Ruft einer der Bauleute von der Leiter.

Mehr Luft, ruft einer von unten.

Ich sehe, wie in der Schale eine kleine blaue Flamme entsteht.

Jetzt gokelts in der Pfanne, ruft der Mann von unten. Das Werk ist vollbracht. Meinerseits Bewunderung und etwas Neid.

Ich sehe Tobias. Doppelt beladen. Steine. Ein Rücken, der Berge versetzt. Vom Lagerplatz zur Baustelle, wo ein neuer Weg gebahnt wird. Noch mehr Steine. Dort sieht man vor lauter Steinen bald den Träger nicht mehr.

Ich habe keine Uhr. Ich bin bereit. Meine Karre ist bereit. Ich erwarte das zweite Aussegnungsläuten. Schon bin ich unter der Laciniata, der Buche mit den geschlitzten Blättern, die am Hauptweg steht. Ich habe die Karre rückwärts ein Stück ins Gebüsch geschoben. Glockengebimmel tönt von der Begräbnishalle in den stillen schönen kiefernduftenden Vormittag, unweit ein Rascheln. Ich hebe eine Kiste, nehme die darunter liegende Umhängetasche über Kopf und Schulter, darin das Geld und für alle Fälle die geladene Walther. Sie baumelt vor meinem Bauch. Tobias in seiner Verkleidung als Tourist liegt schon in der Karre. Über ihm Blumenkisten, Gießkanne, Rechen, Spaten. Was man so braucht für die Arbeit am Denkmal zur Erinnerung an die Toten der Bombennacht. Ich bin davongekommen. Ich lebe noch. Ich ziehe einen Kerl durch Trachenberge, dann durch die innere Neustadt über die Brücke.

Kannst du was sehen? Jetzt karre ich dich über die Elbe, jetzt an der Brühlschen Terrasse vorbei. Rechts der Fürstenzug.

Ich bin die beste Karrenlenkerin der Stadt, wahrscheinlich die beste des Landes Sachsen. Oder die Beste der Welt. Um den Stübelplatz schlage ich einen Bogen. Es könnte sein, dass Großvater Anton dort auf einer Verkehrstonne steht. Er könnte mich mit seiner Trillerpfeife in die Mitte rufen. Das hat er schon einmal gemacht. Ich kenne dich schon von weit. Ich sehe dich kommen. Du mit deiner Karre, du bist ein Unikum in der Stadt. Das gestiefelte Kind. Er hatte seinen Platz verlassen und mit seinem Spruch: *Was nützt das schlechte Leben* Kuchen spendiert. Verkehrspolizeimeister Anton, mit weißer Tellermütze, weißen Stulpen, Stab unter dem Arm, meine Karre vor der Tür, so sind wir im neuen Gambrinus eingekehrt und wieder beim Blick auf die Rechnung erschrocken.

Anton auf der Tonne.

Es ist nicht leicht, dem Schicksal aus dem Wege zu gehen.

Statt auf dem Stübel-, steht er neuerdings auf dem Fetscherplatz.

Weil er mich längst gesehen hat, pfeift er dreimal kurz mit der Trillerpfeife, die an der roten mit der Strickliesl gemachten Kordel um seinen Hals hängt. Ein Freudensignal. Er springt von der Tonne und kommt flott auf mich zu.

An der Ecke hat schon wieder ein neues Café aufgemacht. Kalinka. Mit Seidensesseln aus dem Albrechtschloss. Ein Frühstückscafé. Dort kannst du schon am Vormittag Kuchen essen.

Ich weiß, sage ich, aber ich habe jetzt gar keinen Hunger.

Bei Kuchen musst du keinen Hunger haben. Da reicht Appetit.

Bevor ich mit einem Fluch auf Antons scharfe Augen und seine Gefräßigkeit, einem Grollen auf seine allgegenwärtigen Tonnendienste mit meiner beladenen Karre davonrennen kann, sieht Anton, was los ist.

Mein Tobias hatte unter dem Handwerkszeug neugierig seinen Kopf bewegt. Seine Nase, zwei Augen zwischen den Kisten.

Wer ist denn das?

Einer von uns, sage ich, und ich denke mit dem Mut der stolzesten Nibelungen-Walküre, wenn du nicht deine Klappe hältst, muss ich leider die Waffe aus der Umhängetasche holen, deine geladene Walther. *Wer aus sich einen Engel machen will, wird zum Tier.* Das ist kein Spruch von Anton, das kenne ich von Pascal. Ein Engel wird Frosch oder Angsthase. Gänsehaut habe ich schon, und auf der Stirn kalten Schweiß.

Ich bin bewaffnet, höre ich mich murmeln.

Anton hält die Klappe. Weil er meine Drohung weder hört noch sieht, weil er gar keine Zeit findet, das Unikum zur Rede zu stellen. Warum das gestiefelte Kind mit festem Schritt und brennender Seele einen versteckten Kerl durch die Straßen kutschiert.

Anton wird von einer Frauenstimme zum Einsatz gerufen. Polizeier, hier kampeln sich zweie.

Radfahrer haben sich gegenseitig umgefahren. Einer klemmt mit dem Vorderrad in der Weiche der Straßenbahnschiene.

Da muss der Weichensteller her, da kann ich leider nichts machen. Anton geht trotzdem hin, um sein Bestes zu tun. Ahnungslos, was ihm hätte widerfahren können.

Mein Weg ist frei.

Quarkkeulchen und Apfelmus aus der Kommunalen Küche. Ich würde gern noch länger bleiben, um zuzusehen, wie Maxim und Tobias davon essen. Tobias hat schon schwarze Haare, das Umfärben der kurzen Stoppeln ist ganz schnell gegangen, und er hat mit Maxim vorsichtshalber die Hemden getauscht. Maxim tritt nun oben herum als Tourist auf, während Tobias zur Touristikhose wie auf dem Foto von Maxims Studentenausweis dessen Hemd und Westover trägt. Ich bin zufrieden, weil beide wie ordentliche Kerle aussehen und so gut wie satt sind. Ich danke im Stillen meiner Rivalin Gisela fürs Essenklauen. Ich darf von Glück reden, dass die beiden gleich miteinander ins Reden gekommen sind, in herzliches Einvernehmen. Manchmal stürzen sie gleichzeitig in ein gleichlanges gleichlautes Lachen. Meckernd wie Schafe.

So muss es sein. So hatte ich es in einem Roman gelesen. Wenn man zwei Männer liebt, ist es von Vorteil, wenn sie sich gut vertragen.

Der weitere Lebensweg ist bestimmt. Ich habe ihn vorgezeichnet. Im Aufschlag der Touristikhose befinden sich auf feinem, leicht verdaulichen Zigarettenpapier die Westadresse von Tante Selma, vom Großvater Heinrich und die von Dr. sc. nat. Nüßlein. In der Hosentasche stecken ein Wollknäuel mit dem Westgeld und eingeknotet in ein Taschentuch, der Inhalt meiner Fahrradgeldkiste. Nicht ganz hundert Mark. Hart und in Scheinen. Dazu eine kleine Pappe, die Fahrkarte für die Züge bis zur Grenze. Morgen früh reist Tobias als falscher Maxim über Halle, Erfurt nach Nordhausen, während der richtige Maxim diese Zeit namenlos überspringt. Von Gisela gefüttert, von mir mit Rätseln bedacht. Manchmal mit Büchern aus der Nüßlein-Bibliothek, manchmal mit Kieselsteinen. Wenn aus Versehen ein Stein verloren gegangen ist, habe ich einen Ersatz, den wärme ich in meinem Mund. Vorsorglich und vor Sehnsucht und Angst.

Ich staple die leeren Kisten, dann chauffiere ich die ausgeräumte Karre zum Geräteplatz. Ich schiebe die Karre wie es sein muss in die Karrenreihe.

Das Horn unter dem Dach der Verwaltung tutet ein letztes Mal. Es ist das Signal. Feierabend.

Eli, Eli, kommst du endlich, wir gehen jetzt.

Stimmen aus der Ferne.

Damit sind alle fort. Auf dem Heimweg. Das Topflager, das Sommerblumenquartier, menschenleer. Keiner mehr im Depot, im Schuppen oder irgendwo Unterglas.

Ein glückliches Ende, weil mich niemand erwischt hat. Ich schultere die seidegefütterte Umhängetasche, darin meine Waffe.

Ich nehme den Ersatzkieselstein aus dem Mund und rufe laut in den Himmel.

Addios, bis Morgen.

Ich nehme das hintere Tor, um gleich mitten im Park zu sein. An der Ruine des Italienischen Palais. Ich mache einen Abendspaziergang zum Carolasee. Dort, am Carola-Schlösschen, miete ich einen Ruderkahn. Ich kenne einen Platz unter einer Trauerweide, wo die Gerten ins Wasser tunken. Ich rudere, lasse mich treiben. Der Vorhang teilt sich. Die Gerten rascheln. Ich kreuze die Ruder. Seegrüne Wassergrütze umschließt meinen Kahn. Die Patronen klicken. Das Magazin ist leer. Die Walther, Antons Dienstwaffe, liegt in meinem Schoß, lässt sich auf den Blüten meines Rockes wiegen und eine Weile betrachten. Dann Plumps. Das Loch in der Wassergrütze bleibt eine Weile. Meine Augen sind wie neu. Scharf und klar. Gegen die Angst habe ich immer noch Kieselsteine.

Von nun an wird mein Berufsleben wieder in gewohnten Bahnen gehen. Die Dekorationen in den Nachtlokalen warten auf mich. Die Grünpflanzen an den Bühnenrampen verlangen nach Wasser und fachlicher Pflege, die Tische brauchen farbenfrohe Angebinde. Meine Gedanken begleiten die Wege von Tobias und eines Tages wird die Ernte- und Ferienzeit vorbei sein – das Semester der Studenten beginnt und damit auf der Bank vor der Hochschule das Frühstücken mit Maxim.

Doch die Chefs bestimmen es anders. Sie haben viel mit uns vor. Im Eiltempo verteilen sie Lob und Tadel. Ein Lob geht an mich. Für vorbildliche Arbeit auf dem Heidefriedhof, die besonders gelungene Gestaltung es Denkmalbereichs, Auswahl der Sorten und Aufteilung des Terrains. Ausführung der Pflanzarbeiten. Gut gemacht, Eli.

Du arbeitest ab heute auf neuem Terrain, auf einem großen Feld, auf dem wir Zitrusfrüchte auspflanzen wollen. Es soll kein Versuch sein, sondern eine Neulandaktion.

Arbeitsgeräte sind am Ort. Wasseranschluß ist da. Die Beete sind vorbereitet. Jungpflanzen werden jeden Tag angeliefert, Bandmaß und Etiketten musst du in deiner Aktentasche mitnehmen.

Dresden heißt Elbflorenz. Dem sollst du, Raphaela Reich, einen neuen Sinn geben. Denn was die Könige mit ihren barocken Schlössern und Parks in Moritzburg, in Pillnitz und mit dem Zwinger angefangen haben, das bringen wir zur Vollendung. Wir gestalten die Loschwitzer Plantage. Alles wird neu. Wo einst hektarweit Schattenmorellen geerntet wurden, gestalten wir einen südlichen Orangenhain. Hier hast du den Schlüssel für das Vorhängeschloss. Huschhusch die Waldfee.

Die Dekoration in der Stadt übernimmt Gisela.

Wir tauschen einen Blick. Gisela und ich. Und wer holt das Essen?

Das Essen wird ab heute mit einem Framo geliefert.

Ich sehe Wasser in Giselas Augen. Uns wird schon was einfallen, wir lassen Maxim nicht verhungern, flüstere ich ihr zu. Kuno der Lahme treibt: Bist du immer noch da. Vorwärts, wo der Weg grade ist. Schlaft nicht ein. Und Schleicher Rudi noch einmal für alle: Huschhusch die Waldfee.

Axt am Gürtel. Überlebenszeug in der Aktentasche. Die Gegend hinter der Loschwitzbrücke nennen wir Taiga. Ich fahre in die Taiga. Ich fahre mit der Vierzehn. Mindestens eine Stunde. Dann muss ich laufen. Quer durch die alten Plantagen. Sauerkirschen. Äpfel. In ein paar Wochen gibt der Weg etwas her, jetzt ist er nur lang und staubig. Grün, unreif. Ich erreiche den Acker von Süden, durch den hinteren Zaun. Maschendraht. Eine Bretterbude aus rohem ungehobelten Holz. Am Riegel hängt das Schloss für den Schlüssel, den ich am Hals baumeln habe. Das Feld zieht sich hin, bis an die Landstraße, die von Niedersedlitz kommend in Richtung Stadt führt. Wenn ich ein Fahrrad hätte, würde ich bis Blasewitz an der Elbe entlang und dann auf dieser Straße weiter bis hierher fahren und abends zurück. Ich durchschreite das Terrain. Ich schätze 10 000 Quadratmeter, also ein Hektar, also 100 Ar. Das Gelände ist gepflügt, geeggt, sogar schon planiert. Die Pflanzreihen sind bereits abgesteckt. Dazwischen fußbreite Wege, die wahrscheinlich mit einer Motorwalze fest gemacht wurden. Die Erde ist gut. Beste Bodenklasse. So ist die Taiga. Neulandpioniere haben vorgearbeitet. Jetzt bin ich an der Reihe. Eli, du nimmst den Schlüssel und den Plan. Pflanze nicht zu dicht und nicht zu weit auseinander. Die Jungbäume müssen sich gegenseitig halten und vorwärts bringen, sie dürfen sich andererseits nicht im Wege stehen, um den Platz streiten und womöglich zugrunde gehen.

Mach, dass du Boden gewinnst. Die fernen Stimmen der Chefs.

Ich hebe die Abdeckplane von den Kisten mit den zierlichen Pflanzen. Winzige in weichen Spantöpfen hockende Zitronenbäumchen. Warmhausgewächse. Raus mit euch. Ich soll euch den Ernst des Lebens beibringen. Regenwetter, Rüsselwürmer, Glasflügler, Läuse und Frost. Ich werfe meine Aktentasche hin und setze mich daneben. Zitronen in Dresden. Das soll erst der Anfang sein. Kokospalmen. Bananen. Lotosblumen. Die Kamelie in Pillnitz hat uns gezeigt, dass es geht. Sie hat im kalten Februar 1945 nach dem Bombenangriff unter freiem Himmel geblüht, weil sie musste, weil ihr Glashaus zerstört worden war. Oder Mitschurins Äpfel in Sibirien. *Die Welt soll blühen*, so heißt der Film, in dem wir den Helden der Arbeit mit Strohhut und guter Laune in seinen fernöstlichen Obstplantagen gesehen haben, wie er unter blühenden Kirschbäumen spaziert und irgendwie komisch einen Zweig betrachtet und an den Blüten schnuppert. Man sollte daran wahrscheinlich erkennen, wie ihm das Züchten neuer Sorten zum Wohle der Menschen gefällt.

Der Acker zieht sich von der Bretterbude bis an die Niedersedlitzer Straße. Hektarweite Stille. Mein Mitschurin-Feld.

Im Juni sieht das Leben heiter aus. Der Sommer hat schon Wochen vor dem Kalender angefangen. Was schief gehen muss, wird später schief gehen. Die Kisten, darin die Zitronenpflanzen. Auch meine Beine warten auf einen Entschluss. Nüßlein hatte geschrieben, dass Zitrusfrüchte bei uns keine Chance haben. Lasst den Traum vom Zitronenhain fahren.

Ich lümmle immer noch auf dem Feld. Kopf auf den Knien, Arme um die verknoteten Beine geschlungen. Ich warte wie ein Ei. Ich träume, wandere in Gedanken nach Hause und weiter in den Süden, wo es keine Nachtfröste gibt, überhaupt keine Temperaturen unter Null, ewigen Frühling, immer Sommer. Ich warte auf meine Geburt.

Wer nichts macht, der streikt.

Neben meinem Stiefel blinzelt ein Auge, mich trifft ein goldener Blick. Tatsächlich, Erdkröten haben goldene Augen. Jemand hat gesagt, Kröten sitzen tief im Boden. Sie sind das Gewissen der Erde. Sie hüten über Nacht die Farben des Tages. Ich erkläre sie außerdem zur Schutzpatronin der Faulheit. Gewissen und Faulheit, wie passt das zusammen. Das ist ein Thema für meinen schlauen Maxim.

Später springt ein Hase über den Acker. Ein Beiwagenmotorrad hat ihn aus dem Straßengraben gescheucht. Der Hase richtet die Ohren. Er beobachtet mich, wie ich neben den Kisten mit den Zitronenpflanzen hocke. Faul und ratlos.

Ich habe die Pflanzen aufgedeckt, nun decke ich sie wieder zu, weil ich nicht weiß, was werden soll. Wenn ich sie nicht auspflanze, werden sie unter der Plane vertrocknen, wenn ich sie auspflanze, werden sie im Winter hier auf dem Feld erfrieren.

So geht der Tag auf lahmen Beinen. Er schleicht.

Irgendwo sitzt die Erdkröte, irgendwo äugt der Hase. Ich wandere zur Bude, um Wasser aus dem Sperrhahn zu schlürfen. An Essen habe ich nicht gedacht. Ich lebe von Sauerampfer, Löwenzahn und Oenotera. Die Wurzeln der Nachtkerze schmecken wie Rüben.

Gegen Mittag ist ein zweites Motorrad vorbeigefahren, wieder ist der Hase aufgesprungen und hat sich auf die Hinterpfoten gesetzt, dabei seine Löffel so gedreht, als müsse auf der Straße noch etwas kommen. Schließlich hebe auch ich die Nase hoch. Der Hase hat recht. Es liegt etwas in der Luft. In der Ferne eine verschwommene lautlose Bewegung. Mit Wind im Rücken, ein langsam auf der Straße näher treibender Zug. Wie in einem Stummfilm auf leisen Sohlen. So kommen die Leute näher, und es werden immer mehr. Der Hase lauscht.

Ich trage das Werkzeug in die Bude. Ich schließe die Bude zu. Die Leute haben in den vorderen Reihen Pappschilder hochgehoben. Senkt die Normen. Schluss mit der Schinderei. Erhöht den Grundlohn.

Die Arbeiter aus dem Elektroapparate Werk Niedersedlitz marschieren in langer Kolonne in Richtung Stadt. Eine Frau sagt: Mädel, komm mit.

Laufen macht mir nichts aus. Wir haben einen weiten Weg bis zum Postplatz. Ich bleibe vorn, denn ich kenne die kürzeste Strecke. Auf dem Postplatz sind viele, hier wird gerannt und geschrieen. Macht die Bullen und die Bonzen nieder. Die Niedersedlitzer habe ich im Gerenne und Geschiebe verloren. Fluchtkorridore tun sich auf. Gejagte flüchten. Jäger folgen. Sanitäter eilen mit einer Trage. Eine junge Frau teilt Kinnhaken aus. Ich bin das Ziel eines Knüppels. Mein Kopf brummt. Ich soll die rote Klamotte ausziehen. Meine tarnfarbene Touristikjacke aus dem SPOWA-Laden. Ich falte die Jacke zusammen. Hergeben werde ich sie nicht. Ich renne, halte die Jacke fest unter dem Arm, bis ich merke, dass zwei Männer hinter mir her sind. Hinter den Trümmern des Taschenbergpalais bleibe ich stehen. Und frage mit fester Stimme, was sie von mir wollen. Sie schimpfen, weil ich dreckige Nietenhosen anhabe und ob das ein Ködergeschenk des RIAS wäre. Ich sage, es ist die Arbeitskleidung der schwarzen ausgebeuteten Plantagenarbeiter in Amerika. Da bekomme ich schon wieder eine Ohrfeige. Für deine Frechheit, sagen sie, und drohen, es ist bestimmt ein Platz für dich frei im Marienhof.

Ein Lächeln hüpft von meinen Lippen. Bestimmt ist da ein Platz frei. Darauf trifft mich die schwere Hand gleich noch einmal. Feix nicht so dämlich. Mein Kopf brummt. So ist es mit der Wahrheit. Sie tut weh.

Die Straßenbahnen fahren nicht. Laufen macht mir nichts aus. Ich renne zur Ruine der Winterbergstraße. Die Tür steht offen. Ich bin ganz still, ich rufe nicht, weder Tobias noch Maxim. Ich gehe einfach hinein. In den früheren Herrschaftsflur, wo Zinkblech und Tropfwannen als Notbehelf gegen den Regen stehen. Eine Leiter führt zum Souterrain in die Hauswartswohnung. Dort die Stube, das ist Maxims Revier. Schwarzes Isolierband, kreuz und quer, das hält die Glasscherben im Fenster. Unter der Fensterbank ein reiner Tisch, rechts auf grünlich feucht schimmelnder Rosentapete mit Kreide geschrieben: LACRIMAE SUNT RERUM. Es ist gut, dass ich mich in der Schule in die Lateinstunde geschlichen habe. Hinten in die letzte Bank, denn vorn in der ersten Bank saßen die Ausgewählten. *Alle Dinge haben ihre Tränen.* Oben im Herrschaftsflur unter dem gut erhaltenen Kamin liegt ein Häuflein schwarze Asche. Verbranntes Papier. Hinter der Tür wartet die alt vertraute Suppenterrine, artig wie einst. Sie ist leer und sauber. Ich drücke sie an mein Herz und verstecke sie mit einem Seufzer und einem kleinen eigenen Spruch unter einem wilden Holunderbusch. *Man weiß nie, wozu man eine Schüssel einmal brauchen kann.*

Ich laufe in ruhigen Nebenstraßen. Aus der Altstadt in die Neustadt. Die Bewohner haben Radio gehört. Den einen und den anderen Sender. Ausgangssperre. Die Normen werden gesenkt. Der Russe macht mobil. Ich renne. Ich muss Anton retten. Ich muss den Motorradleuten, die ihn zum Einsatz abholen wollen, vom Boudoirfenster herab erklären, dass er leider unterwegs ist, in Sonntagsschuhen, wahrscheinlich im *Rosenkavalier.* Wenn er schon das vorige Mal im Rosenkavalier war, macht das nichts. Meine beste Strategie ist die Wahrheit. Er geht oft mehrmals in die selbe Oper. Erst so kann man Talente und den tiefen Sinn der Musik richtig genießen. Musik ist niemals gleich, schon weil man jedes Mal ein anderes Ohr mitbringt und eine andere Stimmung. Die Stimmung macht die Musik. Oder der Ton. Das werde ich behaupten, kühn, doch mit schlotternden Knien. Ich fühle noch die Ohrfeige rechts im Gesicht. Ich taste ein geschwollenes Auge. Wenn einer der Männer in mein Boudoir kommt, um im Kleiderschrank nach Anton zu suchen, muss ich gewärtig sein, dass der Mann mir ebenfalls eine knallt. Für die Oper, die ich erzähle. Die Wahrheit braucht sehr viel Text. Du kannst mir viel erzählen. Von wegen Rosenkavalier.

Im Paradiesgarten ist seit ein paar Tagen keiner gewesen, in der Laube kein vorgestriger, kein gestriger Rauch. Ich kenne

Alices Geruch. Ich spüre, wenn sie da war. Ich habe eine Nase für Zigaretten und besonders auch für Alice, weil sie gern nach Bombastus-Lavendelöl riecht. Keine Spur von Anton, und die Erdbeerbeete leuchten rot, die Beeren sind längst zeit zum Pflücken.

Ich ernte.

Ich habe bis in die Nacht hinein zu tun. Ich fülle die Schüsseln und Körbe und meinen Bauch. Es ist erst Mitte Juni, aber schon jetzt ist das Jahr ein Erdbeerjahr. In der Laube finde ich noch mehr Schüsseln und Körbe für den Erdbeersegen und eine volle Schachtel mit Schmerztabletten. Habe ich Schmerzen? Ich brenne. Ich schlucke gleich alle Tabletten. Erdbeeren und Tabletten machen die Knochen weich und die Seele weit. Das Feuer brennt jetzt ringsherum. Die Haut steht in Flammen. Ich werfe mich zum Abkühlen bäuchlings zwischen die Erdbeerbeete. Die Beine zucken. Ich bin eine Kröte. Wie es sich für ein nachtaktives Tier gehört, zupfe ich mit dem Maul Früchte und Blätter. Ich fresse Erde. Ich krieche die Furche entlang. Geradeaus, immer der Nase nach. So verstecke ich meinen kleinen Krötenkopf unter dem Laub. Humus riecht nach Schlaf. Ich muß die Farben des Tages hüten und das Gewissen der Erde. In meinem Traum sucht Anton die Walther PPK mit den 7,65 Millimeter Patronen. Er sucht und sucht in der Kommode. Im Vertiko. In Elis Bett. Im Schrank. Im Spülkasten, wo sie in diesen Tagen ein Stück gute Butter aufbewahren. Eli läßt ihn immer noch suchen. Eli sitzt derweil mit einem Buch auf dem Fensterbrett. Puschkin. DER SCHUSS *und andere Erzählungen*. Es ist ihr eigenes Buch. Ein Heiligtum aus Schultagen. Man durfte sich zum Jahresabschluss eins vom Stapel nehmen. Sie hat sich das dickste ausgesucht. Sie hat sich eine Widmung hineingeschrieben. Für mich – mit vielen guten Wünschen von mir. Anton beugt sich an der Stelle, wo grade noch die lesende Eli gesessen hat, weit aus dem Fenster. Ob unten etwas liegt? Nichts. Einmal ist er dort hinunter in die Hortensien gesprungen. Ein Rettungssprung. Die Blumen waren bald wieder aufgestanden wie alte Kämpfer. Sein kleines

Tigergesicht tigert hin und her. Im Traum liegt die Pistole unter einem Teppich aus Entengrütze tief im Carolasee.

Niemand kennt die Stelle. Niemand kennt Eli.

Es ist Nachmittag. Alice rüttelt mich auf. Du siehst ja aus wie eine Sau.

Ich bin wach und am Leben. Auch Alice lebt und Anton. Er liegt mit einem Schienbeinbruch im Krankenhaus in der Wurzener Straße. Wie ist denn das passiert? Alice weiß es nicht. Alice hat keine Ahnung. Die Wurzener Straße ist abgesperrt. Am Sachsenbad stehen Russen. Sie hat von einer Krankenschwester, die im Nachbarhaus wohnt, gehört, dass Anton auf der Männer-Station 3 liegt. Krankenschwestern haben keine Ausgangssperre. Die Schwester hatte gestern nach der Spätschicht von Anton einen schönen Gruß übermittelt. Sie hat gesagt, es handle sich am rechten Bein um eine Tibiakopffraktur mit Meniskusriss. Von der Zehe bis obenhin Gips. So was heile, aber so was kann dauern. Und Klettern? An Klettern, Gebirgswanderungen, Tanzmeisterschaften und solche Sachen sei vorläufig nicht zu denken.

Wir wissen, eigentlich herrscht auch im Paradies Ausnahmezustand und Ausgangssperre. Alice hat sich durch den Hintereingang hergeschlichen.

Sie wollte ernten. Aber das habe ich schon erledigt.

Manchmal ist ein Beinbruch kein Beinbruch. Alice redet lange mit mir. Leise, damit nichts über den Zaun weht. Sie kenne die Menschen. Jeden Tag kämen andere zu ihr ins Nährmittelamt. Sie sagt, der Mensch sei kein richtiger Christ und gleich gar kein Kommunist. Er sei dafür nicht geboren. Leider, sagt sie.

Anton, frage ich, der auch nicht?

Der hat früher mal geglaubt, er wäre einer. Ein Kommunist.

Alice redet so viel, dass auch ich beinahe angefangen hätte zu erzählen. Von meinen sächsischen Göttern. Meinen wahren Kommunisten und Christen. Maxim. Tobias. Irgendwie scheint mir, dass Alice vom Leben nur einen schmalen Weg kennt. Sie klettert an hohen Felsen bis hinauf zum Gipfelbuch, sie kann in ihrem Amt Schwarzbrot in Weißbrot verwandeln und für Anton jederzeit Opern- und Raucherkarten besorgen. Aber kennt sie denn damit schon die leidenschaftliche Liebe, wie sie mir jeden Tag heimlich begegnet? Worte sind wie die Blätter am Baum.

Ich besinne mich. Ich rede nicht. Ich bleibe in meiner Haut. Ich lasse Alice mit dem Erdbeersegen allein.

Bei Ausgangssperre muss man doppelt schlau sein. Man darf sich nicht erwischen lassen. Überall in der Stadt fahren Motorradposten. Also versuche ich in den Gartenkolonien vorwärts zu kommen. Vom *Paradies* durch das *Traumland* bis zum *Himmelreich*. In den Gartenkolonien gibt es außer den Eichelhähern niemanden, der auf mich aufpasst. Im Pferch gackernde Hühner. Einmal ein lachender Specht. Nördlich der Kolonie Himmelreich muss ich aber schließlich doch durchs Tor hinaus auf die offene Straße. *Wer zu mehreren oder als Einzelperson aufgegriffen wird, hat mit Geld- oder Gefängnisstrafe zu rechnen.* Das Hubertuseck liegt wie ausgestorben, die alte Tankstelle wie tot. Ich schleiche durch Hausflure und Hinterhöfe. Das ist schon die Marienhofstraße.

Ich renne. Ich klettere ins tiefe Grün. Die Hecke ist hoch und dicht geworden. Weil Morus alba sehr schnell wächst. Auf meinem Ast findet mich keiner. Mein Leben ist ein Geheimnis. Hier kann ich endlich in Ruhe atmen, gemütlich ausspähen, ob mein schöner Angsttraum wahr ist. Die neuen nüchternen Augen suchen die Lücke, das Loch im Netz, die Stelle, wo Tobias früher war, wenn dort niemand ist, dann habe ich noch einen Beweis, dass ich nicht nur träume. Ich bin in aller Heimlichkeit wach. An der ziegelsteinroten Hausfront stehen viele Fenster offen. Auf dem Volleyballfeld liegen ein paar Militärdecken, etliche hingeworfene Reisigbesen. Es ist still, menschenleer, wie nach einer überstürzten Flucht. Von einem Ast weiter oben kann ich sehen, daß das Tor auf ist. Sie sind fort. Nicht nur Tobias, sondern alle. Sträflinge und Bewacher.

Um ganz sicher zu sein, gehe ich durch das Tor, sogar weiter durch die sperrangelweit offene Haustür. Ich rufe in das luftige Treppenhaus:

Ist hier jemand?

Weil sich niemand rührt, nehme ich einen Volleyball und schlage ihn gegen die Wand.

Ich habe keine Angst, dass mich einer aufgreifen könnte.

Ich bin ein Wolf, ganz allein. Ohne Artgenossen. Die sind noch in den Wäldern. Die Menschen sind lange aus dieser Gegend verschwunden. Auch die Motorradposten haben sich zum Stadtkern verzogen.

Es ist immer noch hell, rötlicher Abendsonnenschein, ein kristallklarer Juniabend. Die Blätter der Straßenplatanen zeichnen sich ab, scharf, wie einzeln gestochen. Das Kopfsteinpflaster glänzt, als wäre es aus einem besonderen Anlass frisch geölt. Bitte nicht betreten. Ich trete trotzdem drauf. Mit leichten Pfoten, die keine Abdrücke hinterlassen. Bei Tabak-Reinsch sind die Rollläden zu. Die lässt er nicht einmal runter, wenn er seine sechs Wochen krankmacht. Die Rollläden von Reinsch sind sonst immer offen. Unser Prachthaus für arme, kranke und kinderreiche Familien hat sich einige Schritte von der Straße zurückgezogen, hinter einen höheren Zaun mit schärferen Eisenspitzen. Die Stuckfiguren machen ernste Gesichter. Weder ein Radio noch das Geschrei eines geprügelten Dubbert-Kindes ist zu hören. Die Fenster sind geschlossen. Wo sonst vielfältige Neugier die Gardinen bewegt und die Fantasie beflügelt, Reglosigkeit. Eine erstarrte Kulisse. Nur bei uns, in meinem Boudoir, sieht man noch, dass etwas los war. Ein Fensterflügel steht offen, der Florentiner wedelt heraus, der Tüll hat sich im Rauputz verfangen. Wenn das Emma wüsste, ihre kamillenteefarbenen Florentiner wie Lappen. Ich weiß, was geschehen ist.

Ich werfe einen Blick auf das Hortensienrondell, das ich seit dem Frühjahr in persönlicher Pflege habe. Damit gibt es für mich keinen Zweifel mehr. Wie die armen Hortensien aussehen. Da ist Anton voll reingekracht und, wie es aussieht, noch einmal mit einem Beinbruch glücklich entkommen.

In der Frühe wandere ich nach Niedersedlitz. Es ist das andere Ende der Stadt. Eigentlich schon draußen auf dem Land. Ich ziehe eine Karre hinter mir her.

Es ist ein längst gewesener Morgen.

Die Lockwitz ist ein Fluss. Er kommt aus den Bergen, strömt der Elbe entgegen an mir vorbei. Ihm ist es egal, ob ich an seinem Ufer gehe. Er gurgelt, platscht, aber er meint mich nicht. Eine Schafherde kehrt mir den Rücken. Gott schuf den Menschen der Schafe wegen. Ich wandere als Schlusslicht über die abgegraste Wiese.

Ich bin unterwegs, ich suche mein Feld, die unter der Plane wartenden Zitronensetzlinge. Sie wachsen in Spantöpfen, die sind besser als Pappe. Sie halten länger. Damit habe ich Glück. Ich muss mich trotzdem beeilen. Ich karre Zeitungsbündel zum Niedersedlitzer Acker.

Die Nacht darauf entwerfe ich ein Aufklärungsschreiben an die Bürger der Stadt. Es fällt mir schwer. Ich suche nach richtigen Worten:

Die Zitrone (Citrus sinensis) bitte alle zwei bis drei Jahre, später in größeren Abständen, umtopfen. In eine Mischung aus Komposterde und Sand, der ein Löffel Hornspäne beigegeben werden sollte. Im Frühjahr die Krone stutzen, aber nicht in dem Jahr, in dem Sie umgetopft haben. Im Sommer regelmäßig einmal pro Woche dem Gießwasser etwas Dünger (Wopil) beigeben und raus in die volle Sonne. Im Winter rein ins Haus, aber ins Kühle. Viel lüften, wenig gießen. Denken Sie daran, die Zitrone ist in Florenz am Arno zu Hause und eigentlich nicht an der Elbe.

Der letzte Satz ist überflüssig, sogar Leichtsinn, er könnte fast als Provokation aufgefasst werden. Dass die Früchte, wenn sich überhaupt welche entwickeln, trotz Pflege klein und noch saurer als sauer, damit ungenießbar, sein werden, versuche ich vorsichtig und so heiter wie möglich anzumerken. Es will mir nicht gelingen. Ich streiche. Ich kürze. Ich lasse nur das wirklich Notwendige stehen. Gegen Morgen ist die Pflegeanleitung fertig.

Ich muss mich beeilen.

Alice nimmt sich drei Tage, um meinen Entwurf wieder und wieder abzutippen. Überschrift: DIE ZITRONE IST EIN SCHMUCKBAUM. Immer sieben Kohlepapierdurchschläge. Die letzten dünnen Blätter grade noch lesbar. Ich brauche viel. Warum? Das kann ich Alice nicht erklären. Weiß ich es denn selber?

Unterdes fange ich an. Ich verpacke die Spantöpfe. Belade die Karre. Niemand sonst ist so geübt darin wie ich. Auf den Stadtplan in meinem Kopf können sich meine Beine verlassen. Die gepflasterten Straßen, die krummen Wege, die Fähre in Laubegast und am Schlachthof. Die Albertbrücke ist für mich und meine Karre nicht mehr gesperrt. Die Standseilbahn hat nach Reparaturarbeiten ihren Betrieb wieder aufgenommen. Meine Beine werden nicht müde. Ich zögere nicht. Pfarrhäuser sind eine gute Adresse. Schulen. Alte Leute. Wohnungen, wo in den Fenstern bereits Grünzeug steht. Nicht überall kann ich die Pflegeanleitung beilegen. Ich muss mich auf die Empfänger verlassen, auf die Blumenliebhaber und wieder einmal auf mein Glück. An manchen Dresdner Stubenfenstern kann ich im Vorübergehen nun schon meine Zitronen begrüßen.

Während ich unterwegs bin, liefern die Baumschulen noch mehr Pflanzen. Sie erfüllen den Plan, setzen die Kisten an den Rain, wie sie denken, am Mitschurin-Feld.

Muss ich die Tour durch die Stadt noch einmal von vorn anfangen? Im zweiten Durchlauf für jeden eine zweite Zitrone?

Im Schaufenster von Tabak-Reinsch hält sich ein kleines grünes Gewächs, tapfer, zwischen leeren Zigarrenkisten und einem Mohren aus Porzellan. Auch dem Richter Hans Poss in Laubegast habe ich einen Spantopf vor die Tür seines Häuschens gesetzt. Mit der Pflegeanleitung, dazu mit Rotstift: *Bitte beachten*.

Vor die Pforte am Münchner Platz habe ich sogar eine ganze Kiste voll Zitronenbäumchen hingestellt, für die Flure, die

Seminarräume, die Büros und den großen Hörsaal. In allen Pförtnerlogen, die ich kenne, stehen in Hoffnung auf Zuwendung Zitronen. Das Nährmittelamt schmückt sich mit kleinen grünen Pflänzchen. Die Kellner von der Bar auf dem Weißen Hirsch, die Mitarbeiter aus der Kunstblumenfabrik, die Verkäufer im Touristiklager im ehemaligen Ballhaus Watzke, die Frau im Hygiene-Museum, nicht die gläserne, sondern die aus Fleisch und Blut. Alle haben mindesten eine Zimmerzitrone.

Mein Traum ist, dass die Dresdner winters in Stuben, sommers in ihren Schrebergärten Heger und Pfleger von Citrus sinensis werden. Dass die Zitrone als Schmuckbaum in Mode kommt.

Jeder will gern einen Zitronentopf für sein Fensterbrett haben. So was gibt es, es geschieht manchmal, dass eine Leidenschaft aufflammt. Dass eine Idee die Massen ergreift. Es ist wie mit nahtlosen Strümpfen, man hat sie gesehen und will sie haben. Niemand kann später ergründen, woher der Funke gekommen ist.

Die Zitrone bleibt mein Geheimnis.

Ich gehe in die neuen Konditoreien der Handelsorganistation. In den Konsum und zu Hosen-Schuppan. Meine Wege führen mich nach Moritzburg ins Jagdschloss und in die Schiffswerft Übigau, wo sie keinen Waschbär mehr herstellen, sie reparieren jetzt wieder Schiffe. Ich suche mir einen guten Kieselstein für meinen Mund und setze dann ein paar Töpfe in den Salon des Schaufelraddampfers, der grade fertig geworden ist und bald als WELTFRIEDEN auf der Elbe in Richtung Sächsische Schweiz auf Fahrt gehen wird. Am Kohlenbunker warte ich auf den Kapitän. Ich will ihm die Pflegeanleitung persönlich übergeben. Es ist meine letzte Mission in der Angelegenheit Zitrone.

Schön Gruß von Anton, ich bin Eli.

Der Kapitän erkennt mich mit der kleinen Hilfe – schön Gruß von Anton – als die verlauste Karline vom Kinderheim Lommatsch, die er mit seinem Schleppdampfer mitgenommen hatte nach Hause. Wann war das? Im August 45? Ich erkläre ihm, dass ich sein schönes Schiff mit Jungpflanzen ausgestaltet habe. Lauter Zitronen. Ich verspreche ihm einen grünen Salon, ein weißes Blütenmeer, wenn er nur regelmäßig gießt, die Topferde lockert, das Moos entfernt. Eine herrlich duftende Oase. Südlich heiter.

Der Kieselstein knirscht, meine Argumente poltern. Es ist, weil meine Kräfte langsam schwinden, meine Zunge erlahmt. Ich soll das Zeug wieder mitnehmen. Den Kram einpacken. Er habe das Kraut nicht bestellt.

So darf das Ende nicht sein. Rotz und Wasser. Ich heule. Der Kiesel fällt vor die Füße des Kapitäns.

Zum ersten Mal in meinem Leben erkenne ich, was Tränen einer Frau vermögen.

Mädel, höre auf zu flennen, sagt er. Wenn der Krempel nichts kostet. Lass stehen, lass fahren.

Also fährt die Arche Eli vom Dresdner Terrassenufer bis Schmilka in der Sächsischen Schweiz. Vormittags hin und nachmittags zurück. Es gibt sogar Bier auf dem Schiff.

Die beiden Chefs machen ihre finstersten Gesichter, weil ich den Fortschritt aufgehalten habe. Sie sind tief enttäuscht. Es wird keine Zitronenplantagen, keine Citrusernte an unserer Elbe geben und du, Eli, du allein bist schuld. Du und dein falscher Glaube. Du glaubst an den Winter und nicht an die Kraft der Zitrone.

Ich weiß, dass ich nach so viel Auszeichnung und so viel Versagen eine saftige Strafe verdiene.

Kein pünktliches Essenholen mit der Karre. Ein Framo-Chauffeur trägt die Kübel neuerdings sogar bis in die Küche. Keine gärtnerische Grünzeugpflege in den Ballhäusern und Bars der Stadt. Dafür sind jetzt besonders ausgebildete Fachleute unterwegs. Dekorateure oder Floristen. Keine gärtnerische Friedhofsgestaltung. Dafür gibt es separat geschulte Architekten. Keine Tätigkeit auf botanischem Neuland. Das habe ich, Eli, verwirkt. Das bleibt den botanischen Instituten und der Zukunft. Kein geruhsames Stecklingsschneiden oder Aussaat pikieren, nichts in den bunten Blumenrevieren, nichts unter regensicherem Glas. Gemütlich mit Gisela und den anderen.

Das sind Erinnerungen.

Die Chefs denken nach allem an eine Strafversetzung. Sie sind sich einig. Wir schicken Eli in den Himalaja. Dort hat sie Zeit, dort kann sie sich besinnen, dort kann sie sich um die kümmerlichen Primeln kümmern, die denticulata und rosea, auch um die Hochlandbergenien und die krüppligen Birken und die Tränenkiefer. Lauter fest verwurzelter Bestand. Wo Eli nichts kaputtmachen kann.

Der Himalaja liegt auf einem Hügel. Es ist das Revier, das sich an die südkarpatischen Waldgebiete und an den westlichen Altai anschließt. Es ist ein stiller Ort in einem abgelegenen Winkel des Botanischen Gartens.

Wenn ich Glück habe, blüht in diesen Tagen der blaue tibetische Mohn.

Sigrid Damm

Ein heißer Sommer

Frühjahr 2009.

Mein Aufenthalt in Calw liegt sechs Jahre zurück. Vom 16. Mai bis zum 16. August 2003 war ich dort, genau dreiundneunzig Tage.

Ein heißer intensiver Arbeitssommer, eine ausgefüllte glückliche Zeit, wie ich mich erinnere.

Als mich die Einladung der Calwer Hermann Hesse-Stiftung erreichte – der Vorsitzende der Findungskommission Egbert-Hans Müller rief mich an und fragte, ob ich das Stipendium annehmen wolle –, sagte ich freudig zu.

Ich war mitten in der Arbeit an den ›Tage- und Nächtebücher aus Lappland‹. Einem Buch, das ich mit meinen beiden Söhnen machte. Eine schwierige Dreierunternehmung, ein Experiment, das Bilder und Texte zusammenführte.

Mir schwebte Calw als ein Paradies des Nichtstuns vor. Ich wollte ausatmen, umhergehen, beobachten, die Stadt, ihre Bewohner, die Landschaft der Umgebung; wollte alles als Spielraum für Augen und Beine nehmen, die kleinen Verpflichtungen, die man als Stipendiat hätte, erfüllen, und lesen und lesen, vielleicht endlos Hermann Hesse. Auf keinen Fall wollte ich ein Vierteljahr an einem Buch arbeiten.

Aber es kam anders. Die ›Tage- und Nächtebücher aus Lappland‹ waren abgeschlossen und zur Frühjahrsmesse 2002 erschienen.

Bedrängt von meinem Verlag, über Friedrich Schiller zu schreiben und fasziniert von der Lektüre seiner Werke und Briefe, entschloß ich mich Ende 2002, meinen bisherigen Aversionen gegen Schiller nachzugehen.

Über Nacht tauchte Calw in ein anderes Licht. Es war Schwaben, der Raum von Schillers früher Kindheit und Jugend, der seiner Eltern, seiner Schwestern. Marbach, Lorch, Ludwigsburg, Schwäbisch Gmünd, Schloß Solitude, Hohenasperg, Leonberg, Gerlingen, Cleversulzbach. Alles lag – wie ich auf der Landkarte sah – nicht weit entfernt, alles könnte ich von Calw aus erreichen.

Hat die Aussicht, für ein Vierteljahr in der verführerischen Nähe zu Schillers Orten, seinem Sprachraum zu sein, nicht vielleicht meine Entscheidung, über ihn zu schreiben, mitbestimmt? Mir schien plötzlich das Stipendium ein Zeichen zu sein.

Und meine Vorfreude auf Calw war groß.

Eine Schwierigkeit aber gab es. Mein Vorhaben mußte geheim bleiben. Im Schreibprozeß kann ich – was immer es ist – außer mit engen Freunden nicht darüber sprechen.

Wie aber war das zu bewerkstelligen? Und würde man dieses Schweigen nicht als Arroganz, als Künstlerallüre auslegen?

Was tun?

Noch vor meiner Ankunft vertraute ich mich Prof. Bernhard Zeller, dem Ehrenvorsitzenden der Calwer Hermann Hesse-Stiftung an. Ihn kannte ich vom Marbacher Archiv, hatte ihn stets hilfsbereit, aufgeschlossen und verständnisvoll erlebt.

Ich rief ihn an, erklärte. Er begreife das gut, erwiderte er.

Eine Pause entstand. Dann sagte er, er böte mir aus seiner Privatbibliothek die Schiller-Nationalausgabe für meine Calwer Zeit an. In Berlin war, wie in jeder Bibliothek, diese Ausgabe lediglich im Lesesaal einzusehen – ein mühevolles Unterfangen.

Ich machte innerlich einen Luftsprung bei der Aussicht, diese umfassende wissenschaftliche Ausgabe stets verfügbar zu haben.

Das Schweigen über den Arbeitsgegenstand sei legitim, damit stünde ich nicht allein, sagte Bernhard Zeller leichthin.

Und er selbst verrate niemandem etwas. So wurde er durch

sein großzügiges Angebot zum wichtigsten Helfer und zugleich zum Komplizen meines Geheimnisses.

Ankunft in Calw. Zum Begrüßungsessen für die neue Stipendiatin – alle Jury-Mitglieder und die Vertreter der Stadt sind anwesend – erscheint Professor Zeller mit einer dicken Aktentasche. Nach dem Essen entnimmt er ihr – etwas abseits – ein in Packpapier gewickeltes großes Paket. Mit heiter verschwörerischer Miene gibt er es mir, und ich lasse es in meine vorsorglich mitgebrachte Tasche gleiten.

Es sind die ersten Bände der Schiller-Nationalausgabe.

Die nächsten Bände hole ich aus Marbach. Frau Zeller kocht Spargel, wir trinken reichlich Whisky, und am Abend fahre ich mit S-Bahn und Bus mit fünf Bänden Schiller im Rucksack nach Calw zurück.

Bernhard Zeller bestimmt: der Rucksack-Transport sei zu schwer. Und so sind es meine Marbacher Freunde, Nina und Karlheinz Fingerhut, die mit dem Auto in Gemüsekisten die restlichen Bände nach Calw bringen.

Jeder neue Band löst einerseits eine Leseorgie aus. Andererseits läßt die stete Verfügbarkeit des Materials mich ganz gelassen die Erzählstruktur des Buches aufbauen und ihr folgen. Und darüber hinaus kann ich den Besuch der Orte des Geschehens und das Erzählen darüber in zeitlicher Übereinstimmung ideal arrangieren.

Das Geburtshaus in Marbach. Die Häuser in Lorch, in denen die Familie mit dem heranwachsenden Schiller zur Miete wohnte. Schwäbisch Gmünd, wo Schillers Vater eine Zeitlang als Werbeoffizier arbeitete. Johann Kaspar bringt seinen dreizehnjährigen Sohn zur Karlsschule. Ich kann den Weg von Ludwigsburg nach Schloß Solitude nachvollziehen. Ebenso Schillers Fluchtweg aus Württemberg. Eine der Schwestern erkrankt an Typhus, Schillers Vater erliegt seinem Krebsleiden. Ich fahre mit meinen Ludwigsburger Freunden Brigitte und Walter Reitz nach Gerlingen, wir suchen die Gräber, es gibt sie nicht mehr, wir finden die Gedenktafel an der Kirche: Johann Kaspar Schiller 7. Sep. 1796 und Karoline Christiane Schiller 23. März 1796. Schillers Mutter zieht nach dem Tod ihres Mannes nach Leonberg; wir gehen durch den Pomeranzengarten am Schloß, im Sonnenlicht stehe ich vor der Tafel: Hier wohnte Schillers Mutter von 1796 bis 1801.

Das Pfarrhaus in Cleversulzbach, in dem später Eduard Mörike leben und seine Gedichte schreiben wird. Hier verbringt Elisabetha Dorothea Schiller – schon schwerkrank – bei Schwiegersohn und Tochter ihr letztes Jahr, hier stirbt sie 1802. Der kleine Friedhof unweit von Pfarrhaus und Kirche. »Schillers Mutter« steht auf dem Stein. Auch Mörikes Mutter stirbt in Cleversulzbach, im Jahr 1841. Ein zweiter Stein erinnert an beide Frauen.

Ludwigsburg. Das Mauclersche Haus in der Hinteren Schloßstraße, heute Mömpelgardstraße 26, vor dem Schiller mit den Nachbarskindern spielte. Die barocke Kirche, in der er am 26. April 1772 konfirmiert wurde. In der er am 14. September 1793 seinen ersten Sohn taufen ließ. Stuttgarter Straße 26, das Grundstück hinter dem Cotta-Haus, auf dem sein Vater Experimente mit der Obstbaumzucht machte.

An einem Sommerabend – ich bin bei meinen Freunden zu Gast – erklingt während der Ludwigsburger Schloßfestspiele Händels Feuerwerksmusik im Freien, und es schließt sich ein Feuerwerk an, das in meiner Vorstellung dem gleicht, das Herzog Carl Eugen einst auf Schloß Solitude zu Ehren seiner ausländischen Gäste veranstaltete und in dessen Schutz der vom Landesherrn mit Schreibverbot gestrafte und in Mannheim triumphal gefeierte Autor der ›Räuber‹ die Flucht aus Stuttgart wagte.

Die Orte des Geschehens, die ich mit Augen und Füßen erfahren muß.

Ist es einzig die Vergangenheit, die mir bei den Wanderungen durch die Räume lebendig wird? Lebe ich mit den Toten? In gewissem Sinne ja.

Die Vergangenheit bedrängt die Gegenwart, überlagert sie. Die Nähe der Zeit vor zweihundert Jahren, die Ferne der Jetztzeit. Ich bin zweigeteilt. Es ist stets ein Zustand des Schwebens, irrational und befremdlich.

Die Zeiten streiten miteinander um ihr Vorrecht, nur selten reichen sie sich die Hand.

Während meiner Stipendiatenzeit in Calw aber tun sie es, für mich überraschend. Eine friedliche Koexistenz, Vergangenheit und Gegenwart halten sich in schönster Weise die Waage.

Calw, die Stadt im Grenzbereich zweier großer Landschaften, dem Nordschwarzwald und dem oberen Gäu. In einem Talkessel gelegen, durchzogen von der Nagold, einem in ein steinernes Bett gezwungenen schnell fließenden Fluß.

Mein erster Abend in Calw. Ich erinnere mich. Der ansteigende Markt mit seinen schönen Fachwerkhäusern, die engen Gassen mit Fachwerk, die Giebel sich scheinbar zueinander neigend.

Überall spielende Kinder. Rufen, Lachen, Kreischen. Dorlen und Brummkreisel drehen sich. Bälle fliegen. Seilhüpfen ist angesagt. Wie lange habe ich das nicht gesehen, ich fühle mich in meine Kindheit versetzt.

Fangen und Verstecken wird gespielt. Aber nirgends höre ich auf deutsch ein Eins – Zwei – Drei: ich komme. Italienisch kann ich ausmachen, türkisch, kroatisch, russisch, manches vermag ich nicht zuzuordnen. Auch auf dem großen Spielplatz neben der Gartenwirtschaft unten an der Nagold ein heiteres Lärmen und Toben. Und das gleiche Sprachgewirr.

In einer Gasse, die zum Markt zurückführt, sehe ich einen Jungen – er ist etwa zehn Jahre alt – einem kleinen Mädchen Tanzschritte vorführen. Die Kleine – sie kann höchstens drei sein – wiederholt die Schritte exakt und mit einer unnachahmlichen Grazie, wie ich sie nur von Afrikanern, den Jungen und Mädchen aus Namibia kenne, die ich im Kinderheim der SWAPO in der Nähe von Güstrow tanzen sah.

Am nächsten Abend das gleiche Schauspiel. Ich spreche die

beiden an. Elisa heißt das schwarzäugige tanzende Figürchen, und der Knabe ist ihr Bruder und heißt Timmi. Er passe auf seine Schwester auf, erklärt er mir gewichtig.

Ich treffe sie noch oft. Ihre Großmutter, eine Sizilianerin, betreibt einen kleinen Laden, in dem ich manchmal ein Eis kaufe. Immer sehe ich, wie Timmi sich um seine Schwester bemüht. Nur einmal sitzt er auf der Stange vor dem Haus, läßt mißmutig die Beine baumeln. Elisa hockt heulend auf der steinernen Schwelle. Auf dem Marktplatz, keine fünfzig Meter entfernt, findet ein Rockkonzert statt. Aber Timmi darf seinen Aufsichtsposten nicht verlassen.

Der erste Eindruck nimmt mich für Calw ein: die spielenden Kinder, denen die Altstadt gehört. Wo gibt es das noch oder wieder?

Tagsüber dann die Einkaufsgeschäftigkeit, das Marktgeschehen, Fußgängerströme von und zum Bahnhof der Nagoldtalbahn, von und zu den Bushaltestellen, den Parkplätzen und Parkhäusern.

Und inmitten dieser Altstadt die Wohnung der Hermann-Hesse-Stiftung. Am unteren Markt, wenige Minuten vom Bahnhof entfernt. Drei Treppen hoch, unterm Dach.

Ein kleines Nest, geschützt und abgeschirmt.

Im Gegensatz zu meinem Quartier während meiner Stipendiatenzeit 1999 in Rom in der Casa di Goethe, das mir bis zuletzt fremd und leicht unheimlich bleibt, gefällt mir diese Wohnung sofort. Ich räume um. Der Schreibtisch kommt in das hintere ruhige Zimmer vor das Fenster. Im Wohnraum verbleibt nur der Computerplatz. Ich laufe mehrmals zum Markt, die üppigen Stände der Blumenhändler, ich kaufe zwei große Topfpflanzen auf den Fußboden zu stellen, blühende keine Töpfe für die Fensterbänke in der Dachschräge und Sträuße für Küche und Wohnzimmertisch.

Die Bücher finden ihren Platz. Der moderne Bürostuhl auf Rollen macht täglich die Reise vom hinteren in den vorderen Raum und zurück.

Ich bin angekommen.

Das im Talkessel liegende Calw. Vom Schreibtisch aus der Blick über die Giebel der Fachwerkhäuser auf einen bewaldeten Bergrücken in der Ferne.

Und direkt unter mir eine Terrasse. An einem der ersten Tage erscheint ein junger Mann auf ihr, ruft einen Gruß zu mir hinauf. Er redet mich mit Frau Schütz an. Ich sage, Helga Schütz ist abgereist, ich bin die nächste Stipendiatin. Wir lachen und stellen einander vor.

Er sei Piet Schaber, mein Nachbar, er stehe zur Verfügung, wann immer ich ihn brauche. Unsere Kommunikation über die Terrasse hält das Vierteljahr über an. Stets die Frage, ob er etwas tun könne. Und zuweilen suche ich seinen Rat in Alltagsdingen. Oder tausche mich mit ihm über Beobachtetes aus. Frage auch. Eine gute Nachbarschaft.

Wenn ich schreibe, sind die Worte, die ich mit Piet Schaber über die Terrasse wechsele, für Tage die einzigen, die ich spreche.

Zwei Wochen nach meiner Ankunft kommt der erste Satz aufs Papier. Und als meine 79jährige Freundin Christine Razum mich zu Pfingsten besucht, lese ich ihr – das allererste Mal überhaupt – aus dem am Jahresende begonnen Manuskript vor, auch die wenigen in Calw geschriebenen Seiten. Ich bin aufgeregt, hocke im Schneidersitz auf dem Bett, lese, blicke auf, laure bei jedem Satz auf die Reaktion meiner Zuhörerin. Ich weiß, sie ist unerbittlich in ihrer Kritik und zugleich begeisterungsfähig.

Aufatmen, ich bekomme Rückenwind.

Für das Weiterschreiben beglückend. Am 20. Juni kann ich ein Kapitel abschließen, am 26. Juli das nächste. Mein Arbeitsrhythmus: früh am Morgen schreiben, mit Bleistift oder Füller, das Geschriebene in den Laptop tippen, dann die Seiten ausdrucken und im Ausdruck mit Hand korrigieren. Am Nachmittag das Material für den nächsten Tag zusammenstellen: suchen, lesen, suchen. Am Abend dann muß das im Kopf herumwirbelnde Material sortiert werden, der erste Satz oder nur eine Ahnung davon muß für das Schreiben am anderen Morgen da sein und in etwa die Gedankenabfolge.

Dazu ist Nichtstun notwendig.

Wenn es regnet, hört man Musik und liegt, an die Decke starrend auf dem Sofa. Im hohen Norden, im schwedischen Holzhaus des Sohnes in Roknäs, saß ich, als ich an ›Christiane und Goethe‹ schrieb, von Ende August bis Oktober Abend für Abend am brennenden knisternden Kaminfeuer, warf Scheit um Scheit hinein. In den Sommermonaten aber, in den hellen Nächten des Nordens, lief ich stundenlang durch die einsame menschenleere Landschaft.

Die Bewegung des Körpers, die Füße schaffen den idealen abendlichen Freiraum. Ist der erste Satz und die Gedankenabfolge annähernd oder in Umrissen da, hat man den Zipfel für das Schreiben am nächsten Morgen und kann sich in die Landschaft fallen lassen und sie genießen. Oder umgekehrt, man taucht in die Landschaft ein, gibt sich ihr ganz hin, und die Ruhe läßt mit einemmal Sätze und Abfolge kommen.

Bewußt hatte ich, als Egbert-Hans Müller mich nach meinen zeitlichen Wünschen für das Stipendium fragte, den Sommer gewählt. Juni und Juli, die Monate, in denen es lange hell bleibt und man draußen sein kann.

Die zu meinem Arbeitsrhythmus gehörenden abendlichen Gänge.

Und Calw selbst mit seiner Jetztzeit? Die Stadt, die mich eingeladen hat?

Die vielen Verführungen.

Himmelfahrt, ein freier Tag. Als ich von einer Wanderung mit Brigitte Struzyk, Stipendiatin in Edenkoven, zurückkomme, ruft Piet Schaber über die Terrasse, das Stuttgarter Sinfonieorchester eröffne in einer halben Stunde die Spanische Nacht. Ich habe den überfüllten und abgesperrten Marktplatz gesehen. Er biete mir einen Fensterplatz in der ersten Etage seines Hauses an.

Wanderschuhe gegen andere getauscht. Den Zopf neu geflochten. Ich nehme die Einladung an.

Er erklärt mir, wie ich die Absperrung umgehen, das Haus durch einen hinteren Eingang unter der Terrasse erreichen kann.

Freunde sind da. Es wird gegessen und getrunken. Ich lerne die alten Schabers kennen, die Eltern, die dem fast 40jährigen gerade die Leitung des Modegeschäftes Schaber übertragen haben. In dem 1694 erbauten Haus richtete bereits 1697 ein Mann namens Christoph Meyer ein Einzelhandelsgeschäft ein, bis heute ist es ein Handelshaus.

Ich weiß, das große schöne Fachwerkhaus Markt Nr. 6 ist das Geburtshaus von Hermann Hesse. 25 000 Besucher seien im Hesse-Jahr 2002 durch sein Haus gegangen, hat er mir erzählt.

Ich frage. Eine Tür wird geöffnet, schließt sich hinter mir. Hesses Geburtszimmer. Der Sohn des Missionars Johannes Hesse und seiner Frau Marie, geborene Gundert. Ein schlichter, fast leerer Raum. In der Mitte eine große flachliegende Tafel. Schriftzüge in verschiedenen Sprachen. Rundherum frische Blumen.

Anderentags und dann fast jede Woche leiste ich mir den Luxus, vier Stunden am Nachmittag in der Sauna zu verbringen. Ich fahre dazu mit der Eisenbahn nach Bad Liebenzell.

Immer sind die gleichen Leute da, der Mann mit dem einen Arm, der seine Frau drei Jahre gepflegt hat, der mit dem Filzhut, der vor jedem Aufguß ein Gedicht aufsagt, die hübsche Saunawartin, die von Beruf Grafikerin ist und dazu verdienen muß.

Im Schwitzraum sind die Hausgärten das beherrschende Thema. Heftige Debatten, welche Tomatensorte die beste sei, ich werde in die Geheimnisse von Düngung und Schädlingsbekämpfung eingeweiht und lerne einiges über Vor- und Nachteile verschiedener Rasenmäher-Typen. Und stets werden die Wetteraussichten hin- und hergewendet.

Die Mundart, das Schwäbische, die kleinen Verschiebungen, die den unterschiedlichen geografischen Räume geschuldet sind. Ich strenge mich an, alles zu verstehen. Höre Schillers Mutter sprechen, zuweilen auch seinen Vater und die Schwestern; niemals aber gelingt es mir, Friedrich Schillers Stimme auch nur annähernd in mir lebendig werden zu lassen.

Begegnungen mit den Stadtvätern von Calw.

Nach einer Ausstellungseröffnung mit Bildern von Richard Ziegler lädt mich der Oberbürgermeister Werner Spec nach Hirsau in die Klosterschänke ein.

Wir kommen an dem großen leerstehenden Gebäude im Tal vorbei. Einst eine Textilfabrik. Die Arbeitgeber in Calw schwinden. Die Erwerbslosenzahlen steigen. Die Firma Bauknecht sei vom Whirlpool-Konzern geschluckt, dieser habe seine Produktion nach Italien verlegt.

Hermann Hesse als Touristenmagnet? Der ungeliebte Sohn der Stadt, der Nestbeschmutzer?

Warum nicht? Werner Spec lacht, man verschweige die Widersprüche ja keinesfalls. Und dann erzählt er, sichtlich mit Stolz, vom Hermann Hesse-Jahr 2002, den vielen Unternehmungen in Calw selbst, dem Lesemarathon, dem Rockkonzert der Steppenwolf-Gruppe, dem Grußwort des Dalai Lama zum Hesse-Jubiläum, erzählt von den Besuchern aus dem südindischen Kerala, der Wirkungsstätte von Hesses Großvater Hermann Gundert, von der Reise der Calwer nach Indien, von den weltweiten Feiern zu Hesses 125. Geburtstag.

Die Spuren des Hesse-Jahres sind überall in der Stadt noch sichtbar.

Das Denkmal. Auf der Brücke über der Nagold, der Nikolausbrücke, steht Hermann Hesse. Nicht auf einem Podest, nicht überlebensgroß, sondern sympathisch nah, mit Schlips und Anzug und runder Brille, eine Hand in der Hosentasche, in der anderen seinen Hut; so, als mache er beim Spaziergang einen Moment Halt und sehe sich um.

An Häuserwänden kann man in großen Lettern Sätze von ihm lesen: ... UND HÖRTEN BEIDE DEM WASSER ZU/ WELCHES FÜR SIE KEIN WASSER WAR/ SONDERN DIE

STIMME DES LEBENS/ DIE STIMME DES SEIENDEN/ DES EWIG WERDENDEN

Eine Leseinsel gibt es. Blumen, Stauden, Ruheplätze, eine kleine Oase inmitten der Stadt. Ein Wasserlauf, der freigelegte Hagbrunnenbach, schlängelt sich hindurch. Die Quelle des Baches ist überwölbt. Hält man den Kopf in die feuchte Höhlung, kann man die Stimme Hermann Hesses vernehmen.

Im neu eröffneten Hesse-Museum am Markt lausche ich, wie der Dichter in altertümlicher Weise mit getragener Stimme seine Verse vorträgt. Vergeblich suche ich im Museum ein Dokument über die Freundschaft Hesses mit seinem Verleger Siegfried Unseld. Sehe die Gemälde Hesses vor mir, die Unseld in dem unteren großen Raum seines Hauses in der Klettenbergstraße in Frankfurt hat.

Im Georgenäum höre ich einem eindrucksvollen, die Widersprüche der Hesse-Rezeption und Kritik thematisierenden Vortrag von Volker Michels, dem Herausgeber der Werke und Briefe Hesses im Suhrkamp-Verlag; es schließt sich eine enttäuschend kleinteilige Debatte von Wissenschaftler darüber an.

Um so spannender wird für mich der Stadtgang mit dem Bürgermeister Günter Riemer. Von Beruf Ingenieur, erklärt er mir sein durchgesetztes Konzept der Verkehrsberuhigung. Ich begreife, ihm haben die Kinder diesen wunderbar gefahrlosen, freien Spielraum zu verdanken.

Das sei nicht unumstritten, meint er. Nun würden die Beschwerden über Abgase und Lärm durch Autoverkehr abgelöst von denen über Lärmbelästigung durch Kinder. Diese Eingaben seien nicht zu unterschätzen, sie seien massiv.

Calw habe überhaupt durch seine enge Tallage ein riesiges Verkehrsproblem. Es gibt nur zwei natürliche Zufahrtsmöglichkeiten, nach Süden die Nagold aufwärts und nach Norden die Nagold abwärts. Cirka 25 000 Fahrzeuge zwängen sich täglich durch die Stadt. Ein Tunnel sei die einzige Lösung.

Ob ich schon einmal die Bischofstraße, die frühere Prachtstraße Calws, entlang gegangen sei? Nein. Später, als ich die

Stadtseite jenseits des Flusses ergründen will: Hengststetter Steige, Hohenfelsen Staffel, Eduard Conz-Straße, hole ich es nach. Nur ein einziges Mal laufe ich die Bischofstraße entlang; die Fassaden der Häuser, sehe ich, sind schmutzig, und Schwefelsäure zerfrißt den für Calw so typischen Sandstein, aufwirbelnder Staub, Gestank von Abgasen, unerträglicher Verkehrslärm. Nicht auszudenken, wie es hier im November sein muß, wenn dichter Nebel tagelang im Tal liegt.

Auch vom Hochwasser 1990 und 1993, nicht zuletzt hervorgerufen durch zu starke Versiegelung, erzählt Günter Riemer, von den Entsiegelungsmaßnahmen am großen und kleinen Brühl, dort, wo sich der Spielplatz befindet.

Immer wieder müssen wir stehen bleiben. Der Bürgermeister wird angesprochen, die unterschiedlichsten Dinge werden ihm vorgetragen, kurze Sachentscheidungen, sein Rat scheint gefragt. Oder er ist es, der Bürger anspricht, fragt; Persönliches: die Krankheit der Mutter, Umzug, schulische Leistungen von Tochter und Sohn.

Ein alter Mann kommt uns entgegen, Günther Riemer stellt ihn mir als Schöpfer der Leseinsel vor. Er wohne in Altburg auf der Höhe, erzählt mir der Gärtner, zweimal am Tage komme er in die Stadt herunter, sehe nach dem Rechten, passe auf, daß nichts zerstört werde, hebe Zigarettenkippen und weggeworfene Papiere auf, fege die Stufen.

Zum Abschluß unseres Rundganges lädt mich der Bürgermeister zu einer Schwarzwaldforelle in den Gasthof »Zum Rössle« ein. Die kleine Lektion in Sachen Kommunalpolitik läßt mich auf manches im Stadtorganismus aufmerksam werden, was ich ohne Günther Riemer nicht wahrgenommen hätte.

Es gibt ein zweites Essen der Stiftung. Die Geldgeber. Der Sparkassendirektor Jürgen Teufel. Ich lerne Thomas Vogel kennen, den in Tübingen lebenden Schriftsteller, er arbeitete für den Südwestrundfunk und ist Mitglied der Calwer Jury.

Paul Rathgeber, Stadtarchivar und Leiter des Hesse-Museums in Calw, erneuert seine Einladung von der ersten Begegnung. Ebenso der Leiter der Volkshochschule und die ehemalige Gymnasiallehrerin Ingrid Weise.

Freundliche Angebote. Aber kein Muß.

Bei diesem Essen lerne ich auch Marie Luise Bodamer kennen. Sie ist eine Nichte Hermann Hesses. Ist 150 groß, ist zierlich, bewegt sich äußerst lebhaft. Sie soll achtundachtzig Jahre alt sein. Unmöglich!

Sie ist in Calw aufgewachsen, im Gundert-Haus an der Nagold, hat vier Kinder aufgezogen und erzählt von zwölf Enkeln.

Ich besuche sie. Die Jugendstilvilla, in der sie lebt, ist voller originaler Bilder und Erinnerungsstücke an die Gundert- und Hessefamilien. Ein Flügel steht im Wohnzimmer. Sie schildert, wie sie 1935, als Neunzehnjährige, erstmals ihren Onkel in Montagnola in der Schweiz besuchte, später noch mehrmals.

Als ich einen Blick in ihren üppigen Garten werfe, weiß ich, woher die Blumen kommen, die jede Woche – die Stiele sorgsam feucht umwickelt – vor meiner Wohnungstür liegen. Nie stört sie, klingelt nicht, ruft nicht an.

Dennoch sehen wir uns noch öfters, sie zeigt mir die Gräber der Hesse-Vorfahren auf dem Friedhof, sie überzeugt mich, in einer lauen Julinacht einer Aufführung von Hans Werner Henzes Kinderoper ›Pollincino‹ auf der Freilichtbühne des Klosters Hirsau zu besuchen, ich erlebe die Schüler der Calwer Musikschule und die Aurelius-Sängerknaben.

Marie Luise Bodamer ist auch bei der Begegnung mit Werner Spec zugegen.

Eine anregende zauberhafte kleine Person. Jetzt, da ich dies schreibe, ist sie 94 und noch immer, wie mir Elke Ruff erzählt, interessiert und aktiv. Der wunderbare Bernhard Zeller dagegen weilt nicht mehr unter den Lebenden. Er verstarb im September 2008.

Das von vielen Erlebnissen und neuen Menschen erfüllte Vierteljahr in Calw.

Frau Ruff von der Stiftung bittet um eine Lesung vor Schülern im Nachbarort Nagold. Kluge Fragen, ein lebhafter Streit um das Zusammenleben von Christine und Goethe.

Mit Manuela Epting, der jungen Kulturreferentin der Stadt, fahre ich nach Tübingen. Auf dem Weg dorthin besuchen wir Thomas Vogel, wir sitzen im Sonnenlicht in seinem Garten. Ein weiter Blick in das Land. Dann der Friedhof, Hölderlins Grab.

Am 2. August bin ich wieder im Kloster Hirsau, auf der Freilichtbühne findet eine Aufführung von Schillers ›Räubern‹ statt.

Das am 26. Juli begonnene Schiller-Kapitel will nicht voran, die Sätze schleppen sich mühsam.

Habe ich die Schreibmaxime meines alten Freundes Erwin Strittmatter: Beharrlichkeit und Beschwingtheit in ausgewogenem Zustand einseitig zugunsten der Beschwingtheit verschoben?

Zu viele Verführungen?

Ich ermahne mich. Lasse wieder Zeitgeiz walten. Keine Ablenkungen. Der Arbeitsrhythmus: morgens schreiben, nachmittags das Material, am Abend es im Kopf sortieren, um das Schreiben für den nächsten Tag vorzubereiten.

Meine abendlichen Wanderungen über all die Monate in Calw gehören zu den schönsten Erinnerungen an die Stipendiatenzeit.

Drei Stunden oder vier bin ich stets unterwegs. Um die Stadt zu verlassen, muß man – außer man wandert an der Nagold entlang zum Kloster Hirsau – aus dem Talkessel heraus. Dreihundert Meter Höhenunterschied. Zwischen 330 und 630 Meter ü.N.N. liegt die Stadt.

Aufstieg über die gewundenen Gassen und Straßen, durch die schmalen Pfade zwischen den Nutzgärten. Überall Stufen, Treppen, Mauern, überwuchert von rötlichem Rupprechtskraut, Weidenröschen, Mauerraute und Krätzflechte. Auch an und auf den vielen Trockenmauern Moose, Farne, Flechten.

Meist aber nehme ich den Weg über den Stadtgarten mit seinen schönen alten Bäumen, den Rotbuchen, Winterlinden und der so selten gewordenen Bergulme. Steil aufwärts führende Wege.

Dann für eine lange Strecke die Füße auf dem federnden Waldboden. Das Wildschweingehege. Die Frischlinge, die ich über Monate wachsen sehe. Manchmal ein kleiner Umweg über den Wölfisbrunnen, wo Ludwig Uhland seine einsamen Wege ging.

Schließlich das Heraustreten aus dem Wald: eine sanfte augenfüllende Landschaft, weite Flächen, übervoll mit Blumen in allen Farbnuancen, Gelb, Blau und Rot, diese Wiesen schon Mitte Mai reif für die erste Mahd. Und Streuobstwiesen, wie ich sie in solcher Vielzahl noch nie gesehen habe. Die Kirschen sind reif, die Zweige hängen schwer herab, locken; Mundraub, ich pflücke, pflücke, esse, tue es den Staren gleich. In keinem Sommer habe ich soviel Kirschen gegessen wie 2003 in Calw.

Der erste Ort, den ich berühre, ist Speßhardt, einst ein Dorf, ein Weiler, jetzt, wie dreizehn andere, eingemeindet, zur Stadt Calw gehörend. Von Speßhardt laufe ich bis Weltenschwann, manchmal biege ich vorher ab, laufe einen Bogen, Altburg, Alzenberg, Spindlershof. Der Blick von der Höhe – Calw liegt im Tal versteckt – auf die gegenüberliegende weit entfernte hohe Ebene. Auch dort kleine Ortschaften, meist Neubausiedlungen; das auf die Höhen hinauf gewachsene Calw.

Über die Altburger Straße und den Vorstadtweg steige ich wieder in die Stadt hinunter, auf der Schillerstraße das Dächermeer und den Kirchturm lange im Blick.

Oder ich gehe einen andern Weg, wandere nach Heumaden und Stammheim. Einmal auch nach Zavelstein.

Freilich ist es nicht meine von Roknäs in Nordschweden gewohnte Stille und Einsamkeit. Unvermittelt durchzieht eine dicht befahrene Verkehrsstraße den Wald, der Autolärm verstummt nie ganz und von überall her ist das Klingeln des Eisverkäufers zu hören.

Aber letzteres ist in diesem Sommer verständlich. Es ist ein ungewöhnlich warmer Sommer, es wird heiß und heißer.

Zum zweiten mal werden die Wiesen gemäht. Abends sitzen auf ihnen die Katzen wartend vor den Mauselöchern.

Ende Juni, Anfang Juli sind die Felder größtenteils schon abgeerntet, das Gelb der Stoppeln wird zum unscheinbaren Grau. Eine große Trockenheit.

Und im August zieht in Calw bereits der Herbst ein. Die Trauben werden reif, was – so sagen die Leute – seit dem Weinanbau in Württemberg noch nie geschehen sei.

Das Thermometer klettert tagelang auf 36 bis 38 Grad. Am 8. August sagt der Wetterbericht für Baden-Württemberg 40 Grad voraus.

Auch in Nordschweden – ich telefoniere mit meinem Sohn Joachim und dem Kindeskind – sind es 35 Grad, die Flüsse trocknen aus, und das Wasser wird knapp.

Ganz Europa stöhnt unter der Hitze; Dürre, Unwetter, Zeltplätze werden überschwemmt, Bäume stürzen um, es gibt Verletzte und Tote.

Die Wanderung durch Schillers Leben. Die Klause unter dem Dach. Trotz Hitze ist es in ihr auszuhalten. Die Stipendiatenwohnung ist erstaunlich gut isoliert. Lasse ich tagsüber die metallenen Rollos herab und kühle in der Nacht mit Durchzug, steigt die Temperatur nie über 25 Grad.

Wenn ich sie zu meinen abendlichen Wanderungen verlasse – je heißer der Tag ist, desto später – schlägt mir die im Talkessel stehende Hitze heftig entgegen und nimmt mir fast den Atem.

Scheinbar unbeirrt davon sitzen wie stets die vier alten Männer, Italiener, auf der Bank vor dem Haus. Wohin ich heute wolle, Warnung vor Verlaufen, Wetteraussichten. Fragen und Antworten wie immer. Gegenseitiges Guten Abend wünschen.

Der anstrengende Aufstieg in der brütenden Hitze.

Auch der Wald, der im Mai noch Kühle bot, ist inzwischen aufgeheizt. Die kleinen köstlichen Erdbeeren im Schatten der Wälder sind vertrocknet, auch zum großen Teil die Beeren an den wild wuchernden Brombeerhecken; vereinzelt reife Früchte, durch die fehlende Feuchtigkeit aber winzig. Das gleiche bei den Blaubeeren. Der Schritt ins Freie. Auf den durch abgeerntete Felder führenden Wegen bewegt sich, nach Sonnenuntergang, die Luft zuweilen leise – schon das eine Erleichterung.

Auf den Streuobstwiesen hängen die alten knorrigen, phantastisch ausladenden und mitunter bizarren Bäume übervoll von kleinen, noch unreifen, aber schon von fernher leuchtenden Äpfeln und Birnen.

Welche Sorten mögen es sein? Parmain Royal, Renette von Montbron, Rother Sommercalville oder Muskatellerbirne?

Ich höre meine Großmutter, wie sie den Geschmack der Früchte schon auf der Zunge, die Namen genüßlich ausspricht. Sehe mich als Kind mit ihr über die Streuobstwiesen gehen, die ihr im thüringischen Bad Blankenburg gehörten und auf die sie so stolz war. Sie kannte die einzelnen Sorten genau.

Und ich komme in meinem Manuskript zu Schillers Vater. Vom Soldatenberuf führt ihn sein Weg zu dem des Gärtners. Die Obstbaumzucht ist seine »Lieblings Beschäfftigung«. Ein Autodidakt, auf dessen Geschick Herzog Carl Eugen aufmerksam wird, er ernennt ihn zum herzoglichen Garteninspektor auf Schloß Solitude und beauftragt ihn, dort eine Baumschule anzulegen. 4000 Setzlinge soll Johann Caspar Schiller von seinen Anpflanzungen in Ludwigsburg mit nach Solitude genommen und innerhalb von elf Jahren den Baumbestand auf 22400, schließlich auf 100000 erweitert haben. Eine nicht unbeträchtliche Einnahmequelle für den Herzog, ihm verschafft durch Fleiß und Geschick von Schillers Vater.

Die abendlichen Gänge über die Obstwiesen und an den Nachmittagen die Lektüre: Johann Caspar Schiller ›Die Baumzucht im Grossen aus Zwanzigjährigen Erfahrungen im Kleinen in Rücksicht auf ihre Behandlung, Kosten, Nutzen und

Ertrag beurtheilt‹. 1795, ein Jahr vor dem Tod Johann Caspars erschienen, liegt es in einer schönen Neuausgabe von 1993 vor.

Ich lese von Okulieren und Baumschnitt, von Bewässerungs- und Düngetechniken, betrachte die schönen Abbildungen der Apfel- und Birnensorten, die Schillers Schwester Christophine gezeichnet und getuscht hat. Berausche mich am Klang der Namen: Süsser Sonnenapfel, Süsser gelber Silberling, Rosenapfel, Princessenapfel, Doppelter Gulderling, Einfache Grethe, Doppelte Grethe, das seidene Hemdgen, Wintersteifling, Süsser Ribbert, Anis- und Fenchelapfel, Danziger Kantenapfel.

Ich finde auch die von meiner Großmutter bevorzugten Sorten: Parmain Royal, Renette von Montbron, Rother Sommercalville. Und bei den Birnen die Muskatellerbirn.

Weiter die Zuckerbirn, Goldbirn, Herbst Bergamotten, Rousselet, Diamantbirn, Gold Pergamotten, Gesegnete Birn, Ambrette und schließlich Je länger je lieber und die Englische Königin. 111 Apfel und 96 Birnensorte führt Johann Caspar Schiller auf.

Nach der Lektüre dieses Buches bin ich überzeugt, all die Bäume auf den Streuobstwiesen und in den Nutzgärten in und um Calw gehen auf Setzlinge und Jungbäumchen von Schillers Vater zurück.

Auf meinen Wanderungen versuche ich, die Sorten herauszubekommen. Könnte ich nur Bauern fragen. Aber ich begegne keinen. Und wenn, säßen sie, wie während der Erntezeit, unansprechbar in den Kabinen ihrer großen über die Felder dröhnenden Maschinen, riesige Staub- oder Strohwolken hinter sich ziehend.

Zudem, wer geht schon in dieser Hitze spazieren? Meine gelegentlichen Versuche, in den Dörfern und kleinen Ortschaften über die Gartenzäune Erkundigungen einzuziehen, verlaufen – überraschend für mich nach all den vielen Fachgesprächen im Schwitzraum der Sauna – meist erfolglos.

Einmal kommt mir mitten über eine Wiese am Hang ein

Mann mit einem Hund entgegen, unverkennbar ein Einheimischer. Er wird es wissen. Er weiß es nicht.

Stattdessen verwickelt er mich in ein Gespräch über Zecken. Zeigt mir das Zeckenhalsband, das sein Hund trägt. Aber es sei schwer gesundheitsschädigend. Warum er es dann seinem Tier anlege? Er sei alt, würde sowieso bald sterben, da käme es nicht mehr darauf an. Einem jungen Hund würde er das niemals zumuten.

Er klärt mich auf, was der Mensch gegen Zeckenbefall tun könne; die Gegend sei rotes Gebiet, Höchstwarnstufe. Aber ich habe, wie wohl jeder Sommerstipendiat in Calw, meinen Zeckenbiß schon hinter mir und nach vier Wochen bestätigt mir Dr. Lutz, nichts sei zurückgeblieben, alles sei in Ordnung.

Der August steuert seiner Mitte zu. Die Tage werden schon merklich kürzer. Bei meiner Rückkehr nach Calw dämmert es schon, unten in der Stadt brennen die ersten Lichter. Wenn ich über die Burgsteige auf den Marktplatz oder über Zwinger und Salzgasse hinunter komme, der Lärm der Kinder, kreischend stieben sie um die Hausecken, die Dunkelheit ist – ich entsinne mich an mein Kindsein – ein zusätzlicher Reiz.

Ich muß Abschied nehmen.

Gern würde ich noch bleiben. Aber meine Zeit geht zu Ende.

Elisa und Timmi sind nicht zu sehen, vielleicht sind sie mit ihren Eltern in Sizilien.

Ein letztes Mal die Oase der Leseinsel. Das Wasser fließt träge und spärlich. Hesses Stimme an der Quelle ist kaum vernehmbar.

Nicht ein einziges Buch von Hermann Hesse habe ich in Calw gelesen. Was würde Siegfried Unseld dazu sagen? Ich sehe seine schwere gedrungene Gestalt vor mir. Skeptisch würde er mich ansehen, vielleicht lächeln, gewiß aber sagen: richtig, tausend Seiten Schiller sind jetzt wichtiger.

Vor einem dreiviertel Jahr habe ich meinen Verleger verloren, im Oktober 2002 ist er in seinem 78. Jahr gestorben. Aber noch immer gibt es für mich in allen Arbeitsfragen die Zwiesprache mit ihm.

Konzentriere Dich würde er mit väterlich strenger Verlegermiene sagen und in seinem steten Vorwärtsdrängen mit Sicherheit die Frage anschließen: Wann habe ich das Manuskript auf meinem Tisch?

Und heftig würde er den Kopf schütteln, wenn ich ihm den Termin nennen würde, kategorisch auf einem früheren bestehen.

Ich entsinne mich an ›Christiane und Goethe‹. Sein wiederholtes: *vor*, nicht *zum* 250. Jubiläum müsse das Buch da sein. Sein Mutmachen, sein Mit-Lesen, Drängen, seine Hilfe, der Untertitel ›Eine Recherche‹ ist von ihm. Unser erbitterter Streit um einen einzigen Buchstaben, das *a* in Christian*a*. Natürlich trug er den Sieg davon.

Die intensiven Monate in Calw. Niemand hat mich mit Fragen bedrängt, woran ich schreibe. Niemand Ansprüche gestellt. Nur freundliche Angebote. Und kein Vorwurf, wenn ich sie nicht annahm.

Das hat mir Arbeitsfreiheit verschafft.

Ein fröhliches Abschiedsessen der Stiftung. Mein Dank dafür an die Stipendiengeber.

Letzte Einkäufe bei denen, die mich freundlich bedienten, die Metzgersfrau, das Ehepaar im Reformhaus; die drei Generationen im türkischen Laden, die auf einen zustürmten und nach den Wünschen fragten, die füllige Alte, ihr Sohn und der seinen Vater imitierende Enkel der Fülligen.

Händeschütteln der vier Italiener auf der Bank vor dem Haus.

Den Abend des 15. Augusts verbringe ich mit meinem Nachbarn Piet Schaber. Mit Fackeln hat er die Terrasse in Licht getaucht. Jeder von uns hat etwas gekocht. Wir essen, trinken Wein. Sprechen über die Zukunft, die der Stadt, die unsere, er erzählt vom Geschäft und von seinem Engagement im Kinderschutzbund. Bis Mitternacht im Schein der brennenden Fackeln.

Noch in der Nacht trifft mein Sohn Tobias ein.

Alles ist zur Abfahrt vorbereitet. Die Bücherkisten sind gepackt. Auch die Bände der Schiller-Nationalausgabe sind verstaut, sie werden mit nach Berlin reisen, Professor Zeller hat freundlichst die Leihfrist bis zur Beendigung des Manuskriptes gedehnt.

Am Morgen hilft mir Tobias beim Umräumen. Als wir den Schreibtisch in das vordere, zur Straßenseite gelegene Zimmer zurücktragen, fällt mein Blick auf den Fernseher mit Satellitenempfang und mir wird bewußt, daß ich ihn nicht ein einziges Mal eingeschaltet habe.

Treppauf, treppab, der Fahrstuhl ist defekt. Dann ist alles im Auto verstaut. Ein letzter Gang durch die Stadt, der Blick von oben. Ich würde Tobias gern mehr zeigen, all die schönen Stellen, aber die Zeit ist zu knapp. Termine bedrängen ihn: Materialien für einen Medizin-Kongreß, eine Messe in Spanien und ein Theaterprogramm müssen fertig werden.

So beenden wir unseren Stadtgang unten an der Nagold in der schönen Gartenwirtschaft. Am Nebentisch das kroatische Ehepaar, das ich hier mehrfach traf, in dem immer überfüllten Lokal saß man nie allein, immer gab es Gespräche mit fremden Leuten.

Tobias probiert den vorzüglichen Flammkuchen, wir bestellen einen zweiten, trinken Faßbrause und einen Kaffee und schlendern dann zum Parkhaus.

Gegen acht Uhr am Abend des 16. August 2003 verlasse ich mit meinem Sohn nach genau dreiundneunzig Tagen Calw; bereichert durch viele Erlebnisse und Begegnungen, im Gepäck zweieinhalb annähernd fertige Kapitel und viele Entwürfe für mein Buch über Friedrich Schiller.

Am Meer, 10. Juni 2009

Géza Horváth

»Auf den Glückseligen Inseln«

Erinnerungen an die Zeit in Calw, die ich als Stipendiat der Calwer
Hermann-Hesse-Stiftung von Anfang Mai bis Ende Juli 2004 in
Hermann Hesses Geburtsstadt verbracht habe
Dem Andenken an Bernhard Zeller gewidmet

Als ich mit etwa 16 Jahren in Veszprém, einer zwar traditi-
onsreichen, über tausend Jahre Vergangenheit verfügenden,
mittelgroßen ungarischen Bezirksstadt mit Universität am
nördlichen Ufer des Balatons, wo ich geboren bin und meine
Schulen besuchte, durch einen Zufall Herman Hesse zuerst
begegnet war, konnte ich natürlich noch gar nicht ahnen, dass
ich mich in der fernen Zukunft, etwa zwei Jahrzehnte später,
als einer der ungarischen Übersetzer von Hesse, sowie der
Herausgeber der ungarischen Hermann-Hesse-Werkausgabe
für lange Jahre ihm verpflichten werde.

Veszprém, die ehemalige Krönungsstadt der ungarischen
Königinnen, zu meiner Jugendzeit eine der härtesten kom-
munistischen Regionen des Landes, besaß praktisch keine
deutschsprachigen Bücher in der Stadtbibliothek – geschweige
denn in der großen Buchhandlung der Stadt. Auf Rat meiner
Deutschlehrerin nahm ich an einem Preisausschreiben für
Gymnasiasten aus dem ganzen Lande mit einer Übersetzung
teil: In der spärlichen Hausbibliothek meiner Deutschlehrerin
suchten wir aus einem in der DDR erschienenen Auswahlband
deutschsprachiger Prosaisten eine Erzählung von Hermann
Hesse aus: ›Das schreibende Glas‹ – die nicht zu seinen Mei-
sterwerken gehört.

Den Preis hat übrigens ein anderer gewonnen.

Gegen Mitte der 70-er Jahre habe ich dann im DDR-Kultur-
zentrum in Budapest, wo ich damals Germanische und Ungarische Philologie an der Eötvös Loránd Universität studiert

habe, den ›Steppenwolf‹ entdeckt, gekauft und am selben Tag noch in einem Zuge fertig gelesen.

›Der Steppenwolf‹ war das erste Buch von Hermann Hesse, das ich nach ersten Frühpublikationen als naiver Übersetzer-Neuling mangels eines Verlagsvertrags trotz alledem etwa in zwei Jahren absolviert habe. Doch habe ich durch meine Hesse-Übersetzung damals solche hochkarätige und erfahrene Übersetzer – und durch sie das Metier des literarischen Übersetzens kennen, schätzen und lieben gelernt –, wie z. B. den späteren Staatspräsidenten der Republik Ungarn, den ersten nach der politischen Wende von 1989, Árpád Göncz. Es hat jedoch mehr als fünf Jahre gedauert, bis endlich ein Verlag das Manuskript angenommen hat – nicht, als hätten die anderen Verlage Probleme mit der Qualität des übersetzten Textes gehabt, aber von den etwa drei staatlichen Großverlagen für Literatur wollte immer noch keiner den in den Jahren des so genannten »real existierenden Sozialismus« (lies: kommunistischer Diktatur) verpönten Hermann Hesse haben. Nach der politischen Wende von 1989 habe ich einen kleinen, neu gegründeten Verlag gefunden, dessen Leiter ich sehr gut kannte, und der meine erste Hesse-Übersetzung in ein paar Monaten zu Weihnachten 1992 herausbrachte. Seitdem ist ›A pusztai farkas‹ (›Der Steppenwolf‹) in mehreren Auflagen und Ausgaben in über 20 000 Exemplaren vertrieben worden.

Und damals hat mich ein anderer, ebenfalls neu ins Leben gerufener Verlag, »Cartaphilus«, beauftragt, einen Plan zu einer ungarischen Werkausgabe von Hermann Hesse zusammenzustellen.

So hat es also mit meiner Beschäftigung als Übersetzer und Herausgeber der Werke Hermann Hesses in Ungarn begonnen.

Seitdem sind 20 Bände der auf 25 Bände vorgesehenen ungarischen Hermann-Hesse-Werkausgabe erschienen – der letzte Band ›Kedves és Tisztelt Barátom‹ (›»Lieber und verehrter Freund«. Hermann Hesse – Thomas Mann: Briefwechsel‹) zu Weihnachten 2002.

Auch als Germanist bin ich dem schwäbisch-schweizeri-
schen Dichter verpflichtet. 1989-1990 konnte ich im Marbacher Deutschen Literaturarchiv unter hervorragendsten
Forschungsbedingungen und unter der charismatischen Betreuung von Professor Bernhard Zeller als DAAD-Stipendiat
arbeiten und als Referent am 7. Internationalen Hermann-
Hesse-Kolloquium in Calw 1992 teilnehmen. Seitdem kam
ich immer wieder nach Calw zurück: privat oder als einge-
ladener Gast – das letzte Mal bei den großen Feierlichkeiten
im Sommer des Hermann-Hesse-Jahres 2002. Ich habe inzwischen manches zu und über Hermann Hesse geschrieben
– als Verwandter und Koautor, nämlich als Übersetzer von
etwa vier Dutzend seiner Werke vom ›Steppenwolf‹, über
seine Erzählungen, angefangen mit den romantisch anmu-
tenden, oft ironischen Gerbersau-Geschichten, fortgesetzt
mit expressionistischen Texten wie ›Klingsor utolsó nyara‹
(›Klingsors letzter Sommer‹) oder die von der Jungschen –
und Freudschen! – Psychoanalyse geprägten ›Gyermeklélek‹
(›Kinderseele‹) und ›Demian‹ und über seine Märchen bis hin
zur Vision von einer zeitlos-imaginären Geistesgemeinschaft
der Morgenlandfahrer und den späten Erzählungen ›Der
Bettler‹ und ›Kaminfegerchen‹.

Das Vorstudium zum ›Glasperlenspiel‹ mit dem reinen Reich
des Geistes, dem Seelenführer als Diener-Herrscher, Pablo,
und mit dem seinen Glauben und seine Hoffnung verlierenden
und endlich wiederfindenden H. H. – also die große Erzählung
›Die Morgenlandfahrt‹ von 1932 habe ich nebst anderen Texten
(›Schwäbischer Lebenslauf‹, Erzählungen) im Calwer Refugi-
um in meine Muttersprache übertragen.
   Der Direktor der Sparkasse Pforzheim-Calw konnte am üblichen, sehr großzügigen und vornehmen Empfang des neuen
Hermann-Hesse-Stipendiaten nicht anwesend sein, angedeutet
hat er es jedoch, er möge ihn auf jeden Fall ein anderes Mal
einladen. Und es kam sehr bald dazu. Der Stipendiat brütete
eben über seinem Projekt an einem heißen Mainachmittag in

leichter Hauskleidung und doch schwitzend, als das Telefon klingelte und der Herr Sparkassendirektor ihn auf fünf Uhr zu einer feierlichen Preisübergabe an die Schüler der Calwer Musikschule in die benachbarte Sparkasse einladen ließ. Der Stipendiat hat ohne Bedenken sofort mit Freude zugesagt und erst nach Ablegen des Hörers bemerkt, dass es knapp zehn Minuten vor siebzehn Uhr war. Und doch hat er es geschafft: ein paar Minuten nach fünf ist er in entsprechender Kleidung im Saal der Sparkasse angestürzt erschienen ... Seitdem haben sich Sparkassendirektor und Stipendiat mehrmals getroffen: wie etwa am 25. Juni 2004 in der Kundenhalle der Sparkasse in Calw bei der Vernissage zur repräsentativen Ausstellung der Künstlerin, I. K. H. Diane, Herzogin von Württemberg, Prinzessin von Frankreich, wo der Hesse-Stipendiat der Herzogin vom Sparkassendirektor als »feuriger Ungar« vorgestellt wurde und wo er mit dem Gemahl I. K. H., S. K. H. Carl Herzog von Württemberg, bei unförmlicher Unterhaltung eine Zigarette in der Nichtraucher-Halle genießen durfte. S. K. H. nahm mit sichtbar offener Freude einen ungarischen Hesse-Band in der Übersetzung des Stipendiaten entgegen und versicherte ihm, er werde ihn seinem Schwiegersohn leihen, der als geborener Pallavicini Ungarisch lesen und so Hermann Hesse sogar in ungarischer Sprache genießen könne ...

Die mit sonst eifriger Arbeit verbrachten Mußestunden im Dachgeschossrefugium wurden nur durch regelmäßige Fahrradtouren in die nahe liegenden Wälder und Kurorte (Teinach, Bad Liebenzell, manchmal sogar bis nach Pforzheim, etc.) und gelegentliche und herzliche Einladungen bei Freunden in und um Calw unterbrochen, die manchmal mit Fußballgenuss im Fernsehen (es war doch EU-Fußballmeisterschaft!) und Biergenuss vor dem Fernseher im gemütlichen Haus des netten Buchhändlerehepaars oben am Berg; manchmal mit literarischen Unterhaltungen bei Kaffee und Kuchen bei einer für Fontane und romantische Dichtung schwärmende Dame; oder in einer herrlichen Jugendstilvilla aus Hesses Kinderjahren bei einer zärtlich-flinken und liebenswerten alten Dame, einer Verwandten von Hermann Hesse, die noch über ihre Begegnung mit dem Großonkel in Montagnola als kleines Mädchen zu erzählen wusste; oder bei der nicht gebürtigen Calwerin, die sich zeitlebens um die Verbreitung Hesseschen Gedankenguts nicht nur in Calw verdient gemacht hat; oder bei grandioser und hocheleganter Soiree mit aparter Weinverkostung in einem renommierten Schloss an der Nagold; oder bei gemütlichen und lebhaften Terrassenpartys im von den gegenwärtigen liebenswürdigen Besitzern bewohnten und schön gepflegten benachbarten Geburtshaus des Dichters, das der Stipendiat wörtlich durch einen Sprung unmittelbar erreichen konnte und wo er immer mit größter Freude und Freundlichkeit aufgenommen wurde – einsame und eifrige Mußestunden also, die mit solchen Herrlichkeiten verbunden waren: immer und überall nette und herzliche Menschen in der schwäbisch-pietistischen Kleinstadt – trotz der durch die Berge geographisch eingeengten Lage der im Nagold-Tal liegenden Stadtmitte keine Spur von der Engstirnigkeit und Kleinkariertheit der Einheimischen um Neunzehnhundert, die in Hesses Gerbersau-Geschichten oft karikiert und ironisiert dargeboten werden. Eine lebendige Stadt mit großer, gepflegter Tradition (Benediktinerkloster in Hirsau, schwäbischer Pietismus, evangelische Mission, Calwer Tuchproduktion, Grau- und Rotgerberei und natürlich Hermann Hesse selbst): in der langen Nacht der Museen erhält kaum jemand Einlass ohne vorbesorgte Tickets ins Gewerbemuseum, es wimmelt überall von interessierten Einheimischen und wohl auch Bewohnern der Nachbarortschaften –, eine Stadt aber auch, die sich dem Zeitgeist öffnet – Tausende füllen den hügeligen Markplatz bei Pop-Rock-Konzerten und Straßentheateraufführungen – überall frohe Leute, jung und alt –, eine lebendige Stadt, denn die Leute beleben sie vor allem zu ihrer eigenen, wohl aber auch zu Anderer Freude und Lust: die Calwer scheinen sich ihrer Stadt wirklich zu freuen und sich in ihr wohl zu fühlen. Fast jedes Wochenende finden stark besuchte Lokalveranstaltungen statt: Floßfest, Gewerbefest, Feuerwehrfest, Konzerte der städtischen Aurelius Sängerknaben, Lesungen, Matineen, Ausstellungseröffnungen, Kolloquien – und das Finale der 12. Fußball-Europameisterschaft (das aber nur einmal) …

Am 4. Juli ist die ganze Stadt durch heftiges Fußballfieber geschüttelt. Vor dem Hotel-Restaurant Raststube am Marktplatz, das von einer sympathischen griechischen Familie geführt wird, ist ein Riesenbildschirm aufgestellt. Der Stipendiat verfolgt das Spiel und eher noch die Reaktionen des Publikums mit dem besten Calwer Freund bei einem Bier – alles bis ins Unerträgliche gespannt, doch friedlich – besonders die Griechen (es gibt auch disziplinierte portugiesische Fans unter den Zuschauergästen). Das Ergebnis: Portugal – Griechenland 0:1. Nach dem Abpfiff bricht ein Riesenjubel aus, es entfesselt sich ein dionysischer Kollektivrausch – ohne Mänaden –, ganz wie ihn Hesse im ›Steppenwolf‹ beschreibt: »Ein Erlebnis, das mir in fünfzig Jahren unbekannt geblieben war […] das Erlebnis des Festes, der Rausch der Festgemeinschaft, das Geheimnis vom Untergang der Person in der Menge, von der Unio mystica der Freude […] Ich war nicht mehr ich, meine Persönlichkeit war aufgelöst im Festrausch wie Salz im Wasser.« Zum karnevalistischen Auflösen des Fußballfan-Salzes im brausenden Gewässer der europäischen Fußballlandschaft trägt der griechische Hotel-Dionysos in keinem geringen Maße bei: Kisten vorgekühlter Ouzo-Flaschen werden auf den Platz getragen und – wenn die Erinnerung nicht trügt – in gekühlte Spezialgläser gefüllt und verteilt – ein Siegesgeschenk des Hauses Hellas …

In Calw kann ein zuverlässiger Cicerone und ein vorzüglicher Freund auch nicht fehlen. Er begleitet, betreut und managt den verwöhnten Stipendiaten durch all die Sommerwochen. Der Schriftsteller und charismatische Kulturorganisator, Kulturdezernent der Stadt im Hermann-Hesse-Jahr 2002, seine junge Frau »Ninon« und ihre Kinder sorgen immer für freundlichstfamiliäre Geselligkeit …

Und nicht zu vergessen sei die diskrete Obhut der Stiftung, gewährt durch die wunderbare Vertreterin des Stiftungsvorstands; sie sorgt fürsorglich für die nötigen ungestörten Ruhe – und Mußestunden des frohen Schaffens ...

Und gegen Ende des Stipendien-Aufenthalts noch eine Lesung im heutigen Hesse-Museum. Der Stipendiat ist glücklich überrascht und gerührt. Der Saal ist zum Bersten voll, obgleich er eigentlich nicht liest, nur über seine Erfahrungen als Literaturübersetzer, als Hesse-Übersetzer berichtet. Es ist ein schöner Moment: man sieht überall die bekannten Gesichter wieder – ein wirklich schöner Abschied von Hermann Hesses Calw – von den glückseligen Inseln ...

Apropos: kurz vor Abreise empfängt der OB den Stipendiaten in seinem Büro. Zur Erinnerung erhält der vergnügte Stipendiat eine Hesse-Uhr. Seitdem wird die zeitlose Hesse-Zeit mit der zeitgerechten Hesse-Uhr gezeitigt ...

Ich habe mir oft Gedanken gemacht über Hesses spärliche Ungarn-Kenntnisse – und Erfahrungen. Hermann Hesses Großvater mütterlicherseits, Friedrich Gundert, war ein sprachbegabter und hoch gebildeter Missionar. Er soll u.a. ›Die Tragödie des Menschen‹ (1861) des ungarischen Dramatikers Imre Madách, eine ungarische Nationaldichtung – zwar nicht im Original, aber immerhin in deutscher Übersetzung – gelesen haben. Sein Neffe, Hermann, kannte und rezensierte zwar von den Upanishaden bis Peter Weiss fast die ganze Weltliteratur und hatte neben dem (vor allem westeuropäischen und russischen) Gedankengut ein reges Interesse für den fernen Osten, ist – auch – ihm Ungarn bis auf einige zufällige Ausnahmen völlig aus dem Blickfeld geraten (oder besser: überhaupt nicht ins Blickfeld gerückt). Er hatte in Montagnola eine ungarische Haushälterin, eine gewisse Kati, die dem Ehepaar Hesse der ungarische Altphilologe Károly Kerényi vermittelte, mit dem Hesse in Korrespondenz stand. Er kannte die ungarische Konzertsängerin Ilona Durigo, die 1921-1937 in Zürich lebte und von Othmar Schoeck vertonte Hesse-Gedichte sang, er rezensierte einen Roman von Béla Balázs und empfahl noch einen von Magda Szabó Anfang der 60-er Jahre, er kannte und schätzte die Musik von Béla Bartók und schrieb auch darüber, aber das Wunder der ungarischen Lyrik und die tragische Problematik der ungarischen Geschichte und Kultur überhaupt sind ihm fern und unbekannt geblieben. Das ist natürlich nicht sein Fehler, diese Mangelhaftigkeit ist vor allem der unseligen Isoliertheit der ungarischen (nicht indogermanischen) Sprache und der ebenfalls isolierten ungarischen (Schrift)Kultur mit europäischen Wurzeln, sowie der allgemeinen deutschen Kulturpolitik von damals zu verdanken …

Und so habe ich also in Calw zunächst mit dem Übersetzen eines eminenten Textes Hermann Hesses ›Die Morgenlandfahrt‹ ins Ungarische begonnen, wobei ich damals schon mit dem ganzen Lebenswerk ziemlich gut vertraut war und viel und vieles von Hesse übersetzt habe.

Ohne auf die unendliche Diskussion um das Metier und die »Aufgabe«(?) des Literaturübersetzers einzugehen – die seit mindestens Hieronymus über Walter Benjamin bis heute immer noch stattfindet –, kann ich nicht umhin, so viel zu bemerken, dass ich als Übersetzer zwischen den beiden grundlegenden Auffassungen, nämlich der der »wortgemäßen« (»worttreuen«) und der der »sinngemäßen« (mit Benjamin etwas vereinfacht gesagt: ob also »die Art des Meinens« oder »das Gemeinte« aus der Ausgangssprache in die Zielsprache zu vermitteln sei) trotz (post)moderner Neigungen und Praxis die letztere bevorzuge. Der Übersetzer bewegt sich zwischen einem schöpferischen Künstler und einem akribisch recherchierenden Wissenschaftler, ist im urheberrechtlichen Sinn selber ein Autor, er ist in unserem Fall ein ungarischer Hermann Hesse. Er muss das Original bis in die kleinsten Details hinein kennen, »verstehen« (was auch immer der viel umstrittene Begriff bedeuten mag) und interpretieren. Übersetzen ist Interpretationskunst- und Handwerk. Der Übersetzer erklärt sich, interpretiert sich und präsentiert sich und vor allem anderen eine souveräne (Text-)Welt, indem er diese Welt, die in der Ausgangssprache (»Quellsprache« heißt sie metaphorisch auf Ungarisch) und Ausgangskultur gestaltet (konstruiert) wurde, auseinander legt (dekonstruiert) und in seiner Zielsprache -und kultur wieder aufbaut, zusammen legt, eben nachgestaltet (rekonstruiert). Er muss also jedes (Bau)Element des Textes kennen: die vertikalen und horizontalen Bedeutungsfelder und Bedeutungsstrukturen der Wörter, die Sinnzusammenhänge des Textes, die eventuellen Bezüge zu anderen Texten (genaue und ungenaue Zitate, Andeutungen, etc.), und mag es auch befremdend klingen: Der Übersetzer braucht die Sprache des Originals zwar möglichst weit und tief greifend, d. h. mit dem Ehrgeiz des Strebens nach dem Vollkommenen, aber nur »passiv« zu beherrschen, während er mit der Zielsprache, in der er den fremden Text neu gestaltet, aktiv und schöpferisch muss umgehen können.

In diesem Sinne habe ich also den Versuch gemacht, in den drei Sommermonaten im Hesse-Refugium u. a. ›Die Morgenlandfahrt‹ in meine Muttersprache zu übertragen. Zum Schluss sei hier eine kurze Kostprobe meiner Bemühungen samt dem Original angeführt, eine Stelle, die die zeitlich-zeitlose, räumlich-raumlose, wirklich-überwirkliche Abenteuerfahrt aller realen und fiktiven Morgenlandfahrer beschreibt, eine geistige Fahrt, zu der sich dank der Aufhebung von Sprachgrenzen, von Zeit, Raum und Kausalität vielleicht doch auch der Vermittler dieses Textes immer und überall zu gesellen vermag und imaginär und real auch ab und zu mal einen Abstecher in den Geburtsort des großen Morgenlandfahrers unternehmen kann:

»Wir zogen nach Morgenland, wir zogen aber auch ins Mittelalter oder ins goldene Zeitalter, wir streiften Italien oder die Schweiz, wir nächtigten aber auch zuweilen im zehnten Jahrhundert und wohnten bei den Patriarchen oder bei Feen. In den Zeiten meines Alleinbleibens fand ich häufig Gegenden und Menschen meiner eigenen Vergangenheit wieder, wanderte mit meiner gewesenen Braut an den Waldufern des oberen Rheins, zechte mit Jugendfreunden in Tübingen, in Basel oder Florenz, oder war ein Knabe und zog mit den Kameraden meiner Schulzeit aus, um Schmetterlinge zu fangen oder einen Fischotter zu belauschen, oder meine Gesellschaft bestand aus den Lieblingsfiguren meiner Bücher, es ritten Almansor und Parzival, Witiko oder Goldmund neben mir, oder Sancho Pansa, oder wir waren bei den Barmekiden zu Gast. Fand ich mich dann in irgendwelchem Tale wieder zu unsrer Gruppe zurück, hörte die Bundeslieder und lagerte dem Führerzelt gegenüber, so war mir alsbald klar, dass mein Weg in die Kindheit oder mein Ritt mit Sancho notwendig mit zu dieser Reise gehörten; denn unser Ziel war ja nicht nur das Morgenland, oder vielmehr: unser Morgenland war ja nicht nur ein Land und etwas Geographisches, sondern es war die Heimat und Jugend der Seele, es war Überall und Nirgends, war das Einswerden aller Zeiten.«

»Napkeletnek tartottunk, de jártunk a középkorban, sőt az Aranykorban is, érintettük Itáliát vagy Svájcot, néha azonban a tizedik században töltöttük az éjszakát, és pátriárkáknál vagy tündéreknél vettünk szállást. Amikor egyedül maradtam, gyakran újra rábukkantam bizonyos tájakra és emberekre saját múltamból: hajdani arámmal andalogtam a Felső-Rajna erdős partján, ifjúkori cimborákkal mulattam Tübingában, Bázelben vagy Firenzében, vagy kisgyerek votlam, és iskolás éveim cimboráival pillangókat kergettünk, vagy vidralesre mentünk, vagy épp kedves könyveim szereplői szegődtek társaimul: Al-Manszur és Parszifál, Witiko vagy Goldmund lovagolt mellettem, vagy Sancho Pansa, avagy a barmekidák vendégszeretetét élveztem. Amikor aztán egy völgyben viszszataláltam csapatunkhoz, amikor meghallottam a szövetségi dalokat, és vezetőink sátrával szemben letáboroztam, tüstént megértettem, hogy utam a gyermekkorba, vagy a poroszkálás Sanchoval szükségképp ennek az utazásnak a része; mert hisz célunk nem pusztán a Napkelet, pontosabban a mi Napkeletünk nem csak egy ország, nem csupán valamiféle geográfiai vidék, hanem a lélek hona és ifjúsága is, mindenütt volt és sehol, s minden idők eggyé válását is jelentette.«

Hans-Michael Speier

calw, kling

»... der glaube, man könne
durch brennen die erden heilsam erneuern.«
(h.hesse)

»auch diesen irrsinn werden wir überstehen«
(th. kling, email)

und jenen, flößern von verflossenem, reichte es nie zu mehr
zu überhaupt was, holzlast bis holland um so
den schwarzwald (tannen) hinabzubringen ans meer
und in die *calwerstraat* geschafft zu amsterdams
sklavenschiffen ihr stämme droben

im stadtwald (stammwald) breitgetretene zapfen
schuppig, wie schuppen von panzern, urzeitlich
beigetreten, asselähnliches, haus linkenheil, rauh
putz die häuser, putzige stadt, durch fußgängerzonen
das *café demian* geflößt, eingewinkt

vom hessefinger auf der brück' (von tassoti) oder
japanisch ins digitale monokel geklemmt
stämme schwanken lapidar am geldleuchtenden ufer
heimliche floßfahrten, er steckte sich den
eisernen nagel in den mund
er schrieb ich wird ins irrenhaus gesteckt

war andreä hier (mann der chymischen hochzeit) diese heraus
gezogene seel', schwebte der kelch, voll schwedentrunk
und an *gewissen tagen des HErr und der festen in öffentlichen
zusammenkünften und versammlungen*, lebten hier noch

263

10% bewohner als seine nachfahrn anno neunzehn
sechsunddreissig, schrieb threni calvenses, *zusamengetragen*
und mit skriftmässiger erklärung ausgeführet

schabbes. hier wird geschabt, halbmodisch
von färbereien, gerberein ein geruch
bäckerei pfrommer weiss wohlgemuth
kaufland lidl aldicenter metzger franz jourdan blum
ratsstube rössle, alt-calw gutbeleuchtet fleischerläden
und in der marktnacht neonrot der sparkassenmond:
logo schlägt logos ! direktor teufel führt durchs haus

sagt ihm, dass es noch viel zeit brauche, wenn sie wollten
aber intakte familien, aber schausonntage im autohaus
monsterwolken, drunter wegschießende wortschaften
da – *deckenpfronn!*, da – *haarschwärze!* (ein weg)
in der halle, aber sichthülle das leben: eine sonntagsfrage
in den schächten, in parkhäusern geparkte nähen

ihr vielgebundnen flöße auf schwarzwald-tournée
(»klingt irgendwie nach gewürfeltem wanderhemd«)
ganze stapel ausgesondert, gestapelte emailgedichte
am holzrand tintlinge verschiedene stadien, zerlaufende
schon
aufrecht, matschig im script, haarschwarze skriptol-tinten
dokumentengeächtetes eberumschnuffeltes gepilz, im revier
alter dateien (nichts nie mehr was angesehen), im feuchtbio-
top

randständig, den floßschreiber treibt's, schreibt er
ist das hier irgendwo oder ein nirgendwo
diese stadt liegt im schacht, niedrige nebellager
die wand dringt zu sich selber durch, sodann
sondagen-CD: in die calwer kurve gelegt
vorwärts aufwärts gedreht, nach manhatten mundraum

anderes calw (variante)

so sauber alles
seidendüfte am marktplatz

stämme schwanken lapidar
am geldleuchtenden ufer

er steckte sich den eisernen nagel
in den mund schrieb: ich
wird ins irrenhaus gesteckt

am weg durch den stadtwald
brennen die erden

Bodo Hell

Bretterzeilengedicht

bei
der Errichtung eines
Trocknungsstosses empfiehlt
der Holzfachmann das präzise Auflatteln
der Bretter mittels Sägewerkslatten aus der
Seitenware, dem sogenannten Besäumholz mit
der Waldkante, wobei der Stoß nach der Form des
Stamms aufgeschichtet sein kann, d.h. er erscheint
von der Stirnseite gesehen wie ein sich erweiterndes
und jetzt wieder verengendes Bretterzeilengedicht,
das dann luftig an der wetterabgekehrten Seite
oder gleich unter Dach, wenn im Freien, dann
aber auf jeden Fall abgedeckt und even-
tuell steinbeschwert für 4 bis 5
Jahre zum Trocknen da-
steht

Gert Loschütz

Zwischenzeit

Die Vereinsamung der Stadt infolge der Abwesenheit des Dichters – wache in der völligen Dunkelheit der Februarnacht im überheizten Zimmer mit diesem mir möglicherweise durch die Überecknachbarschaft zu H.'s Geburtshaus fertig in den Kopf gepflanzten Satz auf und weiß doch schon, während ich ihn vor mich hinsage, dass er falsch ist: In keinem anderen Geburtsort eines bekannten Mannes ist dieser so gegenwärtig wie H. in C.

Nicht nur dass am Kopfende des Marktplatzes ein einzig ihm und seiner Bedeutung gewidmetes Museum liegt, das wie das Gymnasium, ein Brunnen und ein etwas kleinerer Platz seinen Namen trägt; nicht nur, dass an allen jemals von ihm oder seiner Familie bewohnten oder in einer Beziehung zu ihm oder ihr stehenden Häusern kleine, auf diesen Umstand hinweisende Schilder angebracht sind, mit deren Hilfe sich die Verbindung zwischen Stadt und Dichter vergegenwärtigen lässt; nicht nur dass die beiden Altstadtbuchhandlungen ganzjährig ein Schaufenster für sein vielbändiges Werk reserviert halten, in dem selbstverständlich die Erzählungen mit erkennbarem Ortsbezug am häufigsten vertreten sind, oder dass an mindestens einer Hauswand in Riesenlettern das Knabenleben in der Stadt verherrlichende Zeilen aus seiner Feder zu lesen sind; nicht nur, dass in hier abgehaltenen oder von hier ausgehenden Symposien regelmäßig seiner gedacht wird, dass das Gedenken in Papieren festgehalten und in Büchern versammelt wird, die im Jahr darauf wieder in den beiden ihm vorbehaltenen Schaufenstern liegen – nein, er tritt einem auch in voller Größe entgegen, als Bronzefigur auf der von ihm als seine liebste Stelle bezeichneten Brücke, den Hut in der Hand, den Blick stadteinwärts gerichtet.

Und doch schiebt sich, während ich mich aufsetze, der andere Gedanke wieder nach vorn: H.'s im Alter von siebzehn Jahren vollzogene und nur für kurze Besuche, also nie wirklich rückgängig gemachte Abreise hat zur Vereinsamung der Stadt geführt? Ich stehe auf, drehe die am frühen Abend beim Kofferauspacken angestellte Heizung herunter, schiebe die Vorhänge zurück und reiße die Fenster auf; über den Dächern die sich etwas dunkler abzeichnenden Umrisse des Taleinschnitts, durch den ich am Nachmittag gekommen bin. Und als ich mich wieder hinlege, habe ich plötzlich das Bild der blinden Streithähne vor Augen, von denen mir der eine schon im Bahnhof von Pforzheim aufgefallen ist, wie er mit bleichem, schräg nach oben gewandten Gesicht (das scheinheilige Aussehen der Blinden?), von seinem an einem weißen Bügel gehaltenen, nervös nach allen Seiten hin sichernden Schäferhund durch die Halle hinaus auf den Bahnsteig geführt wurde, wo er einen Moment unter der großen Uhr stehen blieb und dann denselben roten, aus einem einzigen Abteil, mit einem Führerstand an beiden Enden, bestehenden Triebwagen bestieg wie ich.

Nachmittag, halb fünf, Berufsverkehr, heim ins Nagoldtal fahrende Angestellte, Berufsschüler, Hausfrauen und Rentner, die, den Rucksack oder die Einkaufstasche auf den Knien, unter dem blassen Deckenlicht in einer von Erschöpfung diktierten Vorfeierabendruhe vor sich hin dämmern. Der Zug ruckt an, nimmt Fahrt auf und bremst, noch ehe er die Stadt verlassen hat, wieder ab, um an einer Vorortstation zu halten. Die junge Asiatin (silberner Fliegerblouson mit Kunstpelzkragen), die, unwillig über die Zumutung, die sie in meiner Frage erblickte, ob ich neben ihr Platz nehmen dürfe, den Sitz von Tüten frei geräumt und, kaum saß ich, den kleinen Kopf unter Stöhnen an die Scheibe gelehnt hat, schaut auf, und ihrem Blick folgend, sehe ich zugleich mit dem ersten Blinden den zweiten sich herein- und herantasten.

Der erste sitzt vor dem gläsernen Windschutz, der das Abteil vom Vorraum trennt, mit dem Rücken zum Fenster, auf einem der heruntergeklappten, sich an der einen Wagenseite entlangziehenden Sitze. Der andere befindet sich noch hinter dem Windschutz in einem Pulk von Leuten, der sich vom Bahnsteig hereinschiebt (erkenne ihn an der Kopfhaltung als den zweiten); sein linker Handrücken streift, sich orientierend, über das Glas, die Rechte umfasst den aus dem Geschirr aufragenden Bügel; auch er hat sich einem Schäferhund anvertraut, einem großen, kräftigen Tier, das sich im Gedränge klug zurückgehalten hat, jetzt aber den Kopf hinter der Glasscheibe vorstreckt, worauf der andere aufschaut – und dieser Moment, in dem sich die Hunde erkennen, ist es, in dem das Chaos ausbricht, die Gewaltlust, die Mordbereitschaft. Der eine stürzt nach kurzem Stutzen, wütend bellend, hinter dem Windschutz hervor, der andere, der zusammengerollt zu Füßen seines Herrn vor sich hin gedöst hat, springt auf und wirft sich dem Angreifer entgegen. Dass sie einander nicht die Zähne in den Hals schlagen, ist einzig dem Umstand zu verdanken, dass sie von ihren Herren zurückgerissen werden, die beiden zerren – die Köpfe in dieser seltsamen Schräglage, dabei abwechselnd den Hunden Befehle zurufend (Aus! Aus!) und den anderen mit Beschimpfungen überziehend (Dreckskerl!) – an den Bügeln, bis die Gewalt in sich zusammenbricht, aber auf eine Weise, der man anmerkt, dass der Mord nicht aus der Welt ist, sondern bloß vertagt. Die Hunde drehen sich verwundert, ja beschämt, wie es scheint, um sich selbst, bis sie wieder in ihrer Richtung stehen, ihr Kopf hängt herab, während von ihren Herren ein bedrohliches Zischen ausgeht, aus dem einzelne Wortblasen steigen: Den werd' ich! Wart' nur! Bis sich der erste lange vor der nächsten Station erhebt und (da ihm der kürzere Weg von seinem Feind versperrt ist?) quer durch den Wagen geht, nach hinten, zur hinteren Wagentür, so dass er mir mit seinem Hund entgegenkommt und ich sein Gesicht sehen kann. Was will der denn? Warum gibt er keine Ruhe? brabbelt es aus seinem Mund, während der andere hinter ihm her Betrüger, Verräter, Dieb durch den Wagen (oder besser: in die Luft hinein) ruft, mit unveränderter, nein, sich steigernder Lautstärke.

Zweite Februarhälfte, notiere ich später, Dämmerlicht, sich verengendes Tal, vorm Fenster vorbeiziehendes, sich immer näher an den Zug herandrängendes Landschaftsgrau; die Leute, die nach und nach aufstehen und neben den Blinden an die Tür treten, ihn vorsichtig beäugend / einen Achtungsabstand einhaltend, und zwischen denen er dann davongeht, langsamer als sie, so dass ich, da der Zug ohne erkennbaren Anlass minutenlang stehen bleibt, das Hellgrün seines Anoraks mit den beiden gelben, über seine Ärmel laufenden Streifen noch eine Weile herüberleuchten sehe.

Ja, *er* ist da, überall, im Stadtnamen sogar, auf dem amtlichen Briefpapier, in den Werbebroschüren, auf den Straßen- und Bahnhofsschildern: C., die H.-H.-Stadt. Und doch: Abwesenheit. Schon während ich am Morgen nach dieser vergrübelten Nacht über das regenstumpfe Pflaster des Marktplatzes gehe, sein Geburtshaus zur Rechten, das Rathaus zur Linken, setzt sich in meinem Kopf das Wort fest: Abwesenheit bei gleichzeitiger Dauerpräsens. Oder wegen ihr? Vielleicht. Ich glaube, wegen ihr. Dauerpräsens als Hintergrundrauschen, ein ununterbrochen seinen Namen murmelnder Mund, eine immer wieder aufgelegte Platte, ein immer wieder reproduziertes Bild. Das ist es, was ihn von der Rückkehr abhält, den jungen H. jedenfalls, was seine Abwesenheit erklärt. Den jungen schreckt es ab. Und den älteren, den alten? Weiß nicht. Es will mir aber vorkommen, als verführte das Alter zur Nachsicht, ja, die Dinge sind nicht mehr so wichtig. Ich bin hier in aller Munde, nun gut. Kann sein, dass dem alten H. der Rummel gefallen hätte, Wiedergutmachung für die erlittenen Niederlagen, die erfahrene Schmach; Neubewertung eines lange als Windbeutelexistenz angesehenen Lebens, später Triumph über die Missachtung, über die Verhärteten, die im rechten Glauben Erstarrten.

Beim Aufschauen Schneetreiben, das Museum am Platzende hinter einer Schneewand, womit der bis weit in den Frühling hinein gültige Wetterbericht abgegeben wäre: Regen oder Schnee. Die Lage der Stadt: zwischen zwei Höhenzügen, der eine im Osten, der andere im Westen, so dass die Sonne später als anderswo aufgeht, sich dafür aber früher verabschiedet, wie in der Schieferstadt, dem verhassten Ort meiner Kindheit und Jugend, vergleichbar auch die Enge der Häuser, die gelegentlich steil auf und abwärts führenden Gassen. Daher die sich in mir aufrichtenden Stacheln?

Die Vereinsamung der Stadt – was hätte man sich, wenn das denn möglich wäre, darunter vorzustellen? Weigern sich die Einwohner anderer Städte mit denen von C. zu verkehren? Machen sie einen Bogen um die Stadt? Wenden sie sich ab, sobald sich jemand als Bürger von C. zu erkennen gibt? Oder bezieht sich das Wort *Vereinsamung* auf etwas anderes?

Ist etwas vorher (zur Zeit der Anwesenheit des Dichters) Vorhandenes bei seiner Abreise verloren gegangen? Was? Die kleinen Dinge, deren Verlust in ihrer Summe zur Vereinsamung führen? Schleichende Abnahme der Freundlichkeit, an deren Ende die Stiefel trampelnde Willkür steht, bei gleichzeitiger Ausbildung eines krankhaften, auf die Übervorteilung anderer gerichteten Geschäftssinns; Rechthaberei; Verlust der Neugier, Austreibung der Phantasie, damit Abschaffung des Unwägbaren und Ausbreitung der graugesichtigen Langeweile? Erwärmt sich die Luft nicht mehr, haben die Vögel den Gesang eingestellt, hat die Musik einen scheppernden Klang angenommen, ist der Glanz von den Gegenständen gewichen, so dass sie, stumpf und grau geworden, den Betrachter traurig stimmen?

Seltsame, nach Abschluss der Korrekturen an der *Bedrohung* zum Nichtstun einladende Zwischenzeit, die nichts Erholsames hat, da das Nichtstun nicht Müßiggang bedeutet, sondern aus Erschöpfung resultierenden Leerlauf, der am besten in der Bewegung zu ertragen ist. In einem solchen Zustand muss man rennen, Rad fahren, schwimmen, ins Kino gehen, ins Theater, in Museen, Galerien, im Bus oder in S- und U-Bahn kreuz und quer durch die Stadt jagen, um am Ende wieder bei sich selbst anzulangen. Auf keinen Fall erträgt man Stillstand, Zimmer mit den Blick nach außen verstellenden Gardinen, Käfig. Was man braucht, ist weite Sicht, weshalb es unglücklich ist, wenn das Geläuf aus ein paar auf- und abführenden, bereits kurz nach Ladenschluss gähnend leeren Straßen besteht, das Kino nur Teeniequatsch zeigt und die Fußwege über die Stadtgrenze hinaus wegen Schnee, Regen, Matsch unpassierbar sind, so dass man, auf sich zurückgeworfen, unruhig durch die Räume tigert.

Wahrscheinlich hab ich, bloß um dem Stillstand zu entgehen, noch nie so viele Märsche um immer dieselben Ecken unternommen, über immer dieselben Brücken, von denen auf einer immer derselbe Bronzeherr steht, den Hut in der Hand, bei jedem Wetter, so dass es einen barmt; noch nie auch bin ich so oft in immer denselben Supermarkt gegangen, an immer denselben Regalen, Kühltruhen und Wursttheken entlang, um mich danach in immer dasselbe Café zu setzen, die *Stuttgarter* liegt da, auch der *Schwarzwälder Bote*, blättere sie aber nur durch; nicht nur das Schreiben, auch das Lesen, das Zeitungslesen sogar, ist in diesem nervösen Zwischenzustand suspendiert.

Gegenüber die Auslagen der Metzgerei, darüber die Fachwerkfassade, Passanten, Sparkassenkunden in zu leichter Kleidung eilig zum Auto strebend, der wehende Schnee; innen: das Zeitungsrascheln, das Klappern und Kratzen der Gabeln auf den Tellern, das Stimmengemurmel, der Kuchen- und Kaffeegeruch, vermischt mit den Ausdünstungen der nassen Mäntel an der Garderobe. Die Hausfrauen, die Schüler, die zum Einkauf in die Stadt gekommenen Dorfleute, die Taschen in Griffweite an ein Stuhlbein gelehnt, ein älteres Touristenpaar (Klepper) oder schon morgens um zehn zwei sich über einem Viertel Rotwein hinweg annörgelnde Greise, alle an den kleinen runden Tischen, auf den gepolsterten Stühlen und Bänken, deren geschwungenes Holz einen Tick zu hell ist, zu sauber, zu ungebraucht, zu sehr wie aus dem Kaffeehausausstattungskatalog, als dass sich Behaglichkeit ausbreiten könnte, und so bricht, kaum dass ich ein paar Minuten sitze, die Unruhe wieder aus, die Tasse wird eilig geleert, die Münzen der freundlich, nun aber aufgescheucht schauenden Bedienung an der Kuchentheke in die Hand gedrückt; der Mantel im Hinausstürzen, mehrmals das Ärmelloch verfehlend, übergestreift; dann um die Ecken, über die Brücken.

Immer zu Fuß, an der Augenarztpraxis vorbei, die Treppe hoch, nicht aus sportlichen Gründen, sondern um dem Geruch auszuweichen, der mir im Aufzug entgegenschlägt. Es ist, als sammelte sich in der kleinen Kabine der Angstschweiß der Patienten, etwas Süßliches, Muffiges, das einem den Atem verschlägt, und von unten, aus einer der Kellerecken, dringt noch ein anderer Geruch: wie von vergammelnden, in den Zustand der Gärung übergehenden Küchenabfällen. Vom Restaurant, das sich im selben Haus befindet, aber durch einen anderen Eingang betreten wird und dessen ausrangierte Reklametafeln mit verwischter Schrift unter den aufgebrochenen Briefkästen an der Wand lehnen? Vermutlich. Und gibt es dort unten, auf halber Treppe zum Keller, nicht auch eine Werkstatt, zu der die Tür manchmal offen steht? Etwas Feinmechanisches (?) wird dort hergestellt, etwas, wozu man saubere Finger und gute Augen braucht, etwas wie Brillengestelle oder Zahnklammern, Arbeiten, über denen junge, manchmal im Türausschnitt sichtbar werdende Menschen brüten, die in ihren weißen Kitteln nicht herzupassen scheinen.

Überhaupt, wird mir jetzt klar, ist das Haus nicht auslotbar. Eine Ansammlung von früher gewerblich oder halbgewerblich genutzten, nun aber zumeist verlassenen Wohnungen, gewiss, aber schon vor der einfachen Frage, wo das Haus anfängt und endet, oder ob es sich nicht gar um mehrere Häuser handelt, versage ich. Es ist eine im Altstadtensemble entstandene Lücke ausfüllend, so in- und übereinander gebaut, das Alte mit dem Neuen verzahnend, dass man es nicht genau weiß. Obwohl durch Eingänge in verschiedenen Straßen zu betreten, scheinen doch alle Räume und Wohnungen miteinander verbunden, so dass es sich bei dem Ende des einen Hauses und dem Beginn des anderen um eine willkürliche, lediglich an der Außenmauer (mit Hilfe eines Fallrohrs) vorgenommene Festlegung handelt, die im Inneren des Hauses oder Häuserkomplexes selbst keine Rolle spielt.

Die Wohnung liegt im vierten Stock, inmitten der am Samstagmorgen geschäftigen Altstadt, Markt, Wochenmarkt, Stände vorm Rathaus; bunt flitzt es hin und her, so ein Trubel ist hier, die Stadt brummt, ja, hier ist das Leben.

Doch als ich am Abend gegen halb neun aus dem Fenster schaue, merke ich, dass – obwohl dem Anschein nach rundherum Wohnhäuser – höchstens zwei oder drei Fenster erleuchtet sind, so, als sei die Stadt evakuiert und nur wir zurückgelassen worden. Wir? Die Restbewohner der Attrappenstadt. Ja, das ist es, die Vorspiegelung einer Stadt, das hier ist Fachwerk, vor den Fenstern hübsch geraffte, den Blick ins Wohnungsinnere versperrende Gardinen, geht man tags daran vorbei, denkt man an geheizte Zimmer, Teppiche, knarrende Dielen, Sofas, auf denen Kinder herumspringen, den von der Küche her sich ausbreitenden Duft gerade gebackenen Kuchens, aber nichts, am Abend wird klar, nichts davon stimmt, die Gardinen verstellen nicht den Blick auf bürgerliche Idylle, privates Glück, sondern auf das buchstäbliche Nichts, nichts ist es, was sich hinter den Fenstern verbirgt, bestenfalls Büromöbel, Aktenschränke, keiner lebt hier, und damit keiner merkt, dass hier keiner lebt, sondern alles fake ist, sind diese hübschen Gardinen in den Fenstern aufgehängt worden, zu denen man gern hinaufschaut.

Wer etwas auf sich hält, lebt, wie in der Schieferstadt, in einem der Häuser am Hang. Hier in der Altstadt wohnen, wenn überhaupt, Ausländer, Zugezogene. An den wenigen Tagen, an denen es nicht regnet oder schneit, hallen ihre Stimmen zur Wohnung herauf. Sie stehen in kleinen Gruppen auf der Straße und palavern, so dass ich immer wieder ans Fenster trete, halb belustigt, halb verärgert, und als ich mich gerade setze, glaube ich, den Blinden aus dem Zug gesehen zu haben, den ersten Blinden; in seinem hellgrünen Anorak mit den gelben Ärmelstreifen stand er ein wenig abseits, sein Hund, der ihn durch die Bahnhofshalle geführt hat, lag neben ihm. Doch als ich wieder ans Fenster trete, um mich zu vergewissern, ob er es wirklich ist, den ich gesehen habe, ist er nicht mehr da. Ich schaue die Straße hinauf und hinab, kann ihn aber nirgends entdecken. Habe mich wohl getäuscht. Und auf einmal weiß ich, warum er mir nicht aus dem Kopf geht: nicht wegen des Auftritts im Zug (obwohl die offen ausgetragene Feindschaft zwischen Blinden ungewöhnlich genug ist), sondern wegen seiner Kleidung, des hellgrünen Anoraks mit den gelben Ärmelstreifen, der dem Mann, der an die Fünfzig sein mag, einen clownhaften Anstrich gibt, und neben dem Schrecken darüber, dass für ihn mit der Nennung der Farben keine Vorstellung verbunden ist, sondern lediglich ein Klang, das Entsetzen über sein Ausgeliefertsein. Wer ist für den Kauf der Jacke verantwortlich? Seine Frau? Ein Verwandter? Eine vom Sozialamt zu seiner Betreuung bestellte Person? Selbst (vielleicht) zurückhaltend sein und durch die Geschmacksverirrung oder Gleichgültigkeit anderer, von denen man abhängig ist, wie ein Papagei durch die Welt laufen zu müssen.

Im fensterlosen Bad der auch durch ständiges Lüften nicht zu vertreibende Muffgeruch alter Häuser, der nicht nur aus den Abflusslöchern aufsteigt, sondern auch aus den Kachelritzen zu dringen scheint, weiß und rot. Nein, rot ist die vorherrschende Farbe, ein sattes Rot, der Toilettenschrank überm weißen Waschbecken, die Ablage und die Handtuchhalter, Klobrille und Klodeckel, die Einfassungen der Duschkabine, alles in diesem vor sich hin muffelnden Bad ist von einem, ungemein fröhlichen, in der Mitte des Roten (Koralle) angesiedelten Rot.

Auf dem Bildschirm des in der Wohnung vorgefundenen Computers die Meldung: *Gewichtete Ausdrucksbeschränkung überschritten* – Was um Gotteswillen soll das heißen?

Der Verstand weiß, dass damit ein Vorgang aus dem Umfeld des Druckens gemeint ist (ohne deshalb auch nur annähernd sagen zu können, welcher). Aber er weiß es nur im Wachzustand, in Habachtstellung, beim geringsten Nachlassen der Aufmerksamkeit geht der Verstand eigene Wege und will unter *Ausdrucksbeschränkung* etwas anderes verstehen: Beschränkung der sprachlichen Möglichkeiten, und nun herrscht, nimmt man noch das Attribut *gewichtet* und das Partizip *überschritten* hinzu, ein großes Durcheinander im Kopf, dann ein undurchdringlicher Nebel. Welche Beschränkung des Ausdrucks? Und wie lässt sich die Beschränkung gewichten und anschließend überschreiten?

Vom Gaubenfenster aus geht der Blick über die regennassen oder verschneiten Dächer hinweg zum Hang auf der anderen Seite von Nagold und Bahnlinie. Dort oben habe ich mich auf die Entfernung in ein Haus verguckt, das mit spitzem Giebel, Balkons und Wintergarten großzügig verlottert aussieht. Das Enge, das in den Gassen dieser mit H. prahlenden Stadt nistet (eine so gewaltige Enge, dass sie mir wie in der Schieferstadt als Druck auf der Brust sitzt), scheint beim Anblick dieses Hauses vergessen. Wochenlang stiere ich durch das Fenster vorm Schreibtisch aus auf dieses Haus. Und doch ist es, als dann die Wanderzeit anfängt, ja, irgendwann fängt sie an, nicht so, dass ich als erstes dort hoch stiefele, sondern ich gehe, wie aus Furcht vor Enttäuschung, in die andere Richtung, über den Höhenweg (Ostweg?) nach Hirsau, nicht wegen Aurelius und Kloster, sondern des Gehens wegen, wie ich dann ebenfalls des Gehens wegen nach Heumaden und Stammheim, nach Wimberg, Oberreichenbach und Althengstett gehe, im Schneetreiben, im Regen, aber auch in der sich schließlich hervorwagenden Frühlingssonne, allein, nach Zavelstein zur Krokusblüte aber mit dem durch keine Tempoverschärfung zu beeindruckenden S., guter Läufer, guter Radfahrer auch und einziger Gesprächspartner, dem es, seine Ortskenntnis nutzend, gelingt, mich zu der halbstarken Mutprobe zu animieren: der Unterquerung des Spitalwalds unter Zuhilfenahme des Eisenbahntunnels zwischen Kentheim und südlichem Ortseingang von C. Wolln wir? Na klar. Und schon stolpern wir durch die nach wenigen Metern totale, auch durch die Öffnung am fernen Tunnelausgang nicht aufzuhellende Dunkelheit, um uns dann vor den Scheinwerfern der uns etwa auf halbem Weg entgegenkommenden Kulturbahn an die Seite zu drücken. (*Von der Kulturbahn überrollt* – nicht zur Verwendung gelangte Schlagzeile.) Wer sich dort allein hineinwagt und über eines der zahlreichen Hindernisse stürzt – man sieht ja nicht, wohin man den Fuß setzt, das Sehen hört ein paar Zentimeter vor den Augen auf – und sich dabei so schwer verletzt, dass er nicht weitergehen kann, hat keine guten Karten.

Zur Schieferstadt: Es gibt keine Freundschaft zwischen uns, keinen Frieden, nur eine Art Waffenstillstand. Wir ertragen uns. Bei Einladungen oder wie immer sonst gearteten Freundlichkeiten das Verrätergefühl

… die dunklen Fichtenhänge hier, die spitzgiebligen, sich an eben diesen Hängen hochziehenden, von unten zumeist schön, oft herrschaftlich anzusehenden Häuser, die freilich beim Herankommen verlieren

… eher selten ist es, dass der weiße, dampfartige, aus den Messingrohren quellende Rauch aufsteigt, viel öfter verteilt er sich über den Dächern und sinkt zwischen den Häusern herab; Tiefdruck, Inversionswetterlage. Wie mag es in Zeiten der Kohlefeuerung hier ausgesehen haben? Im Winter, meine ich. In einem nicht enden wollenden Winter wie diesem. Durch die Straßen kriecht der Rauch, es ist nicht ratsam, die Fenster zu öffnen, und im Haus ist der Geruch

... und merke, dass etwas in mir angeschlagen wird, wie Glokkenton klingt es auf. Nein, wie Hammerschlag auf Eisenrohr (Fahrradstange?), wie Rattern eines am Zaun entlanggezogenen Holzsteckens, so – klackklackklack – meldet sich etwas, das sich nicht mehr hätte melden dürfen, weil es längst ruhig gestellt sein müsste, ruhig gestellt war, aber hier kommt es zurück, klackklackklack, hier fährt es mir in die Ohren, hier, zwischen all dem Fachwerk, schnürt es mir die Luft ab, hier in diesem Schneetreiben jagt es mir den Schweiß auf den Rücken, die Stirn

... niemand kann etwas dafür, für den Hass, meine ich, sofern man das Hass nennen will, die Stadt (Städte) nicht, die Leute nicht, aber ich auch nicht, ich kann auch nichts dafür, es ist eine vegetative, nicht durch das Bewusstsein zu steuernde und gesteuerte, also nicht durch mich beeinflussbare Reaktion, die durch bestimmte optische und akustische Signale ausgelöst wird. Landschaftsformationen, Anordnung der Straßen und Plätze, das Erscheinungsbild der Häuser sowie die Palette der Geräusche, Dialekte und Redeweisen, das alles spielt eine Rolle. Genauso wie die Gerüche

... das Biedermännische, und all diese Künstler und Kunsthandwerker, die Holzschnitzer, Lehmskulpturenanfertiger und Hinterglasmaler, all diese biologisch Ernährten und Ernährungswilligen, die am Samstagmorgen mit ihren geflochtenen Körben über den Markt eilen, diese immer und ewig eifrig Bemühten

... aber eigentlich glaube ich, dass es der Tod ist, der hinter den Gardinen lauert, kein gewaltsamer Tod, keiner durch Messer,

Kugel, Faustschlag, Treppensturz und Genickbruch, sondern einer infolge der (zunächst) unmerklich einsetzenden Anpassung, Zurichtung und Lähmung, ein Tod, der in den Rüschen und dickmehligen Soßen steckt, in den zur Seite gerafften Fenstervorhängen und in den sich immer schneller auf den Möbeln absetzenden und in immer kürzeren Abständen von ihnen zu entfernenden Staubschichten.

Der allen Unbilden des Wetters, Hitze wie Kälte, dem Taubendreck, den Steinwürfen, Spray- und Spuckattacken schutzlos ausgelieferte Bronzeherr – man kann darin auch eine symbolische Hinrichtung sehen, vergleichbar jener, die mit Hilfe verbrannter oder an Galgen im Demonstrationszug mitgeführter Strohpuppen in Gang gesetzt wird. Nur dass hier weder gehängt noch verbrannt wird und es nicht die aufgeputschte Menge ist, die den Scharfrichter spielt, sondern der gelangweilte, die Urteilsvollstreckung aus Desinteresse der Zeit überlassende Plebs

Wenn man ihm etwas vorwerfen kann, ist es vielleicht diese bei aller zur Schau getragenen Askese lasche Versöhnlichkeit, im Rausch Wüterich, ja, Revolutionär, nüchtern: Biedermann

Auf den Fotos der Lokalzeitung, die wie oft in kleineren Städten aus der Zusammenlegung zweier früher konkurrierenden Blätter entstanden ist, sieht man die Leute immer Schulter an Schulter nebeneinander, nicht selten sechs oder sieben Personen, manchmal auch mehr, die so gezwungen in die Kamera lächeln, dass man die Anweisung des Fotografen zu hören meint: Jetzt aber, Herrschaften! Jetzt aber freundlich! Schon quälen sich die Mundwinkel nach oben, klick, und das Bild ist, wie man früher sagte, im Kasten. Der Fotograf kann seine Tasche über die Schulter werfen und abziehen.

Bei den für die Veröffentlichung ausgesuchten Aufnahmen handelt es sich in der Regel um Ganzkörperfotografien, die ein

Stück über den Knien abgeschnitten sind; der ganze Mensch wurde, wie man am Bildformat erkennt, fotografiert, von Kopf bis Fuß sozusagen, aber was in der Zeitung erscheint, ist Kopf, Schulter, Oberkörper, Arme (oft mit über dem Bauch oder wie bei Fußballern vorm Freistoß über dem Geschlecht gekreuzten Händen), Oberschenkel, und dann – zack, Schnitt, nichts mehr, das heißt, Legende, Bildunterschrift. Irgendwo müssen all die aus Platzgründen amputierten Knie, Unterschenkel und Füße hingekommen sein.

Die Anordnung auf den Bildern folgt wie auf klassischen Gemälden dem Bedeutungsprinzip: Die Hauptperson (Vorsitzender, Präsident, Leitender, mit der goldenen Ehrennadel …) behauptet die Bildmitte, zu den Rändern hin nimmt die Wichtigkeit ab, wer am linken oder rechten Bildrand steht, ist oft gerade noch so mit aufs Bild geraten, ein Gnadenakt des Fotografen, der seinen Trauerblick nicht ertrug (wieder sind es die anderen, die wichtig sind), oder, wahrscheinlicher, aus Gründen der Symmetrie. Anders verhält es sich bei wirklichen Gruppenbildern: Wenn, wie bei der Jahrestagung der Friseurinnung oder des Männerchors, nicht alle Teilnehmer nebeneinander passen, nehmen sie unter der Anleitung des Fotografen wie auf Konfirmanden- oder Abiturientenbildern in mehreren Reihen – die Kleinen nach vorn – hintereinander Aufstellung. Auf diese Weise ist, glaube ich, innerhalb weniger Wochen ein Großteil der Einwohner von C. an mir vorbeigezogen, und wieder ein paar Wochen danach drängt sich mir der Verdacht auf, dass es der Bildredaktion gar nicht um die Illustrierung des jeweiligen Artikels zu tun ist, sondern um die vollständige fotografische Erfassung ihrer Leserschaft.

Nun doch den Berg hoch, in Richtung des verlotterten Hauses, in das ich mich hineinzuphantasieren begonnen habe, so als sei dort oben ein Zimmer für mich bereitet, in das ich jederzeit einziehen kann.

Bei Sonnenschein losgegangen, doch hinter der Bahnunterführung, kurz nach der Spitzkehre zur Uhlandshöhe, beginnt es zu nieseln, und als ich höher steige, geht der dünne Regen in Schnee über, so dass ich, als ich mich umdrehe, die mir nachgehenden Abdrücke meiner Schuhe sehe, die, nur eine Spitzkehre weiter, vom immer dichter fallenden Schnee bereits so rasch zugesetzt werden, dass es aussieht, als würden sie unter einem weißen Tipp-Ex-Strich mit einem einzigen Wisch zum Verschwinden gebracht. Der Kalender sagt Mitte April, das Tal aber zu meiner Rechten ist vom tiefsten Grund bis zur gerade noch erkennbaren oberen Kante des gegenüberliegenden Hangs (wie in einem Kessel) von wirbelnden Schneeflocken gefüllt; die Bahnlinie, das Flüsschen, die Hausdächer, alles durch den tanzenden Schneevorhang, dabei, als seien die Stadtgeräusche verstummt (oder ich jäh mit einer erholsamen Taubheit geschlagen), völlige Stille, so dass ich mich endlich, gelassener als in den vergangenen Wochen, in mich zurückfallen lassen kann.

Es ist das letzte Haus in der Straße, daneben zum Wald hin, von unten nicht auszumachen, ein offenbar schon vor Jahren in den Hang gesprengter, aber ungenutzt gebliebener und deshalb von der Vegetation zurückgeholter, vom Schnee jetzt aber fast völlig bedeckter Bauplatz; das Haus selbst liegt erhöht über der Straße, von der eine schmale, unmittelbar hinter der Gartentür beginnende Treppe hinaufführt. Verlottert? Ja. Wenngleich das momentan vorherrschende Weiß das Hausgraue vielleicht noch ein bißchen schmutziger aussehen lässt, als es sonst ausgesehen hätte. Der Anstrich muss erneuert werden, schwerer aber wiegen die von Zeit und Wetter angerichteten Schäden: An vielen Stellen hat sich der Verputz zu Blasen aufgeworfen, an anderen ist er abgeplatzt, die Nässe hat sich, erkennbar am tieferen Grau, ins Mauerwerk gefressen und zieht sich hinauf bis weit über die Kellerfenster; das Holz der Fensterrahmen, auch der im Wintergarten, erscheint kittgrau und rissig. Keine Gardinen an den Fenstern; kein Namensschild, keine Klingel an der Gartentür, doch als ich den Fuß dagegen setze, weicht sie zurück, worauf ich, nach kurzem Zögern, die unter meinen Schuhen zerbröckelnde Treppe hochsteige; auch hier kein Namensschild, aber eine Klingel oder vielmehr ein Türklopfer in der Form eines Löwenkopfs, wie an unserem Haus in der Schieferstadt, ich schlage ihn an, lege, da niemand öffnen kommt, die Hand auf die Klinke und drücke sie herab.

Die Räume zu ebener Erde, in die ich vom Flur aus trete, sind leer, aber auf dem Fußboden und an den Wänden sind die Umrisse der Möbel zu erkennen, die einmal dort gestanden haben, der Kommoden und Vitrinen, des Klaviers, der Sofas und offenbar jahrelang nicht von ihrem Fleck bewegten Tischchen, Sessel und Stühle, sie alle sind im Umriss auf der Tapete, bzw. auf dem Parkett erhalten, so dass ich nun auch die Bewohner des Hauses zu sehen meine, wie sie bald hier, bald da sitzen oder zwischen den Möbeln auf und ab gehen.

Steige, nach kurzem Blick in die Räume im ersten Stock, zu den Mansarden hinauf, auch hier sind die Zimmer leer, bis auf das eine, das, wie mir erinnerlich, gleich rechts von der Treppe liegt und das ich, als ich die Tür öffne, sofort wieder erkenne. An dem Plastikhaken, der an die Wandfliesen neben dem Waschbecken klebt, hängt ein gestreiftes Handtuch; das frisch bezogene Bett steht unter der Dachschräge; auf dem Schreibtisch vor der Gaubenfensternische liegt ein Packen weißes Papier; durch das Fenster, an das ich, den Tisch umrundend, trete, geht der Blick auf die Altstadt hinab, wie er vorher von der Altstadt zum Haus hinaufging. Sogar der Geruch ist der Geruch meines Zimmers in der Schieferstadt, meines Jungenzimmers, und da auf dem Boden steht auch, weil auf dem kleinen Schülerschreibtisch mit der Resopalplatte zu wenig Platz ist, die schwere Adler-Schreibmaschine, die mein Vater aus dem Werk mitgebracht hat, auf mein Drängen hin, damit ich meine lange mit der Hand getätigten Schreibversuche zum Zweck der Objektivierung sauber abtippen kann.

Werde die Chance ergreifen, ja, ich werde nach und nach, damit es niemandem auffällt, meine Sachen hier hoch schaffen und in der Stille, die mich in meinem Zimmer umfängt, noch einmal über die für mich geschaffene und durch die Jahre für mich bereit gehaltene Hölle der Schieferstadt nachdenken, und jetzt, da das Schneetreiben aussetzt, so dass ich die Waldhänge auf der anderen Talseite erblicke, auf die im selben Moment ein durch die Wolken dringender Lichtstrahl fällt, verspüre ich eine gewaltige Lust, die Dinge neu anzugehen.

Ursula Krechel

Festbeleuchtung der Nacht

Im heißen Sommer 2006 als Stipendiatin der Hermann-Hesse-Stiftung machte ich wahr, was ich mir seit langem vorgenommen hatte. Ich wollte eine Nacht lang wach bleiben, um die Geräusche und Empfindungen einer Nacht zu protokollieren. Eindrücke, die ich in Calw gewonnen hatte, suchten einen Ausdruck, Erinnerungen an viele früher durchwachte Nächte drängten sich auf, und die unerbittliche Uhr gab den Takt vor. Ich danke der Hermann-Hesse-Stiftung für eine intensive Zeit.

Stimmen: DIE WACHHABENDE
       ARZT
       NACHBARIN
       1. PASSANT (krankt an einem Vorurteil)
       2. PASSANT (angstkrank)
       ÄLTERE PASSANTIN (augenkrank)
       EINE STIMME, DIE DEN ANSCHEIN ERWECKT,
       ALS KÄME SIE AUS DEM FERNSEHEN

DIE WACHHABENDE:
Nachtprotokoll: Papier, Stift, Aufnahmegerät, Tupfer, Pinzette, Messer, Feile, Schere, Licht. All das ist für Kinder nicht. Sehr helles, blendfreies Arbeitslicht, Arbeitsleuchten, an und aus, und dann bleibt das Licht an, die ganze Nacht bleibt das Licht an. Wetterleuchten, ein Gewittergrummeln, aus dem nichts Wirkliches wird. Eine Ankündigung ins Leere, in die Dunkelheit der Nacht, ein Gewitterprotokoll.

Ich schlafe nicht oder: ich schlafe auf diskrete, heimliche Weise, nie ist Schlafenszeit, der Schlaf kommt, der Schlaf geht, die Wachzeit kommt und bleibt. Die Wachzeit überwältigt den Schlaf, der Schlaf wird aus den Augen gerieben, der Schlaf fällt zu Boden, der Schlaf fällt selbst in den Schlaf, nur für eine Viertelstunde, dann steht er auf, ein Schläferstündchen, ein Schäferstündchen, weich und warm und bleich. Die gravitätische Zurüstung zur Nachtruhe: eine der Ökonomie geschuldete Rasterung des Tages: acht Stunden Arbeit, acht Stunden Privatheit, Kinderfüttern, Autowaschen, Mineralwasser kaufen, Ohrstöpsel besorgen –

(Eine kreischende, wie falsch eingespielte Musik, die wieder abrupt abbricht)

DIE WACHHABENDE:
Und dann der Schlaf acht Stunden lang im Idealfall, der anzustreben ist. Als würde ein großer, schwerer Vorhang fallen. Und als hätte der große plüschene Vorhang ein Tier aus Plüsch im Arm und als schliefe – gänzlich aus der Zeit und aus dem Raum gefallen – ein unschuldiger Schläfer auf einem dicken Kissen, der Mund ist geöffnet, die Schlafwolken dringen ein, fahren aus mit einem leichten, freudigen Sirren, auch sie kommen und gehen, und so wird eines Abends der Schlaf in den Tod übergehen.

Wir werden im Sessel sitzen wie Schlafende, die Papiere im Schoß, wir werden sitzen und eingeatmet haben, aber wir atmen vielleicht nicht mehr willentlich aus. Raschelnd rutschen die Zeitungsblätter auf den Boden. Haben wir vergessen auszuatmen, hat eine Macht, die wir nicht kennen, uns den Atem abgeschnitten?

Da sitzen wir und fühlen, in jedem Augenblick könnten wir tot sein, gestorben sein, weil wir das Atmen vergessen haben. Aber hier sitzen wir und sprechen von einem Zimmer ins andere. Du in deinem Zimmer: Hast du, hast du daran gedacht, soll ich dir helfen? Ich in meinem Zimmer: Und was ich dir sagen wollte eben schon, wie sehr ich dich liebe. Aber dann warst du müde, du warst müde nach einem langen Arbeitstag. Und ich sitze noch da, ich sitze da und wache. Ich sitze, als ob ich allein wäre. Ich wache über deinen Schlaf.

Menschen fallen in einen Sekundenschlaf kurz vor der Landung, kurz bevor sie ihren elektronischen Maschinenpark wieder zum Befingern und zum Beklingeln freigeben, und dann rappelt, röhrt und tschilpt es auch, während die Vögel sich zur Nacht bereiten. Schlafen sie, wachen sie, putzen sie ihr Gefieder? Schlafende Hunde, schlafende Menschen, man hält sich instiktiv von ihnen fern: jeder hat gelernt, man soll schlafende Hunde nicht wecken, man soll müde Vögel nicht erregen, nicht der zukünftigen Schläfrigkeit Vorschub leisten.

Ich bin wach, ich bin überwach, ich werde die ganze Nacht lang wach sein. Wach sein, das heißt nicht: schlaflos sein. Wach und schlaflos sind vollkommen feindliche Begriffe, obwohl die Benutzer der Begriffe in einem ähnlichen Raum sitzen, liegen, dösen, wachen. Wer wach ist, macht Krach. Allein der Atem ist so laut, so laut wie eine stöhnende, unbefriedigte Braut.

Schlaflose wälzen sich in ihren Betten, beklagen ihren angeblich beklagenswerten Zustand, der leicht zu ändern ist. Aufstehen, Musik hören, tanzen, die Glieder werfen und den Rücken biegen, so kommt der Abend, kommt die Nacht, die wache Nacht, Guten Abend, so grüße ich die Nacht.

(Musik)

DIE WACHHABENDE:
Das Rätsel meiner Traummusik: es wird auch zukünftig so dunkel bleiben, daß ich am Ende fragen muß, ob ich nicht einfach davon geträumt habe.

(Wieder eine irritierende Saitenmusik, sehr hell, sehr insistierend auf dem hohen Ton.)

DIE WACHHABENDE:
Auf einem Berg thront das Kreiskrankenhaus, eine Fußgängerstiege an Gärten mit übervollen Kirschbäumen vorbei führt hinauf, auf einem anderen Berg thront das Landeskranken-

haus, Schlängellinie der Zufahrt, zweckmäßige Entfernung der Kranken von den Gesunden, Isolierstationen am Waldsaum. Ein wenig weiter weg die Heilbäder mit ihren Quellen, Trinkbrunnen und Kuranlagen, die Privatklinik liegt im Tal wie ein altes Gutshaus mit tief gezogenem Dach unter Bäumen, als könne man hier einkehren zu einer kleinen Rast, Federvieh, Tiertherapie im hinteren Scheunenteil.

Jetzt sitzen die Kranken noch auf den Bänken vor der Klinik. Sie kommen sich sehr mutig vor mit ihren Ausreißer-Zigaretten zwischen den Fingern, wie sie die Asche schnippen, wie sie Schlange stehen vor der Telefonsäule, um jemanden anzurufen und keine Spur zu hinterlassen. Ihr Anruf soll diskret sein, aus einer öffentlichen Fernsprechzelle, im Rücken der Klinik, vor sich die Klosterruine, eine Landschaft zum Entzücken, sie kommen sich mächtig klug vor mit dieser Vorsichtsmaßnahme nach dem Abendessen. Münztelefon, mit den Münzen klappern wie mit einem Autoschlüssel. Schlange stehen, die Gemeinschaft der Schlangesteher, Ortsvorsteher, Durchgedrehten, die Mehrzahl der Bedürftigen nach Nikotin, nach Zuspruch einer vertrauten Stimme aus dem Hörer.

Mann mit dem straff sitzenden Ringelpulli, er sitzt vor der Klinik mit den Händen im Schoß, als hätte er Feierabend. Feierabend vom heutigen Kranksein und eine verdiente Pause vor dem morgigen Kranksein.

Ein in sich Gekehrter, wäre nicht das Goldkettchen auf der Brust, die Erkennungsmarke der Dazugehörigkeit zum Club »Was kostet die Welt?«, sein Blinken und Blitzen im Abendlicht.

Begierig rauchende Frau mit dem Gipsarm, wie hast du dir den Arm verletzt, bist du die Treppe zum Speisesaal hinuntergestürzt?

Die Brücke über den kleinen Fluß ist gesperrt, das Café an der Brücke geschlossen. Vor einem Monat lagen noch Maikäfer aus Schokolade in der Auslage, mit grellem Stanniolpapier umwickelt, feuerrot, schwarze Punkte darauf. Altmodisches Café mit Diolengardinen und einem schmiedeeisernen Gitter zur Flußterrasse, weiß gestrichen und nun angegriffen von der Zeit, der Handlauf aus eloxydiertem Metall, wie es vielleicht im Jahr 1958 schick war, wegen Krankheit geschlossen. Eher ist eine beharrlich gewachsene Überalterung als Grund anzunehmen. Es heißt Café Essig und daneben der Salon Neuschnitt in einem Haus mit einer kühn, fast tibetanisch wirkenden Dachkonstruktion, Café Essig und Salon Neuschnitt bewachen die Brücke. Das Hotel schläft hinter der Hecke. Aufgegeben das Gasthaus an der Biegung der Straße, hier rastet niemand mehr.

(Eine vage Erinnerung an die Tonfolge der Tagesschau-Erkennungsmelodie, kein O-Ton, aber doch eine Signalwirkung)

DIE WACHHABENDE:
Nein, so beginnt die Nacht nicht, es ist Abend, Nachrichtenzeit, Nebenhöhlenzeit, das Licht der Kästen flackert, die Fernbedienung ist nahe gerückt, alles im grünen Bereich. Weiße Kittel, grüne Kittel, Mundschutz, ein Gewimmel von Menschen, demonstrierende Ärzte in den Fernsehnachrichten. Die Kamera zoomt auf einen groß gewachsenen Arzt, klares, ruhiges Gesicht, vertrauenswürdig, so wie man sich einen Arzt im Fernsehen vorstellt.

ARZT:
Sehen Sie sich mich an, so sieht jemand aus, der 24 Stunden Bereitschaftsdienst hinter sich hat.

DIE WACHHABENDE:
Der Arzt hat keine Schatten unter den Augen, guter Haarschnitt, geduscht, vielleicht gibt es überall Menschen, die 24 Stunden Bereitschaft hinter sich haben und denen man es auf den ersten Blick nicht ansieht, im Gespräch vielleicht merkt man es, vielleicht liegen die Nerven blank, aber kaum jemand spricht darüber. Sieh mich an, sieh mich an, überwach, aufgedreht, überdreht, es fehlt die ruhige Hand, es fehlt an Übersicht im Verstand.

1. PASSANT:
Ich möchte nicht, daß mich jemand behandelt, der derartig übernächtigt ist, viel zu leicht geschieht dann ein Kunstfehler.

DIE WACHHABENDE:
Ein Vater mit seinem Kind trägt seine Meinung vor, er trägt dabei sein Kind auf dem Arm.

2. PASSANT:
Habe jedes Verständnis dafür, daß Ärzte Ruhezeiten haben müssen.

DIE WACHHABENDE:
Und eine ältere Frau, mit einem dunklen Brillenglas vor dem einen Auge und einem durchsichtigen vor dem anderen, zuckt die Achseln.

ÄLTERE PASSANTIN:
Meine Augenoperation ist auch verschoben worden, weiß nicht, wann sie jetzt stattfindet: irgendwann. Man kann sich an nichts mehr halten.

DIE WACHHABENDE:
Jetzt ist es 21.31 Uhr.
Ich habe gelesen, daß in psychiatrischen Kliniken depressive Patienten eine Nacht lang wachgehalten werden, man verspricht sich vom radikalen Umsturz des üblichen Tagesverlaufes, dem Verzicht auf die übliche Nachtruhe, eine günstige Wirkung auf die Zentren im Gehirn, die die Stimmungslage beeinflussen. Könnte es sein, – nur eine Frage, nur eine Frage – daß der übliche Krankenhaus-Alltag die Ärzte so lange Bereitschaftsdienst schieben läßt, damit sie überwach, hyperaktiv die Traurigkeit der Kranken, den Kummer, ins Krankenhaus eingeliefert werden zu müssen, gar nicht mehr wahrnehmen? Könnte es sein, daß eine durchwachte Nacht bei vielen Ärzten

auch eine Art Euphorie weckt? Ein bißchen jedenfalls? Eine Entscheidungsfreude, die Gewißheit, etwas gut überstanden zu haben? Könnte es sein, daß die frühe Helligkeit, wenn man sie aufziehen sieht, eine Freude ist, ein Glück, auch ein Erfolgserlebnis, das die Müdigkeit vergessen läßt? Achtung, das ist versuchsweise nur eine These!

Antithese: Der Schlaf ist ein Bruder, der Schlaf ist ein Bettgenosse, der Schlaf ist heilsam, unverzichtbar. Schöne Frauen hauchen so gerne ins Mikrophon: Mein Schönheitsmittel ist der Schlaf, neun Stunden, zehn Stunden unbedingt, wenn ich nicht schlafe, sehe ich wie eine Eule aus, eine Nachteule.

Und man hat den Eindruck, am schönsten wären sie, wachten sie gar nicht mehr auf. Ein schönes Leben, gewidmet der Vorsorge, der Fürsorge, daß sich keine Falten bilden. Ein schön verpenntes Leben, aufreibend langsam, gewidmet dem eigenen Leibe, doch am Morgen, wenn die Schläferinnen erwachen, diese Schwellungen, Rötungen. Woher kommen die? Eine Maske muß her, die Gewebeflüssigeit, die sich in der Nacht gestaut hat, muß abfließen. Wacht auf, Verdammte dieser Erde.

Synthese: Schlaf – schön und gut, aber eine Zeitlang ohne Schlaf, ohne den Bruder Schlaf, ohne Bett, ohne Bettgenossen zu verbringen ist kein Schaden, im Gegenteil. Man muß ja daraus kein Dogma machen.

Jemand beginnt eine mündliche Erzählung: Ich bin ein undogmatischer Schläfer. Ich habe so viele Nächte durchwacht.

Ein anderer beginnt eine Erzählung: Wenn ich aufwache, habe ich geschlafen, ich weiß es nicht, ich war nicht dabei. Ich habe geschlafen, aber genau so muß es gewesen sein. Ich wache auf und etwas geschieht. Ich schlafe, und dann geschieht auch etwas, an dem ich nur einen bescheidenen Anteil habe.

Antizyklisch leben, die Nacht zum Tage machen, mit den Raben fliegen, Wach sein, wach sein wollen im Uhrenlosen.

2. PASSANT:

Ängstlichkeit, Unruhe, ein Gefühl von Schwäche, ich zückte meine Krankenkassenkarte, ich saß im Wartezimmer, das Warten hatte zur Folge, daß ich weniger ängstlich war, weniger unruhig, weniger schwach. Als ich dem Arzt gegenüber saß, ging es mir schon besser. Oder: Mir ist ein Licht aufgegangen über meine Krankheit. Ich bin kein Notfall.

EINE STIMME, DIE DEN ANSCHEIN ERWECKT, ALS KÄME SIE AUS DEM FERNSEHEN:
Ich wünsche Ihnen eine geruhsame Nacht.

2. PASSANT:
Furcht vor dem Gefährlich-krank-Werden. Furcht vor der Furcht, Furcht, in ein Loch zu fallen, das Furcht heißt, ein Nachtloch.

DIE WACHHABENDE:
Wenn ein Traumbild dem Schläfer eine Klarheit über sich selbst oder über einen fremden Gegenstand verpaßt, verschafft, so hat nicht der Mensch mit geschlossenen Augen die Entdeckung gemacht, sondern ein Mensch mit offenen Augen, der hellsichtig genug ist, Überlegungen zwischen dem Offenen und Geschlossenen zu verknüpfen.

1. PASSANT:
Hier fehlt etwas, hier fehlt Vertrauen, man muß Vertrauen zu einer ärztlichen Person haben, auch Vertrauen zu der eigenen Befindlichkeit, die von der Normalität abweicht.

DIE WACHHABENDE:
Eines Abends, während ich mein Zimmer betrete, sehe ich mich schon auf meinem Bett sitzend.

1. PASSANT:
Ein vertrauliches Abweichlertum, das den Körper regiert.

DIE WACHHABENDE:
Die Nacht ist ein seltener Vogel, man kann ihn beobachten,

aber nicht fangen. Man kann zuschauen, wie er im Laub steht mit gebeugtem Nacken und blanken Augen, der Schnabel gräbt im Laub, er zieht etwas hervor, eine Eichel, eine Platanenfrucht, er hält mit den Krallen die Beute fest und pickt, bis sie ein mundgerechtes Stück ist, ein Beutestück. Und dann flattert er davon, und wer ihn beobachtet hat, weiß nichts von ihm, blanke Augen, ein Krächzen, der Kopf sitzt schief auf dem Hals, ein Gekreisch, ein Sträuben, ein Aufgewühltsein, so ist die Nacht.

ÄLTERE PASSANTIN:
Es ist ja nicht so, daß ich mit meiner Augenkrankheit plötzlich auf einem Auge nichts mehr sehe, ich sehe Bilder mit Rändern, mit dunklen Umrahmungen, Trübungen, ja, wie Trauerränder auf Briefen, die ich ratlos in der Hand drehe, ehe ich sie öffne. In diesem Augenblick vermisse ich niemanden, und jeder auf der Welt könnte gestorben sein, und er ist es ja vielleicht auch.

DIE WACHHABENDE:
Das fällt so wie Blätter vom Baum, das fällt wie die Dunkelheit, das fällt wie die elektrische Jalousie im Stockwerk unter mir, jemand drückt auf einen Bedienungsknopf, ich weiß, es ist eine weißhäutige, blondbefiederte, feingegliederte Hand mittleren Alters, rrrrh, nein, das ist noch keine Hand mit Altersflecken, aber der nüchterne Verstand kann sich die Flecken schon vorstellen, man muß sie dann unter einer dicken Schicht Creme verbergen oder wegätzen lassen, das ganze Leben wegätzen lassen, wenn dies nicht so ätzend wäre. Die Jalousie fährt herunter, ein Raum ist dunkel schon seit dem späten Nachmittag, ein Höhlenraum, eine schlafwarme Düsternis. Mein Raum darüber wird bis in die tiefe Nacht hell bleiben, kontrollierte Helligkeit, ein Brutraum, klar zu ortende Lichtquelle, ein Nachtglas vor der Finsternis. Meine Finger auf keinen Bedienungsknöpfen, keine Jalousie, keine Eitelkeit des Versteckens, kein Polster unter dem müden Kopf.

(Musik in dem seltsam gedämpften, gestopften Ton, wie man sie aus fremden Kopfhörern hört oder eher als Vibration ahnt, länger als die vorherigen Unterbrechungen, ein Zeit-Tal.)

DIE WACHHABENDE:
Erinnerung an den Nachmittag, schlafendes Mädchen in der Regionalbahn, der Reißverschluß seiner Jacke hat einen Abdruck wie eine äußere Zahnreihe auf dem Kiefer hinterlassen, Schlaffalten im Stoff, auf der Haut. Schlafende junge Frau, sie hat die Füße an die Fensterbank gelehnt, nackte Füße, ein Drachen-Tattoo über dem Knöchel, ihr Telefon klingelt, sie wird nicht wach. Warum ist sie so unendlich müde am Nachmittag? Erst einmal ein doppelter Espresso, bis sie wach wird. Hatte sie die Nacht –, hatte sie die Nacht –, hatte sie die Nacht durchgemacht, durchgetanzte Schuhe, durchtanzte Füße, durchtanzte Stunden, durchgesessene Polster, durchgeschwitzte Matratze, durchgeliebte wunde Körper durch und durch bis zur vollkommenen Erschöpfung danach in einem entschlossenen Dahinsterben bis zur Endstation.

Meine Finger auf den Tasten, meine Finger schreiben T-A-S-T-E-N, ich taste nach den Wörtern, den samtschwarzen Wörtern, horche in die Nacht, die still ist, stillgestellt. Von unten höre ich nichts, die blonde Frau schläft. Eine Stunde früher habe ich den halbwüchsigen Sohn gehört, der halbwüchsige Sohn, der in die Breite gegangen ist vor meinen Augen, die gleichbleibend sehend geblieben sind in den letzten Jahren, während das Gehör immer mehr aufnimmt, ein Schalltrichter durchs Gehör in den Kopf, ins Gedächtnis, je leiser die Nacht, um so hörbarer der Atem der Welt, ein Blasebalg.

ÄLTERE PASSANTIN:
Wenn die Ränder des Blickfeldes dunkel sind, strahlen die Gegenstände, die Farben sind heller. Manchmal sind die Gegenstände umrahmt wie Medaillons. Es ist nicht nur ein Fehler, schlecht zu sehen, es ist, wie soll ich es sagen, es ist ganz objektiv eine andere Sehweise.

DIE WACHHABENDE:
Die Nacht ist kein Erzählstoff, die Nacht ist überhaupt kein
Stoff, sie ist nicht anzufassen, aufzufassen. Meine Tagaugen
haben einen Jungen gesehen, dessen Mutter, wenn ich abends
die Tasten berührte, wenn die Tasten sprangen und die kleine
Erkennungsmusik der Schreibanstalt hochfuhr, Nachtmusik,
dessen Mutter, die blonde Mutter des damals kleinen Jungen,
wählte meine Telefonnummer und rief mich an:

NACHBARIN:
Kinder gehen vor.

DIE WACHHABENDE:
Sie klagte über Stimmen in der oberen Wohnung, sie klagte
über Musik, sie klagte, daß jemand wach ist, während sie
schläft.

NACHBARIN:
Sie stören die Nachtruhe meines kleinen Sohnes.

DIE WACHHABENDE:
Es ist nicht normal, daß jemand wach ist, während andere
schlafen. Es ist nicht normal, daß jemand schreibt, wie jemand
schläft, ihn schlafend beobachtet, beschreibt, ein Schlafproto-
koll führt und auf das Geräusch hört, mit dem schon am späten
Nachmittag die Jalousie heruntergelassen wird. Das Horchen
muß verboten werden.
(Jalousien werden heruntergelassen, rasselnd, zögernd, ener-
gisch, man spürt die verschiedenen »Handschriften«, die Tem-
peramente beim Herunterlassen der Jalousien, ein Konzert von
Jalousien.)

NACHBARIN:
Kinder gehen vor, Sie stören die Nachtruhe meines kleinen
Sohnes, und zwar permanent.

DIE WACHHABENDE:

Ich sah den Sohn wachsen über Nacht, zu einem Bär heranwachsen, er ist nun so groß wie ich, aber sehr viel breiter, eine ungeschlacht heranwachsende Sohnesmasse. Seine Mutter gibt ihm viel zu essen, aber nicht am Abend, wenn der Abend früh in die Nacht übergeht, ich sehe ein winziges Nachtlicht der Mutter im Salon, das um zehn Uhr entschlossen verlöscht. Ich verstehe, daß die Mutter des Jungen ermüdet ist, während ich hellwach bin, ich bin eine nachtaktive sternklare Person, besonders in wolkenlosen, kühlen Nächten.

Die Mutter mußte den dicken, schweren Sohn schon am Mittag von der Schule abholen, das muß sie nicht, das tut sie aber, es scheint sie bis zum Abend zu ermüden, sie hat ihn ruhig gehalten am Nachmittag, am frühen Abend bekam er einen Koller, bong, schoß er seinen Fußball gegen die Tür der Wohnung, bong, die Gläser zittern, die Lampe schwankt, die Gemütswerte sind im Keller, das ist der Beginn der Nacht, eine Nacht, die fällt, bodenlos fällt, während ich bereitstehe, sie durchzumachen.

Die Nacht besteht aus Zeitfenstern, Zeitlücken, Stundenglück, Stundengebet, die Zeit ist eine zarte und gleichzeitig weiche Dunkelheit, meine Tasten sind hart und dunkel, meine Fingerkuppen sind weniger hart und hell, das Weiche und das Harte vermischen sich wie überall, ich schreibe, ich schweige, ich verschwinde, ich bin sehr, sehr leis, aber das Getöse im Kopf, die Wörter, die Gebirge von Wörtern, Wörtertäler, Seen, die herübergeschoben werden aus einem anderen Land, denen Platz geschaffen werden muß.

ÄLTERE PASSANTIN:

Ja, wirklich, es ist eine andere Sichtweise.

ARZT:

Alles ruhig auf der Station, Kontrollfunktionen perfekt, Kontroll-Lampen, die Maschinen arbeiten, das Licht, Gleichmäßigkeit der Funktionen, die Klinik atmet, die Klinik ist ein Körper, ein Körper mit Entzündungsherden.

DIE WACHHABENDE:
Elchwörter, Mooswörter, Dunkelheitswörter, jede Lücke, um die Dunkelheit zu behausen, ist recht, das Dunkel bleibt. Wenn es keine Wörter gibt, hat die Dunkelheit keinen Raum. Ich schaffe Raum für Wörter wie Einsamkeit, die Einsamkeit der Nacht, die Zweisamkeit der Nacht, Vielsamkeit, Staunen über die Lücken zwischen den Wörtern, die mit Moos auszupolstern sind, aber ich habe kein Moos, die Tiere, die im Moos nagen und malmen, sind erfundene Tiere, Abneigung, Verachtung, Scheu, die warmen Hinterlassenschaften am Morgen, der Abdruck der Hufe, ja, ich liebe die Nacht, ich liebe diese Nacht wie viele Nächte, eine komplexe polygame Nachtliebe.

DIE NACHBARIN:
Was für ein Starrsinn.

ARZT:
0.43 Uhr
Keine besonderen Vorkommnisse auf der Station. Lange Schichten, kurze Nächte ohne Pause, weiße Nächte, weißgewaschene desinfizierte Nächte, eine Ärzteserie ohne Ende, ohne Düsternis, Dramatik, ohne Ende und Illusionen. Eine Salbenschicht auf einer entzündeten Stelle der Haut, eine Nachtschicht auf einem entzündeten Arbeitsverhältnis, eine Schicht Uhrengeduld, um die Nachtschicht durchzustehen.

DIE NACHBARIN:
Das ist doch nicht normal, die Nacht zum Tage zu machen.

DIE WACHHABENDE:
Eine Festbeleuchtung der Nacht, ich feiere diese Nacht. Am Morgen werde ich staunend und befremdet angesprochen. Die Nächtlichkeit ist für die Schläfer eine Schande, deshalb

verkriechen sie sich vor ihr in den Nachthöhlen. Nachthöhlen der Normalität. Gibt es einen Grund, die Nacht zu verschlafen, der amtlich besiegelt und beflügelt ist?

Und ich horche in die Wohnung unter mir, auf den pulsenden Schlaf des übergewichtigen Jungen, der Bär ist los, er schnauft, er röchelt, noch schläft er in seiner Mutterhöhle, und ich horche, wenn das Vibrieren der Gläser zur Ruhe gekommen ist, ich horche auf die Mutter, die am Wochenende in aller Form den Besuch des geschiedenen Vaters des dicken Kindes empfängt, rituelle Bewegungen, Pfauenräder, das nacheheliche Sorgerecht ein Bewegungsmelder, das Kind verläßt mit dem Vater das Haus, der Vater führt es in ein Schnellrestaurant, dort essen sie sehr schnell sehr viel, stillen das ungute Gefühl, daß etwas falsch ist, abgeholt und wieder zurückgebracht, freundfeindliche Übergabe des dicken Kindes, das jünger, empfindlicher, auch verlegen wirkt, wenn es mit dem Vater aus dem Auto steigt. Als würde es bei der gelangweilten Mutter altern. Sie schleppt Tüten und Pakete an, viele Pakete, viel Glück, neue Tüten, neues Glück, Saftflaschen und Markttaschen, ich sehe sie mittags hocherhobenen Hauptes das dicke Bärenkind abholen. Ich stelle mir die Nacht mit einer fetten Schicht Hautcreme bestrichen vor, sie liegt auf der Bärenhaut, sie horcht auf den jungen Bären, der ihr über den Kopf wächst, der Bär braucht Nahrung, am Morgen, am Mittag, am Abend, damit er seine Mutter umfangen, erdrücken kann in der mit Moos ausgepolsterten Bärenhöhle.

Bei Einbruch der Dunkelheit hat der Vater das Kind in das Haus zurückgebracht, die Mutter ist da, wenn er kommt, ist da, wenn er geht, sie war beim Friseur, sie hat Leimruten ausgelegt, Honig lecken die Bären.

(Sehnsuchtstropfenmusik)

DIE WACHHABENDE:
Sie trägt eine Blumenbluse, die sie abstreift, wie sie den Tag abstreift, wie sie die Mutterschaft abstreift, die Ringe an den Fingern, den Armreif, wie sie die Geschiedenheit abstreift, alles

streift sie ab und löscht das Licht. Sie muß über das Vergehen der Zeit nachdenken.

Der Bär vertilgt ihr Essen, der Bär wächst, und sie nimmt ab, die Zeit vergeht, in der Tiere und Menschen sich paaren. Sie hat sich gepaart in einer langen heißen Nacht, jetzt verbringt sie die Nacht allein, diese Nacht wie viele Nächte, ich höre ihr Alleinsein, ein dröhnendes Alleinsein in einem zu großen Bett, ich stelle mir das Alleinsein wie eine zähe, süßliche Masse vor, die sie auf dem Leintuch hält, deshalb muß die Jalousie geschlossen sein, niemand darf sehen, wie sie ans Bett gefesselt ist vor Lethargie, niemand darf die sorgfältig zusammengefaltete Bluse sehen, niemand.

Und ich horche in die Nacht und bin ein Wandertrieb, gehe vom einen Zimmer ins andere, gehe ins Bad, taste mich zum Schreibtisch zurück, T-A-S-T-E-N-D-R-U-C-K, ich simuliere das Alleinsein, führe Buch über das Kommen und Gehen der Wörter, über die Geräusche der Wörter, den Atem des fremden Schlafes, und bin wach, so unhaltbar wach wie jede Nacht.

ARZT:
Leichte Vergiftungserscheinungen: Schon die Menge von sechs bis acht Beeren löst Vergiftungserscheinungen aus, am giftigsten sind die unreifen Samen. Nächtliche Einlieferungen mit Vergiftungserscheinungen durch Nahrungsaufnahme sind selten, meistens Schlafmittelvergiftungen durch Überdosis.

Nachtschattengewächs: Früher als schmerzstillendes Mittel angewandt, die Homöopathie nutzt es bei Krämpfen oder Epilepsie. *Solanum nigrum* und *Solanum dulcamara*, schwarzer und bittersüßer Nachtschatten, wächst an Mauern, Äckern, Schutthalden in stickstoffreichem Boden. Die Blütezeit ist Juli bis Oktober, weiße Blüten, die in Trauben mit fünf Blütenblättern stehen, Blüten mit gelben Staubbeuteln, am giftigsten, das muß noch einmal deutlich gesagt werden, sind unreife Samen. Im Herbst reifen die erbsengroßen, schwarzen Früchte. Der bittersüße Nachtschatten trägt rote Früchte. Patient leidet unter Erbrechen, Magen- und Darmbeschwerden, Kratzen im Mund, Pupillenerweiterung und Hautausschlägen, bei starker Vergiftung kommt es zu Lähmungen bis zum Tod. Nachtschatten, in der alten Medizin mit Trauer, mit Traurigkeit gleichgesetzt: schwarze Früchte, Gift und Galle, Dunkelheit.

EINE STIMME, DIE DEN ANSCHEIN ERWECKT, ALS KÄME SIE AUS DEM FERNSEHEN:
»Nachtarbeit ist die Arbeit von 20 Uhr bis 6 Uhr. Sonntags-, Feiertags- oder Nachtarbeit muß anhand von Einzelaufzeichnungen nachgewiesen werden, sonst versagt das Finanzamt die Steuerbefreiung gezahlter Zuschläge.« Und danach eine geruhsame Nacht.

ÄLTERE PASSANTIN:
Ich sehe in der Nacht dieselbe Dunkelheit, die ich tagsüber nur am Rande sehe, in der Nacht ist sie deutlicher, ich bin zufrieden, daß ich sie deutlich sehe.

NACHBARIN:
Können Sie das nicht endlich lassen? Sie beleuchten doch den ganzen Hof, ein Lichthof, Milchstraßenhof, ein Scheinwerfer richtet sich auf meine Jalousie, so vergeht mir der gesunde Schlaf.

DIE WACHHABENDE:
Der kleine Junge, der nachts aufwachte in der Nachbarstraße, und weinte. Seine Mutter zeigte ihm den Mond und wenn der bleiche Mond nicht zu sehen war, zeigte sie ihm mein Fenster. Mein Fenster war hell, mein Fenster ist strahlend hell, ein Positionslicht im städtischen Meer. Die navigierende Mutter hält Kurs. Einen Kindheitskurs. Zahnwehkurs. Wind in den Segeln, ein Kurswechsel ist nicht abzusehen.

ARZT:
Es gibt keine Lösung, wenn es kein Problem gibt. Gibt es ein Problem, dann wäre die Überweisung an einen Neurologen

in Betracht zu ziehen. Nächtens spielen die Nervenenden verrückt, man könnte diese Verrücktheit sedieren.

NACHBARIN:
Nichts wünschte ich mir mehr als eine grundsätzliche Sedierung, ein Mensch kann sich glücklich schätzen, wenn er lebend davonkommt, nicht in einer Bärenhöhle mit einem wachsenden Jungen, sondern in einer Räuberhöhle, die sich ohne sein Zutun ausbreitet und öffnet zu einem Flugfeld, auf und ab steigen die Jäger. Im gleißenden Flutlicht ist man plötzlich umgeben von ehrgeizigen Bärenfängern. Seltsame Schreie, ein Brummen, Schnaufen, das ich noch nie gehört habe, vielleicht früher einmal, als ich noch trächtig war.

DIE WACHHABENDE:
Schreibaby: im Wort Schreibaby ist das Wort Schreiben enthalten. Schreinacht. Schreibnacht. Schrein. Der Schreiner baut einen Schrein, der Schreiner baut einen Schrein für die Nacht, damit die Schreie aufbewahrt werden. Schreie. Schreibe. Ich schreibe Schreie, ich schreibe Nichtschreie. Wenn ich das Licht lösche, zünde ich ein Schreibfreudenfeuer an in der Nachtbegeisterung.
    Der kleine Junge hat aufgehört zu schreien, er ist kein kleiner Junge mehr.

ARZT:
Ich hasse dieses instrumentierte Leben, besonders weit nach Mitternacht.

2. PASSANT:
Wie häufig bin ich früher in das Zimmer meines kleinen Sohnes gegangen. Wenn er wach war und schrie, mußte man sich Sorgen machen. Aber wenn er keinen Laut von sich gab, machte ich mir insgeheim noch viel mehr Sorgen. Ich schlich mich zu ihm, ich hörte auf den Atem, zugedeckt lag er im Dunklen. Ich prüfte, ob die Ohrmuscheln warm waren, ich fürchtete mich:

plötzlicher Kindstod. Jeder Rettungswagen kommt zu spät. Das Fürchten und die Freude über das Kind, das nächtelang nicht schrie, überlagerten sich, ich konnte sie nicht mehr trennen.

ARZT:
Diese langen Dienste, 24-Stunden-Dienste. Warum haben sich Generationen von Krankenhausärzten nie gegen diese langen Dienste gewehrt? Warum sie hingenommen? Sie sind gut organisiert, sie sind kein Berufsstand von Masochisten, etwas muß der Gewinn sein. Allmacht über die Nacht. Allgegenwärtigkeit, Allwissenheit. Allwichtigkeit. Ich schlafe nicht, also bin ich.

1. PASSANT:
Man müßte doch – von Notfällen abgesehen – Abläufe so organisieren, daß Nachtarbeit vermieden wird.

DIE WACHHABENDE:
1.28 Uhr
    Die Ausschaltung von Reizen ist selbst ein Reiz.

1. PASSANT:
Habe ich mich nicht deutlich genug ausgedrückt: Man müßte doch – von Notfällen abgesehen – Abläufe so organisieren, daß Nachtarbeit vermieden wird.

DIE WACHHABENDE:
Die roten Gardinen gegenüber, eine Stehlampe bringt sie zum Leuchten wie einen Theatervorhang, jetzt sind sie geschlossen worden, das Licht ist ausgeknipst. In der Wohnung neben dem Theatervorhang steht eine Frau auf dem Balkon und raucht. Sie steht am Morgen rauchend auf dem Balkon und wieder spätabends oder nachts, sie raucht, die Glut glimmt in der Dunkelheit, ein Leuchtpunkt, wir winken uns zu, dann schließt sie die Balkontür und später, wenn sie das Licht löscht, bin ich im hinteren Zimmer.

1. PASSANT:
Gute Nacht, gute Nacht.

DIE WACHHABENDE:
Eine kleine Schwächung des Augenlids, Sehnervermüdung, schöne Aussichten im Sommer, Sommernacht, Sommermacht, sitzen bleiben beim offenen Fenster. Falter kommen mit schweren Flügeln, suchen das Licht, das einzige Licht weit und breit, wie eine letzte Kneipe, eine letzte Runde, Staubschicht auf den Flügeln, sie taumeln schon.

1. PASSANT:
Ich will gerne zugeben, daß ich ein Vorurteil habe. Fährt die letzte U-Bahn nicht mehr, nimmt man eben die vorletzte und macht sich früher auf die Socken.

DIE WACHHABENDE:
Zecher, was für ein altmodisches Wort. Der Zecher zahlt die Zeche. Der Zecher bleibt die Zeche schuldig, der Zecher und der Deckel, die Striche auf dem Deckel, das ist die Sprache, die der Zecher versteht. Wer hat sie ausgeheckt, die einfache Zahlensprache, die ihn ernüchtert? Zecher, die gebechert haben. Bechern, auch so ein altmodisches Wort, ein Wort aus der Zeit, in der man noch aus Bechern trank, als das Glas zu kostbar fremdländisch war, um von einem trinkenden Menschen in die Hand genommen zu werden, es könnte ihm entgleiten und zerschellen.

Ein schwankendes Paar geht über den Platz, die Frau umschlingt den Mann, hält ihn aufrecht, in einer Bar ist noch Licht, dahinein gleiten sie, betrunkene Fische schauen ins Glas, schwappen und schnappen am Rand des Glases nach Luft.

1. PASSANT:
Das nächtliche Herumsitzen, das Durchhecheln von allem und jedem ist doch eine Peinlichkeit.

DIE WACHHABENDE:
Trinken zersetzt den Zeitsinn, Trinken hat seine eigene Zeit, der
Uhrzeigersinn setzt aus und steht still. Zeit vergeht im Fluge
auf dem Grund des Glases, die Luft zum Schneiden. Lallende
Anrufe nachts um drei, der Trinker möchte grundsätzlich und
ein für allemal etwas klarstellen, er sieht die Welt ganz klar im
Glas, und er weiß, daß er recht hat mit seiner schwankenden
Sicht. Er trinkt, damit er recht hat, recht hat vor sich selbst im
Weitertrinken, aber niemand will ihm zuhören. Jedes Gefühl
von Leere verschwindet, er füllt den Raum, den ganzen Raum
mit seinem lärmenden, lallenden, betrunkenen Ich. Der Trinker
hat die Leere angefüllt, deshalb gibt es sie nicht mehr für ihn. Er
macht sich unbrauchbar, unzurechenbar bis zum Abwinken,
auf ihn ist nicht zu bauen, torkelnd, herumfuchtelnd produ-
ziert er mit Eifer den morgendlichen Totalausfall, jetzt ist die
beste Zeit, den morgigen Tag grundsätzlich zu vernichten. Die
strafenden Blicke der Tüchtigen übersieht er.

1. PASSANT:
Warum müssen sich Leute unbedingt nachts treffen, die sich
tagsüber auch nichts zu sagen haben?

DIE WACHHABENDE:
Die Zecher bechern, sie *glasen* nicht, obwohl sie doch aus
Gläsern trinken, noch ein Glas bitte, ein letztes, die Augen
werden glasig, trinken, getrunken haben bis zum Umfallen, bis
zu einer schönen, würdigen Bewußtlosigkeit, die den anderen
Tag nicht kennt.
*(Von weitem hört man schon die Nachtwache aufziehen,
ein Schritt, ein Gleichschritt und -tritt, den man nicht wirklich
hören will, aber er ist doch da, auf unheimliche, bedrohliche
Weise da.)*

DIE WACHHABENDE:
Unter den Tisch trinken. Und dann spät in der Nacht, früh
am Morgen haut man sich hin, haut sich aufs Ohr und hört

den Höllenlärm der Übelkeit nicht mehr. Kummer knurrt und hackt, das Unwohlsein, das keine Krankheit ist, eher eine selbstgewählte Störung des Wohlbefindens, ist vorprogrammiert.

(Eine Musik der Verwirrung, der Irritiertheit, die aber den Zustand des Außer-sich-Seins nicht denunziert, ein Saxophon ist dazu außerordentlich geeignet.)

DIE WACHHABENDE:
Ein Paar geht über den Platz, es geht in sich, geht in das Wattige, geht ins Ermattete, kriecht ins künstlich Erwärmte, Schöngeredete. Alles ist gut so, alle Probleme von Grund auf betrachtet und beinahe gelöst, große Zusammenhänge, große Umarmungen, große Schritte ins Unwägbare, nächtliche Systematik, den Verstand aufzustacheln und niederzuhalten, zu ertränken. Das Sumpfige des alkoholisierten Denkens, das Dumpfige, ein Rumpf-Empfinden für den eigenen Verstand, ein lasches Empfinden von Geborgenheit in der schwankenden Welt, über die sich ein gnädiger Vorhang zieht. Der Trinker wacht nicht, der Trinker lacht, zuerst nur angeheitert, dann schwimmt er auf einer Woge, eine freudige Erregung, die Welt wird schöner, geschönter, verwöhnter, die Nachbarin am Tisch leuchtet und wirkt, als hätte sie sich erhitzt. Aber sie schickt ihn nach Haus, alles ist aus, feuchte Sperrstunde, letzte Runde. Die Nacht ist voller Geschehnisse, aber sie ist ausgedacht und dann wird sie ausgelacht.

(Eine Rausschmeißermusik; brutale, kalte Ernüchterung)

DIE WACHHABENDE:
Nachtwache: Rembrandt hatte den Auftrag angenommen, die 18 Mitglieder der Bürgerwehr gemeinsam zu portraitieren, es ist die »Compagnie« des Hauptmanns Frans Banning Cocq, Rembrandt malt sie im Augenblick des Aufbruchs im willkürlichen Nachtlicht: Wo kommt das Licht her, das geheimnisvolle Licht auf den Kragen, den Gesichtern? Der Hauptmann befiehlt dem Leutnant, die Compagnie antreten zu lassen. Die Fahne

wird aufgerichtet, die Trommel geschlagen, die Lanzen stechen in die Luft. Bewegte Nacht, ein intensiver Augenblick: das ist kein Gruppenbild, kein Stillstand, eher ein Handeln im dunklen Raum, ein Theaterauftritt, ein Vorzeigen der Handlungsfähigkeit der Truppe. Sie will verewigt werden, sie hat viel Geld gezahlt, damit der Maler sie malt, auf ungewöhnliche Weise. Er stellt sie in die Dunkelheit oder in einen Raum, der historisch nachgedunkelt, verdüstert ist, in einen Raum, der flüstert. Die Compagnie zeigt ihre Ausstattung vor. Alles ist in einem hervorragenden Zustand, leuchtend, glänzend, blitzend in der Nacht. Schlaft ruhig, ihr Bürger, die Wache zieht auf, es wird euch nichts geschehen, nicht in dieser Nacht, nicht in einer anderen.

Wäre eine Trommel, wäre eine Wahrnehmung des Schrittes in der hallenden Stille hier angebracht? Ja, aber dies ist ein zögerliches Ja. Ja, wenn deutlich wird, dies ist keine musikalische Interpretation der Nachtwache, sondern eine Erinnerung an mögliche Aufmärsche, vergangene und zukünftige.

(Und tatsächlich, die Musik breitet sich aus, geht mit der Nachtwache im hallenden Dunkel, die Musik erleuchtet die Nacht. Fackeln? Unschlitt? Hunde, die nächtlich träumen und jaulen. Die Nacht ist kein Geräuschteppich, eher eine Intensivierung der vorhandenen wenigen Geräusche.)

DIE WACHHABENDE:
Schlaft auf euren holländischen Geldsäcken, auf den Guldensäcken, wir wachen, wir werden gemalt, Rembrandt hat uns gemalt. Wir sind wichtige Leute mit der Trommel, mit den Gewehren, den Lanzen, schlaft wohl, wir schützen euch. Eine Frau ist auf dem Bild zu sehen, mit einem hellen, von innen leuchtenden Kleid, sie trägt ein ungerupftes Huhn am Gürtel. Ist sie eine Marketenderin?, hat sie das Huhn gestohlen?, selbstbewußt steht sie vor dem Hauptmann, die Füße des Huhns deuten darauf hin, daß sie ein Wappentier trägt. Sie ähnelt der Frau des Malers, Saskia. Nichts hat sie zu verbergen, der Pomp des nächtlichen Aufzugs prallt ab an ihrer lichten Gestalt.

Die Nachtwache schützte sich selbst nicht gut genug, eine verwirrte Person attackierte das Bild mit Säure. Man sieht den Schaden nicht mehr nach der Restaurierung.

(Ein Fahrzeug mit einer Polizeisirene im Einsatz)

ARZT:
Wer kommt, wer wird in welchem Krankenhaus eingeliefert? Hoffentlich nicht auf meiner Station um 3.24 Uhr

DIE WACHHABENDE:
Zwischen drei und sechs Uhr sinkt die Körpertemperatur auf den niedrigsten Punkt, die Haut juckt, die Fußsohlen kribbeln, auch die Handrücken. Die Müdigkeit stülpt sich von innen nach außen, sie stößt an die Begrenzung der Haut, breitet sich aus, eine Beule, sie beutelt die Haut, die Unterarme jucken, ich kratze den Hals, der Hals juckt, die Haarspitzen auf den Wangen kitzeln und kratzen, die kratzenden Hände werden nervös, sie sollen nicht mehr kratzen, die Haut soll nicht mehr jucken. Ist Müdigkeit eine leise Hautkrankheit, eine Mangel-krankheit, auf ein Schiff gesetzt, in den Wellen ausgesetzt, ohne Vorräte, die Wellen klopfen an die Bordwand, eine sehr weite Reise, eine Reise in das Land der Krater und Buckel, erloschene Vulkane auf der Epidermis, kein unerforschtes Gebiet, doch dünn besiedelt, Kolonien von feinen Härchen, ein Gebiet, weitgehend unerschlossen, man muß sich die Wege selbst bahnen. Es braucht einen kräftigen Entschluß, sich hier aufzuhalten.
Das Schiff legt an, die Matrosen gehen an Land, es ist ein Lazarettschiff.
Sehr früher Morgen,
3.37 Uhr
frische Kühle in der Dämmerung, die nicht wirklich eine Dämmerung ist, eher eine Erwartung des Morgens. Die Ma-trosen sind weiß gekleidet, die Ärzte sind weiß gekleidet, sehr schweigsam und sorgenvoll, man muß sich zuerst einen Überblick verschaffen, die Medikamentenvorräte sichten. Die

Schwestern sind weiße Schwestern mit Hauben und strengen flachen Schwesternschuhen, grundgütige Gesichter, wie sie sich über die Kranken beugen, ein wenig gerötet, aber nicht erhitzt. Himmelslicht im Gesicht, ein verborgenes Leuchten, das kommt von ihrem Gläubigsein. Vielleicht leuchten auch deshalb die Gesichter der 18 Männer der Nachtwache, sie glauben an sich, an ihren Auftrag. Die weißen Schwestern wachen, sie beten, sie waschen die Kranken, damit die Ärzte sich nicht die Hände an ihnen schmutzig machen, an der Traurigkeit, der Angst, den Ausdünstungen, den Ausscheidungen der Kranken. Sie beugen sich über das Wasser, das Wasser hilft gegen das Jukken der Arme, die armen Nachtarbeiter, die den Tagarbeitern das Wasser reichen. Schwarzarbeiter und Weißarbeiter, so lange sie nicht kontrolliert werden, sind sie nicht zu unterscheiden, auch ihre Arbeitsleistung ist gleichwertig.

(Musik, die wie Wasser perlt)

ARZT:
Eine wirkliche Prognose ist noch gar nicht möglich, der Zustand nach wie vor kritisch, alles spricht für eine todmüde Vergangenheit, eine nachtschattenhafte, lebensgefährliche Müdigkeit.

DIE WACHHABENDE:
4.27 Uhr
Jetzt am Ende der Nacht sind nicht mehr viele Wörter übrig, viele sind einfach ermüdet, regen sich nicht mehr, und wenn man sie schüttelt, knurren sie mit einem unterdrückten Ärger wie: Komm mir nicht zu nah!

Das Unermüdliche ist uninteressant, aufgeputscht, aufgeblasen, die Nahtstelle zwischen Übermüdung und Überwachheit zieht an, ich gleite an ihr entlang, probiere, ob sie an einer Stelle aufreißt. Aber nein, sie reißt nicht.

Einige Wörter sind übrig, sie erwachen sehr früh, übermäßig früh, noch in der Dunkelheit, das Wort Ente zum Beispiel, es flattert, putzt sich. Die Enten schreien, die Enten schreien, noch nie ist mir der frische Morgenschrei der Enten aufgefallen, heute schreien sie, kläglich und bedürftig zur Begrüßung des Morgens, kräftige Schreie, städtische Hahnen-Schrei-Ersatz-Schreie vom kleinen Fluß.

ARZT:
4.38 Uhr
Nachtarbeiter trinken verhältnismäßig mehr Kaffee und Tee als der Durchschnitt der Bevölkerung, dafür weniger Alkohol. Eine kleine leichte Mahlzeit empfiehlt sich morgens um vier, auch dazu bin ich bis jetzt nicht gekommen, es könnte eine Stärkung gegen das Morgentief sein.

ÄLTERE PASSANTIN:
Seit ich diese kleine weiße Tiefkühltruhe habe, esse ich in aller Unschuld, wann immer ich möchte; sie ist gefüllt, dafür sorge ich. Zu jeder Tages- und Nachtzeit, – klapp – , öffne ich die Tür, – klapp –, nehme etwas heraus, reiße Folien ab, ziehe Laschen, ich fische im kalten Ozean, so trockenäugig, meine Hände eine Reuse, ich fische mit offenen Augen frühmorgens im noch künstlichen Licht, eine leichte Mahlzeit, von einem dunklen Schatten umrahmt. Ich wärme ein Töpfchen, ich esse eine aufgetaute Mahlzeit, ich verspeise den Schatten der Mahlzeit in der tiefen Nacht, die schon in den Schlund des Morgens gefallen ist. Sie kommt mir üppiger vor als sie es ist. Es kommt mir vor, als würde ich den Rest der Nacht mit einem kleinen Appetit sorgsam aufessen.

DIE WACHHABENDE:
Melonenschalen in den Abfall geschnippt. Eine Ansammlung von Sprache, eine Decke, eine Decke, unter der ich die Sprache verstecke. Müdigkeit, die die Sprache verdeckt, eine Verdickung des Zeitgefühls, Wühlmäuse kratzen und graben unter der Haut, schaufeln sich eine Nachthöhle, nachtaktive, blankäugige Tiere, sie wuseln über die Papiere, Müdigkeit, die sich im Sande verläuft.

ARZT:
Das ist der tote Punkt, die erste aufziehende Helligkeit. Alles kommt darauf an, den toten Punkt zu überwinden. Sekundenschlaf, der wie ein Sekundenkleber den Wachzustand mit dem Schlaf untrennbar verbindet. der Schlaf weiß nichts vom Wegsacken, der Wachzustand ahnt nichts vom Wegsacken, man muß sich losreißen, abreisen aus der Schlafstation ohne Gepäck. Für alles weitere ist gesorgt.

ÄLTERE PASSANTIN:
Ich sehe mit einem inneren Auge, und ich sehe mit einem äußeren Auge. Das innere Auge sieht Hirsche, sie äsen frühmorgens auf den Waldgräsern, Licht fällt. Weiches Licht fällt aus den Buchenkronen, die Hirsche äsen Licht, trinken das Licht. Es sind die Hirsche aus dem Gehege in Hirsau. Das äußere Auge sieht die karierte Tischdecke, auf der ein Wasserglas steht, das Wasserglas, das von meiner Hand zum Mund geführt wird. Es hat einen dunklen Rand, den ich deutlich sehe.

DIE WACHHABENDE:
4.53 Uhr
   Vorsichtig bohren sich die ersten Vogelrufe in die Dunkelheit, kratzen Löcher in die Dunkelheit. Ein Gefiederputzen, eine frische blanke Fläche, die die Vogelrufe ritzen, sie bleiben im Gedächtnis: ein Hineinschrillen. Das Gedächtnis sagt »Morgen«, wenn es die Vögel hört. Die Vogelschreie aktivieren das Gedächtnis, etwas springt an, will anspringen. Hineinlaufen in die Phantasie wie in einen Park.
   (Musik einbauen: aber welche? Kann Musik, wenn sie nicht banal ist, »wecken«?
   Sollte sie das? Eine Theorie der Programm-Musik ist vorausgesetzt. Aber warum Theorie, wenn es nur darauf ankommt, ein Glück des Morgens in die Praxis zu überführen.)

DIE WACHHABENDE:
Gibt es eine Musik des Morgens, eine fordernde, fürsorgliche?

Gibt es den Morgen als eine musikalische Aufgabe, muß sie erfunden werden? Ist denn das Wecken eine Aufgabe, wenn nicht geschlafen wurde? Ein Wecken als Scheinmunterkeit, als potemkinsches Morgendorf? Überwachheit als musikalisches Problem?

Als ich die Nacht betrat und mehr noch, als ich die Nacht betreten hatte, wußte ich nicht, wie seßhaft ich geworden war. Seßhaft in einem Zimmer, auf einem Stuhl, Anhäufung von Papieren, einer Schlafdecke von Papieren im Seßhaften, Entzweiung von der natürlichen Fallsucht der Müdigkeit, die der Erschöpfung keinen Platz machen will. Der Rücken möchte durchbrechen, der Stuhl ist ein unfreundlicher Gegenstand, der Rücken hat eine eigene Sprache. Hinlegen. Aufstehen. Sitzen. Bleiben. Eine harsche Kommandosprache. Er ist hart gegen sich selbst. Er möchte sich nicht mehr anlehnen, aufgerichtet sein möchte der Rücken, rückhaltlos Wirbel für Wirbel selbsttätig, man hält die Fingerspitzen an das Kinn, hebt den Kopf nur ein wenig, und der Rücken streckt sich. Vom Rücken wie von einem Geschäftsunternehmen sprechen: Danke, danke der Nachfrage, er trägt sich selbst. Der Rücken trägt den schweren Kopf, der Kopf muß leicht werden, leichtsinnig, vogelleicht.

ARZT:
Schlafentzug führt zu Schädigungen, dauernder Schlafentzug führt zum Tod. Schlafentzug bis zum Morgenrot. Es dürfte nur schwierig sein, einen wissenschaftlich einwandfreien Nachweis dafür zu führen, die Fallhäufigkeit ist zu gering. Mit anderen Worten: es fehlt an Beispielen sowohl für den Schaden als auch für den peripheren Nutzen.

DIE WACHHABENDE:
5.11 Uhr
Erinnerung an einen frühen Werbefilm aus dem Jahr 1941. Eine helle, dramatische Werbestimme, Pathos der Aufklärung. Pathos des Abwiegelns. Vormarsch im Osten, dem Gegner

große Verluste zugefügt, so sprachen die Kriegsreporter. Warum waren die Sprecher in der Wochenschau so hechelnd, immer am Ball, am Puls des Geschehens, Hyperventilation der lügnerischen Sprache, ein Durchpflügen und schnell zum Ende kommen Wollen, ein Ende, das ein Endsieg sein soll? Aber es ist nur ein Werbefilm über das Einkochen von Früchten, über die Aufbewahrung der eingekochten Früchte in blanken Gläsern mit einem Federverschluß.

Gut gekämmte, ondulierte deutsche Hausfrauen mit properen geblümten Schürzen stehen im Bild. Mit peinlich sauberen Händen schneiden sie Erdbeeren, kein Fruchtsaft rinnt über die Hände, kein Spritzer, kein Rot. Es ist ein Schwarzweiß-Film, natürlich. Früchte bleiben am besten haltbar, wenn man sie am frühsten Morgen erntet, im ersten Tau, das verkündet der Film. Im Frühtau zu Berge erntet die Frau. Und dann kocht sie ein, im Frühtau, eine frische muntere Frau, der Mann ist im Osten, sie erntet, sie schneidet, sie bereitet die süßen Marmeladen, nicht zu ihrem Schaden. Sie wartet auf ihn. Hinter ihr im Regal die Gläser mit eingeweckten Früchten, Kompotte und Marmeladen, beschriftet in Sütterlinschrift. Eine Heimatfront der steril gemachten Gläser. Ernten der Früchte, Ernten des ungebrochenen Angriffsoptimismus, und kommt der Mann nach Haus, leuchten die Augen und die Gläser mit Kompott.

5.21 Uhr

Nun ist es hell, ziemlich rasch ist es hell geworden, die Helligkeit tut den Augen wohl, die Helligkeit atmet, die Nacht hat aufgeatmet.

5.34 Uhr

Früher Morgen im Grüneburgpark, GIs, die ihren Morgenlauf absolvieren, kein Joggen, ein scharfes Tempo, angefeuert von ihrem Sergeanten.

Go, go, go on –

Sie sangen dabei, sangen im Chor wie Sklaven auf den Baumwollfeldern. Rasen, Rosenduft am frühen Taumorgen, Morgentau, und die ersten Hundebesitzer kamen, und die Hunde

bellten die Soldaten an, und die Soldaten belferten ihre Baum-
wollfelderlieder, das ist lang her.

Go, go, go on –

Wovon sangen die Männer? Welche alten Lieder? Haben
sie sie auch in Korea gesungen, haben sie sie auch in Vietnam
gesungen? Sie haben sie nicht für uns erfunden, als sie noch
Besatzer waren in Westdeutschland, als sie uns beschützen
mußten vor uns selbst, damit wir nicht mehr aufbrechen, damit
kein Krieg ausbricht, damit wir die Weltordnung verstehen,
aufgestellt im kalten Krieg. Und jetzt, wenn sie von ihrer GI-
Zeit erzählen, was ist aus ihnen geworden? Sind sie Autome-
chaniker oder Krankenpfleger oder gar nichts geworden, leben
sie von Sozialschecks? Singen sie noch?

5.51 Uhr

Eine Erinnerung an den martialischen Auftritt. Oder war er
gar nicht so kriegerisch? Die Erinnerung, wie ein solcher Auftritt gewesen sein könnte, überlagert sich mit der Vorstellung
von Marschschritten und einem exakt führenden Tambourma-
jor, der ein hervorragendes Gehör hat.

*(Jetzt ist die paradierende Wache zu hören, Trommel und
Schritte, Trommel und Pfeifen und dazwischen ein jämmerlich
aufgeweckter Hund, jaulend bis zum Jüngsten Tag.)*

DIE WACHHABENDE:

Jetzt kommt auch die Nachtwache nach Hause mit ihren
Lanzen und Gewehren, der Trommler voran, nun lärmen sie,
zeigen sich der Amsterdamer Bevölkerung, mit einem knap-
pen Kopfnicken begrüßen sie den Maler, der sie gemalt hat,
begrüßen die Besucher des Rijksmuseums, die den Eintritt
zahlen, Rentner und Schüler und Studenten die Hälfte.

6.02 Uhr

Sparkasse und Apotheke haben noch ihre Nachtbeleuchtung,
die Sparkasse feuerrot, die Apotheke grasgrün, die Buchsbäumchen so kugelig, so rund adrett geschnitten, dahinter
der junge Akazienbaum, in einem Gitter geschützt, damit er
aufrecht wächst und kein Hund das Bein an seinem Stamm

hebt. Tauben sind im Tiefflug unterwegs. Fliegen sie so tief, um die Straße für sich zu erobern? Würden sie auch tagsüber als chronische Tiefflieger auftauchen, wäre die Straße dann menschenleer? Hindert sie nur der Instinkt daran, auch tagsüber auf Schulterhöhe zu fliegen? Hindert sie der Instinkt, mit anderen Objekten zusammenzustoßen?

Mein Rücken ist rund, er möchte nicht mehr sitzen, ich stehe am Fenster, die Buchsbäumchen grün und das Verkehrsschild für Fußgänger blau, das leuchtende Blau, auf dem die Mutter ihr Kind an der Hand führt, weiße Figuren, eine weiße Mutter, ein weißes Kind, ein Rock für die Piktogramm-Mutter, ein geschlechtsneutrales Kind, es trägt weder Rock noch Hose, vielleicht einen Piktogramm-Schneeanzug. Ich habe vergessen, darauf zu achten, wann die Straßenbeleuchtung ausgeschaltet wurde. Ich habe auf die Geräusche geachtet, nicht auf das Aufhören des künstlichen Lichtes. Das Tageslicht hat das künstliche Licht verschluckt.

Mann auf einem Morgenfahrrad, er fährt so langsam, als wäre das Rad eine Säge, als wolle er Brot schneiden mit der Fahrradsäge auf dem Pflaster. Mit ganzem Körpereinsatz. Man bedauert die Nachtarbeiter, man begrüßt die frühen Morgenarbeiter. Das Eindringen der Wahrnehmung in den Körper.

Ich müßte jetzt Beeren ernten im Tau, wenn ich einen Garten hätte, die Enten schreien, die Enten brüllen, Autos sind Lastwagen, Lieferwagen, Baufahrzeuge. Kommt der Kunde, ist die Ware schon da. Kommt der Kunde, geht der Lieferant. Die Ware: Das Schöne, Wahre, Gute in der Einkaufsstraße.

Ein Mann von der Straßenreinigung, leuchtend orangefarbene Warnhose, leuchtend grüne Weste, weiße Kappe, so wird ihn niemand übersehen, niemand überfahren, aber wer sieht ihn zu dieser Tageszeit?, er sieht sich selbst mit dieser blendenden Farbkombination, er wird wach, wenn er sich sieht, er bleibt wach in der Frühe, ich sehe auf seine morgendlichen Warnfarben und bleibe auch wach. Schockfarben der Übermüdung. Vorsicht, hier arbeitet jemand.

Marktfahrzeuge, das Klappern von Stangen, Bretter werden

ausgeladen, die Marktstände werden aufgebaut. Der Mann von der Straßenreinigung sieht jung aus und sehr dünn, er hat eine Schubkarre bei sich mit einer langstieligen Zange und einem Besen. Mit der Stange hebt er Müll vom Pflaster, guten Morgen, Müll, guten Morgen, ihr Kaugummipapierchen und Tüten, er leert die Papierkörbe, das ist leichter gesagt als getan. Ich stehe lange am Fenster mit dem schmerzenden Rücken, er braucht lange, er arbeitet gründlich, er löst die Verschraubung am Deckel der Papierkörbe, hebt die Plastiktüte heraus, prüft sie, betrachtet ihren Inhalt. Er hebt die Flaschen heraus, stapelt sie in einer Kiste auf der Schubkarre, er wird das Pfand einlösen für die Flaschen, das ist nur gerecht, er sammelt sie, sortiert sie, ordnet sie. Die Bierflaschen, die Plastikflaschen, die Wasserflaschen, er ist im Besitz der Flaschen, ein ordentliches Zubrot, Zubrötchen aus der Bäckerei. Nun nimmt er eine neue Plastiktüte aus der Schubkarre, er kann sie nicht mit den Handschuhen öffnen, er streift die Handschuhe ab, bläst auf den Plastiktütenrand und entfaltet die aneinanderklebenden Seiten der Tüte. Er legt sie in die Höhle des Papierkorbs, zieht die Handschuhe wieder an und verschraubt den Deckel des Papierkorbs. Drei, vier Papierkörbe sind in meiner Sichtachse, er arbeitet gründlich, es braucht seine Zeit, Aufschrauben, Verschrauben, Handschuhe anziehen, Handschuhe ausziehen, sortieren. Einmal fällt ihm Abfall aus der vollen Tüte auf das Pflaster, er kehrt ihn auf, zurück in den vollen Müllsack, er stapelt die Flaschen in einer Kiste auf der Schubkarre, ein ernster Arbeiter, der weiß, was er zu tun hat, zur Zufriedenheit der Stadtverwaltung, ich bin sein Zeuge, ich zeuge für ihn, er macht seine Arbeit sehr ordentlich, ich bin mit ihm zufrieden.

7.15 Uhr
Jetzt ist die Beleuchtung der Sparkasse erloschen, aber das grüne Licht der Apotheke glüht noch, mehr Luft und Licht zwischen den Zeilen, den Gegenständen. Die Autos, die vorbeifahren sind klein und praktisch, Spielzeugautos, so wirken sie, aus dem oberen Stockwerk betrachtet, überproportional viele rote Autos, currygelbe Autos, Warnautos, praktische Au-

tos für praktische Leute, wer früh aufsteht, braucht ein Auto als Muntermacher. Erst sehr viel später fahren die schwarzen und silbergrauen Autos vorüber, ihre Insassen sind ausgeschlafen, sie haben schon die Zeitung gelesen, sie sind schon zum Joggen gewesen, es ist wie in einer Spielanordnung.

ARZT:
Eine plötzliche Sauerstoffzufuhr, das Öffnen eines Fensters zum Beispiel, wirkt, als hätte man ein Kontrastmittel verabreicht. Plötzlich ist die Müdigkeit zu sehen. Eine mitreißende, eine hinreißende Müdigkeit. Man möchte ein Schild aus dem Fenster halten: Achtung, müder Arzt!

DIE WACHHABENDE:
Ein Gast kommt aus der Ritterschenke, er geht sehr, sehr langsam, er hat alle Zeit der Welt. Er will nicht nach Haus, sein ganzer Schritt sagt: Ich bleibe, aber ich muß gehen. Rausgeschmissen. Einmal schließt jede Kneipe, einmal ist der letzte Tag vorbei. Oder ist es der ermüdete Wirt, der sich selbst ausschließt?
Dicke Frau mit kurzen Hosen, Watschelfrau ohne Handtasche, wo geht sie hin so früh?, es ist die ältere Passantin, die Frau mit dem Augenleiden, jetzt sehe ich es deutlich. Der Bäcker hat schon auf, da kommt sie wieder mit der Brötchentüte. Auch ein Polizist kauft Brötchen, steigt wieder in sein kleines, rotes, privates Auto. Die Bäckerei, der erste soziale Ort am frühen Morgen, die Bäckerei schenkt auch Kaffee aus in Bechern, die Bäckerei ist eine warme, helle Höhle, in der man verschwinden kann für eine kurze Zeit, ehe der Tag wirklich beginnt.
Bogenschwünge des Steinpflasters, tagsüber ist mir das blanke Muster der Pflasterquader nie aufgefallen, dreibögiger Schwung auf der einen Straße, dreibögiger Schwung auf der anderen, die Scheitelbögen treffen auf die Scheitelbögen der kleinen Straße, sauber verfugte Ordnung unter den Füßen der ersten Passanten.

Bedeckter Himmel, Schmutzfarbe, noch kein Sonnenstrahl. Ein graues fedriges bescheidenes Licht, Werktagslicht. Werktagsmorgenlicht. Schließlich bleckende Sonnenkringel.

Angela Krauß

Calw

Es war nichts zu befürchten
Was befürchte ich denn immerzu
Wenn alles, was ich fühle
Das ist :
Es war nichts zu befürchten
Ich war glücklich dort
Auf eine Art
Um die ich selten andere beneide
Nicht selten genug
Um glücklich dort gewesen zu sein
Es war
Als sei ich zur Erholung gewesen
Im Sanatorium der Anderen
Ihre munteren dicken Kinder
Von Goldgürteln gehalten
In prächtigen Sprachen gerufen
Stürzten durch die Abendsonne
Niemand wünschte eine Auskunft
Von mir
Die eine Rechtfertigung enthalten hätte
Unverlangt
Für Neugier war ich kein Gegenstand
Wie alles
Mit überflüssigen Gedanken
Die vor hundert Jahren hier aufgingen
Und weltweit nieder
Nur hier nicht

Das Unbegreifliche kraftvoll
Vergessen ohne Rest
Es war nichts zu befürchten
Nur drei Schritte hinauf
Hinein in schwarzen Wald
Und im rauschenden Schweigen
Gehalten

Maik Hamburger

Das verschenkte Glasperlenspiel

oder Wie ein ungelesenes Buch von
Hermann Hesse in mein Leben eingriff

I.

Es war in den siebziger Jahren, als ich einige Tage in der Hals-
Nasen- und Ohrenabteilung der Berliner Charité lag. Eine
schiefe Nasenscheidewand, die das linke Nasenloch fast un-
brauchbar machte zum Luftholen, sollte begradigt werden.
Endlich! Solange ich mich erinnern kann, bekam ich zu wenig
Luft durch das linke Nasenloch. Ich war überzeugt, dass ich
aus diesem Grunde nicht Mittelstreckenchampion meiner
Schule geworden war, obwohl meine Beine für die 440 Yard
Distanz geradezu ideal gewachsen seien, wie mir der *sports master* versicherte. Der stammte aus Australien und war zwanzig
Jahre zuvor Zweitweltbester im Freistilschwimmen geworden,
was ihn zur unbestrittenen Autorität in allen sportlichen An-
gelegenheiten machte.

Meine Mutter meinte, an meinem Nasenproblem sei ein
Kindheitstick schuld, nämlich die Gewohnheit, alle paar Sekunden hochzuziehen und dabei mit der Nasenspitze einen
Viertelkreis zu beschreiben. In Uhrzeigerrichtung. Vielleicht
hatte sie recht. Mir bereitete ein ganz anderer Umstand Sorgen, nämlich dass meine Nasenspitze keine, sondern eher ein
Nasenknubbel war, was in den Augen des Pubertierenden dem
eigenen Erscheinungsbild erheblichen Abbruch tat und sein
Selbstbewusstsein unterhöhlte. Später gab man mir zu verstehen, dass solche Nasen bei den Mädchen besonders beliebt
seien, aus Gründen des Analogieschlusses.

Also operierte mich die Frau Professor, ein großes Licht
auf diesem Gebiet, und nach der Genesung atmete ich in
genussvollen Zügen die freie Luft ein, bis nach wenigen

Wochen die Knorpelwand wieder zuwuchs und alles beim alten war.

In meinem Zimmer lagen zwei weitere Patienten, mit denen ich mich bald anfreundete: Da war ein älterer Arbeiter, dem, wie ich mich erinnere, das freundliche Gemüt in den Gesichtsfurchen geschrieben stand, Name und Grund seines Dortseins sind mir entfallen. Und im Nebenbett lag Frank, ein junger Ingenieur aus Magdeburg, der sich zu einer kosmetischen Operation hatte einweisen lassen. Ich fand an seinem Aussehen nichts zu beanstanden, er aber litt offenbar unter einer für Uneingeweihte kaum wahrnehmbaren Krümmung seiner Nase und hatte die Krankenkasse von der Notwendigkeit einer Operation zur Heilung seines lädierten Selbstgefühls überzeugen können.

Frank blickte mit begehrlichen Augen auf das Buch in dem ich las. Hermann Hesses ›Glasperlenspiel‹ stellte in der DDR eine ausgesprochene Rarität dar. Die Verkäuferin meiner Stammbuchhandlung hatte es unterm Ladentisch hervorgeholt und sogleich in Papier eingewickelt, damit die anderen Kunden es nicht zu Gesicht bekämen; um meine Dankbarkeit zu zeigen, erwarb ich zusätzlich zwei Bücher, die ich nicht unbedingt nötig hatte, bezahlte allerdings für die drei Bücher zusammen weniger, als eine Taschenbuchausgabe des ›Glasperlenspiels‹ im Westen gekostet hätte. Dass ich überhaupt an ein Exemplar kam, habe ich vermutlich dem System der *Mehrauflagen* zu verdanken, mit dem die Verlage der DDR ihre beschränkten Lizenzausgaben zu strecken pflegten. Hesse war zu der Zeit bereits verstorben, aber als er noch lebte, äußerte er sich recht unwirsch über die spärlich fließenden Tantiemen aus der DDR. Brecht versuchte von Ostberlin aus zu beschwichtigen: *Wenn Hesse wüßte, wie hoch die Auflage hier ist und wie enthusiastisch die Bücher aufgenommen werden, würde er vielleicht den mißlichen Umstand, dass das Geld der DDR drüben so unterbewertet wird, nicht mit Zorn auf die DDR aufnehmen* schrieb er in einem Brief an den gemeinsamen Verleger Peter Suhrkamp. Zu jenen ostdeutschen Enthusiasten zählte auch mein Bettnachbar Frank, darum versprach ich, ihm mein Exemplar leihweise nach Magdeburg zu schicken, sobald ich es ausgelesen hätte.

Der Tag für Franks Eingriff rückte heran. Man rollte ihn in seinem Bett hinaus und als er nach geraumer Zeit wieder hereingerollt kam, trug er einen grotesken Schnabel aus Gips im Gesicht.

Am selben Abend erzählte er von einem kuriosen Vorfall, den er im Operationssaal erlebt hatte. Ein Ohrläppchen war ihm abgetrennt worden, um es in die Nase einzusetzen. Dieses Teil hatte sich offenbar in dem kurzen Zeitraum, da ihm ein Eigenleben zwischen Ohr und Nase gegönnt war, aus dem Staub gemacht. Es war spurlos verschwunden. Nach einer vergeblichen Suchaktion aller Operationsschwestern verließ die Professorin ziemlich außer sich den Raum. Vergessend, dass der nur örtlich betäubte Patient jedes Wort verstand, redeten die Schwestern ungeniert weiter. *Ich weiß, wo es ist*, hörte er eine Gehilfin flüstern, *es klebt an meinem Absatz. Hab mich bloß nicht getraut, was zu sagen.*

Nach einer Weile kam die Chirurgin zurück, schnitt Frank das andre Ohrläppchen ab und brachte die Operation zu Ende.

Am Tag meiner Entlassung wurde ihm der Gips abgenommen. Sein Bettnachbar, der alte Arbeiter, schaute voll Sorge zu mir herüber. Uns beiden schien die Operation misslungen. Später überlegte ich, dass die Verformungen, die uns erschreckten, sich beim Heilungsprozess wohl zurückbilden würden, doch im Augenblick war ich ebenso schockiert wie der Zimmergenosse. Wir ließen uns nichts anmerken, aber als ich wegging, schenkte ich Frank mein ›Glasperlenspiel‹. Ich hatte etwa ein Drittel des Buches gelesen.

Dreißig Jahre danach erreichte mich aus Calw die überraschende Nachricht, dass ich für ein Stipendium der Hermann-Hesse-Stiftung vorgeschlagen sei. Unter diesen Umständen schien es peinlich, immer noch nicht mehr als das erste Drittel des ›Glasperlenspiels‹ gelesen zu haben. Über das Internet wurde eine DDR-Ausgabe bestellt. Gerne würde ich jetzt erzählen, dass ich vom Antiquariat eben jenes einst verschenkte Exemplar zugeschickt bekam; aber das Leben sucht sich seine Pointen selbst, und da soll nichts oktroyiert werden. Die Post brachte ein mit *leichten Gebrauchsspuren* versehenes Exemplar der nämlichen Edition, nicht aber dasselbe Buch.

In den vierziger Jahren – ich gehe wieder ein Stück zurück – lebte ich als kultureller Allesfresser in London. Fast jedes Theater sah mich als Gast in der obersten Galerie, wo man für 6 Pennies auf einer harten Bank sitzen und das Geschehen aus der Luftperspektive betrachten konnte. Ich ging in Galerien, in Vorträge, schrieb Kabarettnummern für Laienspielgruppen und gehörte an Wochenenden zu den eifrigsten Zuhörern im Hyde Park Corner; oft fand ich mich dort in einer lebhaft diskutierenden Gruppe wieder, die gegen Mitternacht auf zwei Personen zusammenschmolz und mich der Erkenntnis überließ, dass es dem letzten verbliebenen Disputanten weniger um die Lösung der Welträtsel zu tun war, denn um den (schließlich vergeblichen) Versuch, seinen jugendlichen Gesprächspartner für ein homoerotisches Abenteuer zu gewinnen. Ich war der eifrigste Ausleiher der örtlichen Bibliothek und verschlang reihenweise Bände über Gegenstände, die ich für Philosophie hielt. Ein solches Buch, das den Titel ›The Cult of the Superman‹ trug, führte den fasziniert-schaudernden Abiturienten in die Gedankenwelt Nietzsches ein und stammte, wie mir jetzt erst bewusst wird, aus der Feder eben jenes Eric Bentley, der sich später als Brecht-Kenner und -Übersetzer weltweit einen Namen gemacht hat. Ein kleiner Schritt führte vom Übermenschen zur Utopie. ›Utopia and the Utopians‹ – so oder so ähnlich hieß das Buch, das mir die wesentlichen Züge der Phantasiestaaten von Thomas More über Campanella bis George Orwell vermittelte. Ob ›1984‹ schon erschienen oder ob dieser Autor durch ›Farm der Tiere‹ vertreten war, weiß ich nicht mehr. Unvergessen ist mir aber die Darstellung von Hesses ›Glasperlenspiel‹. Der Roman wurde an zentraler Stelle als die modernste und am weitesten blickende unter den Utopien behandelt. Mich mutete er wie eine scharfsinnige Parabel auf die Abstrusität sinnentleerter bürgerlicher Kultur an, und ich war ungeachtet der Hinweise auf die Schwierigkeiten des Stoffs zur Lektüre des Originals entschlossen. Diese – vermittelte – Begegnung mit Hesses Schöpfung ließ mich ein Leben lang nicht los, wenngleich sich mein Vorsatz erst sechs Jahrzehnte später realisieren sollte.

Bald drängte sich andere Lektüre vor. Von London ging es per Anhalter zum Studium der Philosophie nach Aberdeen, wo es nun hieß, sich mit den wirklichen Philosophen zu befassen. Die Hauptlehrer waren zum einen der Professor für Moralphilosophie Donald McKinnon, ein korpulenter Exzentriker, der seine Seelenqualen (und seinen Lehrauftrag) mit Hilfe von Kant und Hegel zu bewältigen suchte; und zum anderen der Dozent für Logik, Wladyslaw Bednarowski, ein mondäner Exilpole, der uns anhand von Wittgenstein, Ryle und Ayer bewies, dass neun Zehntel von dem, was Kant und Hegel schrieben, aus sinnlosem Geschwätz besteht. Die vom Studium erhofften Einblicke in das Weltgeschehen wurden mir nicht zuteil. Vielmehr rückte immer näher die Perspektive eines Daseins als Ordinarius für Philosophie, die mich nicht froh machte. Eine Lebensleistung, die darin bestand, aus alten Versatzstücken ein neues Denksystem zu basteln und fünfzig Jahre Variationen darauf zu spielen, besaß für mich keinen Reiz. Was ich betrieb, schien bei ehrlicher Betrachtung auf *geistige Onanie* hinauszulaufen. Natürlich stand mir auch die 11. Feuerbachthese von Marx vor Augen. Was sollte ich, was konnte ich *verändern* in dieser Stadt, in der nicht nur die Häuser aus Granit waren?

In Schottland wie in England sah ich die in den Kriegsjahren aufkeimenden Hoffnungen auf Erneuerung der Routine eines bürgerlich-hierarchischen Alltags weichen, während in der neu gegründeten DDR unglaubliche gesellschaftliche Umwälzungen geschahen. Ich erinnerte mich meiner deutschen Herkunft und meiner in Berlin wieder ansässigen Familie, bat Professor McKinnon kurzerhand um einen Gesprächstermin und erklärte ihm, ich hätte die Absicht, nach Ostdeutschland überzusiedeln. *Mac*, wie er in Dutzenden von über ihn kursierenden Anekdoten genannt wurde, war aufrichtig erschüttert. Wenige Jahre später sollte er eine ähnliche Wendung mit umgekehrtem Vorzeichen vollziehen, indem er einem Ruf an den Lehrstuhl für Theologie in Oxford folgte.

Vom Bahnhof Zoo brachte mich der Mann meiner Cousine in den *Demokratischen Sektor*, geduldig zwei schwere Koffer schleppend, die mein ganzes Hab und Gut fassten. Als er dann mein Hab und Gut ausgebreitet sah, musste er sich am Kopf kratzen: ein paar kärgliche Kleidungsstücke, sonst nur Bücher. Es gab nicht viel in der DDR zu dieser Zeit. Unter den Büchern befand sich übrigens keins von Hesse.

Um mein Deutsch aufzufrischen, las ich mich mit Wörterbuch durch den ›Faust‹. Das Exemplar mit den Anmerkungen in Bleistift (an der Stelle *Hör, du musst mir die Dirne schaffen* steht meine Erläuterung: *Dirne = girl, prostitute*) besitze ich immer noch.

Der wichtigste Autor der folgenden Jahrzehnte war unbestritten Bertolt Brecht, aber wann immer ich einen der von Karl Gossow und Erich Rohde in schöner Gediegenheit ausgestatteten Hesse-Bände des Aufbau-Verlages ergattern konnte, griff ich zu. So kam ich auch in den Besitz des ›Glasperlenspiels‹, wobei es sich um die 1977 erschienene *zweite* Auflage gehandelt haben muss.

II.

Das Jahr 2007 fängt nicht gut an. Kurz hintereinander die Beerdigung von zwei Menschen, die mir nahe stehen, einer sehr nahe. Ich werde in einem Berliner Krankenhaus auf einen bedrohlichen Verdacht hin untersucht. Calw scheint mir so weit weg wie der Nordpol und ebenso wenig verlockend. Drei Wochen der Stipendiatenzeit sind bereits verstrichen, da erklären mich die Doktoren doch für gesund. Na, wenn schon. Missmutig lasse ich mich von meiner Tochter bis nach Würzburg chauffieren. Beim Abendgang durch die Stadt fallen uns die vielen Gottesdienste auf, einige Passanten tragen ein graues Kreuz auf der Stirn. Aschermittwoch, genau meine Stimmung.

Tags drauf beziehe ich meine Mansardenwohnung in Calw. Was soll ich bloß hier? Ich nehme einen Schluck vom Trollinger, den mir die freundliche Betreuerin auf den Küchentisch gestellt hat. Oh, ein angenehmer Wein! Meine Stimmung steigt um einige Prozent. In der Folgezeit wird dem Trollinger des öfteren zugesprochen, aber der großartige erste Eindruck lässt sich nicht wiederholen. Später erklärt mir ein Experte mit Kennermine: jener war ein *Aldinger* Trollinger. Die Aufklärung kommt zu spät, um mir noch nützlich zu sein. Aber die Betreuerin bleibt vom ersten bis zum letzten Tag eine Gehilfin mit Prädikat höchster Güte.

Am ersten Morgen steht vor der Tür ein Blumsträußchen mit einem Zettel: *Herzlich willkommen in Calw. M. Bodamer.* Dem Willkommensgruß der 92-jährigen Großnichte Hermann Hesses, der einzigen noch in Calw lebenden Verwandten, folgt eine Kaffee-Einladung in ihr Haus. Jugendstilfenster mit Bleiverglasung, auffallend schön geformte Türrahmen. Mit ungezwungenem Charme erzählt die fragile Frau aus ihrem Leben als Kindermädchen in Berlin und als Musiklehrerin. Sie hat ihren Großonkel in Montagnola besucht, sagt sie. Was sie nicht sagt, ich aber vom Juniorchef des Modegeschäfts unter meiner Wohnung am Markt erfahre: Vor einigen Jahren verzauberte die damals bereits 87-Jährige eine große Zuhörerschaft in der Calwer Stadtkirche, wohin man die Veranstaltung wegen des Andrangs verlegt hatte, mit ihren Erinnerungen an *Onkel Hermann* und der lebhaften Darstellung ihrer Besuche bei ihm.

Mit den Inhabern des Modegeschäfts, Vater und Sohn, stehe ich bald auf vertrautem Fuß. Der Ladeneingang liegt ja direkt neben meiner Haustür, und ich habe das Gefühl, dass sie mir die besonders attraktiven Angebote an Cordsamtjeans bewusst vor die Nase hängen. Ihre Wohnräume und das Geschäft befinden sich just in dem Haus, in dem Hermann Hesse zur Welt kam und die ersten vier Jahre seiner Kindheit verbrachte. Natürlich lädt mich der Vater zu einer Besichtigung des Hesse-Hauses ein. Ich nehme die Gelegenheit wahr, bevor er zu seiner – siebenten oder achten – Pilgerwanderung auf dem Jakobsweg aufbricht.

Von meiner Küche aus sieht man die Katzen sich auf jenem Areal tummeln, auf das einst der junge Hermann heruntergeblickt hat. Am Wohnzimmerfenster habe ich den mit historischem Fachwerk versehenen Neubau meines *maecenas* im Blick. Er heißt prosaisch *Sparkasse Pforzheim-Calw* und teilt sich mit dem Südwestrundfunk in meinen Unterhalt. Im Gebäude der Sparkasse befinden sich nicht nur Geldautomaten und Mahnbriefformulare für säumige Gläubiger. Die oberen Stockwerke bergen eine beachtliche, vom Literaturbeauftragten betreute Herman-Hesse-Bibliothek mit einem wohl kompletten Satz von Erst- und Sonderausgaben. Die von Hesse für Freunde und Gönner eigenhändig illustrierten Bändchen bilden eine prächtige Sammlung von bibliophilen Schätzen. Diese Sparkasse wird in der Tat ihrem Kulturauftrag gerecht.

Calw nimmt seinen illustren Sohn mächtig in die Arme, nachdem es ihn ein Jahrhundert zuvor sozusagen aus seinen Mauern vertrieben hatte, aber es protzt nicht mit ihm. Er ist so unaufdringlich präsent, wie seine Statue auf der Brücke über die Nagold ihn zeigt: mannshoch der schlanke, sensible Astheniker mit dem Hut in der Hand, zweifelnd, unentschieden, das Hosenbein leicht ausgebeult. Bemerkenswerter Schriftsteller und heimatloses Menschenkind. Der Bildhauer Kurt Tassotti hat der Bronze eine grobe Oberflächentextur eingegraben und doch äußerste Feinheit des Ausdrucks erreicht. Für mich ist das unheroische Standbild vergleichbar mit dem Pessoa auf seinem Kaffeehausstuhl in Lissabon. Von so unheroischer Beschaffenheit hatten sich einige DDR-Künstler das Lenin-Denkmal in Berlin ausgedacht: Lenin auf einer Bank mit Platz für jeden, der sich daneben setzten mochte. Natürlich war das für die Politiker zu unbedeutend, und man beauftragte den sowjetischen Bildhauer Nikolai Tomski mit der Anfertigung eines 19 Meter hohen Standbildes, welches jetzt mehrere Meter tief im Märkischen Sand begraben liegt.

Wie weit entfernt – zeitlich und räumlich – liegt doch meine alte DDR! geht mir durch den Kopf, als ich die Badstrasse entlang schlendere. Plötzlich reibe ich mir die Augen. Ist das etwa ein alter Ost-*Konsum*, der sich da lebensgroß auftut? Komplett mit Spreewaldgurken, Rotkäppchen Sekt, Backmischung Kathi, Roter-Stern-Schokolade, Riesaer Teigwaren, Hallorenkugeln, Vita Cola und Nordhäuser Doppelkorn? Fange ich an zu halluzinieren? Behutsam trete ich in den Laden ein. Nein, der Inhaber – oder *Verkaufsstellenleiter*? – ist kein Gespenst, er hat einen fühlbar materiellen Handschlag und, wie ich erfahre, eine Freundin aus Thüringen, die ihm als Beraterin und Verkäuferin zur Seite steht. Ein *Konsum* in Calw! Ich sehe mich gerührt. Die Stadtväter dieses liebenswerten Gemeinwesens scheuen offensichtlich keine Mühe, damit sich der Gast aus der Ex-DDR wie zu Hause fühlt!

Bei *einem* Andenken bleibt es nicht. Mit einer pensionierten Lehrerin, die mich zum Kaffee in ihr Fachwerkhaus im Nachbarort Hirsau einlädt, tausche ich Erinnerungen an Hörsaal 40 in Leipzig aus, wo wir beide – möglicherweise zur selben Zeit – in den Vorlesungen von Hans Mayer und H. A. Korff (›Geist der Goethezeit‹) gesessen haben. Ihre DDR-Vergangenheit war freilich kurz und wenig erfreulich. Nach einigen Semestern Studium der Altphilologie wurde sie im Zusammenhang mit der Verhaftung des staatskritischen Studentenpfarrers Siegfried Schmutzler relegiert. Sie siedelte nach Tübingen über, wo sie Germanistik studierte und dann als Lehrerin, auch in Calw, wirkte. Ich vergesse zu fragen, ob sie in Tübingen auch wieder Mayer gehört hat. Ihr Marillenlikör schmeckt vorzüglich. Unter den Geschichten, die in der lebhaften Kaffeegesellschaft kursieren, ist mir die Anekdote von einem Tübinger Philosophieprofessor in Erinnerung geblieben, der von einem Studentenpärchen gefragt wird, ob Küssen nun abstrakt oder konkret sei, und dessen treffsichere Antwort lautete: *Ach, was seid ihr für Kameler, probiert es aus, dann wird euch wöhler.* –

Dieser volkstümlichen Formulierung der 11. Feuerbachthese ist nichts hinzuzufügen.

Ich möchte den Calwern nicht zu nahe treten, aber trotz Hermann Hesses und Rudolf Schlichters, trotz der Rückschau auf einstigen Wohlstand als Umschlagplatz für Flößerei und Holzhandel, trotz alledem kann das zwei Kilometer strom-abwärts liegende Kaff Hirsau eine weit größere historische Bedeutung für sich reklamieren, als das Nachbarstädtchen Calw, in das es 1975 eingemeindet wurde. Diese zweifelsfreie Wahrheit erhellt sich aus der Führung des ehemaligen Direk-tors der Volkshochschule durch die Ruine des Benediktiner-klosters. Es ist ein bitterkalter, schneetriefender Märztag, aber wie der Direktor auf seinem zweistündigen Rundgang das Mittelalter wieder aufleben lässt, das vertreibt die Kälte. In diesem idyllischen Nagoldtal stand das damals größte Kloster und der größte romanische Kirchenbau Deutschlands. Die noch sichtbaren Grundmauern der Kirche St. Peter und Paul umfassen ein Areal von beinahe dem Umfang eines Fußball-platzes. Die senkrechte Achse dazu liefert der Eulenturm, von seinem Zwillingsbruder ist nur noch der Stumpf übrig. Man bekommt eine Ahnung von der gewaltigen Kirche und dem ausgedehnten Kloster, das sich als das wichtigste geistige und kulturelle Zentrum im Nordschwarzwald etablierte. Von hier ging die Kolonisierung der gesamten Region aus, von hier erstreckten sich die Ausläufer der *Hirsauer Reformbewegung* bis nach Kärnten, Bayern und Thüringen.

Das Kloster wurde 1692 von den Truppen des französischen Generals Mélac verwüstet, der in der gesamten Gegend Ver-heerung anrichtete und auch Calw einäscherte. Die Mordbren-nerei des Generals, der aufgrund so erfolgreicher Aktionen zum Generalleutnant befördert wurde, schwelt immer noch im historischen Gedächtnis der Bevölkerung und noch heute hört hier mancher beißwütige Hofhund auf den Namen des verpönten Militärs. Die Brandschatzung in Hirsau vernichtete freilich nur das Dach der Kirche; die Wände wurden von den Calwer Bürgern als Steinbruch benutzt und zum Wiederaufbau ihrer Stadt abgetragen, so dass Hirsau in Wirklichkeit schon vor Jahrhunderten eingemeindet worden ist.

Vor dem grauen, schneebehangenen Himmel wirkt die Ruine eines ebenfalls von Mélac verwüsteten Renaissance-Schlosses geradezu gespenstisch. An einer Schlossmauer wird auf die Stelle gewiesen, wo Uhlands berühmte Ulme nicht mehr steht, weil sie dem Baumkäfer zum Opfer fiel vor zwanzig Jahren. *Just one damn thing after the other.* Jeder Schulbub musste ›Die Ulme zu Hirsau‹ auswendig lernen, vermutlich ohne dass ihm der politische Hintersinn dieser Verse des dichtenden Demokraten erläutert wurde.

Den Schriftsteller und Leitenden Ministerialrat a.D. aus Stuttgart kenne ich von den Jahrestagungen des P.E.N. Er zeigt mir seinen Wohnbezirk Bad Cannstatt. In seiner ehemaligen Schule, dem Kepler-Gymnasium, hat auch Hesse sein letztes Schuljahr abgesessen, bevor er seine wenig erquickliche Schulausbildung endgültig abbrach. Vom Cannstatter Kurhaus geht eine Anmutung des behäbigen Luxus aus, der im 19. Jahrhundert nicht nur Kaiser, Könige und Zaren anlockte, sondern auch Schriftsteller wie Balzac, Hebbel und Mörike. Künstler sind ja generell nicht abgeneigt, sich im Lichte der Mächtigen zu sonnen. Ob Ferdinand Freiligrath in seiner Cannstatter Zeit die Bäder besuchte, konnte ich nicht feststellen. Auch nicht, ob die Kolossalbüste auf seinem Grabmal eher dem Andenken des revolutionären Dichters oder des hurrahpatriotischen Altmeisters gewidmet ist. Freiligrath starb in einer Kneipe, sein Begräbnis war ein riesengroßes Ereignis.

Der Ministerialrat a.D. versteht etwas von Dramaturgie. Am Ende unseres Rundgangs stehen wir wie unverhofft vor einem charmanten Theaterbau. Der Betriebsdirektor des Wilhelma Theaters macht mit uns eine Führung, während Studenten auf der Bühne das Stück ›Der Drache‹ proben. Mit dieser als Märchen getarnten Satire auf die Diktatur landete der Regisseur Benno Besson 1965 seinen zweiten Welterfolg (nach dem ›Frieden‹) am Deutschen Theater, zur gleichen Zeit, da ich dort zu beweisen suchte, dass ich irgendwie zum Regieassistent zu gebrauchen wäre. Das Wilhelma Theater ist ein wunderbares intimes Haus mit restaurierter Malerei, zum Verlieben. Seine Existenz verdankt es dem kulturfreundlichen König Wilhelm I. von Württemberg, der das Theater nicht nur anstelle der von der Stadt Cannstatt gewünschten Spielbank errichten ließ, sondern auch noch die Kosten aus eigener Tasche bestritt. In späteren Zeiten verfiel das unbenutzte Haus zusehends und man erwog den Abriss, bis 1985 der damalige Ministerpräsident von Baden-Württemberg, Lothar Späth, unter mutmaßlicher Mitwirkung meines Ministerialrat-Freundes seine Restaurierung und Nutzung durch die Hochschule für Musik und Darstellende Kunst veranlasste. Stünde das Schicksal des Hauses heute zur Debatte – ich wettete zehn zu eins auf den Sieg der Spielbank.

Mit dem Literaturbeauftragten entfaltet sich nach und nach eine feste Freundschaft. Die erste gemeinsame Wanderung führt am ehemaligen Richtplatz vorbei, wo früher die Schulkinder in makabrer Ergänzung zum Lehrstoff verpflichtet wurden, den Hinrichtungen beizuwohnen; praktische Bürgerkunde gewissermaßen. Nach weiterem Aufstieg treten wir aus dem Wald und gelangen zu den Wiesen vor Zavelstein mit ihren violett leuchtenden Krokusflächen, ein in diesen Breitengraden einmaliger Anblick. Experten rätseln, wie dieser wilde Krokus aus seiner südlichen Heimat – man schwankt zwischen einem Ursprung in Neapel oder Ligurien – hierher emigriert sein könnte. Für das Volk ist die Sache längst abgemacht: ein Herr mit dem klangvollen Namen Benjamin Buwinghausen von Wallmerode, seinerzeit Burgherr von Zavelstein, habe die Pflanze von seinen Reisen mitgebracht und im Burggarten einsetzen lassen. Von dort wurde sie von Mélac durch Niederreißen der Burgmauern *befreit*, woraufhin sie den simultanen Doppelweg durch die Gedärme der Haustiere und von der Burg auf die Wiesen durchlief, wo sie jetzt jedes Jahr im März den Hunderten von Besuchern zur Freude blüht.

In der Zavelsteinschen Burgruine, in die wir einkehren, feiert der Schwarzwaldverein gerade ein Fest. Der Vorsitzende trägt uns eigenhändig unsere Würstchen herüber und lädt uns zu einem Viertel Trollinger-Lemberger ein. Hinterher gibt es den vorzüglichen Rote-Johannisbeer-Kuchen der Vereinsschwestern. Mein Begleiter erzählt, er habe vor kurzen ein selbst geschriebenes Mundart-Theaterstück mit dem Verein aufgeführt. Hier wird die Kunst des Dramatikers offensichtlich noch gewürdigt.

Der Literaturbeauftragte ist ein überaus anregender Gesprächspartner. Natürlich drehen sich unsere Dispute auch immer wieder um Hesse, den er kennt wie die eigene Westentasche. Das wenige, was ich über mein jugendliches Initialerlebnis hinaus über Hesse weiß, weiß ich von ihm. Er zeigt mir das Herman-Hesse-Museum in Calw, in dessen Räumen ich anderntags in einer von ihm moderierten Veranstaltung über Shakespeares ›Romeo und Julia‹ rede. Shakespeare passt immer. Freilich verkneife ich mir das Thema *Shakespeare und Hesse* und erfahre erst später von Hesses besonderer Affinität zu dieser Liebestragödie des Elisabethaners, die er um 1915 zu einem Dramolett verarbeitete und zur Grundlage eines Opernlibrettos machte.

Seine Obliegenheiten fasst der Literaturbeauftragte ungewöhnlich weit. Er bemüht sich nicht nur um meine kulturelle Fortbildung, sondern lässt sich meine körperliche Verfassung wie auch die Erweiterung meines kulinarischen Horizontes angelegen sein. – *Aber sicher*, murmeln jetzt die Schwaben mit vielsagendem Blick, *der arme Preuße musste ja in die Geheimnisse der Flädlesuppe und der Maultaschen und des Zwiebelrostbratens und Bubenspitzle eingeweiht werden.* Das geschieht durchaus, aber darüber hinaus werde ich mit einer reizenden kleinen Gaststätte bekannt gemacht, die, in einem entfernten Dorf versteckt, von einem Ehepaar bewirtschaftet und von Feinschmeckern aus Nah und Fern frequentiert wird, eine kleine Stube mit etwa sechs blanken Holztischen und wenigen Barhockern aus bizzar gewachsenen Baumstämmen, an denen man die köstlichsten Speisen und Getränke serviert bekommt. Es verbietet sich hier, dem Leser mit einer detaillierten Beschreibung des Menüs den Mund wässrig zu machen, aber schon die mit Champignons gefüllten …

Da ich gerade beim Gastronomischen bin: von meiner Wohnung aus sind fünf Metzger und sieben Bäcker in weniger als zehn Minuten zu Fuß zu erreichen (*fußläufig* heißt es wohl heute, aber da erscheint mir unweigerlich eine Hündin vor dem inneren Auge). Die Auslagen dieser Geschäfte sind ein Augenschmaus, und der bei den Metzgern angebotene Mittagsimbiss ist nicht nur wohlschmeckend, sondern führt auch nebenbei zu Wiederbegegnungen mit Gesprächspartnern aus meinem frischgebackenen Bekanntenkreis. So üppig hatte ich es noch nie mit meiner Versorgung.

Nach der Devise des alten Juvenal *mens sana in corpore sano* ermuntert mich der Literaturbeauftragte zu einer Radwanderung an der Nagold entlang zur Stadt gleichen Namens. Zum Start erscheint er in zünftiger Radsportmontur mit Helm, fingerlosen Handschuhen und atmungsaktiver Wetterjacke. Im Verlaufe der Tour hat er Gelegenheit, sich ein Bild von meinem Kaliber als Radfahrer zu machen und legt sein sportliches Zubehör eins aufs andere ab. Die wunderbare Landschaft mit den im Wasser sich spiegelnden Weiden erinnert mich lebhaft an den Cherwell, den Fluss meiner Kindheit in Oxfordshire. Doch ich kann mich nicht entsinnen, im Lande des *Tudor Style* ein so grandioses Fachwerkhaus wie das *Hotel Post* in Nagold gesehen zu haben. Als ich wadenmüde wieder die fünf Treppen zu meiner Wohnung aufsteige, habe ich mit einigem Auf und Ab immerhin über 50 Kilometer bewältigt.

An einem Nachmittag besuchen wir Warmbronn zur Besichtigung des Christian Wagner-Hauses. Ein enges Zimmer, eine winzige Schlafstube: Hier hat der schrullige Autodidakt mit Frau und Kindern gehaust, hat nach den Strapazen der Arbeit als Tagelöhner oder Bauer seine klassisch geprägte Lyrik geschrieben, seine Marsphantasien entwickelt. Was für ein wacher Geist, der in der Antike ebenso zu Hause war wie in seinen erotischen Metawelten und in den Weiten des kosmischen Raums! Umweltschutz, Klimakatastrophe, Weltraumfahrt, Marslandung, Sonnenenergie – er hat es vorausgedacht und nach den Eingebungen seiner Phantasie aufgeschrieben. Als Pazifist stellt er sich mit dem Satz *Das Heldentum des Nitroglyzerin erkennen wir nicht an* (in einem Brief an Hesse) in die Reihen der Kriegsgegner. Überraschend viele Porträtfotografien aus einer Zeit, als die Herstellung solcher Bilder noch aufwendig und teuer war, schmücken die Wände, aber mit seiner breiten Stirn und dem üppig wachsenden Backenbart bot Wagner ja auch eine überaus fotogene Erscheinung dar. Dem deutschen Literaturbetrieb gereicht es zur Ehre, dass der *Dichterfürst auf dem Dorfe* bald regelmäßige Zuwendungen von der Schiller-Stiftung sowie Anerkennung von bekannten Künstlern erhielt, darunter Gustav Landauer, Kurt Tucholsky und eben Hermann Hesse. Hesse gab 1913 eine Auswahl von Wagners Gedichten heraus. Bei der Lektüre von Wagners Lyrik interessieren mich neben der poetischen Kraft auch formale Einzelheiten, wie der Umgang mit dem Versmaß, da ich als Übersetzer bemüht bin, etwaige Sprödigkeiten im Original aufzuspüren und im Rhythmus der Zielsprache zu erhalten. In der Hesse-Auswahl fällt mir auf, dass die Verse gelegentlich geglättet sind gegenüber früheren Ausgaben. So wird in dem Gedicht ›Syringen‹ aus dem expressiven Vers »Ha, bin ich's selbst, deß einzig Erdenwesen / Nun auch einmal zu solchem Glanz genesen?« in Hesses Ausgabe zu »Bin ich es selbst, des einzig Erdenwesen ... ?« Haben wir es hier mit einer Redaktion des Herausgebers oder mit einer Neufassung des Autors zu tun? Ob die Christian-Wagner-Philologie darauf eine Antwort zu geben vermag, weiß ich nicht.

Der freundliche Leiter des Christian Wagner-Hauses erzählt von einstigen Plänen gewisser Investoren, das Gebäude zugunsten eines Supermarktes abzureißen. Die im Gegenzug gegründete Christian Wagner-Gesellschaft konnte unter Einsatz aller Kräfte das Haus retten und als Gedenkstätte einrichten lassen.

Das gegenüberliegende, ebenfalls auf Grund einer Privatinitiative erhalten gebliebene Fachwerkhaus, beherbergt eine Gaststätte, wo in einem Holzbackofen *Blootz* gebacken wird. Blootz ist eine Art Flammkuchen. Der Hohenloher Blootz mit Kartoffeln, Zwiebeln und Sauerrahm schmeckt vorzüglich.

Als ich Ende April von Calw abfahre, habe ich einen Jahrhundertfrühling im Schwarzwald hinter mir und immerhin zwei Akte eines gedeutschten *Pericles* auf der Festplatte.

III.

Ja, das ›Glasperlenspiel‹.

Wenn ein betagter Mensch mit einem gewissen Bildungsanspruch die Welt wissen lässt, dass er gegenwärtig Hesse lese, so kommt das einem kulturellen Offenbarungseid gleich. Hesse *hat* man gelesen. Allenfalls liest man ihn *wieder*. Bei mir war, ich gestehe es, Beträchtliches aufzuholen. Die vergnüglichste Lektüre war *Kurgast*. Es ist vielleicht auch die *englischste* unter den Erzählungen dieses sonst so deutschen Künstlers, unterhaltsam und doch nicht flach, humorvoll und doch mit einem ernsten Anliegen. Der philosophische Gehalt geht ganz in der Geschichte auf, anstatt bedeutungsschwanger auszubeulen, und die mit leichtfüßiger Selbstironie gelungene Schilderung der gequälten Ich-Figur wirbt um Verständnis, ohne sich der Hypochondrie verdächtig zu machen. Ein schmales Werk und ein brillantes.

Beim ›Glasperlenspiel‹ gab es gleich zu Anfang einen sonderbaren Umkehreffekt. In der Erinnerung war eine mäßig interessante Exposition geblieben, welcher der eigentliche Korpus des Romans, die tiefgründige Parabel des Spielmeisters Josef Knecht, folgte. Diese hatte ich ja erst angelesen und spannte, in meiner Mansarde die Blätter wendend, auf die Fortsetzung. Sechzig Jahre hatte ich gewartet. Aber eben das erste, als schwach erinnerte Kapitel hielt mich fest. Das war ja grandios! Diese Schilderung des »Feuilletonistischen Zeitalters« verblüffte und bestürzte mich. Ich las da eine glänzend formulierte, mit gespenstischer Präzision treffende Kritik des *heutigen* Weltzustandes, wie auch ich ihn empfand und verabscheue. Hier sprach ein großer Schriftsteller zu mir. Warum habe ich das vor dreißig Jahren anders wahrgenommen? Aus zwei Gründen wohl. Meine Orientierung galt damals einer Gesellschaft mit geglaubten Zukunftschancen, für deren Fortentwicklung und Verbesserung ich mich engagierte. Die einzelnen Spielarten bürgerlicher Kritik an bürgerlichen Zuständen schienen nebensächlich, gemessen an der fundamentalen und mit Änderungswillen verstärkten Hoffnung, die ich an das Projekt Sozialismus knüpfte. Die Folgenlosigkeit bürgerlicher Geisteskritik war uns vertraut. Marx und Brecht hießen (immer noch) unsere Leitfiguren, »Ändere die Welt« unsere Parole. In die gegenwärtige, von Hesse mit Nachhaltigkeit bloßgelegte Gesellschaft bin ich hineingeworfen worden und staune nun, wie treffend der Dichter die Verwahrlosung einer Patchworkkultur zu beschreiben vermocht hat; wie er in der Moderne mit seismographischer Sensibilität auch schon den Aufbruch zur Postmoderne vorausgespürt hat. Der zweite Grund mag wohl sein, dass dieser Niedergang in den 70er Jahren noch nicht so offensichtlich war, wie er es heute ist.

Und mit welchem Ernst, mit welcher Beflissenheit schreibt sich Hesse aus diesem Weltzustand heraus! Mit welcher Unermüdlichkeit geht er den psychologischen, sozialen, philosophischen und auch leiblichen Problemen nach, die sich aus dem Versuch ergäben, auf den positiven Werten der Menschheit aufbauend den Keim eines Gegenentwurfs zu verwirklichen. Er hat es sich nicht leicht gemacht. Zehn Jahre arbeitet er an diesem mächtigen, abschließenden Alterswerk. Gerade Hesses Gründlichkeit, seine Entschlossenheit, alle Varianten auszuforschen, macht es dem Leser mitunter schwer. Er kommt in Gefahr, in der Masse der Perlen zu versanden. Was mir den Antrieb verschaffte, weiter zu lesen, war Hesses bemerkenswerte Dialektik. Jede Identifikation mit einer Figur ist richtig und zugleich auch falsch.

Als ich kurz vor Schluss bei den drei Lebensläufen des Magister Ludi Josef Knecht angelangt bin, habe ich das Buch zugeklappt. Ein Rest muss bleiben.

Joseph Zoderer

Die Innenseite der Zeit in Calw

Geschrieben während des Hermann-Hesse-Stipendiums in Calw,
Mai bis August 2007

Jetzt habe ich
hie und da eine Nacht
Heimweh nach Calw
Hermann Hesse

Er wusste, dass es ihm gut ging -. Das hohe Gras erinnerte ihn an das Gehen mit nackten Füßen zu Kriegszeiten. Jetzt schien die Morgensonne auf die Halme, er schritt über den schmalen Asphaltstreifen einer Landstraße, ein einzeln stehender Birnenbaum grüßte ihn, ebenso ein alter Apfelbaum. Er zog seinen Strohhut. Was war das für ein Glück gewesen, an das die Grashalme der sonnigen Wiesen ihn erinnerten? Er wusste es nicht mehr, ahnte es höchstens, wenn er die weiße Blüte einer Taubnessel zwischen den Lippen presste.

Es ging ihm gut; seltsam, wie nahe dieses Gutgehen der düsteren Leere sein konnte. Aber davor bewahrten ihn die langstengeligen grünen Halme. Im Vorbeischreiten ließ er seine Hand darüber streifen, spürte das sanfte Kitzeln an der Haut, als hätte er Sonnenstrahlen vom Gras gewischt.

Nur im Wald entkam er sich nicht –, auch wenn die Zeit durcheinander geriet, schaute er immer seltener auf die Armbanduhr. Die oft schnurgerade angelegten Waldwege zu sicheren Wanderzielen mied er, wo es nur ging, entschied sich lieber für einen überwucherten Pfad, verlor auch manchmal die Orientierung und freute sich, wenn er an einen Waldrand gelangte und die grüne Weite einer geneigten Wiese betrachten konnte oder das bläuliche Grün dicht wachsender Kornähren im Mai.

Die Wohnung war geräumig, Sommerlicht strömte schon um fünf Uhr morgens mit den ersten Gesängen der Stadtvögel durch das Fenster. Er sprach nicht mit sich, hatte sich noch nie in der Stille der Wohnung sprechen gehört, auch nicht im Wald, höchstens vielleicht einmal ein einzelnes Wort, ein Wutwort, ein Zornwort, aber nie im Wald.

In einem düsteren Saal, vollgestellt mit Plüschsesseln, aß er eine Pizza Margherita, er war der einzige Gast in diesem Obergeschoss eines italienischen Restaurants, in das ihn eine füllige, geblondete Frau hinaufgeführt hatte. Durch ein kleines Fenster zu seiner Linken sah er auf ein graues Stück Asphalt hinunter. Um so sonniger schmeckte ihm der apulische Rotwein, den ihm die deutsche Immacolata, so ließ sie sich nennen, auf das weiße Tischtuch gestellt hatte.

Nie zuvor waren ihm so viele Pärchen mittleren Alters und ältere aufgefallen, die händchenhaltend daherkamen, nicht gerade so als hätten sie sich eben erst kennengelernt; die meisten von ihnen spazierten stumm vorbei, redeten eben im Moment nicht miteinander oder hatten sich vielleicht schon alles gesagt, auf jeden Fall aber hielten sie einander fest. Bei genauerem Hinsehen bemerkte er, dass die Frauen meistens deutsche, die Männer hingegen Italiener, Türken, Bosnier oder Portugiesen waren. Und außerdem waren es sehr oft Blondinen, ja das fiel ihm auch noch auf, dieses helle, gläsern leuchtende Blond der alterslosen Frauen.

Später saß er in einem Biergarten zwischen leeren grünen Stühlen, einige Tische entfernt kauerte ein junger Inder mit dem Rücken zu ihm, er rauchte eine Zigarette und trank in langen Abständen aus einem nach oben ausschwingenden Glas weißschaumiges Weizenbier. Hinter der niederen Ufermauer hörten sie wohl beide das träge Fließen des Flusses Nagold.

Eines war gewiss, sein Gehen hier war kein Besitzergreifen und auch keine Einmischung, nein nein, schrie es in ihm, kein Heimischwerden! Er war bereit zu staunen, zu bewundern, aber nicht zu lieben, er wollte diese Bäume, diese Sträucher nicht lieben, er wollte nicht für immer zu ihnen gehören. Ohne Wenn und Aber, auf jeden Fall ohne Schmerz, wenn möglich auch ohne Wehmut, wollte er eines Tages wieder verschwinden und nichts mitnehmen und nichts zurücklassen.

Dankbar allerdings war er für den Anblick des ihm nicht Zugehörigen, sei es das sonnenglänzige Grün eines Buchen- oder Ahornblattes oder eines Grashalmes, ebenso für das weißliche Grau der Kieselsteine oder das Braun der Fichtennadeln und Kiefernadeln auf den Waldwegen. Er sah wie durch aufgerissene Fenster in diese Heimat der anderen, er verneigte sich, klatschte in die Hände und freute sich auch über den eben einsetzenden Regen.

Am Sonntagmorgen begegnete er auf den Straßen höchstens einem altgewordenen Italiener, einem Türken oder Bosniaken. Jeder Winkel der Innenstadt wie leergefegt. Ein verlassenes Theater. Das Stück war zu Ende gespielt, irgendwann, die Kulissen standen noch.

Regennasser Asphalt, von Windhasen keine Spur, die Schaufenster sind blind, zum Glück, ihn gelüstete nicht nach einer Kleiderpuppe. Regennass waren auch die Bäume im Wald, aber nur auf einer Seite, auf der nach Nordwesten.

Er sah auf eine gehäusefreie, rostbraune Schnecke hinab, im Halbdunkel dieses Hochwaldes, wissend und unwissend zugleich, hielt er in seiner Ziellosigkeit inne: war es das fingerdünne Stück eines abgefallenen Astes, oder? Er hob nicht den Fuß, er wartete. Und es bewegte sich. Ein dürrer Kiefernzapfen lag auf dem Weg, und der wurmartige Moluskenkörper glitt (scheinbar unbewegt, so langsam erschien es ihm) auch über dieses hartschalige Hindernis hinweg. Waren es fünf, zehn oder mehr Minuten? Die Schnecke, der dunkle Hochwald und dieses Ich: warum war er hier? Warum gab es ihn überhaupt? Noch nie hatte er sich gefragt, ob er ein Recht habe unglücklich zu sein.

Alles, was ihn umgab, war Mannigfaltigkeit, Unbekanntes, das zumindest an der Oberfläche erfahrbar war. Dass er darin vorkam wie die hauslose Schnecke oder der von ihrer Kriechspur angeschleimte Kiefernzapfen, das machte ihn erschauern. Er bückte sich und rieb mit einer Handfläche den Waldboden.

Schon wenn er sich in sein Auto setzte, nahm er sich als Teil dieser Welt an, er sah sich, wie er den Zündschlüssel ins Schloss steckte, er sah die kahlen, grauen Betonwände der Parkgarage, aus der sein Auto ihn hinausrollte in das Morgenlicht, in das Grün der Landschaft. In der Nacht war ein Gewitter mit Hagelschlag niedergegangen, streckenweise waren die Waldschneisen morastig, immer wieder wich er seitlich auf Moospolster aus. Dann stand er plötzlich vor meterlangen Buchenscheiten, die mannshoch zwischen fünf oder auch zehn Meter entfernt aufragenden Stämmen gestapelt waren, er freute sich über diese getrockneten, wuchtigen Hölzer, hörte das Feuer prasseln, das in ihnen schlummerte, sah sie glühen und verglimmen an Winterabenden in offenen Kaminen.

Am hellichten Nachmittag war er eingeschlafen und hatte tatsächlich von der nackten Liebe geträumt und hatte sich um äußerste Zärtlichkeit bemüht, die unerwartet bräunliche Haut der mädchenschlanken Liebe begrüßt, Kuss um Kuss, dabei das Gesicht staunend erkannt und gefragt: Fühlst du dich fremd? Nein, war die Antwort. Aber auch im Traum dieses Bewusstsein von Schuld am Fremdsein.

Warum ließ er sich ein? Warum ließ er sich von den Wünschen anderer antreiben, vor sich her treiben? Im Traum sah er sich barfuß, mit einer Schlinge um den Hals über regennassen Pflasterstein torkeln: das Hemd zerrissen und die Hose von seinem Blut gefärbt. Ihm hatte man den letzten Wunsch von der Zunge geschnitten.

Aber er war ja nie allein, er hatte seine Stimmen, jederzeit abrufbar. Oft genügte es, ein Stück Hausmauer mit dem Blick auf einen Pflasterstein zu verbinden, um Vergangenheit zu spüren und zwar das Befremdliche dieses anderen Ortes. Mehr konnte er nicht tun, als den Schatten suchen, den die Häuser warfen, und manchmal bot sich ein Arkadengang an. Er ging vor sich hin, als wäre er vor jedem Auge geschützt. Niemand kannte ihn, er war höchstens ein unbekanntes Kuriosum. Der Mann mit dem Hut. Auffällig auch dadurch vielleicht, dass er fast immer als erster das nächste geöffnete Café betrat und dem zu Folge als erster einen ersten Kaffee bestellte. Und lange blieb er jeden Morgen der einzige Gast. Seine Stimmen begleiteten ihn, auch wenn er sie auf Lautlos stellte und seinen Blick von ihnen unabhängig zu machen versuchte, auf Spazierwegen, die auf und ab führten unter dem Laubdach von Buchen, Ahorn und mächtigen Erlen. Das Alleinsein versetzte ihn in seine Kindheit, als er noch ungeübt war in der Angst.

Seine Ohren dröhnten, aber es war nur die Stille des anderen Alleinseins, die so etwas wie ein andauerndes Summen erzeugte. Ein Wiesenstück, an dem er vorbeikam, war durchsetzt von rotvioletten, wildwuchernden Akeleiblüten. Als der Regen einsetzte, kehrte er nicht um, im Gegenteil, er freute sich, dass sein Gesicht nass wurde.

Einmal auf der Brücke und das Strömen des steingrauen Flusswassers unter dem Blick, fühlte er sich in der richtigen Ferne.

Den Nachmittag hatte er wie ein Erschöpfter verbracht, zwischen Schlaf und Halbwachsein. Später war er ans Fenster getreten und hatte auf den menschenleeren Hermann Hesse-Platz geschaut. Die Luft war warm, das Grün der Ahornwipfel und Linden fern hinter den Hausdächern leuchtete noch in der Sonne. Am nächsten Tag bummelte er durch den Friedhof, der von einem starken Vormittagslicht bestrahlt war, er flanierte durch diesen grünen Totengarten ohne Stille, hinter jeder Buchsbaumhecke lärmte die Hauptstraße. Gegenüber dem Friedhofseingang tankte er Superbenzin, natürlich Selfservice.

Ihm war, als hätte ihn die Zeit mit einer Art Fremdheitshaut überzogen, mit einer Immunitätshaut gegen die Vergangenheitsvertrautheit. Oder was war es, das ihn so ungezwungen heiter stimmte, wenn er die Gegenwart mit anderen teilte? Während er sich wunderte über das Andere, das von ihnen ausging.

Hat es irgendeinen Sinn, von Abschieden zu reden, von Gestern, Vorgestern? vom Alleinsein? vom Nebel, der an den Fensterscheiben klebt? Diese Umarmungen, denen er sich aussetzte, die er letztendlich suchte, obwohl sie ihn ja nur wegdrückten von sich selbst. Diese Armseligkeit seines wunden Weltblicks, der schließlich in Kurzsichtigkeit enden musste. Sein Alleinsein war ein Opferritual, womit er sich vielleicht unnötig bestrafte. Sogar Mozart war ihm heute zu laut, nicht einmal Chopin ertrug er, aber Beethoven, seltsamerweise half ihm heute Beethoven, nein, er hörte nichts Triumphales und erst recht nichts Arrogantes aus der ›Pathetique‹ heraus, vielmehr Trauer, die Traurigkeit, die er heute brauchte. Er hatte über den ganzen Tisch eine Landkarte gebreitet, eine Europakarte, ohne willens zu sein, eine bestimmte Route zu studieren: Nur drauflosfahren. In der Küche räumte er leere Flaschen in zwei Plastiksäcke. Im Grunde lebte er in einer gläsernen Gegenwart, in der auch die Vergangenheit gläsern war und wie auch die nächste Zukunft es noch sein würde, wenn er sich nicht anders entschlösse.

Obwohl er wusste wie ungesund diese fettigen Chips sind, schob er sich doch immer wieder eine der gewellten Pommesscheiben in den Mund. Vor dem Fenster des Cafés fielen Regentropfen durch die Blätter der Alleebäume, alles in allem genoss er die Harmonie dieser Stunde. Eigentlich hatte er nie gedacht, dass er diesen August so erleben würde. Die Brombeeren begannen sich schwarz zu färben, und auch die Holunderbeeren dunkelten schon. Am Morgen war das Gras nass gewesen von Tau, er hatte die Schuhe ausgezogen und war barfuss weitergegangen, als wollte er so der Erde danken. Er hatte sogar das Moosgrün auf einem Stein betastet und welkes Laub vom Vorjahr auf dem Waldboden durcheinandergerührt.

Ohne Hemd war er hinauf in den Wald, aber eine hemdähnliche Jacke hatte er angezogen und die Ärmel bis zum Ellenbogen aufgekrempelt. Die Sonne brach durch die schütteren Wipfel der hochstämmigen Kiefern. Er schritt aus, als hätte er hinter sich eine Kompanie, es machte Spaß, wieder mit den Schuhen auf dem regenweichen, malmigen Nadelboden auszuschreiten. In der Nacht hatte es geregnet, es musste ein heftiger, langer Regen gewesen sein, nichts davon hatte er in seinem dumpfen Schlaf mitbekommen, jetzt war sein Marschieren von der Sonne begleitet, sie hing über ihm in den Wipfeln, die noch vom Nachtregen tropften. Einmal blieb er stehen, weil er ein Geräusch hörte und noch einmal, weil ein Vibrieren …, ja, als ginge ein Zittern durch die schlanken Stämme, die astlos waren, bis hinauf zu den lichthungrigen Kronen. Vom Nadelwald gelangte er unter dickstämmige Buchen und Eichen und er erschrak beinahe, als ihn ein joggendes Mädchen überholte, eine schöne, junge Frau, die ihn an den Traum der letzten Nacht erinnerte, obwohl sie blond und nicht schwarzgelockt war und nicht mit ihm in einem Zugabteil fuhr. Mitten auf der Strecke hatte der Zug gehalten und die junge Schwarzgelockte, mit den geschwungenen Lippen, die neben ihm saß und die er während des Traumes nie anzusprechen gewagt hatte, packte seine Hand und sprang mit ihm aus dem Waggon. Er hörte noch immer ihre Worte: Jetzt werde ich wohl deine Geliebte. Noch immer sah er, wie sie auf eine Ruinenlandschaft zugingen und die Häuserruinen mit Steinen bewarfen. Ich bin ja wirklich, jubelte es in ihm, jedenfalls von Zeit zu Zeit, nicht immer. Trotzdem friert er, die Schweißtropfen gefrieren scheinbar unter seinem Hemd, seine Gedanken flattern wie angeschossene Vögel zu Boden und sind nicht Vögel, sind nicht angeschossen, sind Essigfliegen, die er in seinem Zimmer zertrampelt. Er hasst die Nachmittage, eingeklemmt in grundloser Öde, festgefroren in Eis, obwohl es schwül ist, obwohl wieder ein kurzer Platzregen niedergeht, obwohl er gemütlich sitzt unter einem wasserfesten Dach.

Also gut, sagte er laut zu sich, als er noch einmal hinauslief. Aber auf dem Weg durch die Felder wagte er nicht mehr zu schreien, auch wenn weit und breit kein Mensch unterwegs war, nein, er flüsterte: also gut, und wurde bestätigt durch ein lilablühendes Distelfeld zwischen einem geradfurchigen, weißblühenden Kartoffelacker und einem schon bräunlich gefärbten Kornfeld – ein lila Distelfeld. Er blieb abrupt stehen und starrte auf die zausigen hellvioletten Blüten, auf diese weite Fläche von hunderttausenden Distelblüten. Wirf dich hinein, rief es in ihm, los, heb die Füße und schmeiß dich hinein! Doch er kehrte sich ab und schritt schneller aus, er verstand plötzlich nicht mehr sein Unterwegssein.

Obwohl er geschwiegen hat, hat er sich die Seele aus dem Leib gespuckt. Was nützt es, was hilft es? Er kann nicht einmal seinen Hund streicheln, nicht zwischen den Ohren kraulen. Und das ist nicht alles. Die Nacht ist grauenvoll.

Die Rose sah er erst, als er nur mehr einen Schritt davon entfernt war, sie lag frisch und samtrot mitten auf der Straße. Die hebst du auf, sagte er sich und ging dennoch weiter. Aber nach zwei, drei Schritten drehte er sich entschlossen um –, in diesem Augenblick rollte ein Mercedes aus einer Parklücke und fuhr langsam mit dem linken Vorderrad über die Blume.

Was ihn immer aufs Neue verwunderte: Dass ihm das Wesentliche nicht einfiel oder doch so selten, dass es beinahe wie nie war. Du hast ja so sehr gelebt, hörte er beispielsweise die Stimmen. Und er fragte sich: was für ein Leben? Ein so simples, so harmloses, so kindsköpfiges, hast von Mord und Totschlag nur gelesen, nie auf andere Menschen schießen müssen, kaum Hunger gelitten (den Kindheitshunger wie vergessen!), tatsächlich keinen wirklich großen, alles verändernden Verlust erlitten, dafür freilich das übliche Kriminelle des biederlichen Alltags begangen, ja irgendwie abgespult ... Liebe gesucht, genossen, verraten, ohne sich als Verräter zu fühlen.

Auf beiden Talseiten war er die möglichen Waldwege abgegangen, er liebte die sonnendurchlässigen breiten Waldschneisen, die grasbewachsenen, an deren Rändern die gelben Königskerzen meterhoch standen, aber er wich den geradlinigen Wanderrouten aus, die in nichts als in Langeweile führten. Lieber als Menschen begegnete er einem über den Weg hoppelnden Hasen. Den musste er nicht mit einem jähen Lächeln grüßen, den verjagte er mit der freundlichsten Annäherung.

Es musste doch eine Lösung geben, aber er suchte gar keine. Das fiel ihm erst nach stundenlangem Gehen ein: Dass er nicht suchte. Als ob er kein Problem hätte. Er suchte nicht. Als ob er überhaupt nichts finden wollte. Menschen wurden jetzt, während er dies überlegte, auf allen Kontinenten abgeschlachtet , und er dachte an die von ihm nicht geschätzte Geradlinigkeit von Waldwegen! Es fehlte nur, dass er die Schottersteine auf seinem Höhenweg zu zählen anfing.

Letztendlich flanierte er durch eine Art Gewöhnungsparadies. Der Cafétier, ein mazedonischer Koloss, der sich Jacky nennen ließ, schüttelte ihm, kaum dass er sich an ein Tischchen gesetzt hatte, die Hand, grundlos, wie er staunend meinte, und der Cafétier schüttelte ihm wieder die Hand, kaum dass er seinen Kaffee getrunken hatte und noch gar nicht gehen wollte.

Alles echte Phantasien, sagte er sich mit stummem Mund und erkannte im Wald keinen Baum wieder, obwohl er mehrmals stehen blieb und genau hinschaute. Er weiß es noch immer nicht, wie er seinen Frieden finden kann. Wie wegkommen aus dem Geliebtwerden? Aus dem Gebrauchtwerden. Aus dem Brauchen.

Noch schlafend, jedenfalls aus dem Halbschlaf heraus hört er ihre Telefonstimme, von ihrem Bett aus oder von ihrer Wohnzimmercouch her ruft sie ihn an; eben noch hat er im Traum einen Fußball mit einer jungerfahrenen Liebdienerin auf einem Hinterhof hin und her gekickt, bereit, jetzt über eine Stiege in ihr Zimmer zu gehen, da ist diese Telefonstimme so lebensquirlig in seinem Ohr, tanzt und jongliert in seinem Halbschlafkopf, dass er erst nach einer Weile bemerkt, wie er nichts als schweigt und der anderen Stimme nachlauscht, mit der er doch gerade über die geträumte Stiege hinaufgehen wollte.

Macht nichts –. Auch diese zwei Worte bekam er nicht aus dem Kopf, als ob er alles, was an Leben ihn bestürmte, damit hätte wegschieben können. Alles, was er nicht auslebte, was er zu versäumen glaubte. Alles, wovor er sich letztendlich drückte. Wenn er sich nur einmal selbst am Kragen hätte packen und herumdrehen können, um sich selbst in die Augen zu blicken. Dann – er wusste ja gar keine Richtung, kein Ziel. Er spielte sich doch alles nur vor. Oder spielte mit, was die anderen ihm zutrauten oder zumuteten. Und die meiste Zeit spielte er sich damit auch auf. Und wusste ganz und gar nicht, wie weiter und wie wohin.

Das eine war der Wald , oder immer wieder das Gehen in den Wald, durch den Wald, überhaupt die ersten Schritte, die ersten Blicke, womit er die Bäume an sich heranzog, aber nicht nur die Bäume, auch das Moos, das Gesträuch, die Erdfurchen des Weges und das Netz der Lichtstrahlen zwischen den Stämmen.

Das andere war das Fahren mit seinem Hybrid-Auto, dieses stumme Aufnehmen und Verlieren der Landschaft, der vorbeifliegenden Welt, im Regen, im Morgennebel, in der prallen Nachmittagssonne, dieses dumpfe Abrechnen mit der Zeit und dem Verlorenen, das keine Erinnerung zurückgibt, ob es nun Grasweiden waren, Kornfelder, Liebe oder Tankstellen. Der Tag – so früh er auch begann – war ihm fast immer zu kurz. Noch im Bett liegend, verflog ihm die Zeit, wach zwar und denkend, ohne die Gedanken bewusst zu Ende zu denken, zwischen Lichtanschalten, Vorhängezurückziehen, den Musikrecorderknopf drücken, die Augen auswaschen – hasteten die Minuten dahin, kaum sah er auf die Uhr, war eine Stunde, waren zwei Stunden dahin, und wenn er auf die Straße trat, war er, dachte er immer wieder, einer der letzten. Nicht nur die Arbeiter, auch die Schüler waren alle vor ihm unterwegs. Und so ging es mit seinem Tag weiter, auch wenn nichts Besonderes geschah, vergingen seine Stunden so schnell, dass er sich dafür schuldig fühlte.

Seine Blicke schweiften über schwarzgrüne Waldkuppen, liefen seinen Füßen voraus über Heuwiesen, über braungelbe Kornfelder, einzeln am Straßenrand stehenden Äpfel- oder Mostbirnbäumen vorbei. Und ohne Grund zu haben, mürrisch zu sein, bestellte er mürrisch eine Apfelschorle bei seinem bevorzugten Wirt. Als der ihm das große Glas zum Tisch brachte und ihn fragte, wie es ihm heute so gehe, ob er zufrieden sei, da lachte er auf, bog sogar den Kopf zurück und lachte den Himmel an, sagte aber kein Wort. Er hatte keinen Grund, mürrisch zu sein, es war Sommer, und er schützte sich vor

Hitze und Schwüle, indem er die meiste Zeit allein in seiner Dachwohnung verbrachte – mit einem möglichen Blick bis zum Hesse-Brunnen.

Aus der Zukunft konnte er nicht mehr zurückkehren in die Selbstvergessenheit der Jahreszeiten. Wenn überhaupt – nur zu Wiesen, die ähnlich waren, zu Wäldern, die ähnlich waren, zu Tieren, die wie seine Hunde bellten, und so nur könnte es sein mit Dach und Mauern und Holzwänden und mit dem Erwachen am Morgen, mit haltlosem Staunen und dem Gefühl des Erstickens.

Er überquerte langsam den Marktplatz, seltsam, fiel ihm ein, er war einer ohne Verantwortung für einen Haushalt. Dabei sahen die Radieschen knackig rot aus und kosteten pro Bund (und ein Bund zählte etwa zwanzig Köpfchen) nur sechzig Cent. Er kaufte trotzdem keine, aus Bequemlichkeit, aus Unentschlossenheit, vor allem aber, weil er zum Tragen und zum Essen zu faul war, zu gleichgültig gestimmt. Und doch fühlte er sich belebt von dieser Luftfröhlichkeit eines sommerlich heißen Samstags. Pfirsiche, Marillen, Kirschen und frisches Gartengemüse lagen im Schatten der schützenden Standplanen. Es war, als hätte er sich wie die anderen eindecken sollen für dieses arbeitsfreie Wochenende. Er teilte das Gefühl einer kleinen Freiheit, etwas Sonntägliches hatte ja schon dieser Samstagvormittag. Dabei wusste er, dass von dem ganzen Wochenende einzig der Samstagvormittag etwas Lebendiges an sich hatte und das Öde, die bedrückende Ödigkeit bereits am Samstagnachmittag anfing und sich bis Sonntagnachts hinziehen würde, eigentlich bis Montagfrüh, wenn das Leben neu begann.

Dass er sich damit abfand, erst nach Mitternacht die Fenster zu öffnen, dass er tagsüber, wenn er einmal das Haus verließ, wie ein Urlauber an den Menschen vorbeiging, an Hauswänden vorbei, an Geschäftsvitrinen, ohne seinen Blick ruhen zu lassen. Er hatte doch die Welt zur Verfügung – und was tat er mit seiner Freiheit, mit seinen Möglichkeiten? Er sprach niemanden an, sprach keine Frau, kein Mädchen an. Er sprach nicht einmal mit sich selbst.. Umso mehr freilich schaute er sich zu. Wie durch ein Fenster schaute er seiner Zeit zu, wie sie verstrich, wie sie verrann.

Er lag mit dem Rücken auf der Couch und sah das Meer vor sich und wie er mit seinen Füßen in den heißen Sand eintauchte, es war, als sähe er sich selbst von außen, eine phosphoreszierende, durchsichtige Erscheinung.

Danke, sagte er, und es war niemand da, der es hören konnte, er hatte es ins leere Zimmer hineingesagt, sozusagen zu Frédéric Chopin, dessen Etüden ihm der CD-Player ins Ohr spielte, zu Chopin also, dem er seinen Dank an den Himmel, beziehungsweise an das Leben übertrug. Dank für nichts und wieder nichts oder für alles, auch dafür, dass jetzt durch das Kippfenster der Wind weht und er die Bewegung der Blätter im Wipfel einer jungen Birke sieht auf der Terrasse, die Teil des Hauses ist, in dem *er* geboren ist und weswegen ich hier bin: Herrmann Hesse.

Peter Kurzeck

Zum Muttertag[*]

Und dann noch, sagte ich, in der Vorstadt ein vornehmer
Laden, der schon immer da war. Ein richtiges feines Geschäft
und gehört der Frau Vogel mit dem Hausnamen Balsersch.
Bei Balsersch also, weil es hier in jedem Dorf viele Vogels gibt.
Schulartikel, Haushaltswaren, Geschenke und eine Leihbücherei mit Beratung. Und jetzt müßte ihr Vorname mir endlich
einfallen, weil die Leute im Dorf natürlich den Vornamen sagen
– die Lina, die Lisa? Feine Bettwäsche, Damasttischdecken in
Geschenkschachteln mit Cellophan. Silberbesteckkästen mit
Samt und mit rotem und blauem Krokodilsleder bezogen,
innen Glanzseide. Batisttaschentücher, wie sie keiner je für
sich selbst kauft, sondern immer nur zum Verschenken. Sie
kommen gleich in den Schrank und werden nie angerührt.
Kerzenleuchter aus Edelstahl, Schmiedeeisen, Elfenbein, Silber
und Gold. Beinah als gäbe es noch kein elektrisches Licht,
soviel Kerzenleuchter. Aber Nachttischlämpchen und Glüh-
birnen hat sie auch. Serien von Töpfen in allen Größen, Töpfe
bei denen nie etwas anbrennt. Tortengabeln, Tortenschaufeln
und Tortenplatten. Parfüm? Hat sie auch Parfüm? Veilchen-
und Maiglöckchenduft. Bilderrahmen mit Bildern drin für
eine Mark fünfundneunzig. In Gedanken suchst du dir jedesmal so ein Bild aus. Einmal mit vollen Segeln ein deutscher
Viermaster auf hoher See und Schaum auf den Wellen. Und

[*] Teilabdruck aus dem Roman ›Vorabend‹, mit dem Peter Kurzeck seine
autobiographisch-poetische Chronik fortsetzt. Nach ›Übers Eis‹ (1997), ›Als
Gast‹ (2003), ›Ein Kirschkern im März‹ (2004) und ›Oktober und wer wir
selbst sind‹ (2007) ist ›Vorabend‹ das fünfte Buch dieser Chronik. © Stroemfeld Verlag 2008.

einmal die Lüneburger Heide mit Wacholder und Birken. Lila bis an den Horizont die Heide und dazu passend rosa Abendwölkchen mit Goldrand. Vielleicht eben eine Schafherde vorbei. Hast du nicht noch ihre Glöckchen gehört? Und aus der Ferne das Abendläuten. Und beim nächstenmal bleibt dir noch Ruhpolding in der Morgensonne, der Königsee und Garmisch-Partenkirchen, wo der Staufenberger Gesangverein vielleicht seine nächste Jahresfahrt hinmacht, wenn sich mindestens sechsunddreißig Teilnehmer rechtzeitig beim Vereinsvorstand anmelden und sechs Mark anzahlen. Blumenvasen natürlich. Kupfer, Messing, Alabaster, Porzellan und Kristallglas. Schon daß du hier im Laden das Wort Alabaster zum erstenmal hörst und kannst es mit heimnehmen. Nicht verlieren! Feines Tafelsilber. Man steht und hält manchmal die Luft an. Unwillkürlich. Ihr müßt es euch selbst ansehen, sagte ich, das kann man nicht alles aufzählen! Du gehst nur schnell zwei Schulhefte kaufen, für Rechnen und Heimatkunde, und lernst jedesmal den ganzen Laden ein Stückchen weit weiter auswendig. Lineale, Bleistiftspitzer, Buntstifte, Wasserfarben. Bei den Geschenken ist die Beratung das Wichtigste. Man muß der Frau Vogel (die Erni, die Erna?) bloß sagen, für wen und den Anlaß. Den Anlaß nicht, den weiß sie schon von allein. Jeden Hochzeitstag, jede Verlobung und jeden Geburtstag im Dorf. Wieviel darf das Geschenk denn kosten? Wieviel will man ausgeben? Soundsoviel also ungefähr, da muß man eher ein bißchen umständlich antworten. Mehr eher nicht, mehr soll es eigentlich nämlich insgesamt lieber nicht kosten. Wenn es ein bißchen weniger kostet und trotzdem was hermacht, dann soll uns das auch recht sein. Die Frau Vogel (Emmi? Elli? Marianne?) weiß nicht nur, was das Geburtstagskind gern hätte, sondern auch, was die anderen schenken. Damit man nix doppelt. Aber will mit den anderen verglichen auch nicht zu ärmlich dastehen. Im Notfall kann man immer eine Sammeltasse. Schön und praktisch. Die Frau Vogel weiß von jedem Haus, welches Porzellanmuster. Rosen, Zwiebel, blaue Blümchen und Goldrand. Zu einer Sammeltasse gehört die Untertasse dazu und noch ein Kuchentellerchen für einen gemütlichen Sonntagnachmittag. Da kann man nix falsch machen. Gleich als Geschenk das Geschenk? Weil sie das so gut kann und es kostet keinen Aufschlag, deshalb läßt jeder sich jedes Geschenk gleich als Geschenk. Mit Seidenschleifchen. Wunderbar. Aber muß es daheim dann nochmal aufmachen. Noch ein paarmal, damit es auch der Ehemann (der das Geld verdient) ansehen kann und die Nachbarin, die alles besser weiß. Natürlich nicht nur Sammeltassen. Eine Sauciere mit einem kleinen rostfreien Silberschöpflöffel, Tischservietten mit Ring, Sektgläser, Nußknacker, Trockenblumengestecke mit Duft und ohne Duft. Bei so einer guten Beratung, da kann man nix falsch machen. Wenn es aber trotzdem umgetauscht werden soll – jederzeit! Manchmal zum Beispiel ein Gratulant aus einer anderen Gegend, mal sagen aus dem Ebsdorfer Grund oder sogar aus der Schwalm, ein entfernter Verwandter – und kommt mit dem gleichen Geschenk. Das kann die Frau Vogel (die Else? die Martha?) natürlich im voraus nicht wissen. Jetzt bezahlst du das Rechenheft und das Heimatkundeheft. Gut daß das Geld noch da: vierzich Fennich. Und gehst. Acht Jahre alt. Gehst mit den beiden neuen Schulheften. Alle Seiten leer. Schon die Dämmerung. Gehst mit vollem Kopf durch einen schrägen oberhessischen Novembernieselregen an den Häusern, Zäunen und Hoftoren entlang wie ein Schatten heim und mußt dir dabei (jetzt rennst du im Dunkeln!) vorstellen, du reitest auf einem Pferd. Ein feuriger Rappen. Schon Abend. Und die Schulaufgaben noch nicht einmal angefangen. Die Sektgläser heißen Champagnerkelche. Jedesmal auch wieder ein bißchen höhere Lebensart für später dir in diesem Laden aneignen. Für eine leuchtende Zukunft, in der du mit Königen, Grafen und Genies verkehrst. Unsterblich. Ein Dichter. Schnell heim und auf diese leuchtende Zukunft zu. Bald wird der ganze Laden wieder für Weihnachten umgeräumt und feierlich dekoriert.

Den Muttertag nicht vergessen! Muttertag und Geschenk! Gleich nach Ostern fängt das schon an. In den anderen Kaufläden auch, in allen Kaufläden Muttertagsschokolade und Muttertagspralinen. Meistens ein kleines Extraregal. Aber bei der Frau Vogel ist der ganze Laden voll Muttertag. Parfüm, Taschentücher, eine Blumenvase. Und soll eine Überraschung sein. Kuchen- und Tortenplatten sind auch sehr beliebt. Poliertücher, Staubwedel, Topfuntersetzer. Vielleicht selbst etwas basteln? Ein gekauftes Geschenk und dann noch etwas Selbstgebasteltes! Schwer wie ein Goldklumpen – die volle Sparbüchse und muß jetzt ausgeleert werden. Und dann hast du eine ganze Faust voll Geld. Und diese volle Faust zur Sicherheit noch in der Hosentasche. Nur nix verlieren! Halbe Tage stehen die Kinder in der Woche vor dem Muttertag mit ihrem Geld und den vielen Gedanken vor dem Laden herum. Das erste und lang noch das einzige richtige Schaufenster hier bei uns im Dorf. Vor dem Schaufenster die Kinder und sogar im Laden. Drängen sich. Genau wie in ihren Köpfen die Gedanken und Zahlen. Wie soll man eine Überraschung, wie geht das? Vielleicht sogar in der Schule schon einen Schulaufsatz über den Muttertag, Sinn und Zweck. Schriftlich ins Aufsatzheft. Oder hat uns der Schullehrer diesmal nur einen Ermahnungsvortrag gehalten. Einmal im Jahr und die Dankbarkeit nicht vergessen! Muß es nicht eigentlich Müttertag heißen? Pralinen sind immer richtig, aber zum Muttertag gehört außerdem noch etwas Bleibendes mit dazu. Die ganze Sparbüchse bis obenhin voll, und wenn man dann alles zusammenzählt, doch bloß eine Mark vierzehn (viermal nachgezählt!). Aber das ist 1951 auch schon nicht wenig, sagte ich 1982 im Herbst. Eine Blumenvase, ein Väschen. Aus Alabaster, damit du das Wort behalten kannst und das Wort behält seinen Sinn. Aber die kleinste, die allerkleinste zwosiebzich. Für noch weniger Geld gibt es bei der Frau Vogel im Geschenkeladen nur noch Bastuntersetzer und Tropfenfänger. Tropfenfänger für Tee- und Kaffeekannen. Aus Schaumstoff, mit Gummibändchen und wegen der Schönheit ein Schmetterling. Bunt. Aus Kunststoff. Leider nicht unzerbrechlich die Schmetterlinge, so kann man diese Tropfenfänger alle paar Jahre wieder neu als praktisches preiswertes schönes Geschenk. Durch das Gummibändchen des Tropfenfängers kann auch der Deckel nicht mehr so leicht von der Kanne fallen. Also praktisch und schön diese Muttertagskaffeeundteekannentropfenfänger, aber kosten jetzt auch schon fünfundsiebzich Fennich. Soll man nach Lollar gehen und sehen, was sie da kosten? Und welche Blumenväschen sie in Lollar haben? In Gießen im Kaufhaus Karl Kerber ist alles immer am billigsten. Und da gibt es zwischen den Kriegstrümmergrundstücken auch immer noch viele kleine Verkaufsbüdchen und Stände mit Neuheiten und Sonderangeboten. Aber nach Gießen kommt man als Kind zu dieser Zeit kaum je hin. Allein schon gar nicht. Noch ein paar Tage eisern weitersparen, viel Zeit bleibt nicht mehr. Manchmal findet man Geld, aber eher, wenn man es nicht braucht. Für ein paar Schulhefte mit Heftumschlägen würde das Geld auch reichen. Sogar für einen großen Zeichenblock. Aber das sind keine Muttertagsgeschenke. Also bleibt dir diesmal wieder nur der Tropfenfänger. Dazu die Glückwunschkarte, die du selbst malst (das darf sie nicht sehen!). Und ein selbstgemaltes Bild. Vielleicht auch noch etwas basteln, sagte ich, sagt man sich. Vielleicht heißt die Frau Vogel in ihrem Laden Luise.

Dann die Blumen. Zum Muttertag müssen es Maiglöckchen sein. Du weißt eine gute Maiglöckchenstelle im Wald. Am Sonntag ganz früh am Morgen sie holen. Oder schon Samstagabend. Und dann gleich ins Wasser die Maiglöckchen und in der Waschküche sie verstecken. Da ist es sogar im Sommer dämmrig und kühl. Eine Flüchtlingsfamiliengemeinschaftswaschküche in der auch das Samstagabendbadewasser für das ganze Haus warmgemacht wird. Sechs Flüchtlingsfamilien mit vielen Flüchtlingsfamilienkindern und dazu eine passende Reihenfolge. Und sind noch nicht fertig jetzt, sind noch beim Baden. Also zuerst in den Holzschuppen die Maiglöckchen. Und deiner Mutter mußt du vorsorglich sagen: Geh jetzt nicht in den Holzschuppen! Geh nachher auch nicht in die Waschküche! In den Keller ja, aber nicht in die Waschküche! Ein

Geheimnis, das was nicht verraten wird! Im nächsten Jahr Blumenvase, Halskette, Brosche, Parfüm, Tortenschaufel, Sauciere
und sechs Champagnerkelche, Pralinen und Maiglöckchen. Ein
Glück, daß auch immer genau zum Muttertag hier bei uns im
Wald die Maiglöckchen zu finden sind. Und, sagte ich, das ist
dann ja auch die Zeit, in der im Dorf die Vorgärten blühen.
Fliederzeit. Alle Fenster offen. Das ganze Dorf versinkt dann
in Flieder und Fliederduft. Also damals, sagte ich 1982 im
Herbst in Eschersheim. Die Vorgärten, die es jetzt nicht mehr
gibt. Das erste Schaufenster im Dorf. Und bleibt noch viele
Jahre lang auch das einzige. Höchstwahrscheinlich Luise. Die
Leihbücherei mit Beratung muß ich euch ein andermal erzählen, sagte ich. Und stehe immer noch bei den Maiglöckchen
in der Waschküche. Acht Jahre alt. Mit den Maiglöckchen
müd aus dem Wald gekommen. Den ersten Kuckuck im Jahr
gehört. In der Waschküche ist es still. Hell ein Maiabend ums
Haus. Kinderstimmen. Die Abendvögel. Bald dann in Simons
Garten die Nachtigallen. In der Waschküche jetzt am Abend
grün ein Dämmerlicht wie in einem tiefen Teich. Der Was-
serhahn tropft. Und ich stehe und muß immer weiter auf die
Maiglöckchen einreden. Daß sie jetzt trinken, sich satt trinken
sollen! Dann schlafen und morgen früh fröhlich aufwachen!
Einunddreißig Maiglöckchen! Aber sie wollen nicht! Wollen
in den Wald zurück!

Utz Rachowski

Calwer Unschärfe-Relation

here is the root of the root and the bud of the bud
here is the deepest secret nobody knows
(and the sky of the the sky of a tree called life; which grows
higher than soul can hope or mind can hide)
and this is the wonder that's keeping the stars apart
E.E. Cummings

I

Langsam. Calw. Langsam.

Kam an. Am Bahnhof. Ganz normal. Alles vielleicht wie überall.

Mit einem Zug der Kulturbahn. Als gutes Zeichen. Kam an mit einer Geschwindigkeit, die zu hoch war. Und nicht nur für hier. Und nicht nur für mich. Mit dem Tempo dieser Zeit. Die Geschwindigkeit meines Lebens der letzten Jahre. Das zu hohe Tempo. Für überall.

Hatte im Kopf die Lektüre der Jugend. Der meinen und was davon als Erinnerung blieb an Lektüre: ›Die Marmorsäge‹. ›Der Zyklon‹. ›Heumond‹. Überdeutlich bewahrt. Vielleicht weil es Geschichten waren von Liebe. Und von einem Schüler handelten, der scheitern würde, der von seiner Schule, seinem Seminar, geschmissen werden würde, dem nur noch eine letzte Aus-Zeit gegeben war, Ferien, Besuche. – Das Lesen des Buches ›Unterm Rad‹, in der Rechten die Badehose, im Handtuch eingewickelt das dünne Reclam-Bändchen, so betrat ich mit sechzehn das Freibad, kurz vor den mündlichen Prüfungen zur mittleren Reife. 10 Tage zuvor das erste Verhör, verhaftet vom Schulhof weg. Ab jetzt wußte ich bescheid auch um meine Aus-Zeit, die mir noch gegeben war.

Aber langsam. Calw. Langsam.

›Gerbersau‹.

354

Das hatte ich vergessen, den Namen, den Hesse ihm gab in seinen Geschichten. Kam aber schon an, mit einer Überzeugung, die meine Erinnerung mich lehrte, daß die Geschichten, die ich mit sechzehn anfing zu lesen, intensiver dann nach dem Rausschmiß aus meiner Schule, noch mehr, als ich, wie Hesse, Lehrling wurde (er war Praktikant für 14 Monate), daß es vielleicht das beste war, von ihm, was ich gelesen hatte. Dies noch unterstützt durch eine kurze Notiz, geschaltet als Präambel, beinahe ein Programm, würde ich sagen, vor eine seiner späten Erzählungen; an diese Zeilen, zumindest deutlich an Hesses Gedankengang, erinnerte ich mich beinahe wörtlich. Diese Warnung nahm ich mir an, noch als ich jung war und mit dem Schreiben gerade erst begonnen hatte:

»Es scheint als müsse ich in meinen späten Tagen nicht nur, wie alle alten Leute, mich wieder den Erinnerungen aus den Kinderjahren zuwenden, sondern als müsse ich auch, zur Strafe gewissermaßen, die fragwürdige Kunst des Erzählens noch einmal mit umgekehrten Vorzeichen ausüben und abbüßen ... Und nur sehr langsam und widerwillig kam ich mit den Jahren zur Einsicht, daß meine Art zu leben und meine Art zu erzählen einander nicht entsprachen, daß ich dem guten Erzählen zuliebe die Mehrzahl meiner Erlebnisse und Erfahrungen mehr oder weniger vergewaltigt hatte, und daß ich entweder auf das Erzählen verzichten oder mich entschließen müsse, statt eines guten ein schlechter Erzähler zu werden. Die Versuche dazu, etwa von Demian bis zur Morgenlandfahrt, führten mich dann auch immer mehr aus der guten und schönen Tradition des Erzählens hinaus. Und wenn ich heute irgendein noch so kleines, noch so gut isoliertes Erlebnis aufzuzeichnen versuche, dann rinnt mir alle Kunst unter den Händen weg, und das Erlebte wird auf eine beinahe gespenstische Weise vielstimmig, vieldeutig, kompliziert und undurchsichtig. Ich muß mich darein ergeben, es sind in den letzten Jahrzehnten größere und ältere Werte und Kostbarkeiten als nur die Erzählkunst fragwürdig und zweifelhaft geworden.«

So der Hessesche Eingang in die Erzählung ›Unterbrochene

Schulstunde‹ von 1948, kurz nach seinem 70. Geburtstag geschrieben und vierzehn Jahre vor seinem Tod. – Eine Warnung, gegeben wohl an alle Autoren, auch und besonders vielleicht an die jungen, und der ich, wie ich sagen kann, unbedingte und bewußte Folge leistete, ausgenommen die ganz persönlichen Lektüren von ›Narziß und Goldmund‹ sowie des ›Steppenwolf‹, diese empfand ich keineswegs von Künstlichkeit gezeichnet oder von, dem eigentlichen Erzählen, fremder Absichtlichkeit durchdrungen.

Ich kam an mit dem zu hohen Tempo. Und hatte plötzlich Zeit. Sah den Fluß. Der war grün.

Wie die erste Liebe. Und hieß Nagold.

Zehn Tage zuvor war ich über den Gambia-River mit der Fähre gefahren. Vom Senegal, von Dakar kommend und Gambia querend, in den Senegal. Auf dem Weg in den Süden des Landes, ins Rebellengebiet der Casamance. Mit einem Dokumentarfilm, französische Untertitel, das Publikum hunderte Menschen, darunter der senegalesische Geheimdienst und Vertreter der Rebellen. Und es war ein Film über die zweite deutsche Diktatur und deren Auswirkung auf Familien. Meine Familie, meine Mutter, meine zwei Töchter, ich, spielten da mit. Diskussionen über den Sinn von Gewalt bis nach Mitternacht, deren fortgeführtes Weiterleben in den Menschen, denen sie angetan. Emphatische Beteiligung der Einheimischen: endlich Schluß!

Die verminten Wälder, die martialisch aufgerüsteten Militärpatrouillen auf den Lastwagen, zwanzig Soldaten unter grasgrünen Helmen, die eingegrabenen Maschinengewehr-Nester an den Waldwegen, nach innen, dem Dickicht zu gerichtet, die Schüsse in der Nacht noch nach unserem Film, ›Siddharta‹, ›Die Morgenlandfahrt‹, in zwei Wochen würde ich bei Hesse sein, wußte ich, als ich müde vors Haus ging und sofort angesprochen wurde von einem jungen Mädchen, ob ich für ein paar Tage eine Freundin suche, ob ich sie einladen würde in die american bar. Ich hatte nicht übel Lust auf alles, auf beides. Aber wie Victor von Scheffel, überwiegend Capri, schon sang, ich erinnere es so: Adieu! Es wär so schön gewesen / Adieu! Es wäre Aids geworden / Adieu! Es sollt nicht sein! Wir rauchten eine Zigarette zusammen unterm Sternenhimmel, die Schüsse zogen weiter westlich, dem Meer zu, das Kreuz des Südens, die Romantik Afrikas fern. Die Flamingos auf den kleinen Inseln des Flusses schliefen auf einem Bein. Es war Ausgangssperre bis acht Uhr.

Der Meisterberg / auf den die begünstigten Meister der Hesse-Stiftung / drei Monate schauen / bei jedem Wetter / die sonnigen Tage / kämpfend am Berg / als einer der vierzig Jahre raucht / zwanzig Zigaretten / den Stadtgarten für / einen sanften Park hält / laut Stadtkarte / ohne Plan / atemlos / einsamer nie als im Februar / den Gipfel / zum ersten Mal / hochschnauft / mühelos dann der Ostweg / mit Herbert / nach Zavelstein / Krokuswiesen / Rötenbachtal / Stubenfelsen / wieder hinab zur Nagold / Bewegungen / Entscheidung Verlaufen Irren / auch hier // Regentage / ehe der Schirm feucht wird / wohin? / die Wollmütze durchnäßt / steht man am Ende / in der Badstraße / am Kaufland / aber das ist es nicht: / gleich wird das Mädchen aus der Spinnerei laufen / wenn der Zyklon beginnt / das ist es / wird sie kommen / danach alles anders sein / grüne Jugend / weggerutscht / vom Wasser haben's wir gelernt / die Fische an der unteren Brücke werden / wieder beißen / nichts mehr wie vorher / alles nur noch normal. Wasser und Fische könnten / nicht unglücklich sein. / Wer weiß / vielleicht.

Aber schon am Montag / trifft man in der Bäckerei / die Tochter der Lieblings-Cousine von Hesse / dreiundneunzig Jahre / sie lädt ein am Mittwoch zum Tee. / Die Namen / meiner Freunde / Schädlich Fuchs Kunze / und deren tote Freunde / Sahl Bloch Sperber / die Namen des Exils / sind ihr vertraute Begriffe / ich darf rauchen am Teetisch / in einem Land / in dem man nicht mehr rauchen darf / ich rieche es so gern / sagt sie / Schön ist die Jugend / im Bodamerschen Haus.

Aber der Buchhändler seltsam / sowieso / und macht seine Kundschaft glauben / meine zuletzt erschienen Bücher / seien nicht lieferbar / und er besteht darauf / gegenüber den Kun-

den / um zu prüfen / ob ich's nicht bin / der spinnt / gehe ich
noch zweimal in den Laden / mit Begleitung / meine Tochter
/ die Schauspielerin / sie sagt: sei doch froh Papa / endlich
hast du einen Feind hier / das macht doch eine Stadt / erst so
richtig interessant / Laurel / die amerikanische Professorin /
aus Pennsylvania / die speziell wegen Hesse / vielleicht auch
ein wenig / wegen mir über den Ozean kam / bekommt Angst
im Laden / und sagt: hier stimmt was nicht / überall Streit /
die erste Nacht in Calw / vom Jetlag krank / schlaflos / über
Stunden am Fenster / gegenüber in der Wohnung stritten sie
sich / auf der Straße lange Tumult / böses Geschrei / Gewalt
/ bis zum Morgen.
    Ich aber schlafe ruhig in Calw.

II

Die heisenbergsche Unschärferelation oder Unbestimmtheits-
relation ist die Aussage der Quantenphysik, daß jeweils zwei
Messgrößen eines Teilchens (etwa sein Ort und Impuls) nicht
gleichzeitig beliebig genau bestimmt sind. Sie ist nicht die Folge
von Unzulänglichkeiten eines entsprechenden Messvorgangs,
sondern prinzipieller Natur. Die Unschärferelation wurde 1927
von Werner Heisenberg im Rahmen der Quantenmechanik
formuliert. Unter dem Begriff der Unschärfe ist mathematisch
gesehen die sogenannte Standardabweichung gemeint. Der Be-
griff »Unbestimmtheitsrelation« beschreibt die Aussage besser,
da es nicht um die Genauigkeit in der Messung geht, sondern
um die prinzipielle Unmöglichkeit.
    (Enzyklopädie Wikipedia)

Laurel fragt: Warum sind die meisten Häuser hier an den Hang
gebaut, und gerade an den, der immer im Schatten liegt, wo die
Sonne niemals hinkommt, außer am Morgen? Weiß ich nicht,
sage ich, da muß ich Herbert Schnierle-Lutz fragen.
    Herbert, der alles weiß, was ich ihn frage und natürlich auch
dieses und alles zeigt, was ich gern wissen möchte von hier,

die Geschehensorte meiner Lieblingsgeschichten von Hesse sowieso. Und schnell zum Freund wird. Und mich zu seinen Freunden mitbrachte. Bad Liebenzell-Zainen, ins »Lamm«, die Besuche dort gekrönt mit einem Drei-Gang-Menü nach meiner Lesung im Rauchersalon, vier Sofas, Ohrensessel, Vitrinen mit Kasperpuppen, Teddybären, mechanischem Spielzeug, an den Wänden Graphik und Malerei. Gemeinsame Spaziergänge, besser Schnell-Gänge, wir reden bergauf und mit stetigem und steigendem Interesse, ich atemlos, Herbert: Das ist ja nur ein kleiner Spaziergang. Kleines Enztal – Großes Enztal. Die Fundamente des Gasthofes, wo einst Hauff die Geschichte über ›Das kalte Herz‹ aufschnappte. Herbert hat warmen Tee dabei und belegte Brötchen für Zwei. 14 Kilometer. Abends ins »Lamm«. Erster Gang hoch nach Zavelstein, die Schuljugend von Calw war befohlen zu den Hinrichtungen auf dem Schafott. Weißtanne, Edeltanne, Fichte. Der Schwarzwald als künstliche Baum-Pflanzung. Hesse, Hauff, Büchner sowieso, Glasmännlein und Holländer-Michel. Westwärts die Uhren. Ringspuren von Köhlermeilern. Dann zum Rockmusik-Contest am Samstag nach Simmersfeld, fünf Stunden Bass-Trommeln aufs Brust-Fell, Contest der Rockbands aus dem Nordschwarzwald. Klar, die Gruppe mit dem Hesse-Text gewinnt, Jury und Publikum sind sich einig, meine Favoriten auf Platz zwei. Wir konnten uns an die eigene Brust schlagen, aber kaum mehr hören.

Schon lange da vorüber und zuende und am Ende die quälenden Fragen an mich selbst, die hier anfangs beklemmend neu aufbrandeten in der Trommel-Brust: Wer bin ich / was bin ich / / wo bin ich / was soll ich hier / ist Heimat austauschbar / Landschaft beliebig / gibt es eine neue / kann man sie vertauschen / und neu erwerben / andere Gegenden damit besetzen?

Hesse läßt seinen Morgenlandfahrer Novalis fragen: »Wo gehn wir denn hin? – Immer nach Hause!«

Mein altes Trauma. Es war wieder aufgebrochen am Anfang meines Aufenthaltes und hier:

Ziehen Sie sich an und kommen Sie mit. Klärung eines Sachverhaltes. Handschellen. Eine Odyssee von Gefängnissen. Ein anderes Land. Unerreichbar die Landschaft der Kindheit. Der andere Landesteil liegt zehn Meter hinter einer Mauer. Zehn Jahre lang. Trennung von der Familie. Oma wartet auf die Enkeltöchter, die schon in die Schule gehen, und wird alt darüber.

Daß »nicht mehr heimisch werden könne auf der Welt, der den Menschen als Gegen-Menschen erlebt hat«, sagt Jean Amery und beging Selbstmord. Mein bester Freund, der Schriftsteller und Psychologe, Jürgen Fuchs, tot, seit fast einem Jahrzehnt, die Gegenthese: uns bleibe das produktive, das künstlerische Dagegen. Literatur nicht als zwanghafte Therapie und Selbsttherapie oder heillose Mechanik eines Literaturbetriebes, dem man sich nicht mehr entziehen kann, sondern als wirklich begehbarer, als humaner Weg.

Ostweg, Mittelweg, Schwarzwaldhochstraße. ›Der Gang durchs Gebirg‹. Plötzlich vertraut, rückt es näher heran. Herbert erzählt von Lenz bei Oberlin in Waldersbach, im Steintal, schon drüben in den Vogesen. Drüben. Der Blick weitet sich, der vertraute Standort unter den Füßen ist nun schon der Schwarzwald. Später Bad Cannstatt und Rottweil ausführlich und über Stunden, sorgsam entfaltet von Egbert-Hans Müller, dem Autor Reinhard Gröper, tiefe Einblicke in eine Biografie mittels urbaner Entschlüsselungen. Unvergeßlich und überwältigend der sonnige Nachmittag im Kloster Hirsau in Begleitung von Klaus-Peter Hartmann. Die schönen, langen Gespräche mit Elke Ruff, gar nicht geschäftsmäßig, Geschäftsführerin ohne Eile, reden wir über das Internet-Verhalten der Kinder, sich weigernde Reinigungskräfte, die Hesse-Stipendiaten-Wohnung zu säubern nach einer Drei-Monats-Frist des Verstaubens. Über das Literaturarchiv Marbach, wohin sie einen gemeinsamen Besuch vorbereitet und Absprachen trifft, die meinen Interessen entsprechen, z.B. deutsche Exil-Autoren, z.B. Hans Sahl. – Keiner weiß in Tübingen, daß Hans Sahl nach seiner Rückkehr dorthin aus dem Exil, aus New

York, von den Großen Geistern der Stadt geschnitten wurde, vor den privaten und akademischen Türen stehen gelassen, gemieden von Walter Jens und Hans Mayer. Alle dort wundern sich, wenn ich sie darauf ansprach. Will man Medizin studieren in Tübingen, muß der Zensurenschnitt 1,0 betragen. 1,1 hat keine Chance mehr. Hölderlin sowieso nicht. Mir grauste. Aber Laurel vor dem Evangelischen Stift, Schelling, Hegel, Mörike und alle anderen sowieso, die ersten Krokusse zu den Füßen, der Neckar natürlich wie immer, er wundert sich nicht, das bedrückende Denkmal für Silcher. Je öfter ich hinkomme seit 1998, desto schneller weg.

Die Energie eines Teilchens und seinen Aufentshaltsort kann man gleichzeitig nicht messen.

Zu dieser Zeit, am Anfang in meinem einsamen Februar in Calw, holte ich mit einem einzigen Brief an den Präsidenten Lukaschenko im Namen des deutschen Exil-P.E.N. den Journalisten und Schriftsteller Aliaksandar Zdzvizhkou in Minsk aus dem Knast. Laurel sagte, nichts versäumt, du hast deine Zeit genutzt.

III

Rössle, Demian, Wendland, Café Kult, Rappen, Alt-Calw, Ratsstuben, Café Montagnola.

Sowieso. Und unerwartet freundlich.

Der netteste der Calwer Bedienungen, der nur das beste bietet, und wo er bedient, ist nur für Nicht-Calwer ein Rätsel: Herr Rudi. Am Ende meines Aufenthaltes gibt er mir zum Reinschauen und als Aufmunterung zum Wiederkommen schon mal den Schlüssel für ein besonderes Zimmer des Hotels. Es heißt ›Siddharta‹. Lieben Dank.

Ein Café ›Steppenwolf‹ aber haben die Erben Hesses untersagt.

Ich hätt' gern eines mit dem Namen »Zyklon« gefunden.

Wie die Nagold, die gewaltige, die erste, die grüne Liebe.

Noch taub vom Schwarzwald-Rock, zumindest halb, es ist Sonntag und unwirtlich kalt im April, und ich kann nicht am

Brühl mit den Pennern auf einer Bank sitzen und rauchen, also rauche ich zum Fenster am Leder-Eck hinaus, darauf hoffend, die Calwer Häuser seien nicht brennbar, kommt plötzlich das Hören zurück. Ein Mädchen ruft ihrem Freund am Markt-Café nach: Ich hab's Dir doch gesagt, daß Du dich erschießen gehen sollst. Betrifft mich nicht mehr. Es ist 16.53 Uhr. Ich kannte eine Schneekönigin, die ging nach Graz. Ort und Impuls eines Teilchens sind gleichzeitig nicht messbar. Ich bin nicht mehr gemeint. Trauma und Träume sind zuende für diesen fremden Aufenthalt. Calw schon unverwechselbar, als urbane Erscheinung sowieso, und als meine und in meiner Erinnerung.

(April 2008)

Judith Kuckart

Von Schwelm nach Calw

Calw, 22.12.2008

Liebe Frau B.,

es war schön bei Ihnen heute Nachmittag. Sie haben von Ihrem Leben erzählt, und wie Sie in diesem Haus Ihrer Großeltern im Gartenweg 7 zu Calw gelandet sind. Schuld waren die Kriege, die Männer, die Geigen, der Flügel, ein paar Tulpen, und schließlich doch wieder die Männer. Sie haben nicht erzählt, warum Ihre Mutter die Lieblingscousine von Herrn Hesse war, aber ich habe das Bild von Ihrer schönen Mutter über dem Flügel gesehen, und da habe ich es wohl verstanden. Sie war nicht nur schön. Sie lebte. Waren ihre Wangen immer so rot, oder hat der Maler sie so geschminkt?

Ich grüße Sie herzlich, Ihre JK

23.12.2008

Liebe Frau B.,

heute morgen, Sie erinnern sich, war die Welt unten herum weiß bereift, darüber blau, und die Sonne kam ins Zimmer warm, ohne zu wärmen. Jetzt ist es fünf Uhr und dunkel. Der Schweinebraten gart seit sechs Stunden im Ofen. Im Haus gegenüber duscht eine junge Frau. Ich habe ihre Silhouette im Gegenlicht gesehen. Sie hat das Fenster einen Spalt geöffnet, ich meins am Schreibtisch auch. Ich kann das Rauschen aus ihrem Brauskopf fast eine halbe Stunde lang hören. Das Schwein: Slow Cooking. Die Frau: Slow showering. Morgen ist diese hysterische Zeit vorbei, in der jeder so tut, als sei er von Weihnachten überrascht worden. Der vorletzte Bus des Tages fährt im Schritttempo unten beim Parkhaus vorbei, und meine Wünsche folgen dem Herzen so langsam, dass sie gegen

363

nichts stoßen. Ich schließe das Fenster an meinem Schreibtisch, die Frau von gegenüber duscht nicht mehr, der letzte Bus ist nun auch schon vorbei gefahren, liebe Frau B. Morgen reise ich von Stuttgart aus weiter nach Schwelm. Da bin ich geboren, da komm ich her, ohne dort noch hin zu gehören. Calw und Schwelm, beide Städte sind klein. Beide Städte sind eigentlich keine. Ist der letzte Bus fort, sind sie durch einige Hügel und Felder von der Welt völlig getrennt. Käme um diese Zeit ein Fremder nach Calw oder Schwelm, er fände nur noch ein Hotelzimmer unten bei der Bushaltestelle. Der Hotelier würde ungern nach 20.00 Uhr noch öffnen und ein Einzelzimmer nach hinten heraus zeigen, wo ein Telefon mit Drehscheibe unter einer Staubschicht träumt, die Bettwäsche weiß ist, aber geflickt, und auf dem Fernseher das gerahmte Foto eines Spitzes steht.

Wann rettet Gott Schwelm? Und wann Calw, liebe Frau B.

24.12.2008

Liebe Frau B.,

ist man Zuhause, bekommt man Fernweh. Ist man fort, bekommt man Heimweh. »Was ich haben will, das krieg ich nicht, und was ich haben kann, das gefällt mir nicht.« Das ist ein Lied von der Gruppe »Fehlfarben« aus den Achtzigern. Sie kennen das Lied nicht, denn Sie sind längst in den Neunzigern, aber Sie spielen wunderbar Klavier. Wenn ich das nächste Mal komme, an den Gartenweg in Calw, werde ich Ihnen einfach meine Kopfhörer aufsetzen. Zwei schmale, edle, untereinander verkabelte Insekten, die ihre dicken Köpfe einander zuwenden, und ich werde plötzlich bemerken, wie intim es ist, Kopfhörer auszuleihen. Kopfhörer hören mit, was ich beim Zuhören denke? Was machen sie mit dem Material?

Mach was draus!, sagen Sie? Habe ich richtig gehört? Haben Sie das gerade gesagt?

Ach, sagen Sie?

Liebe Frau B.,

Der Bewegungsradius zwischen den Jahren ist klein. Ich bin in fünf Stunden von Calw nach Schwelm gefahren, – und dieses Schwelm ist so klein, dass man sich zwei Mal am Tag auf der Straße trifft. Gleich auf dem Weg vom Bahnhof hinauf in die Stadt sehe ich eine Frau in meinem Alter. Die Frau grüßt. Ich grüße auch. Ist das Heimat, wenn man sagen kann, die Frau da drüben, die trug als Mädchen mal eine Zahnspange? Schwelm ist Heimat. Aber Schwelm ist für mich nicht das, was Calw ist für Sie.

Haben Sie sich denn schon ein wenig in Calw eingelebt, fragt mich der Herr von der Sparkasse Calw im November und beim Empfang mir zu Ehren als Hesse Stipendiatin. Er isst seine Maultaschen dabei und hat eine sehr breite, bunte Krawatte. Ich habe das mit dem Einleben in siebzehn Jahren in Schwelm nicht geschafft, wie soll ich das nach siebzehn Tagen in Calw schaffen?

Mach was draus!, sagen Sie? Ach Calw: Nicht jedem Anfang wohnt ein Zauber inne, wie Hermann Hesse in seinem berühmten Gedicht ›Stufen‹ einst behauptete. Über meiner Ankunft in Calw, der Geburtsstadt des Erfolgsdichters, der ja mit Ihnen verwandt ist, lässt sich wenig Zauberhaftes sagen. Als ich aus dem Auto stieg, schaute ich vom Parkhaus auf ein Haus, das ebenfalls wie ein Parkhaus aussah. Da werden Sie wohnen, sagte meine nette, schwarzhaarige Begleiterin von der Sparkasse, die sogar Obst für mich in der Tasche hatte.

Liebe Frau B.,

vor drei Jahren war ich in NYC. Ich wohnte im siebten Stock. Über mir waren noch 23 Stockwerke, die lagen schwer auf meinen Träumen. Im Fahrstuhl traf ich immer den gleichen alten Hund in Begleitung eines Mannes, der noch älter war. Im Appartement unter mir gab jemand Klavierunterricht von drei bis sieben am Nachmittag. Aber das waren nicht Sie, liebe Frau B. Das Haus war einer der drei Silver Towers in der Bleeckerstreet, Nähe Broadway und Washington Square. Bei Sturm klapperten die Fensterrahmen wie in einem DDR-Plattenbau, dafür aber ließen sich die riesigen Scheiben mit Schwung beiseite schieben, so dass das Zimmer zu einem Innenbalkon wurde, mit Aussicht auf eine Landschaft aus Stein von roten, rostroten, grünen oder nur grauen Gebäuden mit Hunderten von Fenstern.

Und dann: New York, am 11.9.2005. Nine-Eleven. Ich bin an jenem Tag zu Fuß Richtung Downtown gelaufen. Zum ersten Mal in New York hörte ich Glocken läuten, oder ich bildete es mir wenigstens ein. Zum ersten Mal sah ich kein Flugzeug am Himmel – bis ich eins sah.

Jetzt laufe ich durch Schwelm und versuche es für Sie zu beschreiben. Es wird sie langweilen, fürchte ich. Ende der Achtziger stand der Kaufhof im Herzen der Stadt einige Jahre leer, nah der größten Kreuzung, wo es nach Süden zum Bahnhof und nach Westen zum Friedhof geht. Wie auf einem Vorplatz vom Mond stand er zwischen seinen leeren Parkplätzen. Die Siebziger Jahre hatten ihn dorthin gewürfelt und dann vergessen. Ratten zogen ein. Vielleicht hat man den Kaufhof nur wegen des Briefkastens stehen lassen, der schon immer dort war und der eine Aufhängung braucht? Ich versuche für Sie, zu beschreiben. Stellen Sie sich das Calwer Kaufland gleich neben der Post vor. So sieht das Herz von Schwelm aus, so, – und noch ein wenig schlimmer.

Ach, sagen Sie?

Die Gegend, aus der ich komme, hat nur wenige Pietisten, aber viele Polen. Die sind katholisch. Polen ist Heimat? Stellen Sie sich vor, wir fahren eines Tages gemeinsam durch Polen, und ich zeige Ihnen das Land: Ein polnischer Friedhof, ein Feld, die Apfelbäume, der Wald. Ich fahre für Sie langsamer. Über ein nächstes Feld geht eine Nonne, schnell, so dass der schwere schwarze Rock ihr zwischen die Beine schlägt. Mögen Sie Nonnen? Unsere verschwindet gerade Richtung Abend.

Irgendwo da draußen muss eine Kapelle sein, wo sie Topfblumen gießen, Geld aus dem Opferstock des Marienaltars nachzählen und selber eine Kerze anzünden wird, aber ohne zu zahlen. Das ist ihr Ort, eine Zuflucht, wo unsere Nonne hinknien kann, um zu beten, für die Eltern und den Verlobten, der sich wegen ihr mit einer anderen verloben musste? Stellen Sie sich vor, liebe Frau B., wir fahren mit dieser Frage im Kopf weiter in unserem geliehenen Auto, wir fahren, – Sie aus Calw und ich aus Schwelm. Sie sind so klein und zart, dass ich das nächste Mal ein Kissen mitnehme und auf den Beifahrersitz legen werde, damit Sie so groß wie ich sind, die ich hinter dem Steuer sitze. Sie schalten das Radio ein, und ich erinnere mich. So war es schon einmal. So war es eben noch. Eine polnische Schlageramsel singt. Wie nennt man das: einsamer Weg einer Nonne durch ein Feld? Nonnenweg? Was meinen Sie? Warum hat das Bild vom Nonnenweg ein anderes hervorgerufen, das schon länger zu mir gehört? Jedes Ereignis hat seine seltsame Wirklichkeit darin, dass es auch anders hätte geschehen können. Alle Geschichten gehören irgendwie zusammen? Einmal in der Eifel habe ich ein zahmes Huhn gestreichelt und fremde Menschen dabei angestarrt. Warum wird das Huhn durch die Nonne wieder sichtbar? Wieso erinnert mich Polen an die Eifel? Und Sie? Wieso erinnern Sie mich an Schwelm? Nur weil zwischen den Jahren so eine komische Zeit ist, wo die Erinnerung wie ein Hund ist, der sich hinlegt, wo er will, liebe Frau B.?

30.12.2008

Liebe Frau B.,
Ich habe die ganze Nacht im Traum vergeblich das Haus aus Beton, in dem ich in Calw schlafe, umstrukturiert, weil ich wollte, dass es wieder eins aus Fachwerk ist, aber konnte mich beim nächsten Handgriff nicht mehr an den zuvor erinnern. Morgen ist Silvester. Silvester 1957 haben meine Eltern Rock´n Roll getanzt. Das haben sie oft gemacht. Davon bin ich irgendwann auf die Welt gekommen.

Silvester 1967 habe ich genau an Mitternacht die Windpocken bekommen, Silvester 1977 habe ich in Holland am Meer mit einem Jungen am Strand gelegen. Hat man das Meer, fehlt einem nichts, nicht mal die Sehnsucht. Ach, höre ich Sie sagen, liebe Frau B., und draußen vor dem Gartenweg 7 in Calw fahren die Autos vorbei, sie fahren durch die Gegenwart, trotzdem liegt Ihr schönes Haus in der Vergangenheit. Silvester 1987 weiß ich nichts Genaues mehr, außer dass ich gerade mit dem falschen Menschen zusammen war, Silvester 1997 war ich in Rom, bei einem sehr alten Mann, der sich Moni nannte. Er wohnte mit seinem greisen Vögelchen, genannt Fräulein, allein im Palazzo dei Pamphili auf der Rückseite vom Corso d'Italia. Silvester jetzt, 2008 werde ich bestimmt … in Calw sein?

Und Sie, liebe Frau B., was werden Sie machen an diesem Silvester? Fern sehen?

Gestern habe ich einen Krimi gesehen, da war ich noch in Schwelm. Geh du doch zu deinen Toten, sagte ein beliebter Fernsehkommissar zu mir, als ich den Apparat einschaltete. Der Kommissar im Fernsehen hatte für eine Verfolgungsjagd sein Blaulicht heraus geholt. »Weißt du, wie der Song heißt?« Er schaute seinen Kollegen an und klopft auf den Mantel des Blaulichts.

»Don´t speed?«

»Nee, falsch«, sagte Kommissar, »Balkanlied«. Er stellte die Sirene auf sein Wagendach.

Krimis haben etwas Tröstliches, finden Sie nicht auch, Frau. B.? Vor allem, wenn man aus einer kleinen Stadt kommt.

31.12.2008

Liebe Frau B.,
bin ich an Silvester Richtung Stuttgart, Richtung Calw zurück gefahren. Ein Junge mit Kappe und Bierdose sitzt auf den Platz mir gegenüber und schläft sicher seit Hagen schon. Sein Gesicht glänzt. Es ist sieben Uhr. Ich werde in Köln umsteigen nach Stuttgart.

Kurz hinter Solingen taucht das Haus auf, in dem ich als

Kind immer wohnen wollte, wenn meine Eltern und ich nach Köln fuhren und vor allem, wenn wir aus Köln zurück kamen. Dann war es immer schon Abend, war es immer schon dunkel, egal ob sommers oder winters. Das Haus hatte erleuchtete Fenster, war nichts Besonderes, aber stand allein in schöner Landschaft und war deswegen schon ein Versprechen. Das Haus an der Bahnstrecke meiner Kindheit, das auf mich wartete, immer an der gleichen Stelle, wenn wir in die größeren Städte fuhren. Damals habe ich mich in Häuser verliebt, nicht in Männer. Wenn ich Ihr Haus in Calw sehe, muss ich sagen, da muss jeder Mann daneben sich anstrengen.

Ich steige in Köln um in den ICE. Im Speisewagen will ich frühstücken. Der Zug aber fährt nicht los. Der Zug fährt gar nicht mehr. Ich werde Silvester auf dem Hauptbahnhof Köln verbringen müssen. Oder in Schwelm. Schwelmangst. Kennen Sie das auch aus Calw, liebe Frau B.? Gerade an Weihnachten oder Silvester? Schwelmangst. Calwangst?

Trotzdem fahre ich hin.

Ein Ersatzzug von Köln HBF nach Stuttgart wird eingesetzt. Im Zug mir gegenüber sitzt kein schlafender Junge mit Bierflasche mehr, sondern ein Paar, das alt ist, so wie man früher einmal alt war. Sie fahren nicht nur einfach schnell von da nach dort, sie reisen noch richtig und essen gleich nach dem Einsteigen die ersten Brote und die Banane von daheim, auch wenn sie so kurz nach dem Frühstück noch keinen Hunger haben. Sie essen, weil sonst die Welt zu weit und zu böse ist. Kennen Sie das auch, liebe Frau B.? Wenn sie essen, die alten Leute im Zug, wird die Welt draußen kleiner und weniger gemein, wird der Zugbegleiter wieder ein »Herr Schaffner«, dem man die Kneifzange von früher noch an den Mundwinkeln ansieht. Jetzt schiebt der Mann sich das letzte Stück Banane in den Mund und geht auf's Klo. Auf seinem Weg hat er eine ganze Provinz an den Fersen.

Liebe Frau B.,

Silvester 2008 war ich in Calw, aber ich habe Sie nicht angerufen. Wir schreiben uns ja, das ist von anderer Dauer. Sie sind meine neue und einzige Brieffreundin. Ein italienisches Paar im Alter meiner Eltern fing an Silvester auf dem Fest beim Buchhändler Fuchs als erstes an zu tanzen. So glitten sie bestimmt seit Jahrzehnten von Jahr zu Jahr, anmutig, selbstverständlich, so nah zu zweit? So möchte ich auch leben. Und während ich die beiden anschaue, immer anschaue, denke ich wieder an Silvester 1967. Das muss ich Ihnen unbedingt noch erzählen. Meine Eltern renovieren ihre Wohnung, Altbau, vier Zimmer, hohe Decken, Wintergarten, drei Kohlöfen für 132 m². An jenem Silvesterabend liegen Tapetenrollen im Flur, die Einrichtung ist mit Folien abgedeckt. Kalt bleibt es, und es riecht nach Lack und Farbe. Gegen 22.00 Uhr gehen wir zu dritt ins Bett. Ich sitze in der Mitte, mehrere Sofakissen im Rücken. Es gibt Sekt, der wartet im Kübel am Fußende, wo auch der Fernseher steht. Zwei Stunden später ist das Jahr '67 zu Ende und das Jahr '68 noch ein unbeschriebenes Blatt. Die Flasche vom Fußende wird entkorkt, zwei Gläser gefüllt, und als Vater und Mutter sich über meinem Kopf zuprosten wollen und ihr Blick dabei auf mich fällt, schreit sie als erste auf. Wie siehst du denn aus?! Die Mutter schiebt die Ärmel von meinem Nachthemd hoch.

Rot gepunktet. Ach, sagen Sie leise, liebe Frau B.?

Also: Der Vater da drüben im Jahr '68, wirft die Bettdecke zurück, um meine Beine zu untersuchen, und verschüttet den Sekt dabei. Das Jahr 1968 ist da, und ich habe meine letzte Kinderkrankheit bekommen. Windpocken. Dreißig Jahre später ist meine Mutter gestorben. Es war das Herz, kurz nach Silvester. Ich war in Rom. Auch das ist nun zehn Jahre vorbei. Ich bin jetzt in Calw und grüße Sie herzlich. Sie wohnen so nah, dass ich den Gruß über die Stuttgarter Straße hinweg trommeln könnte.

Ach?

Ihre Judith Kuckart

Nachwort
und Verzeichnis der Autoren

»Die schönste Stadt ... ist Calw an der Nagold«

oder Szenenbilder vom Kleinen Calwer Welttheater

Hermann Hesse hat dieses Bekenntnis über seine Vaterstadt vermutlich unmittelbar nach dem Ersten Weltkrieg niedergeschrieben. Er gab der Skizze, jedenfalls im Manuskript, den Titel ›Calw‹. Sie hat etwas von einer Selbstvergewisserung, der Versicherung von etwas Unzerstörbarem nach den Materialschlachten des Krieges. Viele Überlebende empfanden den Ersten Krieg und seine Folgen als die Jahrhundertkatastrophe schlechthin – eine Steigerung erschien unvorstellbar. Veröffentlicht wurde das Calwer Genrebildchen aber unter dem Titel ›Heimat‹, und der Verfasser sparte nicht an außergewöhnlichen Vergleichen:

»Zwischen Bremen und Neapel, zwischen Wien und Singapore habe ich manche hübsche Stadt gesehen.

Die schönste Stadt von allen aber ist Calw an der Nagold.

Wenn ich jetzt etwa wieder einmal nach Calw komme, dann gehe ich langsam vom Bahnhof hinabwärts, an der katholischen Kirche, am Adler und Waldhorn vorbei und durch den Bischof an der Nagold hin zum Weinsteg oder auch zum Brühl, dann über den Fluß und durch die untere Ledergasse, durch eine der steilen Seitengassen zum Markt hinauf, unter der Halle des Rathauses durch, an den zwei großen Brunnen vorbei, tue auch einen Blick hinauf zu den alten Gebäuden der Lateinschule, höre im Garten des Kannenwirts die Hühner gackern, wende mich wieder abwärts, am Hirschen und Rössle vorüber, und bleibe dann auf der Brücke stehen. Das ist mir der liebste Platz im Städtchen, der Domplatz von Florenz ist mir nichts dagegen ...«

Bei seinem fiktiven Stadtgang streifte der Autor Stationen seiner Kindheit und Jugend in Calw – und viele dieser Örtlichkeiten waren oder sind später zu literarischen Schauplätzen geworden, von den frühen Versuchen des ›Calwer Tagebuchs‹ aus dem Jahre 1901, von ›Unterm Rad‹ bis zum ›Glasperlenspiel‹. Wir aber halten uns zunächst an die Realitäten:

Da ist der Bahnhof, von dem aus Hesse seine Fluchten aus Calw antrat, nach Maulbronn, nach Cannstatt und schließlich nach Tübingen; da ist der Bischof mit der Wohnung seines Großvaters, des Sprachgelehrten und Verlegers Hermann Gundert mit dem Sitz des Calwer Verlagsvereins, in dem dann auch seine Eltern arbeiteten; das Steinhaus des Onkels Friedrich Gundert; der Brühl mit Perrots mechanischer Werkstätte, wo sich der Achtzehnjährige kurzfristig als Praktikant erprobte; die untere Ledergasse, wo die Familie Hesse zeitweilig Wohnung genommen hatte; der Marktplatz mit seinem Geburtshaus gegenüber dem mächtigen Rathaus; die alte Lateinschule, deren Bank er in der Vorbereitung auf das theologische Seminar hatte drücken müssen, und jener Lieblingsplatz an der Brücke über die Nagold mit der Nikolauskapelle. Dieser Ort trägt heute seinen Namen.

Hesse veröffentlichte die nach dem Manuskript - unter Auflösung aller Abkürzungen - wiedergegebene Skizze bezeichnenderweise im ›Sonntagsblatt für die deutschen Kriegsgefangenen‹ im Jahre 1918. ›Heimat‹ war also auch als Trostwort zu lesen. Er müsse diesen Ort nicht weiter beschreiben, setzte er hinzu, denn »das steht fast in allen Büchern, die ich geschrieben habe. Ich hätte sie nicht schreiben brauchen, wenn ich in diesem schönen Calw sitzen geblieben wäre. Das war mir nicht bestimmt. ...«

Und das ist wortwörtlich zu nehmen, denn wie sonst hätte Wulf Kirsten, der viel belesene Dichter und Schriftsteller aus Weimar und viele andere, von sich sagen können, dass er die Stadt Calw »längst kenne, ohne sie vorher je betreten zu haben«.

Was Hesse als Missionar nach dem Vorbild seiner Eltern bestimmt gewesen wäre, war, nach dem Besuch von Calwer

Latein- und Maulbronner Klosterschule, das Tübinger Stift als Studienort, um dann in die Basler Mission einzutreten. Von seiner Kindheit und Jugend bleibt festzuhalten, dass Tübingen und Basel auch für den Buchhändler und den jungen Schriftsteller die vorgezeichneten Bildungsorte blieben: Zwischen 1895 und 1899 arbeitete er bei Heckenhauer in Tübingen als Sortimentsbuchhändler und 1899 wechselte er nach Basel, wo er diesem Brotberuf bis 1904 nachgegangen ist.

Doch damit hatte er sich bereits für lange Zeit und entschieden vom Ort seiner Kindheit entfernt. Zwischen beiden entstand eine Art Hassliebe. Die Abweisungen, die der junge Mann allen Forderungen von Elternhaus und Schule entgegen stellte, dürften von denen in der Kleinstadt erwidert worden sein, die mit ihm in Berührung kamen: Hermann Hesse war ein Schulabbrecher, ein Berufsverweigerer, dem seine frommen Eltern in Boll, in Stetten und Winnenthal vergeblich ihren Willen aufzwingen wollten. Er blieb eigensinnig, ging radikal und unbedingt eigene Wege im Leben, auch wenn er noch einmal, wie zu einer Selbstkontrolle, in der enttäuschenden Indienfahrt von 1911 auf das ihm Vorbestimmte einlenkte. Er blieb skeptisch gegen Familie und Herkunft, zudem geschüttelt vor Ekel, als er nach einer Reise ins Schwäbische 1914 die vaterländische Kriegsbegeisterung kennen lernte. Er geißelte sie als »Schweinerei« und hatte bereits das »furchtbare Leid« vor Augen, das dieser Krieg auslösen würde. Nach dieser Reise könne er, wie er dem Freund Conrad Haußmann sarkastisch mitteilte, »die schönsten Kriegsnovellen schreiben, aber es stünde mir wie der Sau das Chemisle …«. Und Jahre später, als in den Straßen der Heimat die Aufforderung »Deutschland erwache!« die lange Nacht in der deutschen Geschichte einleitete und der wache, hellhörige Leser und Rezensent Hesse der Werkausgabe Franz Kafkas bei Schocken in einer in Stockholm erscheinenden Zeitschrift ein großes Publikum wünschte, sah er sich dem Verdacht seines Jugendfreundes Ludwig Finckh ausgesetzt, dass, nur so sei dieser Fehlgriff zu erklären, »in seine Adern einmal etwas anderes kam«. Kein deutsches Blut also. Der Vater sei Balte, raunte der Arzt und Schriftsteller Finckh, der sich nun der Ahnen- und Sippenforschung verschrieben hatte und schoss über den Vater Hesses gleich noch ein weiteres Verdachtsmoment nach: »jedenfalls war er Missionar in Indien«: Was musste da wohl befürchtet werden? Und spät noch, nach den zwölf Jahren, die Hesse als Schweizer Bürger beobachtete, sah sich der Nobelpreisträger als vaterlandslosen Gesell, als »Volksverräter« und »Kulturbolschewist« beschimpft. Das ist heute ein Ehrentitel politischer Unabhängigkeit.

Vergleichsweise spät noch im Werk, im August 1944, als der vollendete Roman ›Das Glasperlenspiel‹ nach zehnjähriger Arbeit von den Zensoren der Reichsschrifttumskammer als unerwünschte »Utopie« von der Veröffentlichung in Deutschland ausgeschlossen worden war und nur in seiner neuen Heimat, der Schweiz, erscheinen konnte, entstand eine poetische Reflexion, in der er der Ich-Zerstörungen »nach leidgeprüften Jahren« gedachte: Die Jugendheimat blicke »unbegreiflich fremd und ferne« zu ihm her: »Ihre Sonnen, ihre Sterne / Leuchten meinem Weg nicht mehr, / Ihre Freuden und Beschwerden / Heute Lied und Sage sind. / Ihre Namen und Gebärden / Kaum noch Blätterspiel im Wind.«

Hesses Abwendungen von der Heimat hatten also Gründe – sie waren immer wieder von ihm benannt worden.

Doch die Fremdheit ist gewichen. Die Ferne hat sich aufgelöst. Wenige Jahre nach Hermann Hesses Tod begannen Bürger der Stadt mit der Sammlung von Dokumenten und Erinnerungsgegenständen des Dichters, die 1965 innerhalb des Stadtmuseums im Elternhaus der Frau von Ludwig Uhland, im Fischer'schen Palais, zu einer eigenen Ausstellung zusammengefügt wurden. 1979 erschien ein erster schmaler Katalog in der Reihe der ›Marbacher Magazine‹; ein ›Marbacher Magazin‹ begleitete auch die neue Ausstellung im Hermann Hesse-Museum der Stadt im Jahre 1990, das sich nun bereits auf große eigene Sammlungsbestände stützen konnte, die sich 2001 in überarbeiteter Form präsentieren ließen. Das Museum steht über dem Marktplatz. Es ist das Herrenhaus des Kaufmanns und Calwer Compagnie-Verwandten Johann Georg Zahn, das 1835 im Erbgang an Johann Christoph Schüz gelangte, einen stadtbekannten Arzt, dessen Namen es heute trägt. Noch zieren die gespiegelten Versalbuchstaben »Z« der Familie Johann Georg Zahn die Intarsien der schweren Eingangstüren. Zahns Bruder Christian Jakob war der Associé des Verlegers Johann Friedrich Cotta, als dieser aufbrach, der Verleger der deutschen Klassik zu werden.

Auf dem so vorbereiteten Boden der anschaulichen Literaturvermittlung durch Ausstellungen entstand die gemeinnützige Stiftung zur »Pflege literarischer Kultur im Dienste und zur Förderung der internationalen Verständigung im Sinne des Geistes und des Werkes von Hermann Hesse«. Sie begriff sich von Anfang an nicht bloß als Pfleger örtlicher Erinnerungskultur. Der von der Stiftung ausgelobte Preis, der im Wechsel für literarische Zeitschriften und für Übersetzer aus dem Deutschen und ins Deutsche vergeben wird, unterscheidet sich grundsätzlich von den in die Hunderte gehenden Literaturpreisen, die heute im Namen von Dichtern und Schriftstellern gestiftet wurden: Durch seine Weltläufigkeit einerseits und zum anderen durch die Neugier auf eine in Zeitschriften gedruckte junge Literatur, die noch nicht zwischen Buchdeckeln marktgängig geworden ist.

Seit fünfzehn Jahren vergibt die Calwer Hermann Hesse-Stiftung ein Stipendium an Schriftsteller und lädt bis zu drei Ausgezeichnete ein, drei Monate unter den Dächern der Stadt Calw zu verbringen.

Vorbedingungen für diese Villegiatur gibt es nicht. Jeder Stipendiat kann, im Fenster liegend, die Sommerwolken über die Bergkämme quellen lassen, im Gedankenspiel in dunklen, tiefen Wäldern vazieren oder, je nach Jahreszeit, dem gemächlichen Plätschern der Nagold lauschen oder ihre reißende Flut beobachten. »Eine Stadt im Kopf haben«, erinnert sich Walter Kappacher an seinen Aufenthalt in Calw, »jederzeit in sie zurückkehren können, im Geist die Räume einer Wohnung durchwandern, im Arbeitszimmer … aus dem Fenster schauen, hinunter auf die Marktstraße, hinein in die Badstraße, wo die Giebel der alten Fachwerkhäuser sich einander zuneigen.« Das ist geschenkte Zeit.

Es ist Auszeit. Zwischenzeit. Nachtzeit. Plötzlich Zeit haben. Zeit zum Ausatmen, Umhergehen, Beobachten, rühmt Sigrid Damm, und Joseph Zoderer hält sich selber beobachtend fest, sein Gehen sei kein Besitzergreifen, keine Einmischung, kein Heimischwerden, »… er war bereit zu staunen, zu bewundern«. Calw lobt keine Stadtschreiberstelle aus, Stadtschweiger hat Jens Sparschuh dieses Amt genannt und »Zwischenstop auf der Morgenlandfahrt durchs Abendland«. Ich sintere die Eindrücke aus den gefüllten Zeilen der Calwer Gäste.

Erwünscht ist, dass sich Stipendiatinnen und Stipendiaten durch öffentliche Lesungen oder Schulbesuche in der Stadt bekannt machen und dass sie sich mit etwas Schriftlichem von Hermann Hesses Geburtsstadt verabschieden. Das geben in selteneren Fällen Proben aus dem Werk her, Vorabdrucke oder Teildrucke aus Arbeiten, die während des Stipendiums entstanden sind. Denn Christa Schuenke übersetzt zum Beispiel Shakespeares Sonette ins Deutsche; Ard Posthuma Goethes Faust ins Niederländische; Géza Horváth Hesses ›Steppenwolf‹ ins Ungarische. Sigrid Damm ist auf den Spuren Schillers unterwegs (und schätzt deshalb die Nähe Marbachs); Petra Morsbach schreibt den Roman ›Geschichte mit Pferden‹ und Eveline Hasler will während ihrem Calwer Stipendium Hesses Tessiner Zeit aufarbeiten.

Anders Ursula Krechel. Sie macht die Nacht zum Tage, stellt den Tageslauf auf den Kopf und schreibt ein vollständiges Werk, ein Hörspiel, das sich inhaltlich der außergewöhnlichen Situation dieses Arbeitsaufenthalts extra muros bewusst reflektiert und diese geschenkte Zeit im Experiment der Beobachtung einer Nacht protokolliert: »Ich simuliere das Alleinsein, führe Buch über das Kommen und Gehen der Wörter, den Atem des fremden Schlafes.«

Gelegentlich entstehen Aufzeichnungen, Essays oder Erinnerungen an weit Zurückliegendes wie in Helga Schütz' ›Erdbeerernte und Arbeiteraufstand‹; es werden reale oder fiktive Briefe gewechselt, eine eMail-Korrespondenz, in der Sentenzen aus Hesses Werken als Antworten auf Tagesfragen figurieren; Gedichte drängen sich vor, Tagebücher und Traumprotokolle, Relationen und Reflexionen. Die Übersetzerin Ragni Maria Gschwend führt das Steppenwolf-Gedicht in vielen Weltsprachen an der Leine, denkt über das Kunstwerk des Übersetzens nach und zitiert die Bitte des Morgenstern'schen Werwolfs, ihn doch zu beugen: »Der Werwolf«, sprach der gute Mann, / »des Werwolfs, Genitiv sodann, / dem Werwolf, Dativ, wie mans nennt, / den Werwolf, – damit hats ein End.«

In vielen Beiträgen zu dieser Sammlung schiebt sich zunächst die Stadtgeographie in den Vordergrund: Das Gedränge der vom Krieg unzerstörten Calwer Altstadt in der engen Talsohle; das ungestüme Hinauswuchern der Wohnsiedlungen über die Hanglagen. Es ist der Prospekt einer Idylle unterm Mikroskop. Die Häuserfluchten erscheinen wie Theaterkulissen, die den Fußgängern zum Bühnenraum werden. Andere erleben das Knusperknusperknäuschen-Häuschen-Stadtbild, das Klein-Geschachtelte, Verwinkelte und Geduckte dieser Fachwerk-Altstadt und ihrer individuellen Dachlandschaften; die zum Alphabet gereihten Fachwerkhäuser laden ein zum Ausstieg aus der Gegenwart. In den kriegszerstörten und uniform wieder aufgebauten deutschen Großstädten ist dieses unaufgeräumte, spannungsvolle Nebeneinander von dreihundertjähriger Baugeschichte abhanden gekommen.

Die Stipendiatenwohnung wird zum Ausguck, zum Hochsitz, zum Beobachtungs- und Horchposten in einer fremden Welt. Erste Eindrücke: Die abendliche Dunkelheit der Stadt, verlassen von ihren Bewohnern, den Handwerkern und Gewerbetreibenden. Nur wenige Fenster sind nächtens erhellt. Das Kosmopolitische der Stadt, ihre Vielsprachigkeit werden deutlich, der Stadtkern ist in Gastarbeiterhand. Es wird schwäbisch, italienisch, türkisch, kroatisch, rumänisch oder niederländisch geredet. Róza Domašcyna, die sorbisch-wendische Dichterin aus Bautzen, lauscht ihren Calwer Porträts besonders farbige Idiome ab, versteckt in den Lebensgeschichten der Damen und Herrn Jedermann. Dazu kommen die Straßenmusiker, die Stadtstreicher. Die Fußgängerzone ist das Werkraumtheater für die in Bronze gegossenen Skulpturen. Das entwaffnend Schöne, das heikel Behagliche des Orts, das Museumshafte sticht den Ortsfremden, die von weither kommen, in die Augen.

Langsam werden Beziehungslinien eingezogen zwischen dem Hesse-Museum im Schüz'schen Haus, dem Hesse-Gymnasium, den Brunnen und der Brücke über die Nagold. Hesses Standbild. Der Eselstein am Reichertschen Haus. Die Stadtpalais' der Verwandten der Calwer Compagnie im 17. und 18. Jahrhundert. Das ›E-Werk (Abend)‹, das Rudolf Schlichter gemalt hat. Utz Rachowski gibt den Orten der städtischen Geselligkeit Namen: Rössle, Demian, Wendland, Café Kult, Rappen, Alt-Calw, Ratsstuben, Café Montagnola. Der Friedhof mit den Gräbern der Familien Hesse und Gundert. Der ZOB, der Zentrale Omnibus-Bahnhof, als umweltfreundlicher Ausgangspunkt für Exkursionen.

Jetzt beginnt die Landnahme mit dem Aufstieg durch den Stadtgarten zum Gimpelstein, zum Schafott, über den Ostweg nach Zavelstein mit seinen Krokuswiesen im Frühjahr; durchs Rötenbachtal hinunter nach Bad Teinach in die Thermalbäder; die Candiduskirche in Kentheim. Nagoldabwärts das Kloster Hirsau, das Schweinbachtal und Bad Liebenzell-Zainen mit dem Gasthof »Lamm«.

Der Blick weitet sich, wenn Egbert-Hans Müller durch sein Bad Cannstatt oder sein Rottweil führt. Exkursionen werden nach Warmbronn in Christian Wagners Stuben, nach Marbach ins Schiller-Nationalmuseum und ins Deutsche Literaturarchiv unternommen; zur Herrenberger Stiftskirche, die einst Jörg Ratgebs Hochalter schmückte, den man nun, säkularisiert, in der Stuttgarter Staatsgalerie besuchen kann; ins nahe Tübingen, wo Hölderlin, aber auch seine Stiftsfreunde Hegel und

Schelling, der stürmisch-jugendliche Wilhelm Waiblinger und der leise-schwermütige Eduard Mörike in den Mauern des Augustinerklosters so gegenwärtig, so anwesend erscheinen wie drüben über dem Rhein der Wanderer Lenz in Oberlins Wäldersbach, der im Jänner übers Gebirg kommt. Paul Celan, Alfred Kittner, Georg Heym, Sergej Jessenin fallen den Redenden ins Gespräch. Klaus Günzels mitternächtliche Begegnung nach dem Besuch im Calwer Ratskeller, eine humorvolle Wilhelm Hauff-Reminiszenz, ruft Mörikes Braut herauf, die Luise Rau, die als Frau Pfarrer Schall in Calw ansässig geworden ist; den Calwer Magister Ulrich Rülein, den späteren Bürgermeister von Freiberg in Sachsen und Wilhelm Nast, der es zum Methodistenbischof in den Staaten bringt.

Die Stadtgeschichte liest sich neu und reicher unter dem fremden Blick. Die Anknüpfungspunkte, die Hesses Bücherwelt und seine Heimatstadt schaffen, sind Einladungen zu immer neuer Besetzung der Bühne des Calwer Marktplatzes. Günzel zitiert den Möttlinger Blumhardt neben die »Kronenwächter der menschlichen Phantasie« vor sein Auge: die Eichendorff, Novalis, Kerner, die Geschwister Brentano und Arnim oder den koboldischen E.T.A. Hoffmann, die Hesse zu den Morgenlandfahrern rechnet – und die er fast ausnahmslos in seine Reihe beim Berner Seldwyla-Verlag zum Sprechen bringt – S. Fischer setzt die Reihe Mitte der Zwanziger Jahre fort.

Ard Posthuma entdeckt den Maler Rudolf Schlichter, dem seine Heimatstadt so lange wie Hesse die Anerkennung versagt. Er geht der Geschichte des Negers Daud nach, der als Beweis erfolgreicher Missionsarbeit im Hause des Dr. Emil Schüz gehalten wird – ein Souvenir der Christianisierung aus Afrika! Den holländischen Stipendiaten interessiert aber auch jener Reichert an der Brück, der des »Führers« 44. Geburtstag mit einem Distelzweig im Schaufenster feiert oder den Bäckermeister Hermann Schnürle, der die Wahl Hitlers verweigert und dafür als »Landesverräter« durch die Stadt geführt wird. Heinz Wolfgang Schnaufer, Major und Geschwaderkommodore, später Weinhändler, lässt sich auf dem Grabstein als der »beste und niebesiegte Nachtjäger des 2. Weltkrieges« feiern. Zu seinen toten »Gesprächspartnern« gehört auch die Mörderin Gertrud Pfäfflin oder Pfeifflin, von deren Existenz, das sei versichert, der Herausgeber dieser Sammlung hier zum ersten Mal Nachricht erhält.

Die Leser der hier versammelten Calwer Vignetten, die Hesses ›Heimat‹-Erinnerung ganz neue Sichtweisen hinzufügen, seien hiermit eingeladen, in Zukunft auf die Veröffentlichungen jener Stipendiaten der Hermann Hesse-Stiftung zu achten, die bisher darauf verzichtet haben, ihre Calwer Reminiszenzen öffentlich zu machen. Das sind der vietnamesische Schriftsteller und Übersetzer Ngo Quang Phuc, der ungarische Schriftsteller und Germanist Márton Kalász sowie die deutschen Autoren Thomas Rosenlöchner, Christoph Hein, Jutta Richter und Hartmut Lange. Wie werden sie das Stück besetzen, das sie über die geschenkte Zeit in Hermann Hesses Geburtsstadt Calw schreiben?

Klaus Günzel, aus dem sächsischen Zittau nach Calw gekommen, hat seine literarischen und geistesgeschichtlichen Erfahrungen an einem ihm bis dahin fremden Ort auf den Punkt gebracht, wenn er schreibt:

»Ein kleines Welttheater ist dieses Städtchen immer geblieben, trotz aller Veränderungen und Wandlungen.«

Friedrich Pfäfflin

Verzeichnis der Autoren

Josiane Alfonsi, geboren 1944 in Valence/Frankreich, lebt und arbeitet in Tübingen. Sie schreibt deutsche und französische Gedichte. In welcher Sprache ihre Gedichte entstehen, »das entscheidet der erste Satz, also fast nicht ich«. In der hier veröffentlichten Auswahl steht immer das Gedicht in der Sprache, in der es entstanden ist, an erster Stelle; die Übersetzung ist nachgeordnet. Studium der Literatur und Italianistik an der Universität Nizza sowie Völkerkunde und Empirische Kulturwissenschaften an der Universität Tübingen. Seit 1990 ist Josiane Alfonsi Mitarbeiterin im Hölderlinturm in Tübingen. Auszeichnungen in Auswahl: Würth-Literaturpreis der Universität Tübingen (1997); Stipendium im Stuttgarter Schriftstellerhaus (1999); Stipendium der Collectivité territoriale de Corse, Ajaccio/Korsika (2008). Gedicht-Veröffentlichungen in Auswahl: ›Je suis – Du bist‹ (Tübingen: Hölderlin-Gesellschaft 1990); ›Kultur. Cultur‹ (Reicheneck 1997); ›Le temps de dire – Sagen-Zeit‹ (Tübingen: Attempto 1998); Texte in den Anthologien: ›Zwischen den Zeiten. Zwischen den Welten‹, hrsg. von Ewa Boura und Inge Gellert (Berlin: Argon 1995); ›Die Lehre der Fremde. Die Leere des Fremden‹, hrsg. von Curt Meyer-Clason, João Ubaldo Ribeiro, Jürgen Wertheimer (Tübingen: Konkursbuchverlag 1997). ›Dem Dichter des Lesens. Gedichte für Paul Hoffmann. Von Ilse Aichinger bis Zhang Zao‹ (Tübingen: Attempto 1997); ›Mein Hermann Hesse: eine hommage‹, hrsg. von Uli Rothfuss (Berlin: Edition Q 2002); ›Tübingen im Gedicht‹, hrsg. von Kay Borowsky (Tübingen: Heckenhauer 2003); ›Poesie / poésie‹ (Ludwigsburg: POP 2004).

Volker Braun, geboren 1939 in Dresden, lebt als Schriftsteller in Berlin. Nach dem Abitur 1957 Druckereiarbeiter, Maschinist im Tagebau »Schwarze Pumpe« in Hoyerswerda. 1960–1964 Studium der Philosophie in Leipzig. 1965/66 auf Einladung von Helene Weigel Dramaturg am Berliner Ensemble, an dem sein erstes Bühnenstück ›Der Kipper‹ inszeniert und verboten wird. Konflikte mit den DDR-Behörden begleiten den weiteren beruflichen Weg. Seit 1973 Vorstandsmitglied im Schriftstellerverband; gehört 1976 zu den Unterzeichnern des Biermann-Protestes. 1979–1990 Mitarbeiter am Deutschen Theater und am Berliner Ensemble. Der mit zahlreichen Preisen Ausgezeichnete – Heinrich-Mann-Preis (1980); Lessing-Preis (1986); Bremer Literaturpreis (1988); Nationalpreis I. Klasse (1988); Berliner Literaturpreis (1989); Schiller-Gedächtnispreis (1992); Kritikerpreis (1996); Georg Büchner-Preis (2000); verdi-Literaturpreis (2007) – ist Mitglied mehrerer Akademien, seit 2006 Direktor der Sektion Literatur in der Berliner Akademie der Künste. Er beginnt 1965 mit dem Gedichtband ›Provokationen für mich‹, der mehrere Auflagen erreicht (Halle, Leipzig: Mitteldeutscher Verlag 1965; dort auch weitere Veröffentlichungen). Sprechend sind auch die folgenden Gedichttitel: ›Gegen die symmetrische Welt‹ (Halle, Leipzig/ Frankfurt: Suhrkamp 1974; dort auch weitere Veröffentlichungen); ›Training des aufrechten Gangs‹ (Halle, Leipzig 1979); ›Langsamer knirschender Morgen (Halle, Leipzig/Frankfurt 1987). Prosa in Auswahl: ›Unvollendete Geschichte‹ (Frankfurt 1977); ›Hinze-Kunze-Roman‹ (Halle, Leipzig/ Frankfurt 1985); ›Bodenloser Satz‹ (Frankfurt 1990); ›Trotzdestonichts oder der Wendehals‹ (Frankfurt 1995); ›Das Wirklichgewollte‹ (Frankfurt 2000); ›Das unbesetzte Gebiet‹ (Frankfurt 2004); ›Machwerk oder Das Schichtbuch des Flick von Lauchhammer‹ (Frankfurt 2008); ›Werktage. Arbeitsbuch 1977–1989‹ (Frankfurt 2009). Stücke: ›Lenins Tod‹ (UA 1988); ›Großer Frieden‹ (US 1979); ›Dimitri‹ (US 1982); ›Die Übergangsgesellschaft‹ (UA 1987); ›Transit Europa‹ (US 1988); ›Böhmen am Meer‹ (UA 1992); ›Der Staub von Brandenburg‹ (UA 1999); ›Limes. Marc Aurel‹ (UA 2002); ›Was wollt ihr denn‹ (US 2005).

Sigrid Damm, geboren 1940 in Gotha, lebt als Schriftstellerin in Berlin und Mecklenburg. 1959–1965 Studium der Germanistik und Geschichte in Jena und Berlin; 1970 Promotion. Für ihr Werk wird sie mit zahlreichen Preisen ausgezeichnet, u. a. mit dem Lion Feuchtwanger-Preis (1987), dem Mörike-Preis der Stadt Fellbach (1994), dem Fontane-Preis der Stadt Neuruppin (1994), dem Thüringer Literaturpreis (2005). – Werke: ›Vögel, die verkünden Land. Das Leben des Jakob Michael Reinhold Lenz‹ (Berlin, Weimar: Aufbau 1985; Frankfurt: Insel 1992; dort auch weitere Veröffentlichungen); zwei Jahre später kommt eine dreibändige Werk- und Briefausgabe von Lenz heraus (Leipzig: Insel 1987; München, Wien: Hanser 1987); ›Cornelia Goethe‹ (Berlin, Weimar 1987; Frankfurt 1988); ›Ich bin nicht Ottilie‹, Roman (Frankfurt, Leipzig 1992); ›Diese Einsamkeit ohne Überfluß‹, Prosa (Frankfurt, Leipzig 1995); ›Christiane und Goethe. Eine Recherche‹ (Frankfurt, Leipzig 1998); gemeinsam mit ihren Söhnen Joachim Hamster Damm und Tobias Damm ›Tag- und Nächtebücher aus Lappland‹ (Frankfurt, Leipzig 2002). In Calw arbeitet Sigrid Damm an dem Buch ›Das Leben des Friedrich Schiller. Eine Wanderung‹ (Frankfurt, Leipzig 2004); zuletzt erscheinen: ›Goethes letzte Reise‹ (Frankfurt, Leipzig 2007) und ›Geheimnisvoll offenbar. Goethe im Berg‹. Mit zehn farbigen Abbildungen von Joachim Hamster Damm (Frankfurt, Leipzig 2009).

Róža Domašcyna, geboren 1951 in Zerna bei Kamenz, lebt in Bautzen als sorbisch-wendische Lyrikerin und Übersetzerin, genauer: sie ist Nachdichterin aus den slawischen Sprachen. Ausbildung zur Wirtschaftskauffrau; Ingenieur-Ökonom des Bergbaus; 1973–1984 Anstellung im Braunkohlenwerk Knapperode. – 1968–1972 Redakteurin der sorbischen Kinder- und Jugendzeitschrift ›Plomjo‹ und der Tageszeitung ›Nowa doba‹; bald darauf erste Gedichtveröffentlichungen; 1985–1989 Studium am Literaturinstitut »Johannes R. Becher« in Leipzig. Seit 1990 freie Schriftstellerin. Ihre ›Calwer Porträts‹ bezeugen ihre Neugier an der Sprachfarbe des Dialekts im Calwer Wald. – Seit 1990 erschienen regelmäßig sorbische und deutschsprachige Gedichte, lyrische Prosa, auch lyrische Anagramme: ›Wróćo ja doprědka du‹ (Bautzen: Ludowe nakładnistwo Domowina 1990; dort auch weitere Veröffentlichungen); ›Zaungucker‹ (Berlin: Janus-Presse 1991; dort auch weitere Veröffentlichungen); ›Pře wšě płoty‹ (Bautzen 1994); ›Zwischen gangbein und springbein‹ (Berlin 1995); ›Der Hase im Ärmel‹ (Berlin 1997); ›Selbstredend selbzweit selbdritt‹, Gedichte (Berlin 1998); ›Kunstgriff am Netzwerg‹ (Ottensheim: Thannhäuser 1999); ›Pobate bobate‹ (Bautzen 1999); ›MY NA AGRA‹ (Bautzen 2004); ›stimmfaden‹ (Heidelberg: Wunderhorn 1996; dort auch weitere Veröffentlichungen); ›Balonraketa‹ (Heidelberg 2008). – Róža Domašcyna wird mit dem Förderpreis zum Mörike-Preis (1994), dem Ćišinski-Preis (1995), dem Anna-Seghers-Preis (1998), dem Literaturpreis des Exil-P.E.N. (2001) und dem Prix Evelyne Encelot (2003) ausgezeichnet.

Ragni Maria Gschwend, geboren 1935 in Immenstadt/Allgäu, lebt seit 1976 als freiberufliche Übersetzerin, Autorin und Herausgeberin in Freiburg/Breisgau. Nach Abitur, Buchhandelslehre und beruflichen Wanderjahren im In- und Ausland Italienisch-Studien in Perugia, Siena und München (Übersetzerdiplom des SDI). 2001-2008 Präsidentin des Freundeskreises zur Förderung literarischer und wissenschaftlicher Übersetzungen e.V. – Die Liste ihrer Übersetzungen ist lang. Zu ihren wichtigsten Autoren gehören Anna Maria Carpi, Ennio Flaiano, Margherita Guidacci, Tommaso Landolfi, Claudio Magris, Antonio Moresco, Elsa Morante, Guido Morselli, Vasco Pratolini, Ignazio Silone, Italo Svevo, Fulvio Tomizza, Ferderigo Tozzi, Sebastiano Vassalli und Roberto Wilcock. Mit Ennio Flaiano und Italo Svevo hat sie sich auch als Herausgeberin und Biographin beschäftigt: Ennio Flaiano, ›Blätter von Via Veneto‹ (Freiburg/Brsg: Beck & Glückler 1994); in Zusammenarbeit mit F. Bondy ›Italo Svevo‹ Reinbek: Rowohlt Monographie 1995); Italo Svevo, ›Die Kunst sich das Rauchen nicht abzugewöhnen‹. Ein Lesebuch (Reinbek: Rowohlt 1995); Elio Schmitz/Italo Svevo, ›Meine alte unglückliche Familie Schmitz. Elios Tagebuch und andere Zeugnisse‹ (Wien: Zsolnay 1999). Weitere Herausgaben: ›Der schiefe Turm von Babel. Geschichten vom Übersetzen, Dolmetschen und

Verstehen‹ (Straelen: Straelener Manuskripte 2000); ›Capricci-Skurrile Geschichten‹, italienisch/deutsch (München: dtv zweisprachig 2005); daneben Veröffentlichungen zum Thema Opern-Übersetzen: ›Figaros Flehn & Flattern. Mozart in den Fängen seiner Übersetzer‹ (Staelen: Straelener Manuskripte 2006); Lorenzo da Ponte, ›Le nozze di Figaro ossia La folle giornata - Figaros Hochzeit oder Der tolle Tag‹, italienisch-deutsch (Ebenhausen bei München: Langewiesche-Brandt 2009). – Ragni Maria Gschwend erhält 1982 den Literaturpreis der Stadt Stuttgart; 1995 das Stipendium des Reinhold Schneider-Preises der Stadt Freiburg; 2006 den Übersetzerpreis der Leipziger Buchmesse; 2008 den Paul-Celan-Preis sowie verschiedene italienische Auszeichnungen.

Klaus Günzel, geboren 1936 in Pethau, einer Arbeitersiedlung westlich von Zittau, gestorben 2005 in Zittau; Bibliothekar und Schriftsteller. Der Sohn eines in der sowjetischen Besatzungszone enteigneten Unternehmers verlässt die Schule noch vor dem Abitur. 1954–1957 Besuch der Fachschule für Bibliothekswesen in Leipzig; 1957–1984 Mitarbeiter der Christian-Weise-Bibliothek Zittau, seit 1978 als Leiter des wissenschaftlichen Altbestandes. Seither lebt er als freier Schriftsteller, nachdem ihn seine seit 1970 erschienenen Bücher über die Grenzen der DDR hinaus bekannt gemacht haben. Günzel ist der Bibliograph von E.T.A. Hoffmann, von Heinrich von Kleist und Ludwig Tieck und ein begnadeter Rhetoriker, der seine Forschungsergebnisse einem großen Publikum vorzustellen wußte. Neben kommentierten Textausgaben aus dem Umfeld der deutschen Romantik, später auch des kaiserlichen Wien, sind besonders Günzels faktenpralle Lebensbilder hervorzuheben: ›Alte deutsche Puppenspiele. Mit theatergeschichtlichen und literarischen Zeugnissen‹ (Berlin: Henschel 1970); ›E.T.A. Hoffmann. Leben und Werk in Briefen, Selbstzeugnissen und Zeitdokumenten‹ (Berlin: Verlag der Nation 1976; dort auch weitere Veröffentlichungen); ›König der Romantik. Das Leben des Dichters Ludwig Tieck in Briefen, Selbstzeugnissen und Berichten‹ (Berlin 1981); ›Kleist. Ein Lebensbild in Briefen und zeitgenössischen Berichten‹ (Berlin 1984); ›Romantikerschicksale. Gestalten einer Epoche‹ (Berlin 1987); ›Die Brentanos. Eine deutsche Familiengeschichte‹ (München, Zürich: Artemis 1993).

Maik Hamburger, d.i. Michael Pitt Hamburger, geboren 1931 in Schanghai, lebt als Übersetzer in Berlin. Kindheit und Jugend als Emigrant in China, Polen, in der Schweiz und in England. Studium der Philosophie in Aberdeen und, nach der »Einkehr« in Deutschland, Studium der Physik in Leipzig. 1956–1966 Übersetzer und Publizist in Berlin-Ost; danach fast dreißig Jahre am Deutschen Theater Berlin; zugleich Lehrer an der Theaterhochschule Leipzig, an der Schauspielschule »Ernst Busch« und an der Universität der Künste zu Berlin; Vortragsreisen nach England, in die USA und nach Kanada. Hamburger hat u.a. fünfzehn Dramen William Shakespeares übersetzt, darunter ›Hamlet‹, ›Macbeth‹, ›Romeo und Julia‹, ›Maß für Maß‹, ›Ein Sommernachtstraum‹, ›Der Kaufmann von Venedig‹, ›Pericles‹, aber auch Werke jüngerer oder zeitgenössischer Autoren: von Sean O'Casey, Arthur Miller, Tennessee Williams, Donald Freed, Barrie Stavis. Gemeinsam mit Christa Schuenke entsteht die deutsch-englische Auswahlausgabe von John Donnes Gedichten, ›Zwar ist auch Dichtung Sünde‹ (Leipzig: Reclam 1982; erweitert 1985); Hrsg. von Schriften des Regisseurs Adolf Dresen (1935–2001) ›Wieviel Freiheit braucht die Kunst?‹ (Berlin 2000); Mithrsg. von Adolf Dresen, ›Die Leere zwischen den Sternen‹ (Berlin 2010), und Mithrsg. von ›A History of German Theatre‹ (Cambridge 2008).

Eveline Hasler, geboren 1933 in Glarus, lebt als Schweizer Schriftstellerin im Tessin. Studium der Psychologie und Geschichte an den Universitäten Fribourg und Paris; Lehrerin für Französisch und Geschichte in Zug; beginnt in den Sechziger Jahren mit dem Schreiben von Kinder- und Jugendbüchern. Nach dem Stipendium der Calwer Hermann-Hesse-Stiftung im Jahre 2001 entsteht als Live-Mitschnitt einer Lesung die CD ›Die Höhle des jungen Hermann Hesse‹ (Hamburg: Universal music 2002). 1982 kommen erste Buchveröffentlichungen von Gedichten heraus, auch Erzählungen für Erwachsene, Romane und historische Romane, in denen Einzelschicksale thematisiert werden, die eine große Öffentlichkeit erreichen und vielfach ausgezeichnet werden: ›Anna Göldin. Letzte Hexe‹ (Zürich: Benziger 1982); ›Ibicaca. Das Paradies in den Köpfen‹ (Zürich: Nagel & Kimche 1985; dort auch weitere Veröffentlichungen); ›Der Riese im Baum‹ (Zürich 1988); ›Die Wachsflügelfrau. Geschichte der Emily Kempin-Spyri‹ (Zürich 1991); ›Der Zeitreisende. Die Visionen des Henri Dunant‹ (Zürich 1994); ›Die Vogelmacherin. Die Geschichte von Hexenkindern‹ (Zürich 1997); ›Aline und die Erfindung der Liebe‹ (Zürich 2000); ›Tells Tochter. Julie Bondeli und die Zeit der Freiheit‹ (Zürich 2004); ›Stein bedeutet Liebe. Regina Ullmann und Otto Gross‹ (Zürich 2007); ›Und werde immer Ihr Freund sein. Die Freundschaft zwischen Hermann Hesse, Hugo Ball und Emmy Ball-Hennings‹ (München: Hanser 2010). Eveline Hasler erhält zahlreiche Auszeichnungen: Schweizer Jugendbuchpreis für das Gesamtwerk (1978); Preis der Schweizerischen Schillerstiftung (1980); Schubart-Literaturpreis der Stadt Aalen (1989); Buchpreis der Stadt Zürich (1991); Droste-Preis der Stadt Meersburg und Kulturpreis der Stadt St. Gallen (1994); Justinus Kerner-Preis der Stadt Weinsberg (1999).

Bodo Hell, geboren 1943 in Salzburg, lebt als österreichischer Schriftsteller in Wien und als Senner auf einer Alm am Dachstein/Steiermark. Studium der Musik am Salzburger Mozarteum (Orgel) und der darstellenden Kunst in Wien (Film und Fernsehen); Studium der Philosophie und Germanistik an der Universität Wien. Der vielfach ausgezeichnete Sprachartist, der Hörspielautor, der auch im Medium der Fotografie und des Films veröffentlicht, arbeitet u.a. mit Friederike Mayröcker, Ernst Jandl, Liesl Ujvary und Hil de Gard zusammen. Veröffentlichungen in Auswahl: ›Dom Mischabel Hochjoch‹ (Linz: edition neue texte 1977; dort auch die weitere Veröffentlichung); ›Stadtschrift. 200 Fotos und Texte‹; ›Linie 13A (Linz 1983); mit Friederike Mayröcker, ›Larven Schemen Phantome. Der Donner des Stillhaltens‹ (Graz, Wien: Droschl 1986; dort auch weitere Veröffentlichungen); ›666. Erzählungen. Fotos: Bodo Hell‹ (Graz, Wien 1987); mit Hil de Gard, ›Wie geht's?‹ (Graz, Wien 1989); mit Ernst Jandl ›Die wirklichen Möglichkeiten‹ (Graz, Wien 1992); ›Mittendrin‹ (Graz, Wien 1994); ›Tracht: Pflicht‹ (Graz, Wien 2003); mit Linda Wolfsgruber ›Yppenplatz‹ (Weitra: Bibliothek der Provinz 2005). Zwischen 1974 und 1989 entstehen fünf Hörspielproduktionen, davon vier mit Liesl Ujvary, für ORF, NDR und SDR. – Hell erhält 1972 den Rauriser Literaturpreis, 1991 den Erich Fried-Preis, 1999 den Literaturpreis der Stadt Wien, 2003 den Preis der Literaturhäuser, 2006 den Telekom-Austria-Preis beim Ingeborg Bachmann-Preis, daneben zahlreiche Stipendien und Förderungspreise.

Franz Hodjak, geboren 1944 in Hermannstadt/Rumänien, lebt als Schriftsteller in Usingen im Taunus. Nach dem Abitur Militärdienst, Hilfsarbeiter. Studium der Germanistik und Rumänistik in Klausenburg; 1970–1992 Lektor im Dacia Verlag, Klausenburg. 1992 übersiedelt Hodjak nach Deutschland. Seit 1970 veröffentlicht er Gedichte, auch Kinderbücher, zunächst im Verlag Dacia (›Brachland‹), dann im Verlag Kriterion in Bukarest (›An einem Ecktisch‹, 1984; ›Friedliche Runde‹, Prosa, 1987). 1988 gibt Wulf Kirsten bei Aufbau, Berlin und Weimar, den Band ›Sehnsucht nach Feigenschnaps‹ heraus. Werner Söllner begleitet die erste Gedichtsammlung bei Suhrkamp 1990 mit einem Nachwort; seither erschienen fast im Jahresrhythmus Gedichte, auch Kindergedichte, Aphorismen, Monodramen; ihre Titel sind Programm: ›Zahltag‹ (Frankfurt 1991); ›Landverlust‹ (Frankfurt 1993); ›Grenzsteine‹ (Frankfurt 1995); ›Ankunft Konjunktiv‹ (Frankfurt 1997); ›Der Sängerstreit‹ (Frankfurt 2000); ›Ein Koffer voll Sand‹ (Frankfurt 2003); zuletzt ›Die Faszination eines Tages, den es nicht gibt‹ (Weilerswist: Ralf Liebe 2009). – Hodjak erhält u.a. Stipendien als Stadtschreiber in Mannheim, Minden und Dresden. 1990 wird er mit dem Georg-Maurer-Preis in Leipzig ausgezeichnet, 1992 mit dem Gryphius Ehrenpreis, mit dem Preis des Landes Kärnten beim Bachmann-Wettbewerb, 1996 mit dem Nikolaus-Lenau-Preis der Künstlergilde Esslingen. 2007 Stipendium im Herrenhaus Edenkoben.

Géza Horváth, geboren 1956 in Veszprém (Westungarn), Germanist und Übersetzer; er ist Direktor des Germanistischen Instituts der Universität in Szeged, Ungarn. Studium der Hungarologie, der Germanistik und der

Übersetzungswissenschaft in Budapest; Horváth war 20 Jahre Leiter des Deutschen Seminars und stellvertretender Direktor des Eötvös József Collegium in Budapest, das 1895 nach dem Vorbild der Pariser École Normale Superieure eingerichtet wird; Berater des Osiris Verlags, Budapest. Die in seinem Beitrag erwähnte ›Steppenwolf‹-Übersetzung erscheint 1992 und inzwischen in fünfter Auflage. Horváth ist Herausgeber und zum Teil Übersetzer der 25-bändigen ungarischen Hesse-Werkausgabe und der 10-bändigen E.T.A.-Hoffmann-Ausgabe (Budapest: cartaphilus kiadó); er ist Vorsitzender der ungarischen Hermann Hesse-Stiftung (Szeged) und Mitglied des Redaktionsausschusses des Hermann-Hesse-Jahrbuchs (Tübingen: Max Niemeyer). Veröffentlichung: ›Wege der deutschen Innerlichkeit am Beispiel von Johann Wolfgang Goethes »Die Leiden des jungen Werther«, Hermann Hesses »Siddhartha« und Thomas Manns »Doktor Faustus«‹ (2001). Horváth übersetzt neben E.T.A. Hoffmann und Hesse u.a. auch Werke von Nietzsche und Dürrenmatt.

Walter Kappacher, geboren 1938 in Salzburg, lebt seit 1998 in Obertrum bei Salzburg. Nach Lehrjahren in einer Motorrad-Werkstatt (Begeisterung für den Rennsport) und dem Dienst im Bundesheer, besucht er eine Schauspielschule in Gauting bei München und beginnt dann – als Brotberuf – in einem Reisebüro zu arbeiten. – Kappacher schreibt seit 1967 Kurzgeschichten für die ›Stuttgarter Zeitung‹. Es folgen Romane, Erzählungen, Hörspiele, Drehbücher fürs Fernsehen. Er wird u. a. mit dem Hermann-Lenz-Preis (2005) ausgezeichnet, und 2009 mit dem Georg-Büchner-Preis; die Universität Salzburg verleiht ihm 2008 ein Ehrendoktorat. Zuletzt erscheint der Roman ›Der Fliegenpalast‹ (St. Pölten, Salzburg: Residenz 2009) und der Essay ›Hellseher sind oft Schwarzseher‹ (Warmbronn: Keicher 2007) über Erwin Chargaff, der 1998 durchaus hellsichtig Kappacher so charakterisiert: »Er schreibt einen Stil, den man zuerst nicht wahrnimmt …«

Wulf Kirsten, geboren 1934 in Klipphausen bei Meißen, worauf ein früher Gedichtband, ›Die Erde bei Meißen‹ (Leipzig: Reclam 1986) des Lyrikers, Prosaisten, des ausgesuchten Kenners der Literatur und des vielbewanderten Herausgebers anspielt. Kirsten lebt als freier Schriftsteller in Weimar. Verschlungene berufliche Anfänge: Lehre als Handelskaufmann, Buchhalter, Bauarbeiter; 1960–1964 Lehramtsstudium in Leipzig für Deutsch und Russisch. Gleichzeitig freier Mitarbeiter des ›Wörterbuchs der obersächsischen Mundarten‹ der Sächsischen Akademie der Wissenschaften. Kurze Lehramtstätigkeit. 1965–1987 Lektor und Herausgeber im Aufbau Verlag, Weimar. 1969/70 Studium am Literaturinstitut »Johannes R. Becher« Leipzig. Durch den 1987 verliehenen Peter-Huchel-Preis wird Kirsten nun auch in der Bundesrepublik von einem größeren Publikum zur Kenntnis genommen. Kirstens Arbeit ist in mehr als zwei Dutzend Auszeichnungen,

Stipendien und großen Preisen bedacht worden, zuletzt mit dem hochdotierten Joseph Breitbach-Preis (2006) und dem seinem Werk auf besondere Weise verwandten Christian Wagner-Preis (2008). Die Auszeichnungen betreffen sowohl das eigene Werk, die Sammlung der Gedichte ›Erdlebenbilder‹, 1954–2004 (Zürich: Ammann 2004) oder die gesammelten Reden und Essays ›Brückengang‹ (Zürich 2009) wie natürlich auch den stets findigen Herausgeber, der immer vielstimmig an die Öffentlichkeit tritt, wenn er etwa mit stupender Kenntnis ausgesuchte, thematisch geordnete Anthologien herausgibt, daneben das Werk Jakob Haringers und Heinz Czechowskis ediert oder 1997 eine ›Thüringische Bibliothek‹ für Gedichte, Aphorismen, Kalendergeschichten junger Autoren begründet, die sich seit 2000 in einer ›Edition Muschelkalk‹ geräumigere Publikationsmöglichkeiten verschafft (Weimar: Literarische Gesellschaft Thüringen). 2010 erscheint im letzten Programm des Zürcher Ammann-Verlags mit über 1000 Seiten eine Gedicht-Anthologie, an die ihr Herausgeber Lebensjahre des Sammelns und Auswählens gewendet hat, unter dem schönen Wort von Oskar Loerke: ›»Beständig ist das leicht Verletzliche«. Gedichte in deutscher Sprache von Nietzsche bis Celan‹ (Zürich 2010).

Angela Krauß, geboren 1950 in Chemnitz, lebt seit 1980 als freie Schriftstellerin in Leipzig. 1969–1972 Ausbildung zur Werbegraphikerin in Ost-Berlin. 1976–1979 Studium am »Literaturinstitut Johannes R. Becher« in Leipzig. Die vielfach Ausgezeichnete hat im Jahre 2000 die Poetik-Dozentur der Universität Paderborn inne; 2004 hält sie Poetik-Vorlesungen an der Universität Frankfurt/Main. Prosaveröffentlichungen in Auswahl: ›Das Vergnügen‹ (Berlin, Weimar: Aufbau 1984; dort auch weitere Veröffentlichungen); ›Glashaus‹ (Berlin, Weimar 1988); ›Der Dienst‹ (Frankfurt: Suhrkamp 1990; dort auch weitere Veröffentlichungen); ›Milliarden neuer Sterne‹ (Frankfurt 1999); ›Weggeküßt‹ (Frankfurt 2002); ›Wie weiter‹ (Frankfurt 2006); ›Triest. Theater am Meer‹ (Frankfurt, Leipzig: Insel 2007; dort auch die folgende Veröffentlichung); ›Ich muß mein Herz üben‹. Gedichte (2009); 2010 erscheint ›Im schönsten Fall‹. – Angela Krauß wird mit dem Hans Marchwitza-Preis (1985) ausgezeichnet, mit dem Ingeborg-Bachmann-Preis (1988), dem Lessing-Förderpreis (1995), dem Berliner Literaturpreis (1996), dem Gerrit Engelke-Preis (2001), dem Thomas Valentin-Preis (2001), dem Hermann-Lenz-Preis (2007). Sie ist 1990 Stadtschreiberin in Graz, 1997 Stipendiatin in New York, 1999 in der Villa Massimo, Rom, und als Max-Kade-writer an der Washington University in St. Louis.

Ursula Krechel, geboren 1947 in Trier, lebt seit 1972 als freie Schriftstellerin zunächst in Frankfurt, heute in Berlin. Sie studiert Germanistik, Theaterwissenschaft und Kunstgeschichte an der Universität Köln und promoviert 1972 mit einer Arbeit über den Theaterkritiker Herbert Jhering. 1969–1972

Dramaturgin an den Städtischen Bühnen Dortmund, wo sie u.a. Theater-
projekte mit Strafgefangenen durchführt. Schon während ihres Studiums
freie Mitarbeiterin des Westdeutschen Rundfunks und des ›Kölner Stadt-
anzeigers‹. 1974 literarisches Debüt mit dem Drama ›Erika‹, in: Theater
heute, Heft 8. Das Calwer Nachtstück ›Festbeleuchtung der Nacht‹ wird
am 2.9.2007 von Deutschlandradio Kultur als Hörspiel unter der Regie von
Andrea Getto und unter der Dramaturgie von Ulrike Brinkmann gesendet.
Von den zahlreichen Buchveröffentlichungen, den Gedichtsammlungen und
Poemen, Erzählungen, Romanen, den Essays, Hörspielen, Theaterstücken,
den Übersetzungen und den von Ursula Krechel herausgegebenen Jahrbü-
chern sei nur eine Auswahl genannt, für die sie allein 2009 fünf prominente
Literaturpreise bekommen hat, nämlich den Jeanette Schocken-Preis; Bre-
merhavener Bürgerpreis für Literatur; den deutschen Kritikerpreis; den
Literaturpreis der Stadt Düsseldorf; den Joseph-Breitbach-Preis und den
Kunstpreis Rheinland-Pfalz: ›Erika‹ (Frankfurt: Verlag der Autoren 1973);
›Nach Mainz!‹, Gedichte (Darmstadt: Luchterhand 1977; dort auch weitere
Veröffentlichungen); ›Verwundbar wie in den besten Zeiten‹, Gedichte
(Darmstadt 1979); ›Zweite Natur‹, Roman (Darmstadt 1981); ›Vom Feuer
lernen‹, Gedichte (Darmstadt 1985); ›Kakaoblau‹, Gedichte (Salzburg:
Residenz); ›Die Freunde des Wetterleuchtens‹ (Darmstadt 1990); ›Mit dem
Körper des Vaters spielen‹ (Frankfurt: Suhrkamp 1992; dort auch weitere
Veröffentlichungen); ›Technik des Erwachens‹, Gedichte (Frankfurt 1992);
›Sizilianer des Gefühls‹, Roman (Frankfurt 1993); ›Verbeugungen vor der
Luft‹, Gedichte (Salzburg: Residenz 1999); ›Der Übergriff‹ (Salzburg: Jung
und Jung 2001; dort auch weitere Veröffentlichungen); ›In Zukunft schrei-
ben‹ (Salzburg: 2003); ›Stimmen aus dem harten Kern‹, Gedicht (Salzburg
2005); ›Shanghai fern von wo‹, Roman (Salzburg 2008); ›Jäh erhellte Dunkelheit‹, Gedichte (Salzburg 2010).

Judith Kuckart, geboren 1959 in Schwelm/Westfalen, ist Tänzerin, Choreo-
grafin, Regisseurin und, seit Anfang der neunziger Jahre, Schriftstellerin.
Sie lebt in Berlin und Zürich. Nach einer Tanzausbildung an der Essener
Folkwang-Schule studiert sie Literatur- und Theaterwissenschaft in Köln
und Berlin; 1983 Magister. 1986–1998 Gründung des Tanztheaters Skoronel
in Berlin: Judith Kuckart ist an 17 Produktionen als Autorin, Tänzerin,
Choreographin oder Regisseurin beteiligt. Ab 1998 Gastregie an verschie-
denen Häusern. Veröffentlichungen in Auswahl: ›Im Spiegel der Bäche
finde ich mein Bild nicht mehr‹ (Frankfurt: S. Fischer; dort auch weitere
Veröffentlichungen); Neben Hörspielen und Theaterstücken entstehen
u.a. die Romane ›Wahl der Waffen‹ (Frankfurt 1990); ›Die schöne Frau‹
(Frankfurt 1994); ›Der Bibliothekar‹ (Frankfurt: Eichborn 1998); ›Lenas
Liebe‹ (Köln: DuMont 2002; dort auch weitere Veröffentlichungen); ›Die
Verdächtige‹ (Köln 2008); Libretto für ›Carmen‹. Ein Deutsches Musical

(UA Bad Hersfeld 2010). Die Auszeichnungen in Auswahl: Rauriser Literaturpreis (1991); Werkpreis Pro Helvetia (2002); Deutscher Kritikerpreis (2004); Kranichsteiner Literaturpreis (2004). Stipendien: Stadtschreiberin zu Rheinsberg (1997); Villa Massimo-Stipendium, Rom (1997/98); Villa Decius, Krakau (2000); Villa Aurora, Los Angeles (2000); Literaturpreis Ruhr (2009).

Peter Kurzeck, geboren 1943 in Taschau/Böhmen, lebt seit 1977 als freier Schriftsteller in Frankfurt/Main und, seit 1993, auch in Uzès/Provence; aufgewachsen ist er in Staufenberg, Kreis Gießen. Er arbeitet als Buchhändler, Personalchef und Gelegenheitsarbeiter. Veröffentlichungen in Auswahl seit 1979: ›Der Nussbaum gegenüber dem Laden, in dem du dein Brot kaufst‹ (Basel, Frankfurt: Stroemfeld Roter Stern 1979; dort auch weitere Veröffentlichungen); ›Das schwarze Buch‹ (Basel, Frankfurt 1982); ›Kein Frühling‹ (Basel, Frankfurt 1987; erweitert 2007); ›Keiner stirbt‹ (Basel, Frankfurt 1990); ›Mein Bahnhofsviertel‹ (Basel, Frankfurt 1991); ›Vor den Abendnachrichten‹ (Heidelberg: Wunderhorn 1996); ›Übers Eis‹ (Basel, Frankfurt 1997); ›Als Gast‹ (Frankfurt 2003); ›Ein Kirschkern im März‹ (Frankfurt 2004); ›Oktober und wer wir selbst sind‹ (Frankfurt 2007; auch als CD, 2008); ›Ein Sommer der bleibt‹ (4 CDs, 2007); ›Da fährt mein Zug‹ (CD, 2010). – Kurzeck wird 1991 mit dem von Günter Grass gestifteten Alfred Döblin-Preis ausgezeichnet; Großer Literaturpreis der Bayerischen Akademie der Schönen Künste (1999); Hans-Erich-Nossack-Preis (2000); Preis der Literaturhäuser (2004); Kranichsteiner Literaturpreis (2004); Georg-Christoph-Lichtenberg-Preis (2007); Hörbuchpreis Hörbuch des Jahres (2008). Kurzeck ist 2000/2001 Stadtschreiber in Bergen-Enkheim und 2006 Ehrengast der Villa Massimo in Rom; Goethe-Plakette der Stadt Frankfurt (2008).

Kito Lorenc, geboren 1938 in Schleife bei Weißwasser, ist sorbisch-deutscher Schriftsteller, Lyriker und Übersetzer; er lebt in Wuischke bei Hochkirch in der Oberlausitz. 1952–1956 Besuch der sorbischen Internatsoberschule in Cottbus; 1956–1961 Studium der Slawistik in Leipzig; 1981–1972 Mitarbeiter am Institut für sorbische Volksforschung in Bautzen; 1972–1979 Dramaturg am Staatlichen Ensemble für sorbische Volkskultur. Lorenc wird 2008 mit der Ehrendoktorwürde der Fakultät Sprach-, Literatur- und Kulturwissenschaften der Technischen Universität Dresden ausgezeichnet. Er erhält u. a. 1974 den Heinrich-Heine-Preis, 1990 den Čisinski-Preis, 1991 den Heinrich-Mann-Preis und 2009 den Lessing-Preis des Freistaates Sachsen. Lorenc schreibt Gedichte in sorbischer und deutscher Sprache: ›Struga. Bilder einer Landschaft‹ (Bautzen 1967); ›Flurbereinigung‹ (Berlin: Aufbau 1973); ›Wortland‹ (Leipzig: Reclam 1984); ›Gegen den großen Popanz‹ (Berlin 1990); ›Kepsy-barby. Fehlfarben‹ (Berlin: Verlag der Nessing'schen

Buchdruckerei 2004); ›Achtzehn Gedichte der Jahre 1990–2002‹. Auswahl von Manfred Peter Hein (Warmbronn: Keicher 2003); ›Erinnerung an eine Nacht im Freien‹ (Klagenfurt: Wieser 2009). Lorenc gibt Nachdichtungen und Anthologien heraus; er hat Kinderbücher geschrieben und Theaterstücke.

Gert Loschütz, geboren 1946 in Genthin/Sachsen-Anhalt, lebt seit 1973 als freier Schriftsteller in Berlin, Unterbrechungen mit eingerechnet. Nach der Übersiedlung seiner Familie in die Bundesrepublik, 1957, besucht Loschütz das humanistische Gymnasium in Dillenburg; 1966 Schiffsreise nach Archangelsk; seit 1966 Studium der Geschichte, Soziologie und Publizistik in der FU Berlin; gleichzeitig Lektor des Literarischen Luchterhand Verlags Berlin. Loschütz schreibt Gedichte, Dramen, Hör- und Fernsehspiele, Erzählungen und Romane. Er hat u.a. eine Dokumentation über Günter Grass in der Kritik herausgegeben (›Von Buch zu Buch‹, Neuwied: Luchterhand 1968) und Bücher von Etienne Delessert, Leo Lionni, Sergio Ramírez und Tomás Gonzales, zum Teil mit anderen aus dem Italienischen und Spanischen übersetzt. Von den seit Mitte der achtziger Jahren genannten Prosaveröffentlichungen seien genannt: ›Eine wahnsinnige Liebe‹ (Darmstadt: Luchterhand 1984; dort auch weitere Veröffentlichungen); ›Flucht‹ (Darmstadt 1990); ›Lassen Sie mich, bevor ich weiter muß, von drei Frauen erzählen‹ (Darmstadt 1990); ›Unterwegs zu den Geschichten‹ (Frankfurt: Verlag der Autoren 1998); ›Dunkle Gesellschaft‹ (Frankfurt: Frankfurter Verlagsanstalt 2005; dort auch die weitere Veröffentlichung); ›Das erleuchtete Fenster‹ (Frankfurt 2007). – Loschütz erhält das Villa Massimo-Stipendium (1973/74); das New York-Stipendium des deutschen Literaturfonds (1990); er ist Burgschreiber in Beeskow (1993), Stadtschreiber in Minden (1996) und writer in Residence in Oberlin/Ohio (1999) und wird u.a. mit dem Georg-Mackensen-Literaturpreis (1985), dem Ernst-Reuter-Preis (1988), dem Rheingau Literatur-Preis (2005) und dem Phantastik-Preis der Stadt Wetzlar (2006) ausgezeichnet.

Roswitha Matwin-Buschmann, geboren 1939 in Trier, lebt in Berlin und Warschau. Studium der Slawistik (Russisch und Polnisch) an der Universität Leipzig; Tätigkeit als Dolmetscherin, Redakteurin, Verlagslektorin, seit 1970 freiberufliche literarische Übersetzerin in Ost-Berlin; ab 1991 am Goethe-Institut Warschau. Ausgezeichnet mit dem Johann-Heinrich-Voß-Preis der Deutschen Akademie für Sprache und Dichtung (1993) für die Übersetzung von Kazimierz Brandys, ›Variationen in Briefen‹ (Berlin: Verlag Volk und Welt: 1975 / Neuwied: Luchterhand 1988). – Roswitha Matwin-Buschmann übersetzt Prosa unterschiedlichster Zeitalter und Genres – Romane, Essays, Briefe, Erzählungen, Kinderliteratur, aber auch Erinnerungsliteratur zur Judenverfolgung, zum Leben im Ghetto und zu aktuellen Fragen des deutsch-polnischen Verhältnisses; die Autorenliste ist lang und ohne Anspruch auf Vollständigkeit: Jerzy Andrzejewski, Tadeusz Breza, Chana Gorodecka, Henryk Grynberg, Marek Hłasko, Janusz Korczak, Hanna Krall, Maria Kuncewiczowa, Stanisław Lem, Bolesław Leśmian, Mikołaj Łoziński, Czesław Miłosz, Wiesław Myśliwski, Stanisław Przybyszewski, Tadeusz Różewicz, Dawid Sierakowiak, Juliusz Słowacki, Eugenia Szajn-Lewin, Stanisław Ignacy Witkiewicz.

Petra Morsbach, geboren 1956 in Zürich, lebt als Schriftstellerin in Starnberg. 1975–1981 Studium der Theaterwissenschaften, Psychologie und Slawistik in München und Leningrad; Magisterabschluss; 1981/82 Arbeitsaufenthalt in Leningrad: Besuch der Regieklasse am Institut für Theater, Musik und Kinematographie; 1983 Promotion mit einer Arbeit ›Isaak Babel auf der sowjetischen Bühne‹; 1983–1992 Regisseurin und Dramaturgin an den Opernhäusern von Freiburg, Ulm und Bonn. Seit 1991 freie Schriftstellerin und Übersetzerin. Ihr Werk: ›Plötzlich ist es Abend‹ (Frankfurt: Eichborn 1995; dort auch weitere Veröffentlichungen); ›Opernroman‹ (Frankfurt 1998); ›Geschichte mit Pferden‹ (Frankfurt 2001); ›Gottesdiener‹ (Frankfurt 2004); ›Warum Fräulein Laura freundlich war‹ (München: Piper 2006; dort auch die weitere Veröffentlichung); ›Der Cembalospieler‹ (München 2008). – Petra Morsbach erhält 1982 Stipendien der Landeshauptstadt München, 2005 der Villa Concordia Bamberg und wird mit dem Marie-Luise-Fleißer-Preis der Stadt Ingolstadt (2001) ausgezeichnet, mit dem Johann Friedrich von Cotta-Literatur- und Übersetzerpreis der Stadt Stuttgart (2005) und dem Literaturpreis der Konrad Adenauer-Stiftung (2007).

Detlef Opitz, geboren 1956 in Steinheidel-Erlabrunn im sächsischen Erzgebirge, lebt seit 1982 als freier Schriftsteller in Berlin am Prenzlauer Berg. Ausbildung zum Schienenfahrzeugschlosser. 1975–1982 Bibliothekstechniker, Oberkellner, Puppenspieler, Verkäufer, Briefträger in Halle/Saale; das Literaturstudium in Leipzig verhindern die Sicherheitsbehörden. Publikationsverbot; Veröffentlichungen in verschiedenen Untergrundzeitschriften. Mehrfache Festnahmen. 1985 wegen »gesellschaftlichen Missverhaltens« für vier Jahre aus Berlin verbannt. Seine Anwälte in den Auseinandersetzungen mit den Behörden: Gregor Gysi, Lothar de Maizière. – Der abgedruckte Text stammt aus ›Der Büchermörder. Ein Criminal‹ (2005). Buchveröffentlichungen: ›Idyll. Erzählungen und andere Texte‹ (Halle: Mitteldeutscher Verlag 1990); ›Klio, ein Wirbel um L.‹ (Göttingen: Steidl 1996); ›Der Büchermörder. Ein Criminal‹ (Berlin: Eichborn 2005).

Ard Posthuma, geboren 1942 in Haarlem/Niederlande, war Lektor, Lehrer, Hochschuldozent und ist Übersetzer von niederländischen, flämischen und friesischen Lyrikern, deren Gedichte er ins Deutsche übertragen hat.

Studium der Germanistik und Anglistik in Lausanne, München und Basel. – Übertragungen aus dem Niederländischen: Martinus Nijhoff, ›Die Stunde x‹ (Frankfurt: Suhrkamp 1989); Gerrit Kouwenaar, ›Das Gesicht des Auges‹ (Münster: Kleinheinrich 1991); ferner Gedichte von Leonard Nolens und Tsjebbe Hettinga, sowie das gesamte Lyrische Werk von Cees Nooteboom (Frankfurt: Suhrkamp 2003). Er überträgt beide Teile von Goethes ›Faust‹ sowie den ›Urfaust‹ ins Niederländische, dazu Romane und Erzählungen von Carl Arnold Kortum, Wilhelm Raabe, Raoul Schrott und Ingo Schulze. Seine besondere Vorliebe gilt mittelalterlichen Versepen. So übersetzt er das altfranzösische ›Rolandslied‹, die ›Histoire du Graal‹ von Chrétien de Troyes und ›Reynaert de Vos‹ (Amsterdam: Athenaeum-Polak & Van Gennep 2008).

Utz Rachowski, geboren 1954 in Plauen/Vogtland, lebt als Schriftsteller in Berlin und im Vogtland. – Seine Biographie ist geprägt durch politische Verfolgung in der DDR: 1971 Relegation aus der Erweiterten Oberschule; Ausschluss aus der »Freien Deutschen Jugend«; Elektrikerlehre; Grundwehrdienst; Abitur 1977. Beginn eines Medizin-Studiums in Leipzig; aus politischen Gründen exmatrikuliert; Broterwerb als Heizer; Verhaftung und Verurteilung zu 27 Monaten Gefängnis wegen »staatsfeindlicher Hetze«, das ist die Verbreitung von Texten von Jürgen Fuchs, Wolf Biermann und Reiner Kunze. Ausbürgerung 1980. Studium der Kunstgeschichte und Philosophie in Berlin und Göttingen. Unter den zehn Buchveröffentlichungen sind vor allem zwei Gedichtbände hervorzuheben. ›Der letzte Tag der Kindheit‹ (Berlin: Oberbaum 1986; dort auch eine weitere Veröffentlichung) mit einem Vorwort von Hans Sahl und ›Namenlose‹ (Berlin: BasisDruck 1993) mit einem Nachwort von Wolf Biermann; ›Die Stimmen des Sommers‹ (Berlin 1992); ›Mein Museum‹ (Dresden: Hellerau Verlag 1995); ›Erinnerungen an eine Jugend‹ (Chemnitz: Chemnitzer Verlag 1995); ›Red' mir nicht von Minnigerrode‹ (Thelem: Universitätsverlag Dresden 2006). – Auszeichnungen: Andreas-Gryphius-Förderpreis, 1987; Mörike-Förderpreis, Fellbach, 1991; Reiner-Kunze-Preis der Stadt Oelnitz, 2007. Stipendien: Hermann-Sudermann-Stiftung, 1998; Kulturstiftung Sachsen, 1993–2006.

Wolfgang Schlüter, geboren 1948 in Königslutter, lebt als freier Schriftsteller und Übersetzer in Berlin. Seit 1969 Studium der Musikwissenschaften, der Kunstgeschichte und der Philosophie in Hamburg, in Wien und bei Carl Dahlhaus in Berlin. 1982 Promotion mit einer Arbeit über Gustav Mahler. Seit 1977 publiziert er eigene Texte und Übersetzungen. 1984–1993 Redakteur der Arno-Schmidt-Stiftung Bargfeld. 1986 Blaise-Cendrars-Preis; W.G. Sebald verleiht ihm 1997 den Mörike-Förderpreis der Stadt Fellbach, der Südwestdeutsche Rundfunk 1999 den Daedalus-Preis für innovative Prosa. Stipendien u.a. in Wiepersdorf, Edenkoben. Veröffentlichungen:

›Eines Fensters Schatten‹ (Berlin: KULTuhr 1984); ›Walter Benjamin, Der Sammler und das geschlossene Kästchen‹ (Darmstadt: Häusser 1993); ›John Field und die Himmels-Electricität‹ (Berlin: Eichborn 1997; dort auch die folgende Veröffentlichung) ›Dufays Requiem‹, Roman (Berlin 2001); ›Armut und Gnade‹ (Berlin 2007). – Übersetzungen u.a. von John Aubrey; William Cowper; Christopher Marlowe; D.H. Lawrence; Richard Newman; D.M. Thomas; James Thomson.

Christa Schuenke, geboren 1948 in Weimar, lebt seit 1981 als freiberufliche Übersetzerin in Berlin. Studium von Englisch und Französisch am Dolmetscherinstitut der Karl-Marx-Universität Leipzig und Philosophie an der Humboldt-Universität Berlin; 1977 Dipl. phil. Neben Erstübersetzungen hat sie klassische Werke neu ins Deutsche übertragen, so etwa die Briefe von John Keats, ›Richtmass des Schönen‹ (Leipzig: Leipzig 1985), die letzten Romane von Herman Melville, ›Pierre oder Die Doppeldeutigkeiten‹ (München: Hanser 2002), Shakespeares ›Sonette‹ (München: dtv 1999), Edgar Allan Poes Großgedicht ›The Raven‹ mit ›The Philosophy of composition‹ oder ›Gullivers Reisen‹ (Zürich: Manesse 2006). Das von Christa Schuenke übersetzte Werk ergäbe ein ganzes Alphabet: John Banville, Benjamin Black, Ray Bradbury, Rebecca Brown, Mavis Cheek, Mark Z. Danielewski, John Donne (gemeinsam mit dem Übersetzer Maik Hamburger), Kate Fenton, Francis Scott Fitzgerald, William Gibson, Carolyn Haines, John Keats, James Kelman, David Kent, Andrew Lindsay, Chang-Rea Lee, Herman Melville, Edwin Muir, Jawaharlal Nehru, Christopher Nolan, Robert Nye, Edgar Allan Poe, Lisa Reardon, William Shakespeare, Isaac Bashevis Singer, Muriel Spark, Jonathan Swift, David Foster Wallace, Robert McLiam Wilson, Opal Whiteley, Dornford Yates, William Butler Yeats. – Stipendien und Preise: Eva-Bornemann-Stipendium (1990); Heinrich-Maria-Ledig-Rowohlt-Stipendium (2001). Christoph-Martin-Wieland-Übersetzerpreis (1997); Preis des Europäischen Übersetzer-Kollegiums/Kunststiftung Nordrhein-Westfalen (2003); 2002 ist Christa Schuenke Translator-in-Residence am Europäischen Übersetzer-Kollegium, Straelen; 2006 als DAAD-Translator-in-Residence an der Heriot Watt University, Edinburgh.

Helga Schütz, geboren 1937 in Falkenhain/Schlesien, lebt als freie Schriftstellerin und Drehbuchautorin in Potsdam. Seit 1944 aufgewachsen in Dresden, absolviert sie eine Gärtnerlehre und arbeitet als Landschaftsgärtnerin. 1955–1958 Besuch der Arbeiter- und Bauern-Fakultät in Potsdam; 1958–1962 Studium der Dramaturgie an der Deutschen Hochschule für Filmkunst in Potsdam-Babelsberg. Seit 1965 freie Drehbuchautorin für die DEFA, zunächst im Dokumentarfilm; seither zahlreiche Spielfilme; Diplom-Dramaturgin; seit 1993 Professur für das Schreiben von Drehbüchern an der Hochschule für Film und Fernsehen. – Der abgedruckte Text stammt aus dem Roman ›Knietief im Paradies‹ (Berlin: Aufbau 2005). Seit den frühen Siebzigerjahren entstehen Prosatexte: ›Vorgeschichten oder schöne Gegend Probstein‹ (Berlin: Aufbau 1971; dort auch weitere Veröffentlichungen; Zürich, Köln: Benziger 1972); ›Das Erdbeben bei Sangershausen‹ (Berlin 1972); ›Festbeleuchtung‹ (Berlin/Zürich/Köln 1974); ›Jette in Dresden‹ (Berlin 1977); ›Julia oder die Erziehung zum Chorgesang‹ (Berlin 1980); ›Luther‹ (Berlin 1983); ›In Annas Namen‹ (Berlin 1986); ›Vom Glanz der Elbe‹ (Berlin 1995); ›Grenze am gestrigen Tag‹ (Berlin 2000); zusammen mit Rainer J. Fischer ›Dahlien im Sand‹ (Berlin 2002); ›Knietief im Paradiese‹ (Berlin 2005). – Unter den Drehbüchern ›Das Leiden des jungen Werthers‹ (1976); ›Fallada, letztes Kapitel‹ (1988); ›Stein‹ (1989). – Auszeichnungen: Heinrich Mann-Preis (1973); Fontane-Preis der Stadt Potsdam (1974); Brandenburgischer Literaturpreis (2002); Helga Schütz ist 1991 Stadtschreiberin in Mainz.

Jens Sparschuh, geboren 1955 in Karl-Marx-Stadt, lebt in Berlin als freier Schriftsteller. Aufgewachsen in Ost-Berlin, studiert er 1973–1978 Philosophie und Logik in Leningrad. 1978–1983 wissenschaftlicher Assistent an der Humboldt-Universität Berlin; Promotion zum Doktor der Philosophie: ›Erkenntnistheoretisch-methodologische Untersuchungen zur heuristischen Ausdrucksfähigkeit aussagenlogischer Beweisbegriffe‹. Er engagiert sich in der Bürgerrechtsbewegung der DDR. Veröffentlichungen in Auswahl, für die Sparschuh u.a. den Anna-Seghers-Preis (1988), den Hörspielpreis der Kriegsblinden (1990), den Ernst Reuter-Hörspielpreis (1991) sowie den Bremer Literaturförderpreis (1996) erhält: ›Waldwärts. Ein Reiseroman A bis Z erlogen‹ (Berlin: Der Morgen 1985; Neuausgabe 2004; dort auch weitere Veröffentlichungen); ›Der große Coup‹ (Berlin 1987); ›Kopfsprung‹ (Berlin 1989); ›Der Schneemensch‹ (Köln: Kiepenheuer & Witsch 1993; dort auch weitere Veröffentlichungen); ›Der Zimmerspringbrunnen: ein Heimatroman‹ (Köln 1995); ›Ich dachte, sie finden uns nicht‹ (Köln 1997); ›Lavaters Maske‹ (Köln 1999); ›Eins und eins‹ (Köln 2003); ›Schwarze Dame‹ (Köln 2007); zusammen mit Sten Nadolny, ›Putz- und Flickstunde: zwei kalte Krieger erinnern sich‹ (München: Piper 2009).

Hans-Michael Speier, geboren 1950 in Renchen/Baden, lebt als freier Schriftsteller, Übersetzer und Literaturwissenschaftler in Berlin. Nach Staatsexamen und Promotion Wissenschaftlicher Assistent und Mitarbeiter an den Instituten für Germanistik sowie Allgemeine und Vergleichende Literaturwissenschaft der Freien Universität Berlin, seit 1997 Honorarprofessor an der Universität Cincinnati (USA); Gastprofessuren an verschiedenen amerikanischen Universitäten sowie am Deutschen Literaturinstitut der Universität Leipzig (2001, 2002). Speier veröffentlicht bisher sieben Gedichtbände, zuletzt: ›scherbenschnitte‹ (Berlin: Agora Verlag 1999); ›wüste pfade‹ (Berlin: Ars amelia edition, 2004). Gedichte von ihm sind in sieben Sprachen übersetzt und in über 30 Anthologien publiziert. Er überträgt zeitgenössische Poesie aus dem Französischen, Italienischen und Englischen (Roubeaud, Zanzotto, Hamburger u.a.) und ist Herausgeber mehrerer Lyrikanthologien (u.a. bei Reclam). Gründer und Herausgeber von ›Park. Zeitschrift für neue Literatur‹ (1976) und des ›Paul-Celan-Jahrbuchs‹. Redaktionsmitglied der Literaturzeitschriften ›PO&SIE‹, Paris (seit 1995). Arbeits- und Aufenthaltsstipendien der Stiftung Preussische Seehandlung des Senats von Berlin, der Stichting Culturele Uitwisseling, Amsterdam, und der Maison des Écrivains Étrangers et des Traducteurs, St. Nazaire. 2007 erhält Speier die »Adolf-Mejstrik-Ehrengabe der Deutschen Schillerstiftung von 1859«. – Das Gedicht ›calw/kling‹ erschien inzwischen in: Michael Speier, ›welt/raum/reisen‹ (Berlin: Aphaia Verlag 2007).

Joseph Zoderer, geboren 1935 in Meran, lebt in Bruneck im Pustertal. Kindheit in Graz, Gymnasium in Widnau/Schweiz; Abitur in Bozen. Studium der Rechte, der Philosophie, der Theaterwissenschaften und der Psychologie in Wien; Mitarbeit an verschiedenen Wiener Zeitungen und erste selbständige Veröffentlichungen; 1971–1981 Redakteur des Senders RAI in Bozen; seither freier Schriftsteller. Der vielfach ausgezeichnete Erzähler, Romancier und Lyriker, der u.a. den Franz-Theodor-Csokor-Preis des österreichischen P.E.N.-Clubs (1987) zugesprochen bekommt, den Hermann-Lenz-Preis (2003) und den Walther von der Vogelweide-Preis (2005) und der 2008 Ehrenbürger der Universität Innsbruck wird, dessen Stoffe zudem erfolgreich fürs Fernsehen verfilmt werden, erreicht mit dem Roman ›Die Walsche‹ (München: Hanser 1982; dort auch weitere Veröffentlichungen) in Deutschland den Durchbruch, wenig später auch in der italienischen Übersetzung. Es folgen die Prosabände: ›Lontano‹ (München 1984); ›Dauerhaftes Morgenrot‹ (München 1987); ›Das Schildkrötenfest‹ (München 1995); ›Der Schmerz der Gewöhnung‹ (München 2002); ›Der Himmel über Meran‹ (München 2005) und der Gedichtband ›Liebe auf den Kopf gestellt‹ (München 2007).